U0039384

從西方到東方

伍廷芳與中國近代社會的演進

張禮恆 ■著

臺灣商務印書館

目 錄

序

「言人之所未言，言人之所不敢言。」
「文章要有氣勢，一上來就要不同凡響。」
「傷其九指不如斷其一指。」

這是我做學問的箴言，也是我給每一屆博士生所上第一課的內容。以上三句話實際上包含著三重意思。其一是學術研究上的創新意識；其二是學術研究中的宏觀把握；其三是學術研究中的微觀分析。同時，這也是我評判每一篇博士論文能否通過、優劣與否的一把尺度。

五年前，我的弟子張禮恆在選擇「伍廷芳與中國近代社會的演進」作為博士學位論文題目時，我就告訴他，該課題的研究是極有意義的。伍廷芳的一生就是一部中國近代史。他是一個生在非常之世，走著非常之路，有著非常之功的人。他同中國近代史上的許多人物存在著既是又不是的相似相近之處。剖析伍廷芳的思想與行動，既可展現中國社會走向近代化的艱難曲折歷程，又可透視面臨「數千年未有之奇變」的中國知識分子的諸種擇取心態，從而實現對知識分子在中國現代化運動中的角色、功能定位。同時我還告訴他，該課題的研究難度極大。伍廷芳的經歷人複雜。自十九世紀七〇年代以來中國所有的內政外交活動幾乎都有他異常活躍的身影，研究他等於在研究整部中國近代史。如何能在短短三年的時間內，透過其複雜的經歷，準確地把握他，恰如其分地評價他，難度可想而知。值得欣慰的是，張禮恆博士以其山東人特有的那種吃苦耐勞的韌勁，硬是啃下了這塊難啃的骨頭。當初我在審閱這篇論文

時，就認為基本上達到了我對博士論文的要求。後來各位通訊評委和答辯委員也給了與我相同的評價：「這是一篇富有創新意義和填補史學空白的優秀博士學位論文」。現在，張禮恆博士的論著即將由商務印書館出版，我作為他的博士導師自然是十分高興的。在此謹就這部書稿談三點看法。

首先，本書視野開闊，蹊徑獨闢。新航路的開闢，結束了諸民族彼此獨立，相互隔絕的歷史，全球開始呈現出一體化的端倪。世界歷史成為真正意義上的世界史。1840年的鴉片戰爭，表明中國社會已經被納入到世界資本主義的循環圈內。世界走向中國，中國走向世界，成為近代歷史雙向互動的發展流向。以往中外史學界在論及此種趨向時，多從單一的方向即從東方到西方的角度探尋中國被動地學習西方的歷程。其實這種思維視角存有極大的缺憾。它並不能涵蘊中國近代社會的全部歷史。中國走向世界固然是從被動中開始的，但也更應該看到，中國走向世界是在自覺中進行的。禮恆在該書中，構建了一個宏大的理論預設，以從西方到東方為整體框架，以東西文明的碰撞、融匯為背景，以伍廷芳這個有著特殊經歷的文化邊緣人為主線，運用社會學、歷史學、文化傳播學、心理學、宗教學等多學科理論與知識，全面系統地探討了近八十年的中國近代史，充分展現了伍廷芳在近代中國從事的外交活動、法制建設、鐵路建設、文明構想等內容，揭示了他與時俱進的性格特徵：以離異傳統文化始，以高揚傳統文化止，但其離異與高揚既非嚴復式的，又非孫中山式的，更非辜鴻銘式的，而是以西洋文明作為參照系，以合乎人類社會演進的趨勢為旨歸，擷採東西方文明的精華，融合鑄造一種更具生命力的新文明。表現在政治理念上即是主張通過漸進改良的方式，在多邊力的選擇中，創建一個崇尚司法獨立的資產階級共和國。正是由於這種鞭辟入裡的分析，作者正確地提出，伍廷芳雖有幾十年的洋務生涯，但不能稱其為洋務派；雖在經歷上有極大的相似性，但其中西文明觀卻與辜鴻銘迥然不同；雖

也嚮往、孜求資產階級民主共和，但在實踐手段上卻同孫中山革命黨人存有歧異。總之，這種宏大理論建構下的個案研究，是「由博而約」的寫真，為整個中國近代史的研究提供了一個新的視角。

其次，本書創新而不越規範。本書既恪守史學論著的寫作程式，又流溢著濃濃的創新意識。如作者在對伍廷芳與容閎進行比較研究時指出，前者的悲劇色彩遠遠重於後者，原因就在於生活的時代不同，知識結構的差異，性格上的歧異。這是很有見地的新觀點。又如作者詳細梳理了伍廷芳中西文明觀的形成、內涵，並在該問題上同辜鴻銘進行了比較研究，提出科學性多於情緒性、開放性多於封閉性、兼容性多於排拒性是其中西文明觀的基本特色。這些觀點在史學界還是首次提出。在探討伍廷芳在清末新政和南京臨時政府時期的法律思想與實踐時，作者的論述抓住要害，分析深刻而有創造性。在「宋案」、「姚案」處理中的抗爭與受挫，作者認為標誌著伍廷芳這個典型的法律至上論者在近代中國的最終失敗。文章立論公允，極具說服力。

再者，本書史料豐富，考訂細緻。儘管不能窮盡資料，但能否做到盡可能多地占有第一手資料，這是衡量一本史學論著優劣與否的重要指標。張禮恆博士是一個勤奮、踏實的人。該書儘管是在其博士學位論文基礎上寫就，但實際上是其十餘年來史學研究的結晶。作者為研究該課題做了艱苦細緻的準備工作，找尋史料的足跡蜿蜒於北京、天津、南京、濟南、上海等城市。由於有翔實的史料做基礎，作者才能夠對有關史料進行細緻的分析、考訂，並由此得出了若干新觀點，推翻了一些長存於史學界的臆測性結論。如關於伍廷芳的出生日期問題、伍廷芳與日本首相伊藤博文是留英同學問題等，作者都得出了與前人不同且令人信服的結論，體現了一位年輕學人嚴謹的治學態度與精神。

「天行健，君子以自強不息。」對於立志終生為學的人而言，一個課題的完成宛如取得了一場戰爭中一次戰役的勝利，後面還有

很長的路要走，還有許多堡壘需要去攻克。我期望著在不久的將來
讀到張禮恆博士的新作。是為序。

夏東元
2001 年 12 月序於滬上臨淵齋

中國近代文化邊緣人群體透視

　　人類學家、社會學家概定：「邊緣人知識分子」(marginal intellectual)乃是指同時生活於存在某些彼此衝突的價值標準或行為規範的兩個文化之間的某一社群。以容閎、伍廷芳、嚴復、孫中山為代表的文化邊緣人構成了近代中國社會一道奇異的風景線。探尋該群體的出現、心態、歸宿，無疑會加深我們對伍廷芳思想經歷的理解，從而深化對中國近代史的研究。

一、近代中國由中心淪爲邊陲的伴生物

　　文化邊緣人在中國的出現，當是近代中國由世界中心淪為邊陲的伴生物。

　　近代化運動實質上是一場全球一體化運動。隨著歐美國家在近代歷史進程中的異軍突起，更伴隨其早期殖民擴張，人類文明演進的格局發生了根本性的變化。西歐諸國在邁向人類社會更高層次的轉變中，捷足先登，脫穎而出，為世界諸民族提供了一個可供參考的現成示範模式，成為人類新生代的文明發源地。該文明融合吸納了人類早期諸文明的精華，「甚至向已死的文明借鑑」，①顯現出能量大、擴散強的特點。它如同一副質地堅實的網羅，將人類生活繁衍的分散諸地聯為一體，並強行裹挾著並肩前行。人類社會的舞台走向統一與集中。到十九世紀初葉，全球一體化運動初顯端倪。

---

① 〔法〕費爾南‧布勞岱爾：《資本主義論叢》，中央編譯出版社 1997 年版，第 157 頁。

可以說，世界近代史即是一部由分散到整體的歷史，也即世界後進民族國家由中心淪為邊陲的歷史。在地理大發現之前，人類社會呈現多極並立的格局，諸種文明輻射的範圍各以其文明內存能量的大小為半徑波及週邊，形成了眾多文明圈。本人認為，湯恩比的文明形態理論是迄今為止學術界關於文明類型劃分的權威。他認為人類歷史上曾先後存在過二十三種文明，這些文明包括已經死亡的埃及社會、米諾斯社會、蘇末社會、赫梯社會、巴比倫社會、印度河流域社會、中國商代社會、瑪雅社會。此為第一代文明。古代希臘社會、敘利亞社會、古代印度社會、古代中國社會、安第斯社會、墨西哥社會、尤卡坦社會。此為第二代文明。現在仍然存在著的第三代文明有西方社會、東正教社會（內分為拜占庭東正教社會和俄羅斯東正教社會）、伊朗社會和阿拉伯社會（二者現合為伊斯蘭教社會）、印度社會、遠東社會（又可分為中國社會和朝鮮—日本社會）。[②]在這些文明中有的是親子代之間的嬗遞關係，有的則是空間上的並存關係。從第一代的八種文明來看，人類最初的文明是在彼此隔絕的狀態下發生的，即文明是異源的、異質的。所有這些文明由於受到人類征服自然、改造自然能力的制約，都未能呈現出王者之相，普照寰宇，取代他種文明。

然而，曾幾何時，隨著新航路的開闢，和資本主義這一新型社會制度在西歐的確立，文明間的封閉性、分散性趨於瓦解。導源於古希臘文明的西洋文明，在強大武力的配合下，以其強勁的穿透力輻射全球，遍播帶有歐式印記的文明。人類社會新一輪次的中心、邊陲化進程拉開了序幕。在同西洋文明較量中慘敗的諸多文明已不再具有往昔的輝煌，其曾經照耀、滋潤過的地帶已不再是文明的中心，而蛻變為西洋文明的邊陲。「中心」、「邊陲」的概念，與前相比，無論是在內涵上還是在外延上，均已發生了根本性的變化。

② 〔英〕湯恩比：《歷史研究》上冊，上海人民出版社 1966 年版，第 43 頁。

「所有現存的文明，無論是主要的還是次等的，在最近二百年中都已成為西歐文明的邊緣。」[3]西洋文明取代了眾多文明而雄居文明之首，他種文明已經喪失了原有的意義，其曾經影響過的地域變成了殖民地或半殖民地。「如果說在十六世紀以前人類各文明基本上是在一種相互隔絕的狀態中獨立發展，彼此間的衝突只是一些無損於歷史主題的小插曲，那麼在十六世紀以後的世界整合或一體化的過程中，西方與非西方之間的文明衝突則構成了歷史的主旋律。」[4]當然，由於文明穩定性的強弱不同，內部結構的差異，世界諸文明抗拒西洋文明的結果也不盡相同。那些內部構成鬆散的文明，很快就被西洋文明所同化和取代，如非洲、澳大利亞和拉丁美洲。當西方殖民者到來時，這些地區尚處於舊石器的原始狀態或文明的黎明時期，尚未經歷「哲學的突破」（「philosophic breakthrough」）而建立起一套理論化和普世性的宗教——倫理價值系統，在精神文化方面差不多仍處於一種蒙昧未開的空白狀態。所以西方在這些地區的殖民活動幾乎沒有遇到什麼深層的文化障礙。西方文化很快變成了這些地區和民族的主流文化，操縱著他們的精神世界。那些結構嚴密、穩定性強的文明則極具韌性，民族文化的底色保持相對完好。如中國、印度及伊斯蘭世界。

　　文化概念上的「邊緣」與「邊緣人」是政治中心與邊陲的伴隨物。自十九世紀四〇年代被強行納入世界資本主義文明循環圈內始，中國社會呈現出一幅動盪不安的轉型圖景：中國的社會結構開始由農耕社會向工業社會轉型，從封閉社會向開放社會轉型，從同質的單一性社會向異質的多樣性社會轉型，從倫理性社會向法制性社會轉型。中國社會的主體——全體國民也在從傳統人向現代人轉

③ 〔美〕菲利普・巴格比：《文化：歷史的投影》，上海人民出版社 1987 年版，第 204 頁。
④ 趙林：〈人類文明的演化趨勢——兼論亨廷頓的「文明衝突」〉，《中國社會科學季刊》（香港）1995 年春季卷，總第 10 期，第 153 頁。

型。現代人格轉型的突出標誌便是一種不同於已往各代人格特質的「新生代」的出現。這種「新人類」即是人類學家所稱的「邊緣人」。

二、徘徊於兩種價值標準下的尷尬人

著名美籍華裔人類學家許烺光先生對文化「邊緣」現象和「邊緣人」心態特徵有過深刻剖析。他自稱：「我是一個『邊緣人』。我出生並成長於一種文化環境中——在那裡，生活停滯，大部分人的生活幾乎完全可以預知，後來我被從這一文化中趕了出來，到另一種文化中生活和工作。在後一種文化中，人們渴望變化，因為它本來就追求進步，萬物與眾生的面貌是變化不居的。處在對比如此明顯的兩種文化環境的人，本來就徘徊於每種文化的邊緣。他自己就像是漫步於這兩種文化邊緣上的兩個人一樣，時常接觸。」[5]

由此可見，文化邊緣人的出現乃是社會轉型過程中，兩種或兩種以上文化交流滲透的產物。一般說來，文化的傳播尤其是強勢文化的傳播是從一極到另一極，經過傳播者－訊息－媒體－閱聽人－效果五個階段，從方向性上說是順時直線式的。弱勢文化的吸納接受則恰好相反，在方向性上是逆時曲線式的。文化邊緣人走過的心路歷程與此大致相同。文化邊緣人大都具有求真求實，不囿於既成文化積澱，勇於拋卻傳統觀念等品質，其心態是開放的而非封閉的，其行動是開拓的而非守成的。對異質文明的體認多經歷困惑、嘗試、模仿、認知等過程。對傳統文化的態度則是認同、懷疑、改造、重構。伴隨這一重建過程的結束，體現出了邊緣人思維方式、價值取向、道德標準的轉型。在其言行中往往是新舊皆存、中西均有，但文化的底色已非傳統，也非傳統與現代性的對等，而是現代性多於傳統性，世界性重於民族性。邊緣人的人生旨趣代表著時代

⑤〔美〕許烺光：《美國人與中國人：兩種生活方式比較》，華夏出版社 1990 年版，第 3 頁。

潮流奔騰的趨向，昭示著後進國家、民族的演進大勢。邊緣人是舊世界的盜火者，新世界的輪廓將在其所盜的熊熊大火中冉冉凸現。

然而，邊緣人的境地又是兩難的。他們一方面是兩種乃至多種文明交流溝通的使者，在異質文明間架起了一座溝通的橋樑，文明間的交流將通過他們而趨向融合貫通。英國著名作家 D. H. 勞倫斯就曾說過：「所謂邊緣人，就是那些處於人類相互理解邊緣的人，他們始終在拓寬著人類知識的新領域——以及人生的領域。」[6]另一方面，邊緣人的角色定位——跨越兩種文化，參與兩種文化的衝突與對立，又使他們往往被兩種乃至多種文明所拒斥，身處「既是」、「又不是」的尷尬境地，既不能對其中任何一種文化群體的價值標準忠貞不渝，又不能為他所認同的任何一種文化群體所充分接受。邊緣人尤其是在社會轉型早期的邊緣人總是孤獨的、失望的。他們具有拓荒者的勇氣，在舉國多半酣睡時，敢於向傳統發起挑戰，做出諸多被世人視為「異端」的舉動，但他們卻沒有能力得到社會的呼應、認同。社會依舊按其原有的慣性遞進著、演化著。

伍廷芳生於 1842 年，恰好是東西兩大文明間第一次正面碰撞結束之時。擁有五千年輝煌歷史的華夏文明在同西洋文明的首次較量中鎩羽而歸。中英之間不平等條約的修訂，標誌著華夏文化中心地位的旁落和「中國中心觀」的破產，預示了中國開始由世界的「中心」衍化為西洋文明的「邊緣」、政治邊緣化必將孕育出文化邊緣人。廣州、香港地處中西文明交流要道，東西文化最早在此遭遇，為近代中國文化邊緣人的誕生提供了肥沃的土壤。廣州、香港成為文化邊緣人的溫室和搖籃。開近代海外留學之風的容閎、黃寬、黃勝全都是廣東人。從人類學的角度看，他們應當是近代中國的首批文化邊緣人，在他們的身上幾乎體現出了邊緣人的全部特徵。當絕大多數學生以沈默來回答勃朗先生的出國邀請時，是容閎

⑥ 引自《勞倫斯書信選》，北方文藝出版社 1988 年版。

他們挺身而出，毅然前往。邊緣人必具的冒險性、拓展性顯露無遺。身居異國他鄉，西洋文明的現成模式為邊緣人提供了一個對比示範的標本。隨著知識的增多，邊緣人的內心痛苦必將與日俱增。容閎對此有過精細的心理描述：

> 予當修業期內，中國之腐敗情形，時觸予懷，迨末年而尤愈。每一念及，輒爲之怏怏不樂，轉願不受此良教育之爲愈。蓋既受教育，則予心中之理想既高，而道德之範圍亦廣，遂覺此身負荷極重。若在毫無知識時代，轉不之覺也。更念中國國民，身受無限痛苦，無限壓制。此痛苦與壓制，在彼未受教育之人，亦轉毫無感覺，初不知其爲痛苦與壓制也。故予嘗謂知識益高者，痛苦亦多，而快樂益少。反之，愈無知識，則痛苦愈少，而快樂乃愈多。快樂與知識，殆天然成一反比例乎！⑦

「洋裝雖然穿在身，我心依然是中國心」唱出了海外遊子的強烈歸宗感。留學生作為弱國的代表，在沐浴西洋文明的同時，內心膨脹的是民族主義感情和強烈的中國人意識，從而陷入邊緣人知識分子的認同緊張。對故土的深深眷戀和對民族式微的痛心，必將促使邊緣人知識分子立志報效祖國，為中華崛起而學習。容閎的經歷足以證實此點。容閎在升入耶魯大學前經濟拮据，處境艱難，有人願出資贊助，條件是畢業後做傳教士布道。容閎對此斷然拒絕。他說：「予雖貧，自由所固有。他日竟學，無論何業，將擇其最有益於中國者為之。」⑧「蓋人類有應盡之天職，決不能以食貧故，遂變宗旨也。」⑨大學畢業前，容閎已在為將來報效國家作規劃，「予意以為，予之一身既受文明之教育，則當使後予之人，亦享此同等之利益，以西方之學術，灌輸於中國，使中國日趨於文明富強之境。」⑩1872年中國首批幼童赴美留學即是容閎這個邊緣人報效祖

---

⑦ 容閎：《西學東漸記》，岳麓書社1985年版，第61頁。
⑧ 同上，第58頁。
⑨ 同上，第59頁。
⑩ 同上，第62頁。

國的行動寫真。

　　身受兩種乃至多種文化薰陶，邊緣人的言行，按傳統的觀點看，大都帶有「離經叛道」的色彩，因而邊緣人歸國後，多經歷一個艱難跋涉的過程。容閎結束了十年留美生涯於 1855 年返歸中國，他所能謀到的職業也只有海關翻譯，洋行代理商。至於所提具有資本主義色彩的七項建議，太平天國沒有採納，曾國藩、李鴻章等洋務派也沒有採納。即使後來成行的派遣留學生計劃，也歷經坎坷，歸國十七年後方實施，且十年後，「此百二十名之學生，遂皆於 1881 年淒然返國。」⑪容閎的教育救國方案終成泡影。銀行計劃、鐵路計劃也統統歸於失敗。最後又因參加戊戌變法而遭通緝，出逃美國，客死他鄉。縱觀容閎的一生，其雖有「甚願為中國而死，死固得其所」⑫之壯志，但傳統的專制王朝最終拒斥了他，留下的只是一聲壯志未酬身先死的英雄哀嘆。

　　就中國近代邊緣人的沿革變遷看，本書的主人翁伍廷芳應當屬於第二代邊緣人。伍廷芳生於新加坡，求學於香港，1874 年自費赴英學習法律，1877 年獲大律師資格歸國。1882 年起仕清二十八年，官至外務部侍郎、刑部侍郎。同屬邊緣人，伍廷芳與容閎相較，有很大的相似性，但又有巨大的差異性。所謂的相似性，即在言行中體現出了邊緣人獨有的特徵，身跨兩種乃至多種文化背景，思維方式、價值觀念、人生旨趣與時人迴然不同，身負傳統文化基因和未來文化使命，報國宏願備嘗艱辛。但終其兩人的一生際遇，伍廷芳又與容閎有差異。容閎一生的悲劇色彩遠遠重於伍廷芳。伍廷芳則在峰迴路轉中基本實現了人生的最高追求，完成了邊緣人的歷史使命。伍廷芳所經歷過的這段歷程，我們將在本書中予以深入提示。

　　造成容閎、伍廷芳人生際遇的不同原因，主要有以下三點：

　　第一、生活時代不同。容閎生於 1828 年，比伍廷芳大了整整

⑪ 容閎：《西學東漸記》，第 141 頁。
⑫ 同上，第 157 頁。

十四歲。1855 年學成歸國，也比伍廷芳留英歸來早了二十二年。這二十二年的差距，在很大程度上決定了兩人的命運。容閎回國時，正是中西兩大文明第二輪衝突爆發的前夜。中華帝國的統治集團對東西方之間的巨大差距沒有清醒的認識，對世界發展的大勢依舊茫然無知，雖有林則徐、魏源在第一次鴉片戰爭前後奔走呼號，但「師夷之長技以制夷」的警世明言並沒有得到社會輿論的首肯和體認，最高統治集團依舊沈浸在「天朝上國」的夢幻中，徜徉於「天子有道，狩在四夷」的神話裡。1840 年第一次鴉片戰爭留給清朝統治者的只是對往昔盛朝的加倍留戀和對傳統大國統治模式的更加頑固的據守。至於從戰略高度上審視世界局勢，更新觀念，制定切合實際的國家大策，則根本無從談起。統治集團念念不忘的只是如何化解中英戰爭後天朝上國尊嚴的喪失，如何重鑄中華帝國的神聖靈光。因而，當歐美殖民者提出「修約」要求時，清朝咸豐帝關心的只是如何阻止外國公使進駐北京，確保上國神威免遭褻瀆，甚至不顧國力的衰弱被迫以戰爭來捍衛。

可以說，容閎歸國之時，腐朽頑固的鐵幕依舊籠罩著神州大地。處此社會氛圍，作為異化的邊緣人是極難得到社會認同的。至於發揮所學、改造社會，簡直是與虎謀皮。可供容閎選擇的只能是南下香港，北上上海，充當翻譯、洋行代理商。正統職業、中心社會，容閎難以插足。仕清多年，僅博得了一個四品職銜。容閎成為傳統社會的棄兒。

伍廷芳則幸運得多。當他 1877 年留英歸來時，中國社會已發生了翻天覆地的變化。第二次鴉片戰爭成為社會變革轉型的加速器。歷經戰爭的浩劫，中華大地痛定思痛。侵略者用鐵與火的事實，迫使清朝統治集團承認，如今的歐美列強決非昔日的蠻夷狄貊可比，傳統文化並非盡善盡美，無懈可擊，中國正面臨「數千年來未有之變局」。林則徐、魏源首倡的「師夷長技以制夷」變成了專制集團部分官員的自覺和無奈的抉擇。中國在「富國強兵」的旗號

下，邁出了近代化的第一步。了解西方，學習歐美，成為活生生的現實。當局的提倡，社會輿論的導向，為邊緣人建功立業營造了一個較前十分有利的社會環境。這就是郭嵩燾、陳蘭彬、張之洞、李鴻章等爭相羅致伍廷芳的真正背景。

生存空間的大與小，決定了伍廷芳、容閎個人才學發揮的程度。

第二、知識結構的差異。「社會分工的結果，把人們的社會功能細密化，使得個人與社會的關係趨向以單純的職業關係為核心，科技的發展帶來了職業的專業化，也帶來了性向高度化的情形。」[13]這是在社會轉型期擺在知識分子面前的一個難題。「通」、「博」是傳統知識分子學術成就的最高追求。與此相匹配的是以農業為主、家庭手工業為補充的中國舊式生產方式。社會的主體——農民既是農業生產者，又是家庭手工業者，社會分工極不明顯。建構在此種經濟基礎之上的傳統讀書人的知識結構顯得單調貧乏，其所知所學亦不外乎是以儒家經典為教本的傳統文化的再傳播，注重人文勝於格物，強調知理多於求真。此種「通」、「博」絕非學理意義上的「通」、「博」。

隨著近代化運動的啟動，現實對專門人才的需求有增無減。擁有專業特長的專門人才成為社會的寵兒。就容閎、伍廷芳的學術素養、知識結構來看，兩人存有極大差異。容閎 1845-1854 年留學美國完成了中學、大學學業，成為耶魯大學的畢業生。他雖然具備了相當的學術素養，但還不能算作一名真正的人才，充其量只能是一個人才的半成品。他最擅長的是「英文論說」[14]，曾兩次獲得頭獎，數學一科則常不及格。嚴格說來，英語只是一門工具，不能視為專業。歸國後，容閎四次失業，曾一度靠譯書為生，不得不進行再深造，曾去香港專攻法律，後因遭到英籍律師的拒絕未能完成。專業

---

[13] 湯學智、楊匡漢：《台港暨海外學界論中國知識分子》，河南人民出版社 1994 年版，第 64 頁。

[14] 容閎：《西學東漸記》，岳麓書社 1985 年版，第 60 頁。

知識的匱乏成為容閎就業選擇連連受挫的根源之一。

伍廷芳則稱得上是一名專門人才。早年就讀香港，接受了系統的西方教育，鋪墊了良好的西學素養。任職港英高等法院，創辦《中外新報》，積累了豐厚的實踐經驗與工作能力。尤其是 1874 年自費留學英國，專攻法律，知識結構發生了質的變化，實現了由博而約、由通至專的飛躍。1877 年返回香港時，伍廷芳已經是一名大律師，一名學有所長的專門人才。大律師一職為他贏得了無數殊榮，更為他步入政界、踏入政治中樞鋪設了一條坦途。這可以伍廷芳歸國後地位的變遷為據：初在香港出任大律師；1877-1878 年任港英政府考試委員，參與選拔官員；1878-1882 年任香港保良局副主席，負責社會治安，保護婦幼，組織救災；1880 年就任港府立法局議員，開啟了華人進入港英政府參政議政的先河。短短數載，伍廷芳留下了一串串耀眼的腳印，填補了一項項香港歷史的空白。也正是因為其所具有的法律特長，伍廷芳得到了清廷及其官員的青睞。郭嵩燾、陳蘭彬爭相邀請，李鴻章則不惜以年薪六千金的高價將其羅聘帳下，待為座上客，視為中外交涉的肱股。

專業特長的有無，決定了容閎、伍廷芳這兩位邊緣人在近代中國際遇的差異。人創造了歷史，歷史又選擇了人。

第三、性格上的差異。「性格」一詞最早見諸於希臘文，原為雕刻，後轉意為印刻、標記、特徵，廣義指人或事物互相區別的特徵。中國心理學界把性格理解為一個人在現實穩定態度和習慣化了的行為方式中所表現出來的個性心理特徵。它最能表現一個人的個性差異。[15]性格差異決定了人們生活方式的不同，影響著人們在現實生活中的進與退、得與失。容閎、伍廷芳在個性心理上存有極大的不同。就個性類型劃分，容閎是穩定外向型，在氣質類型上則屬於多血質，特徵是善交際、開朗、健談、活潑，有領導能力。其自

---

[15] 葉奕乾、孔克勤：《個性心理學》，華東師範大學出版社 1993 年版，第 171-172 頁。

傳《西學東漸記》中無不流露出此點。早年勇隨勃朗校長留學美國，在上海不畏強暴痛毆洋水手，均表明容閎個性心理上的開朗、活潑、冒險性。管理「兄弟會」圖書，司理同學飲膳，結識眾多學生則表現出了容閎個性心理上善交際、有領導才能的一面。容閎對此曾自述道：「余熟悉美國情形，而於學界中交遊尤廣。予在校時，名譽頗佳，」「相識之人尤多。」[16]伍廷芳則與之不同。在個性類型上，伍廷芳是穩定內向型，在氣質類型上則屬於黏液質，特徵是謹慎、深思、平靜、有節制、可信賴、性情平和、鎮靜。同樣是作為留學生，伍廷芳曾與一英國學生相對而坐多日，雖欲與之交談，但終未如願，表現了伍廷芳謹慎、深思的個性心理。在回憶早年留英時，伍廷芳曾說過：「我幾乎每天都到那個圖書館去看書，而且幾乎都坐在同一個位置上。而另一個法律學生則通常坐在我桌子對面的那個位置上。我們兩個人面對面對坐了好幾個月，卻從未說過一句話。」[17]洋洋數萬言的《延壽新法》更是浸透出伍廷芳節制、鎮靜的個性特徵。

個性的種類是多維的，既可指一個人的性格特徵，又可喻為一個民族的性格特徵。社會心理學認為：民族性即群體性。它是一個民族在現實穩定態度和習慣化了的行為方式中所表現出來的個性心理特徵。狹隘意義上的個性與群體性的關係是特殊性與普遍性的關係。特殊性寓於普遍性之中，普遍性通過特殊性而發揮作用。就群體性而言，中華民族表現出的是謹慎的、節制的、隨和平靜的、中庸的特徵。民族心理的自我性、排他性制約著個性的發揮，決定著個性不同的個人在現實生活中的得意與失意。通過對容閎、伍廷芳性格特徵的比較，可以發現容閎自身個性特徵同中華民族的群體特徵相距甚遠，甚至有些格格不入。西洋性多於中國性，這就是容閎

---

⑯　容閎：《西學東漸記》，岳麓書社 1985 年版，第 61 頁。
⑰　〈美國宴會與美國禮節〉，丁賢俊、喻作鳳編：《伍廷芳集》下，中華書局 1993 年版，第 908 頁。

在因循守舊的專制時代難以立足的重要原因。相反，伍廷芳在性格特徵上基本與民族的群體性相契合，更符合中國人的審美情趣。因而，他在現實生活中就容易為時人所接受。李鴻章的一番話即是明證。1877 年 10 月 6 日，李鴻章與伍廷芳首次會面。李鴻章甚為滿意。他說，伍廷芳「雖住香港及外國多年，尚恂恂然有儒士風，絕無外洋習氣，尤為難得，前出使英、美之郭侍郎（郭嵩燾）、陳太常（陳蘭彬）爭欲羅致之，蓋有由矣」。[18]在性格現象上，人類表現出了「同性相吸，異性相斥」的特徵。以此為開端，在以後十四年的幕僚生涯中，伍廷芳深得李鴻章的信任和重用，視為內政外交的左右手，並以此為台階登上了一個個更新更廣闊的歷史舞台，在縱橫捭闔的國際坫壇和宦海沈浮的近代政局中，釋放著自己的光和熱，為民族的富強、自由譜寫著人生的華章。

「性格即命運」當是對容閎、伍廷芳人生悲、喜劇角色的概定。

縱觀容閎、伍廷芳走過的人生歷程，不難發現，雖同屬文化邊緣人，容閎是以失敗者的形象而收場，伍廷芳則以成功者的姿態彪炳史冊。

三、雙重變奏曲：從東方到西方 —— 從西方到東方

由世界中心淪為邊陲是中國近代社會的真實寫照。透過這段悲劇歷史，可以發現文化邊緣人走過的清晰軌跡。從容閎經伍廷芳、嚴復到孫中山，代表了中國近代文化邊緣人的群體趨向。由於生活時代的不同，早年的本土文化養成不同以及專業特長和個人性格的差異，導致了他們在近代中國的不同命運和定位。單就早年的本土文化養成而言，容閎、伍廷芳、孫中山有極大的相似性，都已顯示出與中國文化傳統的疏離，其中尤以容閎為最。容閎生於廣東香山南屏鎮（今屬珠海），家境貧寒，自小就進入傳教士開辦的免費

[18] 吳汝綸：《李文忠公全書·譯署函稿》卷 7。

「西塾」就讀，逸出了普通中國學童固定的成長模式，父母的期待是「冀兒子能出人頭地，得一翻譯或洋務委員之優缺」，[19]而非科舉中鵠，光宗耀祖。待留學歸來竟成了外來人，「默念此暗礁與沙灘者，中國語不知當作何辭，久思不屬，竟莫達其意」，[20]不得不補習漢文，培養國學根基。[21]伍廷芳、孫中山與容閎略有不同，兩人都曾有過數年私塾經歷，後因興趣所致，轉向西式教育，並最終完成學業，取得博士學位。相比之下，嚴復的國學基礎是最好的。嚴復 1854 年生於福建侯官（今閩侯）陽崎鄉一個世代以醫為業的家庭，從小接受正規的傳統教育。6 歲就外傅，10 歲拜同邑宿儒黃少岩為塾師。十二歲，父親去世，科舉之夢化為泡影，隨後進入福州船政學堂，[22]遊學英國接觸到了西洋文明。從受傳統文化浸淫的程度來看，四人呈依次遞增的趨勢，但都有背離傳統教育的事實和經過，國學根基與同時代的讀書人相比顯得頗為膚淺。然而正因為有這樣的知識結構，面對西洋文明他們才少了一些飽讀經書之士的痛苦與篤慎，多了些拓荒者的喜悅與果敢。西學、西方的價值觀念成為他們生命中的重要組成部分。他們充當了近代中國社會各個歷史時期倡言西學的先鋒、溝通東西文明的使者和新中國藍圖的繪製人。在國門初開，天朝上國大夢未醒之時，中國近代留美學生之父——容閎最早以邊緣人的身份，為謀求中國的富強而奔走疾呼，促成了 1872 年首批幼童留學美國，開創了近代中國官派留學生的新紀元，揭開了近代中國人走出國門，求知識於世界的序幕。當國人還沈醉在模仿西洋堅船利炮的喜悅之時，留學英國的伍廷芳、嚴復尋求國家自強之道的眼光已經越過了器物層面，投向了西洋富強的核心——制度層次，並為此而學習西洋法律，詮釋歐洲文化經典，

---

⑲ 容閎：《西學東漸記》，岳麓書社 1985 年版，第 42 頁。
⑳ 同上，第 66 頁。
㉑ 同上，第 68 頁。
㉒ 王栻主編：《嚴復集》㈤，中華書局 1986 年版，第 1541 頁。

揭示西國富強的奧秘——「使西方社會有機體最終達到富強的能力是蘊藏於個人中的能力。這些能力可以說是通過駕馭文明的利己來加強的，自由、平等、民主創造了使文明的利己得以實現的環境，在這樣的環境中，人的體、智、德的潛在能力將得到充分的展現。」[23]他們還闡述了人類生存的法則——「優勝劣敗，適者生存」[24]。孫中山則博採各國之長，熔冶於一爐，為中國人民描繪了一幅以三民主義為支點的共和國藍圖。

先行者的拓荒，翻動了數千年農耕文明淤積下的厚厚土壤，為西洋文化在中國的播種提供了一方沃土。東西兩大文明的嫁接成為可能。數以百萬計的讀書人以西洋文明為參照系，在同異質文明的比較中，甄別中外文化的優與劣，探求東方文明日漸式微的癥結所在，找尋中國文化走向世界的歷程。西學新元素的吸納使中國傳統的以人文主義為特色的儒家倫理價值系統有了更大的思維空間和反省天地，對於中國知識分子衝決封建羅網，掙脫專制桎梏，以開放的心態迎接時代的挑戰，無疑起了舉足輕重的作用。隨之而來的便是中國社會風雷激盪的思想巨變。美國社會心理學家冷納斷言：假如一個社會中有許多人都成為「過渡人」時，這個社會就開始由傳統走向現代了。[25]邊緣人的文化先導地位由此奠定。

人類是創造歷史的主體，個體的人都是歷史演進中的階段性產物，每個具體的人無不帶有時代的烙印和痕跡。因而人們不能隨心所欲地創造歷史，而只能在歷史給予的空間和時間內活動。歷史主義的原理同樣適用於近代中國的文化邊緣人。作為生活在「雙重價值系統」中的人和站在「傳統－現代的連續體」上的人，近代中國的文化邊緣人面對中國社會的現實，在導播西學、離異中學的同

[23] 〔美〕本杰明·史華茲：《尋求富強：嚴復與西方》，江蘇人民出版社 1995 年版，第 55 頁。
[24] 嚴復：〈四十自述〉，王栻主編：《嚴復集》。
[25] 「邊緣人」一詞，文化學者、心理學家稱之為「過渡人」，社會學家稱之為「邊際人」。葉南客：《邊際人》，上海人民出版社 1996 年版，第 67 頁。

時，又都呈現出向傳統回歸的表徵。留下了一條從東方到西方，又從西方到東方的生命軌跡。1855 年容閎身著西服回到闊別十年之久的祖國，最初印象是「中國反倒像異鄉」，但所辦的第一件事就是強調「美國之學士，蓋與中國之秀才相仿」，並欣然從其母命剪去鬚鬢。對此，容閎有過生動記載：「予聞母言，即如命趨出，召匠立剃之。母見予狀，樂乃益甚。察其意以為吾子雖受外國教育，固未失其中國固有之道德，仍能盡孝於親也。」[26]回歸傳統文化，取悅國人之意不言而喻。1877 年伍廷芳獲取大律師資格，謝絕陳蘭彬、郭嵩燾的盛情挽留，逕赴香港，緣由是「父憂歸國」，守制期間「哀毀骨立，幾至滅性」。[27] 1889 年母親余氏去世，伍廷芳旋離「北洋官鐵局」，返歸香港，「閉門讀書，三年不出」。[28]所為所循，與中國傳統禮制並無二致。嚴復有中國近代思想啟蒙大師、「西學第一」的美譽，對西洋富強源本的洞察，罕有匹敵，但向傳統回歸的力度並不在容閎、伍廷芳之下。他曾四次參加科舉考試，試圖躋身正統社會中心；他還翻譯西國典籍，刻意模仿先秦文體，「以待多讀中國古書之人」。[29]就連桐城派大師吳汝綸為《天演論》作序也盛讚其文「與晚周諸子相上下」。[30]投士大夫所好，融身傳統社會之意昭然若揭。雖屢屢受挫，但他痴心不改。在科舉制已被廢除四年之久的 1909 年，終於受賜文科進士出身，贏得「碩學通儒」的封賜，為晚年加入「籌安會」、擁護帝制、反對共和埋下了伏筆。民主革命的先行者孫中山作為文化邊緣人，同樣經歷了同傳統離異又趨向傳統的天路歷程。在結束了八年的西式教育，成為基督教徒的孫中山返回中國後進行傳統文化的再「補課」，先拜柏林大學漢文教授區鳳墀為師，繼而請漢文教師陳仲堯授課，「於中學

㉖ 容閎：《西學東漸記》，岳麓書社 1985 年版，第 67 頁。
㉗ 《伍廷芳博士哀思錄‧附哀啟》，華東師範大學圖書館藏未刊本，第 1 頁。
㉘ 同上，第 1 頁。
㉙ 〈致梁啟超〉，《嚴復集》㈢，第 516-517 頁。
㉚ 〈吳序〉，《嚴復集》㈤，第 1319 頁。

則獨好三代兩漢之文，於西學則雅癖達文之道，而格致政事亦常流覽。」[31]改造中國「必須新舊並用，全新全舊，皆不合宜。」[32]其讓位於袁世凱同樣有此深層文化動因，「欲治民國，非具新思想、舊經練（驗）、舊手段不可，而袁總統適足當之。」[33]他曾多次公開言明，欲維持民族和國家的長久地位，就必須「把固有道德先恢復起來。有了固有的道德，然後固有的民族地位，才可以恢復。」[34]即使孫中山對中國舊民主主義革命最大貢獻的「三民主義」，同樣流露出傳統文化的氣息：「驅除韃虜，恢復中華」，顯然帶有「夷夏之辨」的傳統觀念；「創建民國」同樣融貫了中國固有的民本思想，並且借鑑了傳統的監察、考試制度，以五權憲法彌補三權分立的不足；「平均地權」也與古老的大同思想，以及均田、公倉等法有傳統的淵源關係。

容閎、伍廷芳、嚴復、孫中山思想行動的變遷，給人以深刻的歷史啟示。傳統擁有無形的巨大力量。傳統既是民族賴以生存的胚胎，也是民族得以繁衍進化的基因，具有強勁的穩定性、持續性、浸染性，一經踏入就會感受到它無形和有形的存在，就會被它的魅力和魔力所吸吮。因此，生活於這種氛圍中的人，如同跳入如來佛手掌中的孫行者，極難逃脫傳統的掣肘。社會學家正是基於此種認識，將「傳統」視為一條世代相傳的事物的「變體鏈」，圍繞一個或幾個被接受和延伸的主題而形成的不同變體的一條「時間鏈」，指出「傳統是一個社會的文化遺產，是人類過去所創造的種種制度、信仰、價值觀念和行為方式等構成的表意象徵；它使代與代之間、一個歷史階段與另一個歷史階段之間保持了某種連續性和同一性，構成了一個社會創造與再創造自己的文化密碼，並且給人類生

[31] 〈復翟爾斯函〉，《孫中山全集》第 1 卷，中華書局 1981 年版，第 48 頁。
[32] 《孫中山全集》第 1 卷，中華書局 1981 年版，第 485 頁。
[33] 同上。
[34] 〈三民主義・民族主義〉，《孫中山選集》下卷，第 653 頁。

存帶來了秩序和意義。」㉟社會學家們的論述，揭示了一條質樸但卻永恆的真理：人類社會的發展實際上就是傳統的發展。傳統作為一架吸納器經過無數次的吐故納新、整合調適，駕馭規範著人類的演化，將社會推出了遠古、中古，推到了現在，推向遙遠的未來。人作為人類活動的主體，既是傳統的載體，又是新風尚的創造者。在社會轉型期中湧現出的文化邊緣人，欲求謀取發言人的地位，實現民族獨立富強的鴻鵠之志，必須經歷逸出傳統──融入傳統──高揚傳統的過程。「全盤西化」、「全面復古」既不現實，也不可能。近代一百多年來，先進知識分子求索民族振興之路灑下的血和淚早已反覆驗證了此路不通。新中國的誕生宣告了馬列主義與中國國情相結合是中華民族擺脫奴役、重振雄風的必由之路。

　　「離異不可無根，回歸不可返古」，㊱當是本書主人翁伍廷芳，也是中國近代文化邊緣人群體詮釋的歷史真諦。

㉟〔美〕E. 希爾斯：《論傳統》，上海人民出版社 1991 年版，第 3 頁。
㊱ 章開沅：《離異與回歸》，湖南人民出版社 1988 年版，第 2 頁。

第一章

一個新人的誕生

一、變化世界中的歷史與個人

十九世紀四〇年代，人類文明史上最大的一次文化衝突正在激烈進行中。發源於地中海沿岸的愛琴海文明，歷經數千年的淘舊更新、調適整合，在衝破了歐洲中世紀的黑暗歲月後，迎來了近代人類文明的曙光。十七世紀中葉以後，昭示著人類歷史前景的歐洲近代文明誕生於英倫三島。這是一種極富進取精神的新型文明，這也是一種霸氣十足的新型文明。地球是一家，寰宇是市場，成為初次登上歷史舞台的資產階級新貴族們的信條。十八世紀七〇年代完成的工業革命，助西歐資產階級成就人類歷史上未曾有過的大業一臂之力。在堅船利炮的裹攜下，西方近代文明的成果——商品、科技、文化、價值觀念等等，挾雷霆萬鈞之勢，呼嘯東來。「資產階級，由於一切生產工具的迅速改進，由於交通的極其便利，把一切民族甚至最野蠻的民族都捲到文明中來了。它的商品的低廉價格，是它用來摧毀一切萬里長城，征服野蠻人最頑強的仇外心理的重炮。它迫使一切民族——如果它不想滅亡的話——採用資產階級的生活方式；它迫使它們在自己那裡推行所謂文明制度，即變成資產者。一句話，它按照自己的面貌為自己創造出一個世界。」[①]至少自明朝肇始的中西文化碰撞，至此發生了強烈的震撼。墨守陳規、不思更新，內部調適機制失靈的中華文化，在這場罕與倫比的文明

---

① 馬克思、恩格斯：《共產黨宣言》，人民出版社 1992 年版，第 30 頁。

衝突、碰撞中敗下陣來。自十六世紀以來出沒於東南沿海的西洋「夷狄」們，在來復槍的開道下，耀武揚威地登上了「天朝上國」的疆地，逼迫威馭四方的天朝之君在屈辱的不平等契約上簽字畫押。面對這突如其來的變局，天朝上國上自天子百官，下至黎民百姓，表現出的是驚愕、困惑和忿怒。當然，人口數以億計的泱泱大國自然也有清醒或更確切地說是較為清醒的人存在。林則徐、魏源、包世臣等人便在中西文化第一次大衝突、大撞擊後，開始睜眼看世界，發出了亙古未有的「師夷之長技以制夷」的吶喊。以此為開端，揭開了千年古國學習西方的歷史。中國駛向近代化的巨艦艱難啟航。

「非常之世，必有非常之人走著非常之路，以達到個人的欲望和目的，並對社會發展起著新的促進作用。」[2]在中國近代化的大潮中，自然會有一些新潮人物，憑藉其獨特的家庭背景、特殊的經歷和人格魅力，走上一條奇異但卻符合歷史大潮奔湧方向的大道，去成就一番前人未曾有過，同時代的人們罕以匹敵的事業。伍廷芳正是這樣一位近代中國社會巨變中的弄潮兒。

伍廷芳，本名敘，字文爵，號秩庸。[3] 1877 年（光緒三年丁丑），始改名廷芳。[4]廣東新會縣（今新會市）官來橋（黃家樓尾）

---

[2] 夏東元：《盛宣懷傳》，四川人民出版社 1988 年版，第 1 頁。

[3] 伍廷芳即伍敘，《華北先驅周報及高等法庭與領事公報》及詹姆斯·羅頓偕士：《香港法律及法庭史》卷 2，第 90 章，第 491 頁。按《周禮·小宰》：「以官府之敘正群吏。」鄭玄注曰：「敘，敘次也。」又《鄉師》：「凡邦事，令作秩敘。」注：「事，功力之事，秩，常也；敘猶次也。事有常次，則不偏匱。」《禮記·王制》：「王者之制祿爵。」注：「秩次也。」因字文爵，號秩庸，新會土音「敘」讀如廣州音「在」，故伍敘當時英文譯作 Ngchoy 或 Ngachoy，《嶺南伍氏總譜》（民國二十二年重修本）卷 4 上，〈仕宦門〉第 47 頁，也有伍氏字與號的記載。

[4] 伍氏居港及留英期間，特別在官憲檔案內未曾用「廷芳」二字為名。《香港法律及法庭史》也說其在充任李鴻章幕僚及外事通譯時始用此名。實際上伍氏與清朝官員交往之初，即取名廷芳，其號則沿用未改。1877 年 10 月 22 日（光緒三年九月十六日）李鴻章〈復沈幼丹制軍書〉，始稱「粵人伍廷芳」。同年 6 月 22 日（光緒三年五月十二日），使英大臣郭嵩燾、副使劉錫鴻保薦伍廷芳折，為現今可考的清朝官書電文中用「伍廷芳」之名最早者。

人。1842 年 7 月 20 日（道光二十二年六月十三日）⑤生於新加坡合都亞南。⑥此時此刻，英國侵略軍正沿吳淞口溯江西行，鴉片戰爭已接近尾聲。一個月後，耆英、伊里布代表清政府在英國軍艦「漢華麗」號上簽訂《南京條約》。「天朝上國」的大門被歐洲列強轟開。中國社會從此開始步入半殖民地半封建社會。個人命運與民族的進程，在伍廷芳的出生與中國近代社會的演進過程中竟是如此契合。身逢數千年未有之變局，注定了出生海外的伍廷芳必然要走一條前人未曾走過的路途。

伍廷芳出生在一個貧窮的家庭。其子伍朝樞後來在〈哀啟〉中說：「先世家故貧。」⑦伍廷芳的父親伍社常（榮彰）早年隻身闖南洋謀求出路。粵人赴南洋具有悠久的歷史，對於重土安居的中國人來說，遠涉海外，自是迫不得已之舉。大凡在故土能夠維持生計的人是不願出此下策的。只有那些家境一貧如洗、難以為計的人，或遭受封建官衙迫害的人，才會頂著種種壓力，冒險出洋。新加坡自 1842 年《英荷條約》簽訂以來，即成為英國殖民地。那裡有大片荒蕪的土地亟待開墾，而迅速發展的工商業貿易更是提供了眾多的傭工機會。伍社常便加入了粵人在十九世紀前葉浩浩蕩蕩赴南洋謀生的行列。據《中國快訊》記載：「伍廷芳是一個新加坡人。他的

---

⑤ 此前關於伍廷芳出生時間，共有三種說法。一為 1842 年 7 月 9 日（清道光二十二年六月初二日）說，見吳相湘著：《民國人物列傳》（上冊）之〈伍廷芳倡導新政〉，（台灣）傳記文學出版社 1986 年版，第 178 頁。二為 1846 年說，見沈雲龍主編：《伍先生（秩庸）公牘（附伍廷光編：伍廷芳）》，《近代中國史料叢刊・正編》(652)，（台灣）文海出版社，第 1 頁。三為 1842 年 7 月 30 日（清道光二十二年六月二十三日），見張雲樵著：《伍廷芳與清末政治改革》，（台北）聯經出版事業公司 1987 年版。筆者則認為應當是 1842 年 7 月 20 日（清道光二十二年六月十三日）。依據的史料為《伍朝樞日記》，《近代史資料》（總 69 號），中國社會科學出版社 1988 年第 3 期，第 206 頁：「七月二十日，陰，在上海。父生辰道賀，午飯及晚飯備茶。」
⑥ 華東師範大學圖書館藏：《伍秩庸博士哀思錄》所載孫文撰文、譯延闓謹書、張人杰篆額〈伍秩庸博士墓表〉：「考諱榮彰，賈於南洋星加坡。以前清道光二十二年六月二十三日生公。」是書所載伍廷芳之子伍朝樞〈哀啟〉，亦謂廷芳出生於新加坡，「先王父榮彰府君，賈於南洋星架坡。」
⑦ 《伍秩庸博士哀思錄・附哀啟》，華東師範大學圖書館藏未刊本，第 1 頁。

父親伍阿彰（譯名，原文作 Ng A Chon。——引者註）原是廣東人，後來到了新加坡，並在那裡結了婚。他的妻子余娜，是一個中國客家女人。……是一個基督徒，並且經常到基斯貝里先生(Mr. Keasberry)馬來語禮拜堂守禮拜，他們在新加坡生了幾個孩子，其中一個叫伍阿敘(Ng A Choy)。」⑧

　　1845 年⑨，伍廷芳隨父親返回廣東，定居廣州市郊芳村。關於伍廷芳舉家回國的原因，大致有兩種。其一，伍社常、余娜夫婦「為了子女的教育」；⑩其二，伍社常在新加坡從事小本生意，因經營有方，家境日漸好轉，攢下了一些積蓄，有能力遷居國內。這可從 1877 年伍社常病逝後留給伍廷芳的一筆可觀遺產中得到證明。實際上在兩種原因的背後，隱含著中國人的傳統觀念。落葉歸根，光宗耀祖，這既是中國人，更是海外遊子千年不易的條件，萬古不變的準則。後者在伍廷芳歸國後的早年教育中，展現得淋漓盡致。

　　家庭對伍廷芳寄予了厚望，從父親為其起的「名」、「號」的含意中可清楚地看出這一點。歸國後的伍家，在經濟方面肯定要比鄉里四鄰寬裕許多，但這並不表明伍家的社會地位就比他人高得多。在中國這個以農業為本的國度裡，「商」被列為「士、農、工、商」四民之末。衡量中國人社會地位高低的標準，並不在於其擁有財產的多寡，而是看其在官僚階層中官職的品位——儘管中國歷朝歷代不乏擁有萬貫家私的貪官污吏。伍社常海外謀生，多有積蓄，歸國後充其量也只是一個「土財主」。從「土財產」到能夠光宗耀祖的「名門望族」還有一段非常遙遠的距離。而在當時的中國，唯一能夠銜接兩者的就是科舉制度。在從新加坡回國到十四歲

---

⑧　張雲樵：《伍廷芳與清末政治改革》，（台北）聯經出版事業公司 1987 年版，第 33 頁。

⑨　將於伍廷芳回國的年齡現有兩種提法。一為三歲說，見吳相湘：《民國人物列傳》（上冊）之〈伍廷芳倡導新政〉，（台灣）傳記文學出版社 1986 年版，第 178 頁。一為四歲說，見余啟興：〈伍廷芳與香港之關係〉，《壽羅香林教授論文集》，香港編委會，1970 年版，第 255 頁。

⑩　《伍秩庸博士哀思錄‧附哀啟》，華東師範大學圖書館藏未刊本，第 1 頁。

前往香港求學這段時間裡，伍廷芳也曾與同時代的孩子們一樣，進入私塾，研讀四書五經，去追逐一個步入社會高層的夢想。然而，並非所有的封建時代的讀書人都能最終實現這一追求，也並非所有的年輕人都樂意去從事這種呆板、乏味的事業。尤其是在十九世紀五○年代以後，中國在對外戰爭中的慘敗，已引起了眾多有為青年對「天朝上國」及其統治方式的懷疑。這在得歐風美雨風氣之先的華南地區表現得尤為突出。儘管自隋朝創始以來，科學制度有力地衝擊了魏晉以來的「門閥制度」，為眾多的有為青年躋身社會的高層開闢了一條門徑，實現了人生的追求與價值，造就了中國古代社會舉世無雙的文官制度。但是，隨著中國封建專制統治走向極端，到明清時期，科學制度實已成為封建統治階級實行專制統治的強有力的手段之一。科學制已經由隋唐初創時富有改革氣息的舉措，變成了明清以降扼殺人才的桎梏和搖籃。考生在答卷時，不僅內容不出朱熹的《四書集注》，且行文格式也有嚴格的規定，即通常所說的「八股文」。「八股文」形式呆板，內容空洞，陳陳相因，千篇一律。數以萬計的仕子們，為求衣錦還鄉，光宗耀祖，畢生皓首窮經。有限的青春，流失在翻書誦經之間。到清朝後期，科舉制度更加腐敗，連試卷的字體也必須是「小楷」。少數金榜題名的幸運者，也遠非近代中國急劇變革中的有用之才，大多迂腐笨拙，思想保守，缺乏創新，既不能濟世，也不能救民，甚至「竟有不知司馬遷、范仲淹為何代人，漢祖、唐宗為何朝帝者」。[11]科舉制度已經走向了絕境。1915 年 3 月，伍廷芳在〈中華民國圖治芻議〉中曾對清代科舉制進行了痛快淋漓的抨擊，集中闡發了對科舉痼疾的認識。他說：「有清以來，並經義學術，無所發揮，高頭講章，敷衍字面，空腔套語，自謂觸文。此外研求楷書，精寫大卷，幸而掇巍科登高第，身入仕途，授職府懸，謂親民之官，文章化為經濟也。

---

⑪ 舒新城：《中國近代教育史資料》上，人民教育出版社 1961 年版，第 37 頁。

豈知所學非所用，所用非所學，八股小楷，自與政治無關，又況考試時所命題均無補於時局，牖下書生，日手一篇，窮年咕嗶，作書行文，耗盡心血，寧有暇日為天下國家之講求耶？唐太宗曰，天下英雄，入我彀中，蓋人主以文字磨困人才，閉關時代，大都如是。著者平日接見讀書之士，深佩其攻習苦心，惟與之一談政要外情，則甚惜其如墜五里霧內。嘗嘆中國外侮侵凌，而抑塞人材，不知作育，何異受人鞭扑，反將身自縛？此種人材，一旦予以事權，求其策治安，應交涉，能得其措置裕如乎？中國內政外交，頗年失敗，諉於無才，究屬自貽伊戚，則不知改良教育之為累也。」⑫因此，遠遁科舉，成為華夏兒女報國成才的明智之舉。

少年時代的伍廷芳聰明異常，「自幼歧嶷絕倫，讀書目十下，一覽不忘」。但其對科舉高中，興趣索然，「稍長，慨然有澄清宇內之志，不屑為章句帖括之學」，「太息曰，中國人才，盡錮蔽於此矣。遂棄去。」⑬封建叛逆者的性格躍然紙上。據史書記載，伍廷芳在私塾讀書期間，「一見了八股功課便昏昏欲睡，只愛看那子書或是史鑒」，為此沒少挨秀才先生的打罵。⑭

先生的打罵自然會激起學生的反抗。伍廷芳下決心捉弄先生一回，發洩心中的憤怒。有一次，先生布置的作文題是「不歸楊則歸墨」。伍廷芳心想，若抄襲名家名作，先生很可能看出，自己做，又沒興趣。正當左右為難時，他突然想起了《紅樓夢》第八十四回賈寶玉作的「則歸墨」三字，心中頓覺一陣狂喜，於是就把破題的原文（「言於舍楊之外，若別無所歸者，夫墨非欲歸者也。而墨之言已半天下矣。則舍楊之外欲不歸於墨得乎」）完全照抄。先生竟然破天荒地表揚了伍廷芳。有趣的是，後來先生參加鄉試的題目也是「不歸楊則歸墨」。先生就把伍廷芳的作文照錄了一遍，居然瞞

⑫ 《伍廷芳集》下，中華書局1996年版，第604-605頁。
⑬ 《伍秩庸博士哀思錄·附哀啟》，華東師範大學圖書館藏未刊本，第1頁。
⑭ 《伍先生（秩庸）公牘》，《近代中國史料叢刊·正編》(652)，（台灣）文海出版社，第34頁。

過了主考，中了舉人。此事過後，伍廷芳就更加不信科舉了。[15]他常説，章句帖括之學，雕蟲小技，壯夫不為。在他兼任西南護法軍政府財政部長時，有一秘書愛治小學，與人談天説地不過三句話，就炫耀起他的説文解字工夫，某字如此如此的來歷，某字這般這般的意思，嘮嘮叨叨説個沒完。長此以往，伍廷芳實在是不厭煩了，便問道：「究竟治小學有什麼意思？」秘書忙不迭地説：「有趣得很。比如母親的『母』字，本來是『女』字出來的，内裡多加兩點，算是女子的乳，説是女子有乳哺孩子，就可以為人母了。」伍廷芳笑答道：「怪不得這『父』字，上截是『八』，下截是『又』。這『又』字就是做生意家的『四』字，合攏起來就是『八四』。一個人到了八十四歲，難道還不應該作老子嗎？」[16]秘書羞得滿臉通紅，從此再不敢當著伍廷芳的面炫耀他的説文解字工夫了。

從伍廷芳終生所具知識來看，中國傳統文化對他的薰染是膚淺。他早年所接受的傳統文化僅是子書、史鑒、小説等。[17]伍廷芳所具備的這種知識結構，為他接受西方教育提供了一個不壞的基點，便於對異質文化的認同。

沿襲科舉已不可能，無奈的伍社常又為兒子擇定了另一途徑——去香港接受西方教育。當然，華南地區動蕩不安的社會環境，也是伍廷芳到香港去的重要因素。十九世紀五〇年代，受太平天國農民戰爭的影響，清朝在南中國地區的統治近於崩潰，社會呈現出一種無序狀態，盜匪橫行，流寇遍野，打家劫舍，司空見慣。家境寬裕的伍家自然成為打劫的目標。伍廷芳就曾被盜匪綁架、勒索。所幸，伍廷芳憑著一個十三歲少年的聰明智慧，説服匪巢中的伙夫，

---

⑮ 《伍先生（秩庸）公牘》，《近代中國史料叢刊·正編》(652)，（台灣）文海出版社，第 54 頁。
⑯ 同上，第 31 頁。
⑰ 伍廷光編輯：《伍廷芳》，第 16 頁：「老師教我讀書，我通不知，所謂我的受益還是看小説得來。」見《伍先生（秩庸）公牘（附伍廷光編：伍廷芳）》，《近代中國史料叢刊·正編》(652)，（台灣）文海出版社。

第一章 一個新人的誕生

7

聯袂逃脱。⑱

1856 年（清咸豐六年），伍廷芳在親戚陳言（藹亭）⑲的陪伴下，來到香港求學。伍廷芳一生中最輝煌的歷史由此拉開，他將在此積澱能量，去攀登人生的最高峰。

二、西學東漸中誕生的新式知識分子

伍廷芳在香港進入了聖保羅書院(St. Paul's College)。該書院由港區英國聖公會殖民地隨軍牧師文森特‧史丹頓(the Rev. Vincet Stanton)於 1843 年 12 月 22 日創立，1850 年落成，歸首任香港主教史密斯(Dr. George Smith)主理。1851 年開始招收第一屆新生。⑳伍廷芳進入該書院有兩點原因。其一是因為英國牧師晏惠林的薦舉。據《伍廷芳歷史》記載，早在廣州時，「邑有福音教堂，博士常往聽談道，漸與英國老牧師晏惠林諗。牧師為述歐洲之政體文化，心然向之。牧師知其志，更授以英文，約半年，勸勉出外求學，並以書介紹於香港牧師白利安。白氏見其謹厚純和，悦之，使肄業於聖保羅書院。」㉑其二是因為免費寄宿學堂的吸引。1872 年 2 月 17 日，《中外新聞七日報》發表紀念該書院主理史密斯的文章時，詳

---

⑱ 伍廷光編輯：《伍廷芳》，見《伍先生（秩庸）公牘》，《近代中國史料叢刊‧正編》(652)，（台灣）文海出版社，13-15 頁。

⑲ 陳言，字善言，號藹庭，又作藹庭或藹亭，1856 年至香港，初為港府巡理府的書記員，1871 年被聘為《孖剌西報》的副主筆，兼理翻譯事務。當時創刊的《中外新聞七日報》即為陳言所主持，該報在 1872 年 4 月 6 日，改為四版，定名為《香港華字日報》。在香港時，他交遊甚廣，與王韜的關係最為密切，曾幫助其翻譯《聯邦名人錄》一書。1878 年 6 月 22 日，以候選同知的身份隨陳蘭彬出使美洲，出任清朝駐古巴正領事。任職期間，與古巴政府簽訂條約，對當地的華僑、華工多有保護。卸任歸後，曾擔任開平礦務局會辦。1897 年 4 月，隨張蔭桓赴英國參加女王即位六十周年慶典。回國不久即升任開平礦務局總辦。後任滬寧鐵路總辦。1905 年 8 月，死於任上。伍廷芳曾撰文對其一生做過高度評價，稱「藹亭先生之死，確是國家的損失」。見上海《字林西報》，1905 年 8 月 25 日。

⑳ 劉粵聲：《香港基督教會史》，第 158 頁。

㉑ 伍廷光編輯：《伍廷芳》，第 1 頁，見《伍先生（秩庸）公牘》，《近代中國史料叢刊‧正編》(652)，（台灣）文海出版社。

述了聖保羅書院的創辦過程。「君於始創院日，思得中土少年而就西學者良艱，便設例凡學童入院授學，必兼寄叔（宿），使其心有所專。惟薪水、衣服及籍件各費，皆院為之措辦，不索分文。而唐人之狃於陋習者，斯時未心許也。其意曰：幣重而言甘，殆誘我耳。」[22]東西文化間的差異，曾宛如一道寬深的鴻溝，阻止了異質文明的正常交流和融合。為跨越橫亙在東西文明間的天塹，最初東來傳教的基督教徒們採取了一種折衷的策略：通過迎合中國統治者和中國普通黎民百姓心理，達到其最終的文化滲透目的。明代來華的傳教士利瑪竇的所作所為，以及在華設立的最早的教會學校——馬禮遜學堂，[23]無不帶有這種色彩。免費就讀甚至還略有補貼，對於無力進入私塾讀書的貧寒家庭的子女，無疑具有相當大的誘惑力。被稱為「中國留美學生之父」的容閎就是在這一背景下，進入馬禮遜學堂並最終走出國門留學美國的[24]。稱讚第一個吃螃蟹的人只能是後來者，而敢於步其後塵，身體力行者則更是少數。在容閎接受異質文化之後的數十年內，傳教士在中國的傳教事業並沒有得到預期的蓬勃發展，他們依舊靠揣度大部分中國家庭貧寒子弟求學的心理，投其所好，急其所急，招收寒門子弟入學。伍廷芳 1856年到香港接受新式教育便屬於此類。

伍廷芳在香港聖保羅書院接受的是全新的近代教育，所讀課程包括「英文、算學、格致諸科」。對八股帖試深感厭惡的他在此終於找到了樂土，其聰穎的天資得到了充分的展現，「試輒冠儕輩，院長以先嚴之名（伍廷芳）名其堂，示模楷焉。」[25]

[22] 余啟興：〈伍廷芳與香港之關係〉，《壽羅香林教授論文集》，香港編委會，1970年版，第 264 頁。

[23] 馬禮遜(Robert Morrison, 1782-1834)是基督教（新教）派往中國的第一個傳教士。馬禮遜教育會和馬禮遜學校都是為紀念他而命名的。馬禮遜教育會於 1836 年 9 月 28 日成立於廣州，英國鴉片商顛地亇會長，查頓任司庫，美國傳教士裨治文任秘書。馬禮遜學校 1839 年 11 月開辦於澳門，1842 年 11 月 1 日遷往香港，校長是美國公理會傳教士勃朗(S. R. Brown)。

[24] 容閎：《西學東漸記》，湖南人民出版社 1981 年版，第 9 頁。

[25] 《伍秩庸博士哀思錄·附哀啟》，華東師範大學圖書館藏未刊本，第 1 頁。

理性化、系統化、專門化的教育，促使伍廷芳在這六年內思想發生了巨大的變化。因為從十四歲至二十歲，是一個人思想觀念逐漸成型、強烈內聚的階段。從伍廷芳早年所受傳統教育的影響看，完全可以說，伍廷芳行為、思想觀念中所折射出的是西化重於傳統，西洋文化多於東方文化。他實際上成為一個文化概念上的「新生兒」。有史料記載：伍君秩庸，粵之振奇人也。性豪邁而尤耽西學，凡文字語言，靡不貫串。寓居香港多年矣。㉖這段史料已清楚地表明了伍廷芳西化的程度，其語言、思維、表達方式明顯地呈現出西化的特徵。

當然，促成伍廷芳離異傳統、日趨西化的原因遠不止在聖保羅書院所受的西式教育。香港地域的西化自然也是重要因素。人是環境的產物。人在改造環境的同時，自然也會受到環境的改造。環境對重塑一個人的思想觀念、行為舉止起著莫大的作用。根據 1842 年中英《南京條約》的規定，香港島割讓給英國。割讓之初，香港島只是一個小漁村，行政區劃、市政建設、文明教化等等根本無從談起。英國人進占之後，引進了資本主義的政治思想與社會制度、道德法律觀念、宗教、文化、藝術、科學等精神文明，香港迅即發生了巨變。香港由一個人煙稀少的海島迅速發展成為街市整齊、商業昌盛的新興海港城市。

資本主義經營管理方式在香港實踐的成功，香港社會面貌的巨大變化，使身臨其境的中國知識分子感慨萬千。曾在香港居住近二十年的著名改良主義思想家王韜寫道：「香港本一荒島，山下平地距海只尋丈，西人擘畫經營，不遺餘力，幾於學精衛之填海，效愚公之移山。」㉗他又進一步寫到：「香港蕞爾一島耳，……叢莽惡石，盜所藪，獸所窟，和議既成，乃割界英。始闢草萊，招來民庶，數年間遂成市落。設官置吏百事共舉，彬彬然治焉。遭值中國

㉖ 1877 年 5 月 30 日（清光緒丁丑四月十八日）《申報》。
㉗ 王韜：《漫遊隨錄・扶桑遊記》，湖南人民出版社 1972 年版，第 59 頁。

多故，避居者視為世外桃源。商出其市，賈安其境，財力之盛，幾粵甲東。嗚呼！地之盛衰何常，在人為之耳。故觀其地之興，即知其政治之善，因其政治之善，即想見其地官吏之賢。」[28]1923 年 2 月 20 日，資產階級革命領袖孫中山在香港大學發表講演，介紹他「於何時及如何而得革命思想及新思想」。他說：「我之此等思想發源地即為香港，至於如何得之，則我於三十年前在香港讀書，暇時則閑步市街，見其秩序整齊，建築閎美，工作進步不斷，腦海中留有甚深之印象。我每年回故里香山二次，兩地相較，情形迥異，香港整齊而安穩，香山反是。我在里中時竟須自作警察以自衛，時時留意防身之器完好否。我恆默念：香山、香港相距僅五十英里，何以如此不同？外人能在七、八十年間在一荒島上成此偉績，中國以四千年之文明，乃無一地如香港者，其故安在？」[29]

　　王韜、孫中山對香港當局「政治至善」的讚譽，雖存有明顯的片面性，但應該承認，孫中山等對香港社會的印象，在許多方面又是符合歷史實際的。這裡撇開英帝國對香港的殖民統治不談，僅從城市建設和管理的角度看，資本主義制度下香港的發展與進步，與封建制度下中國內地的停滯和落後，的確形成了鮮明的對照。在一定程度上反映出開放型的資本主義制度對封閉性的封建制度的進步性。兩種不同社會經濟形態造成了巨大反差，對中國近代史上志士仁人的思想觸動極大，使他們立志學習西方改造中國，為祖國的繁榮富強奮起鬥爭，這種客觀的歷史作用無疑是存在的。

　　當然，對一種異質文化的認同，是痛苦而艱難的。中國人在這條道路上歷經坎坷，嘗盡了悲歡離合，留下了一串串歪歪斜斜的足跡。仔細觀察則會發現，這串西化的足跡是從沿海伸向內地，是從零星之點匯成龐大之面的。美國學者柯文在其論著中對此做過富有見地的表述，他認為十九世紀四〇年代以後，中國社會的演變是由

[28] 王韜：《弢園文錄外編》卷 8，中華書局 1959 年版，第 216 頁。
[29] 《孫中山全集》第 7 卷，中華書局 1982 年版，第 115-116 頁。

沿海地區向內陸地區發展，沿海地區充當了變化之源的角色。[30]在他列舉的十二名早期改革者中，八位是屬於沿海的，四位是與內地有聯繫的。[31]就近代中國社會的演進看，這種劃分是符合歷史的。如果將規模、範圍再擴大，我們還會發現，在中國近代社會傳播西學，促進改革中發揮顯著影響作用的人，幾乎全部來自沿海、沿江地區，如嚴復（福建人）、康有為（廣東南海人）、梁啟超（廣東新會人）、孫中山（廣東香山人），且絕大多數來自最早接觸西學的廣東省。而上述廣東省籍的早期改革者都與香港結下過不解之緣，或遊歷過香港，或在香港接受過西方教育。香港在近代中國史上占有獨特的難以取代的位置。它是東西方思想文化接觸的前線，異質文化間衝突的前哨。中國傳統文化在此遭受撞擊，並逐漸走向解體，而重新進行建構，西方近代文化的色彩日漸突出和濃厚。

伍廷芳初到香港的感受沒有文字記載。維新大師康有為初至香港的感受當具共性。1879年（清光緒五年），二十二歲的康有為首次「薄遊香港，覽西人宮室之鑲麗，道路之整潔，巡捕之嚴密，乃始知西人治國有法度，不得以古舊承之夷狄視之」。精心構築的「夷夏大防」在活生生的西洋文明面前頃刻間便土崩瓦解。康有為從此開始了向西方尋求真理的歷程，「乃復閱《海國圖志》、《瀛寰志略》等書，購地球圖，漸收西學之書，為講西學之基矣。」[32]英國人在香港實行的殖民統治，為中國近代社會的發展走向提供了一個現成的範例，可供借鑒的樣板。只要不是頑冥不化者，處此環境，目睹成例，都會反思不已的。以康有為這位出身仕宦、自幼飽讀經書的人尚且有如此深的感觸，可以斷言，傳統教育所受無幾的

㉚ 〔美〕柯文：《在傳統與現代性之間——王韜與晚清改革》，江蘇人民出版社1995年版，第250-254頁。

㉛ 柯文所列舉的沿海早期改革者有容閎、何啟、唐景星、伍廷芳、王韜、鄭觀應、馬建忠、馬良；與內地有聯繫的早期改革者是馮桂芬、薛福成、黃遵憲、郭嵩燾。

㉜ 〈康有為自編年譜〉，中國史學會編：《戊戌變法》（四），上海人民出版社1957年版，第115頁。

伍廷芳對西洋文明的認同將不在康有為之下。

從 1856 年起，伍廷芳在聖保羅書院接受了六年的系統西式教育，[33]到 1861 年畢業時，他已經成為一個具有全新知識的且符合近代中國社會發展需要的新式知識分子。書院裡每門具體的課程，體現了西方民族進化過程中每一階段的精神內涵，折射出民族固有的價值取向、理性思維。算學、格致等聲光電化學科，實際上是對歐洲文明的高度凝縮和體認，反映了西洋文化的特質，昭示著人類文明演進的曙光。這同清朝統治下的八股取士制度在培養人材、陶冶情操、追求人生價值方面有著天壤之別。在前者的文化氛圍中成長起來的人才，無論是道理理想、價值趣旨、知識結構，都同科舉制度下薰染出來的成功者迥然不同。從近代中國社會演進角度而言，稱前者為「新式人才」，後者為「舊式人才」是最適當不過的。可以斷言，只要假以時日，擔當起民族振興，統帥古老的華夏文明走向新天地的重任，將會歷史地落在大批受過新式教育的知識分子身上。

可以說，西學知識構建了伍廷芳在未來歲月投身中國近代化運動、改革封建法律制度、捍衛國家主權、維護民主與共和的堅實基礎。

三、創辦報紙：近代輿論意識的覺醒

1861 年，伍廷芳在聖保羅書院畢業，「充港中高等審判庭譯員」，成為港英政府機構中的一員。[34]聖保羅書院雖是教會創辦的一所神學院，但其課程已經基本世俗化。建院之初，英國外交部每年提供二百五十英鎊，作為為殖民地政府培養傳譯員和翻譯人員的費用。[35]而在這一屆畢業生中，才華出眾、相貌堂堂的伍廷芳自然

㉝ 孫文〈伍秩庸博士墓表〉則稱：「年十四肄業香港聖保羅書院，凡六年卒業。」華東師範大學圖書館藏未刊本。

㉞ 《伍秩庸博士哀思錄・附哀啟》，華東師範大學圖書館藏未刊本，第 1 頁。

㉟ Great Britain House of Commons Sessional Papers, 1857/1858 XL, p.346; See also G. B. Endacott, *A History of Hong Kong*, p.86.

是殖民當局挑選譯員的首選對象。伍工作後的年薪為二百英鎊，折合港幣為九百六十元。依當時香港市民的消費水平來衡量，該薪俸還是比較高的。此時，他年方十九歲。

從 1861 年供職港英殖民政府，到 1882 年應邀進入李鴻章幕府，這二十年是伍廷芳人生歷程的關鍵時期。具體表現為：對西洋文明由朦朧的感性認識，昇華到清晰的理性認識；由對個人前程的思慮，上升到對民族命運的關懷，並能緊緊把握時代發展的脈搏，在知識結構上充實自己，在實際行動中多方面鍛鍊自己，為挽救民族的危亡，盡一份炎黃子孫的心力。只有如此理解，才能詮解伍廷芳生命之程最後幾十年的抉擇。

人們應該注意到的是，在從學校畢業到任職港英政府機構期間，伍廷芳曾參與創辦了一份報紙。這件事最典型地體現了伍廷芳近代輿論意識的覺醒。根據傳播學原理，傳播分為人的內向傳播（又稱人的體內傳播）、人際傳播、組織傳播和大眾傳播四大領域。在科學技術發展相對落後的近代，報刊作為大眾傳播的主要媒體在執行傳播的環境監測、管理、指導和教育以及娛樂等四項功能方面起到了極大的作用，對信息的共享、共同意識的建立、社會價值的傳遞、大眾文化的形成和改變等等具有重要的意義。㊱報紙的出現是人類社會文明進步的標誌，是人類社會走向一體化的重要媒介。它又以一種特殊的方式承載著文明社會的成果。

英國在侵占香港之初，便極為重視報業。香港第一份英文報紙《香港轅門報》(The Hong Kong Government Gazette)是 1841 年 5 月 1 日出版的，距 1 月 25 日英軍強行在香港島登陸，僅有三個多月的時間。1842 年 3 月 12 日，《中國之友》報（Friend of China，又譯為《華友西報》）創刊。3 月 24 日，上述兩報合併改稱為《中國之友與香港公報》(Friend of China and Hong Kong Gazette)。1843 年 6

㊱ 丹尼斯·麥奎爾、斯文·溫德爾：《大眾傳播模式論》，上海譯文出版社，1987年版，第 2 頁。

月，《東方世界與商業廣告報》(Eastern Globe and Commercial Advertiser)創刊。同年，英國人於 1827 年 11 月在廣州創刊的、也是在中國出版的第一家英文報紙《廣州記錄報》(Canton Register)遷往香港，改名為《香港記錄報》(Hong Kong Register)。1845 年 2 月 20日，以主筆德臣(Andrew Dixon)命名的《德臣西報》(China Mail)創刊；8 月 30 日，《中國之外友》(Overland Friend of China)問世。1857年以主筆孖剌(Yorick Jones Murrow)命名的《孖剌西報》(Daily Press)面世，這是香港第一份英文日報。[37]這些報紙在傳遞政府政策，廣播商業信息，反映商人、市民利益諸方面起了重要作用。英國人的垂範作用，再次贏得了敏銳的中國人的青睞。「自西洋報紙輸入中國，開人智慧，映入眼簾，知新之士，漸次仿行。香港為開風氣之先。」[38]這便是伍廷芳萌生參與創辦報紙念頭的緣由之一。

　　香港華人經濟勢力的崛起，是伍廷芳參與創辦報紙的另一因素。十九世紀六〇年代，全球經濟的發展，為香港地區經濟繁榮提供了契機。資本主義是人為拓展的代名詞，伴隨其發展，它向世人展現的另一層面是大片荒蕪土地的開墾，和地上地下資源的充分挖掘與利用。十九世紀五〇年代初，北美大陸、澳洲大陸掀起了一股人類歷史上規模宏大的「淘金熱浪」。在發財意念的驅動下，數以萬計的華人漂洋過海，應招奔赴淘金場。與這股流動人口相伴隨的還有大批被販往古巴、秘魯等美洲各地的「豬仔」們。香港成為外運的重要港口。為躲避戰亂遷往香港的兩粵富人，利用香港四通八達的航運，架起一座通向世界的橋樑，把遠洋貿易和中國沿海貿易連接起來，隨之而來的便是滾滾財源。到十九世紀六〇年代初，香港華商便已開始超越洋商，成為香港財經的支柱。「他們約掌握了當日香港貿易總額的四分之一。」[39]華商迫切需要一份為自己說話，

㊲　參閱劉蜀永：《香港歷史雜談》，河北人民出版社 1987 年版，第 156-158 頁。
㊳　〈中華民國圖治芻議〉，見《伍廷芳集》下，中華書局 1993 年版，第 607-608 頁。
㊴　林友蘭：《香港史話》增訂本，（香港）上海印書館 1980 年版，第 31 頁。

為自己服務的報紙，於是，反映、保護華人利益，表達華人心聲的第一份報紙——《中外新報》，便在華商大力發展轉口貿易的過程中呱呱落地。

　　開民智、鼓民力則是伍廷芳決意參與創辦報紙的深層原因。數千年的封建專制統治，禁絕了中國民間社會表達心聲的渠道，一家一戶為主的自然經濟體制，窒息了原存於人類中的初創力和想像力，製造了一群木訥、呆板、守舊閉塞的芸芸眾生，舉國上下籠罩著一層沈沈暮氣。長存於黎民百姓思想中的只是狹隘的地域觀念、宗法意識、家族主義，而恰恰沒有近代國家公民應有的國家觀念、民族主義和愛國主義。正是因為這個原因，所以，雖然中國在1840年第一次鴉片戰爭中割地賠款，在1856-1860年第二次鴉片戰爭中又再遭慘敗，而廣袤的中國內地卻依然無動於衷，我行我素。先賢們的「天下興亡，匹夫有責」救世宣言，頓成空穴來風。近代一百多年來，先進的中國知識分子無不將開民智、宣民力、鑄新魂作為救亡中國的急要。創辦報紙、製造輿論、喚起民眾則是首選方策。從嚴復、康有為、梁啟超、孫中山直到毛澤東，概莫能外。而作為此輩的先驅，立下過篳路藍縷之功的第一人當屬伍廷芳。其子伍朝樞說道：「先嚴慨國勢積弱，由於民智閉塞，乃與友人創《中外新報》於港，大聲疾呼，振聾發聵，為吾國日報之鼻祖。」[40]翻看史籍，此話不假。在伍廷芳參與創辦《中外新報》之前，中國雖然有號稱世界上最早的報紙——「邸報」，[41]但它只是封建專制朝廷政策、人事升徙的內部通訊，其宗旨、形式均無法與近代意義上的報紙相提並論。「從新聞來說，它是最不中用的新聞紙，裡頭只是政

---

⑩ 《伍秩庸博士哀思錄·附哀啟》，華東師範大學圖書館藏未刊本，第1頁。

⑪ 中國古代官府用以傳知朝政的文書抄本和政治情報。漢代的郡國、唐代的藩鎮都在京師設邸（即辦事處），用以「通奏報，待朝宿」。其所抄發的皇帝諭旨和臣僚奏議等官方文書以及有關的政治情報，稱為「邸報」或「邸抄」，並有「朝報」、「條報」、「雜報」等名稱。約自北宋代始有人抄賣牟利，發展成一種手抄的類似報紙的出版物。明崇禎年間始有活字版印本。清代稱「京報」，由報房商人經營。見《辭海》（縮印本），上海辭書出版社1984年版，第445頁。

論認為對自己有益，應發表給士紳和官吏階級看的一些奏議和皇帝的傑作罷了」。[42]即使林則徐在廣東禁煙期間主持出版的《澳門新聞報》，也只是外國報紙資料的編譯，仍不能稱為近代意義上的報紙。伍廷芳在 1860 年代參與創辦的《中外新報》，實是中國人主辦的第一份中文日報，「吾國之有日報自此始」[43]，它在中國新聞報業史上具有里程碑式的地位。

關於《中外新報》創刊的起因，從現存的史料記載來看有二種說法。其一是：當時，有一位倫敦布道會的牧師羅傳列來到中國，先在廣州學習中文。後來他編了一本《漢英字典》，交給香港《孖剌西報》排印，西報因此製了一副中文鉛字。待到字典印完，中文鉛字便封存不用。後有人覺得可惜，伍廷芳便倡議利用這副鉛字，出版中文報紙，《孖剌西報》的主人贊成。於是，《中外新報》便由此誕生。其二是：1858 年，葡萄牙人羅朗也主辦的印字館在承印《孖剌西報》的同時，還兼為港英政府印刷每星期六出版的《香港轅門報》及其中文版，為此特地購置了一副中文活字。伍廷芳遂建議該報，增加出版中文版，孖剌表示接受，並委派伍廷芳主持此事，於是《中外新報》便問世。[44]

在關於《中外新報》創刊的時間和主持人問題上，諸位史家的記載同樣存在分歧。

創刊時間的分歧。一為 1858 年（清咸豐八年）說。據戈公振《中國報學史》記載：「我國現代日報之產生，亦發端於外人，蓋斯時商務交涉日繁，其材料非雜誌所能盡載也。香港之孖剌報，於民國前五十四年（咸豐八年），即西曆一八五八年，由伍廷芳提議，增出中文晚報，名曰《中外新報》，始為兩日刊，繼改為日刊，

[42] 〈田鼠號航行記〉，中國史學會編：《洋務運動》（八），上海人民出版社 1957 年版，第 417 頁。
[43] 孫文：〈伍秩庸博士墓表〉。華東師範大學圖書館藏未刊本。
[44] 余啟興：〈伍廷芳與香港之關係〉，香港編委會，《壽羅香林教授論文集》，1970 年。

為我國日報最先之一種。繼之而起者，為洋人羅朗也之《近事編錄》；《德臣西報》(China Mail)之《華字日報》……。」⑤

馮愛群編著的《華僑報業史》也持此說⑥。贊同此說的還有黃南翔⑦、張雲樵⑧、子羽⑨、余啟興⑩、柯文⑪、麥思源⑫等。

一為 1860 年（清咸豐十年）說。持此說最力的是史學家吳相湘⑬。現存有關《中外新報》創刊時間的兩份最具權威的史料也證實此說。據《黃勝平甫公簡史》記載：「1860 年憑公學養與技能，與《孖剌西報》合作刊行香港第一家中文報紙《中外新報》。」伍廷芳之子伍朝樞撰寫的〈哀啟〉，雖然沒有明確提到《中外新報》創刊的時間，但就其有關敘述看，《中外新報》當刊於 1858 年之後。他說：「先嚴（伍廷芳）日雖鞅掌法曹，夜仍伏案譯西報，供報紙資料。」⑭伍廷芳 1861 年畢業，進入港英殖民政府高等審判庭作譯員，也就是文中所說的「掌法曹」。

依據現有的史料推定，上述兩種說法均有值得商榷的地方。因為在這些不同的說法中，有一個為大家共同接受的事實即伍廷芳參與了《中外新報》的創辦。這也就自然成為我們探討問題的出發點。

⑤ 戈公振：《中國報學史》，三聯書店 1955 年版。

⑥ 馮愛群：《華僑報業史》，（台灣）學生書局 1976 年版，第 6 頁。

⑦ 黃南翔：《香江歲月》，《香港》奔馬出版社 1985 年版，第 281 頁。

⑧ 張雲樵：《伍廷芳與清末政治改革》，（台灣）聯經出版事業公司 1987 年版，第 39 頁。

⑨ 子羽：《香港掌故》（第一集），廣東人民出版社 1985 年版，第 117 頁。他並稱該報報名為《中外新聞》。這是有關該報報名的唯一例外。

⑩ 余啟興：〈伍廷芳與香港之關係〉，香港編委會，《壽羅香林教授論文集》，1970 年，第 255 頁。

⑪ 〔美〕柯文：《在傳統與現代性之間——王韜與晚清改革》，江蘇人民出版社 1995 年版，第 226 頁。

⑫ 麥思源：〈七十年來之香港報業：1834-1934〉：「《中外新報》者，其體裁與今時之日報同，我國伍廷芳博士所創辦也。」轉見楊光輝、李仲民等編：《中國近代報刊發展概況》，新華出版社 1986 年版，第 214 頁。

⑬ 吳相湘著：《民國人物列傳》（上冊），（台灣）傳記文學出版社 1986 年版，第 177 頁。

⑭ 《伍秩庸博士哀思錄·附哀啟》，華東師範大學圖書館藏未刊本，第 1 頁。

創辦報紙是要花費大量精力與錢財的，而 1860 年伍廷芳還是一個在校讀書的窮學生，他顯然不具備創辦報紙所必需的時間與財力。因而稱《中外新報》創刊於 1860 年是不符合常理的。而稱《中外新報》創刊於 1858 年的提法，就現有的史料來看還只是一條孤證，而孤證無論是在學理上還是法理上都是不成立的。基於對上述問題及現存史料的綜合分析，筆者認為《中外新報》的創刊當在 1861 年或者以後。伍廷芳之子伍朝樞的記載應當是可信的。

在《中外新報》的創刊人問題上，史學界依然存有分歧。一為伍廷芳主持說，一為與黃勝合創說。上述諸家絕大多數認定伍廷芳主持創辦了《中外新報》。李家園先生根據新發現的黃勝的史料，提出新見解，認為當年參與《中外新報》創刊的不只伍廷芳一人，黃勝也是一個重要人物。[55]

要弄清史實的真偽，必先了解黃勝的歷史。黃勝，字平甫，廣東香山（今中山市）縣東岸鄉人，1828 年生於澳門，1843 年來港就讀於馬禮遜學堂，與容閎為同窗。1847 年與容閎一起赴美留學。據容閎記載，校長勃朗回國前夕，「極願攜三五舊徒，同赴新大陸，俾受完全之教育，諸生中如有願意同行者，可即起立。全堂學生聆其言，爽然如有所失，默不發聲。」「其欣欣然有喜色者，惟願與赴美之數人耳，即黃勝、黃寬與予是也。」[56]黃勝至美後，入馬薩諸塞州孟松學校攻讀，一年後因病返港，先後在《德臣西服》、《孖剌西報》工作，精研印刷技術及從事編輯翻譯，後轉入香港最早的英文書院——英華書院任教，繼任校長，與英國傳教士理雅各（James Legge，著名漢學家），翻譯四書五經，對促進中英文化交流貢獻甚大。1858 年出任香港高等法院陪審員。這是第一位華人陪審員。在華人社會廣有影響。

由此可見，1861 年《中外新報》創刊時，黃勝無論是在個人經

---

⑤⑤ 李家園：《香港報業雜談》，三聯書店（香港）有限公司 1989 年版，第 3-6 頁。
⑤⑥ 容閎：《西學東漸記》，湖南人民出版社 1981 年版，第 9 頁。

歷、社會地位和影響上，均不在伍廷芳之下。很難設想，十九歲的伍廷芳要比三十三歲的黃勝在其中發揮更大的作用。切合歷史實際的結論應是：《中外新報》的創辦人，黃勝的可能性大於伍廷芳，至少也是兩人共同創辦的。那麼，為什麼諸多記載都說《中外新報》是伍廷芳創辦的呢？李家園先生有過很好的分析。他說：「這與伍廷芳在清末、民初時的名氣有關。因為伍氏後來離港，入京佐李鴻章做事。民國以後，又做過外交部長，國務總理，廣東省長等要職，為國人所熟知，故人們一提起《中外新報》，便把他的名字扯在一起。」[57]這一分析是有道理的。無論如何，伍廷芳參與了《中外新報》的創辦這一點應當是確定無疑的。

《中外新報》是作為《孖剌西報》的附刊出印的。最初星期一、三、五出版，後改為日刊。每日下午出版四開一小張，約容四號字一萬五千字，除廣告外，新聞約占報面的三分之一。另用南山貝紙印「行情紙」一頁，專載貨價、船期，隨報紙派送，切中商人的需要。年收報費三元。[58]因經營得法，報紙銷量甚好，民國初年達到全盛時期，銷數逾萬。後被龍濟光操縱，成為軍閥的喉舌，「因此為讀者唾棄，於龍濟光倒台後，一蹶不振，民八乃告停刊」[59]，前後存在六十年。

伍廷芳將《中外新報》視為宣揚西學，啟迪民智的基地，也是實現書生報國，振興中華的首次嘗試。他對該報傾注了大量的心血，公餘暇時，時常「仍伏案迻譯西報，供報紙資料，恆至漏盡乃止。凡十年如一日，其苦心孤詣，開通風氣類如此」。[60]

伍廷芳在主辦《中國新報》的同時，還協助陳言（藹亭）創辦了《華字日報》。該報於 1864 年（清同治三年）創刊。有關該報創

[57] 李家園：《香港報業雜談》，三聯書店（香港）有限公司 1989 年版，第 6 頁。
[58] 馮愛群著：《香港報業史》，（台灣）學生書局 1976 年版，第 6 頁。
[59] 同上，第 19 頁。
[60] 《伍秩庸博士哀思錄·附哀啟》，華東師範大學圖書館藏未刊本，第 1 頁。

刊的緣起及與伍廷芳的關係，《華字日報》曾有過明確的如下闡述：

　　　　外觀於世界潮流，內察乎國民程度，知非自強不足以自
　　保，非開通民智無以圖強，……乃決意創辦本報，期以世界知
　　識灌輸於國人，以國內政俗告於僑胞。使民智日開，而益奮其
　　愛國之念，此辦報之唯一宗旨也。惟其時鉛字印機，購辦極
　　難。籌備經年，始向教會中之西人，購得鉛字一副。惟印刷機
　　仍缺，不獲已乃商於《德臣西報》之主持人，與之合辦。……
　　而當時名流，伍廷芳、何啟……實為之助。[61]

　　該報在日軍攻陷香港時，「因不願屈辱而停刊」，時間為 1941
年 12 月 25 日，「戰後不復出版」。[62]

　　十九世紀六〇年代，中西文化進入了全面的交流時期，但這種
異質文化間的交流、融匯是困難的，表現出更多的是劇烈的碰撞與
衝突。當「強勢文化」與「弱勢文化」相撞時，後者總要更多地為
前者所化。然而，在這一大趨勢下，每個人的發展走向是各異的，
或為「強者」完全折服，喪失民族自信心，甘心蛻變為奴氣十足的
西洋文化的附庸；或基於對傳統文化的依戀和對霸氣十足的西洋文
化的憤懣與無奈，而萎縮進傳統文化的軀殼內，非理性地對待西洋
文化。依照歷史主義的觀點，「附庸」和「愚頑」皆是中西文化交
流大潮下泛起的濁浪，都是人類文明進化歷程中的畸變者。只有那
些胸襟開闊、目光敏銳、洞悉時代發展趨向的人，才能順乎浩浩蕩
蕩的時代潮流，在中西文化的反覆比較中，棄舊揚新，校正心態，
重鑄觀念意識，將傳統文化推進到一個更高、更強、更新的層次，
更富有生命力和挑戰力。伍廷芳、陳言、黃勝等人顯然屬於此類。
從《中外新報》到《華字日報》，僅隔四年，伍陳等人的辦報趣旨便
有了一個質的飛躍。如果說，《中外新報》啟迪民智，禦侮圖強還
處於朦朧階段的話，《華字日報》則將這一宗旨渲染得旗幟鮮明，

---

[61] 《香港華字日報七十一周年紀念特刊》，第 1 頁。
[62] 曾虛白：《中國新聞史》，（台灣）三民書局 1977 年版，第 145 頁。

明確無誤。「期以世界知識灌輸於國人，以國內政俗告於僑胞」，即是有感於西洋文化衝擊下「附庸」、「愚頑」現象而發，希冀通過報刊這一近代社會的大眾傳播媒介，喚起國人（主要是殖民者統治下的香港華人）理性地對待西洋文化和中國傳統文化，「使民智日開，而益奮其愛國之念。」

《中外新報》開啟了中國近代報業史的先河，繼之而起者如雨後春筍，僅在香港一地，《華字日報》之後，又有《循環日報》（1874年）、《維新日報》（1880年）、《述報》（1884年）、《粵報》（1885年）、《廣報》（1886年）、《中國日報》（1899年）、《世界公益報》（1903年）、《商報》（1904年）、《廣東日報》（1904年）、《有所謂報》、《新漢報》（1911年）、《大光報》（1913年）、《華商總會報》（1919年）、《新聞報》（1920年）、《工商日報》（1925年）等。[63]這些報紙的辦報思想更加明確，辦報形式更趨合理、新穎。

「人類從得到火車到擁有飛機的時間並不太長，但為了得到火車卻費了幾千年之久。」[64]美國史學家柯文的這段話，用來闡釋伍廷芳在中國近代報業史上的地位是再確切不過了。

值得一提的是，在創辦報紙期間，伍廷芳結識了中國近代著名改革思想家王韜。事業的接近，趣旨的契合，使伍廷芳與王韜走到一起。王韜這位中國傳統文化的「叛逆者」，在中西文化交流史上曾扮演了一位「盜火者」的角色。其傳奇性的經歷，更令後世史家格外著迷。他在1862年2月3日曾化名「黃畹」上書太平軍忠王

---

⑥ 方漢奇：《中國近代報刊史》，山西教育出版社 1995 年版，第 61-62 頁。楊光輝等編：《中國近代報刊發展概況》，新華出版社 1986 年版，第 215-219 頁。

⑥ 〔美〕柯文：《在傳統與現代性之間 —— 王韜與晚清改革》，江蘇人民出版社 1995 年版，第 8 頁。

⑥ 謝興堯：〈王韜上書太平天國事蹟考〉，載於《太平天國史事論叢》，周谷城主編：《民國叢書》第 4 編，上海書店 1992 年版，第 186 頁。羅爾綱：《上太平軍事的黃畹考》，《黃畹考》。

李秀成，條陳方策。⑥⑤事情洩露後遭清政府通緝，在英國人的庇護下，於 10 月 4 日逃往香港。⑥⑥在香港，王韜主要從事「東學西漸」和「西學東漸」工作，協助英國傳教士理雅各，將「四書五經」翻譯成英文，同時也向華人輸入西學，《法國志略》即在此間完成。同時，他還兼任《德臣西報》的子報《近事編錄》的編輯。同行的緣由使王韜結識了陳言，與伍廷芳、黃勝、何啟的相稔自然也在情理之中。1874 年 1 月 5 日⑥⑦，王韜主辦的《循環日報》創刊，曾得到伍廷芳的資助。⑥⑧

在香港這塊特殊的土地上，特殊的文化氛圍中，伍廷芳與陳言、黃勝、何啟、王韜、胡禮垣⑥⑨走到一起。這批沐浴異國文明、有別於中國傳統知識分子的新型知識群體至此形成。尤其是前四位，他們自幼接受教會學校淫浸，後到外國學院或大學深造，在他們的知識結構中，西學明顯多於中學，世界主義重於中國中心主義，民族主義強於家族主義。無論是在價值標準、道德理想，還是個人的終極關懷上，他們都與傳統知識分子迥然不同。他們成為一種「口岸華人」的全新代表。隨著中西文化交流的擴大，其影響日漸增強，其成員愈益增多，「何啟、康德黎和伍廷芳，在孫中山一生經歷的好幾個階段都起了重要作用。」⑦⑩中國近代社會未來發展的走向，將在很大程度上取決於對這批新人的認同，和這批新人與中國社會的契合上。

⑥⑥ 王韜：《韜園尺牘》卷 6，《近代中國史料叢刊・續編》(1000)，（台灣）文海出版社，第 11 頁。
⑥⑦ 黃南翔：《香江歲月》，（香港）奔馬出版社 1985 年版，第 285 頁稱：「《循環日報》創刊於 1873 年。」另：夏良才經考訂提出創刊日期為 1874 年 2 月 4 日，〈王韜的近代輿論意識和《循環日報》的創辦〉，《歷史研究》1990 年第 2 期。
⑥⑧ 戈公振：《中國報學史》，北京三聯書店 1955 年版，第 74 頁。
⑥⑨ 胡禮垣（約 1847-1916 年），字翼南，廣東三水縣人，任《循環日報》編輯，曾跟伍廷芳學習英語，1911 年致書伍廷芳曰：「先生為垣五十四年前之英文業師。」《胡翼南先生全集》卷 59，〈書札〉第 6 頁。
⑦⑩ 〔美〕史扶鄰：《孫中山與中國革命的起源》，中國社會科學出版社 1981 年版，第 19 頁。

四、留英習研法律：近代政治意識的自覺

任職港英殖民政府，為伍廷芳找到了一份固定的職業。但高等審判庭譯員一職，則表明伍廷芳仍處於殖民政府權力核心的邊緣人位置。胸懷匡世濟民之志的伍廷芳自然是不會滿足，「年二十九（1871年），任巡理署譯員，以勤能著聞，然非其志也。」[71]而此時，伍廷芳做出了人生中一個重要選擇：到英國留學，習研法律。

伍廷芳做出這個選擇，不是一時的衝動，而是受多方面影響所致。英國人對香港的有效治理，贏得了伍廷芳對英國法律的豔羨。而英國人在香港的種族歧視，則激起伍廷芳對殖民主義的憤懣與痛恨。1867年6月17日，港英殖民政府頒布了「維持社會秩序及風化條例」。其中第十八條賦予港督以公開招商承餉開賭的權力。聚賭合法化的規定，實是殖民者對中國人的侮辱。伍廷芳上書陳言，力稱獎勵賭博決不為法律所允許，強烈要求收回成命，但港英殖民政府置若罔聞，我行我素。[72]上書的失敗，強烈震撼了伍廷芳業已萌生的民族觀念。到英國去，尋覓西洋諸國富強的要訣，攻研西洋法律，便成為伍廷芳救國圖強的自覺行動。史稱：「以為欲救國危，非赴歐美精研法學，舉吾國典章制度之不適者，改弦更張之不可。」[73]此即伍廷芳遠赴英國留學的歷史動因。留學英國，專攻西洋法律，表明伍廷芳已把其職業選擇同政治上的新覺醒緊密地結合起來。

何啟一家的薰染，是伍廷芳留學英國成行的不可忽視的另一原因。要解釋此緣，必先涉及伍廷芳的婚姻。1864年，二十二歲的伍廷芳成為新郎，新娘是何妙齡，時年十七歲。曾有人這樣評價何妙

---

[71] 《伍秩庸博士哀思錄·附哀啟》，華東師範大學圖書館藏未刊本，第1頁。

[72] 光英：《伍廷芳事略》，《廣東文史資料》(53)，廣東人民出版社1962年版，第47頁。

[73] 光英：《伍廷芳事略》，《廣東文史資料》(53)，廣東人民出版社1962年版，第47頁。

齡：「著名的伍廷芳公使夫人，……在每一個人的眼中都是美麗、嫻靜、親切和高貴的象徵。……她有高尚的思想和慈愛的心腸。她為香港建了一所醫院叫何妙齡。」[74]何妙齡出身於一個非同尋常的家庭。父親何福堂，名進善，初在馬六甲馬禮遜所辦的英華書院肄業，皈依基督教，後歸國傳教，1845 年 10 月 11 日受封牧師，成為繼梁阿發之後的第二位香港華人牧師。[75]1863 年在香港成立倫敦傳教會福音堂，一面與理雅各校長從事譯著，一面協助梁阿發在廣州、香港等地布道。[76]哥哥何衛臣，為香港第一位華人律師。弟弟何啟（1859-1914 年），早年畢業於大書院(Central School)，稍長，負笈英倫，先行攻讀於巴爾麻中學(Palmer House School)，繼入阿伯丁大學(Aberdeen University)習醫，獲醫科學士及外科碩士學位。留學期間為英國貴族小姐雅麗所鍾愛。雅麗勸其改習法律，乃進林肯法律學院攻讀。1881 年，挈其新婚夫人雅麗返港。始以醫術聞名，1882 年改執大律師業。1887 年，為紀念亡妻，出資籌建了雅麗氏醫院，免費為中國人治病。中國民主革命的先行者——孫中山即是該院附屬醫校的學生。1892 年，英國政府授以 CMG 勛章。1910 年又賜以爵士銜[77]，是香港著名的華人領袖。伍廷芳作為何家的乘龍快婿，在同其家人的交談相處中，自然而然會受到他們的影響，到英國去留學自然也會成為他心中的夢想。

何家是中國最早西化的典型家庭，其家庭成員所受的教育，從事的職業，均已清楚地說明了這點。何家對伍廷芳的接納，也從反面映襯了伍廷芳的思想趨向。由此引起了伍廷芳是否皈依基督教的問題爭論。西方學者中有人認定伍廷芳晚年接受了洗禮，成為基督

[74] John Stuart Thomson, *The Chinese*, pp. 60-61.
[75] 簡又文：《中國基督教的開山事業》，（香港）輔僑出版社 1960 年版。
[76] 王治心：《中國基督教史綱》，《近代中國史料叢刊·正編》(635)，（台灣）文海出版社，第 162 頁。
[77] 余啟興：〈伍廷芳與香港之關係〉，香港編委會，《壽羅香林教授論文集》，1970 年版，第 266 頁。

教徒。⑦林達‧欣則認為伍廷芳可能在去香港聖保羅書院就讀之前就接受了洗禮。⑦西里爾‧珀爾更是把伍廷芳描寫成「有兩個小老婆和接受過洗禮的基督徒。」⑧但就目前看，港澳台以及大陸尚未發現有證明伍廷芳加入基督教的確鑿史料。事實上，伍廷芳終生對鬼神迷信的篤敬，同「獨一真神唯上帝」的基督教義是格格不入的。⑧因而，目前我們只能肯定伍廷芳與基督教關係密切，但不能證實他加入基督教。至於西里爾‧珀爾指斥伍廷芳擁有兩個小老婆，當屬惡意的杜撰。據其子伍朝樞記載：「（伍廷芳）年二十二，家慈何太夫人來歸，承歡之餘，伉儷綦篤。」⑧後面八個字，披露出伍廷芳、何妙齡這對受過新式教育的夫妻恩愛，感情篤深，令人實難與西里爾‧珀爾的指斥相苟同。且西里爾‧珀爾的記載，截止目前，尚未發現第二條旁證史料。而孤證在法理上和歷史研究中是不成立的。

　　人是環境的產物，更是時代的產物。身處劇烈變動歲月中的人，其思想與行動無不帶有時代的痕跡。伍廷芳遊學英國，學習法律，正同十九世紀後期中國近代化進程相契合。十九世紀七〇年代，中國向西方學習進入了新一輪次。奕訢、曾國藩、左宗棠、李鴻章等開明官員倡導的洋務運動，在實際的運行中，捉襟見肘，步履艱難。中國傳統文化能夠給予近代化的營養，實在是太少，更多地是與近代化運動格格不入的觀念和意識。其實，這種狀況是同中國近代化運動啟動的特殊性相吻合的。中國社會是在歐美列強的大炮轟擊中走出中世紀的。中國近代化並非傳統社會的自我演進，而是由西方殖民者強制納入資本主義世界體系之中，其底色為西式油

⑦ 見〔美〕柯文：《在傳統與現代性之間——王韜與晚清改革》，江蘇人民出版社1994年版，第227頁。

⑦ 林達‧欣致柯文信，同上，第227頁。

⑧ 同上，第227頁。

⑧ 《伍先生（秩庸）公牘（附伍廷光編：伍廷芳）》，《近代中國史料叢刊‧正編》(652)，（台灣）文海出版社，第27、44頁。

⑧ 《伍秩庸博士哀思錄‧附哀啟》，華東師範大學國史館藏未刊本，第1頁。

彩而非古典水墨。作為「外源後發型」國家，中國在近代化道路上的邁進就顯得特殊艱難。國際上，領導近代世界潮流的歐美列強，給所有後進國家帶來的是政治上的不平等、經濟上的不平等。諸多不平等已使後進國家喪失了發展近代化必備的良好國際環境與秩序。被強行拖進近代化行列中的所有後進國家面臨的是一次社會性「裂變」。單就中國近代化的起步過程而言，實際上是一種「文化上的斷層」，作為中國近代第一次大規模的西化運動——洋務運動是在廣袤的自然經濟基礎上搭建近代化的大廈。在「天朝上國」、「物產豐盈，無所不有」的迷夢中沈睡數千年的中國人，從炮聲中醒來。捍衛傳統的信條，促使他們匆忙上陣，倉促應戰。然而，古老的華夏文明所能給予他們的「道」和「器」，無不帶有小農經濟的烙印。言必稱「三代」，行必仿聖賢，畢竟醫治不了近代中國橫遭屠宰，備受蹂躪的孱弱病體。繼第一次鴉片戰爭簽訂城下之盟，割地賠款後，第二次鴉片戰爭展現在世人面前的是一幅慘不忍睹的畫面；華南重鎮廣州被占，柏貴之流做了四年之久的傀儡督撫；長江流域被大規模開闢為通商口岸；清朝的政治中心被占領；君臨萬國、威馭四方的神聖天子狼狽北竄；千年古都北京城遭受了一場罕見的人間浩劫，皇家花園、中西建築藝術的典範——圓明園在大火中化為灰燼。魔鬼蹁躚，神州痛哭。華夏大地在沈思、尋覓，「以名常倫教為原本，輔以西國富強之術」⑧，便成了十九世紀六〇年代中國人能夠開出的唯一的濟時匡世的藥方。

　　洋務運動最終未能實現中國人救國圖強的夙願，但按照歷史主義的原則看，它畢竟將鴉片戰爭以來，先進的中國人向西方學習的主張變成了活生生的現實，在封建專制社會的母體內，拉響了中國近代化的第一聲汽笛。古老而龐大的中國列車開出了近代化的第一站。到十九世紀七〇年代，中國近代化的列車駛入了第二站，由此

⑧ 馮桂芬：《校邠廬抗議》，《近代中國史料叢刊·正編》(612)，（台灣）文海出版社。

開始了向西方全面學習的歷史。至歐美諸國尋求西國富強之源，成為這一時期中國近代化運動最富特色的一面。救國有術、報國無門的正宗西化傑作——容閎在此間結束了歸國後十多年的閒雲野鶴生涯，成為權傾滿朝的高官曾國藩、李鴻章、丁日昌等人的座上客。一百二十名經嚴格選拔的幼童，在黃龍旗的導引下，橫跨太平洋，抵達充滿朝氣與活力的美國。「年少聰明的游擊」卞長勝、王得勝、朱耀采等一行七人，踏入了德國陸軍學院的校園[84]。嚴復等九十名福州船政局後學堂學生跨過英法海軍學校的門檻[85]，擔當起保衛海疆的時代重任。大批新式人才湧現，猛烈地衝擊著陳腐的傳統觀念，強烈地震撼了中國人的心靈，促使大批先進的中國人，衝破樊籬，跳出狹隘的圈子，走向遼闊的世界。

時代的呼喚，家庭的支持，民族意識的新覺醒，最終促成了伍廷芳遊學英國，求知識於世界。1874 年，三十二歲的伍廷芳告別了溫馨的家庭和較豐厚的待遇，帶著對西方文明的嚮往和對富強之術的追求，「爰出十年來撙節所得，以為遊資」，「奮發走英倫，入林肯法律學院，習法律，開遊學之先河。」[86]與以前清政府的官派留學生不同，伍廷芳此次前往英國留學，所需經費全憑自己節衣縮食所攢，因此，伍廷芳成為中國近代自費留學的第一人。

林肯法律學院（一譯練幹大律院）(Lincoln's Inn)位居英國四大法學院之首（其他三院為倫敦的內殿法學院(Inner Temple)、中殿法學院(Middle Temple)、格雷法學院(Gray's Inn)）。其淵源可以追溯到「中世紀時成立的律師職業組織。不過，與中世紀的大多數其他律師組織不同的是，四大律師學院一直延續至今，而且依然活躍如

---

[84] 《李文忠公全書・譯署函稿》卷 4，第 39 頁。

[85] 《李文忠公全書・朋僚函稿》卷 19，第 20 頁。

[86] 《伍秩庸博士哀思錄・附哀啟》第 1 頁。光緒三年丁丑四月十八日（1877 年 5 月 30 日）《申報》：「伍君秩庸……寓居香港已多年矣。甲戌春，余遊香港，適與君遇，聞將作泰西之行；詢其故，將學西國律也。」按光緒甲戌即 1874 年，伍廷芳於是年赴英無疑。

故。」[87]在等級制度森嚴的歐洲，十九世紀前，法學院成為貴族子弟完成課程的殿堂。十九世紀後，雖經改革，法學院仍被視為培養貴族的搖籃。林肯法學院校規嚴格，學生必須住在學院內攻讀十二個學期（三年），且須在法學院餐廳內進食規定次數的晚餐方能畢業。這是因為，出席晚餐的「皆倫敦最高地位，最有學術德望之人。每日在『吧』(Bar)中會議進餐，不僅授予新入『吧』者以種種學識，且每餐必會談其有用之經驗」。[88]「對於年輕紳士來說，住在法學院內十分重要，不單只為了他所接受的教育，同時也為了同一些出色的人物展開友誼和合作。只要在其中一個法學院出席，是會帶來一定的特權的。」[89]凡符合學院規定者，稱為大律師。

在英國留學的三年期間，伍廷芳系統而深入地精研了英美法系的內核，學習了合同法、侵權行為法、刑法、土地法、憲法和行政法、信託和衡平法、民事訴訟法、刑事訴訟法、證據法、衝突法、國際法等，尤其以刑律、國際法最為擅長。[90]這為他日後成為蜚聲中外的外交家、法制改革家奠定了雄厚的基礎。更為重要的是，學習英國法律，使伍廷芳深諳西洋諸國立國之本，富強之術。留學前在香港萌生的西化觀，已由感性認識階段，上升到理性認識的高度。走英美立國之道，走以法治國之道，成為伍廷芳在未來政治生涯中矢志不移的信念。

伍廷芳經過三年潛心攻讀，1877 年 1 月畢業於林肯法學院，[91]

---

87 〔法〕色何勒-皮埃爾·拉格特、〔英〕帕特里克·拉登：《西歐國家的律師制度》，吉林人民出版社 1991 年版，第 17-21 頁。

88 劉禹生：《世載堂雜記》，中華書局 1960 年版，第 164 頁。

89 D. Plunket Barton and others, *The Story of the Inns of Court* (Boston, n. d), pp. 255-304.

90 〔法〕色何勒-皮埃爾·拉格特、〔英〕帕特里克·拉登：《西歐國家的律師制度》，吉林人民出版社 1991 年版，第 65-68 頁。

91 關於伍廷芳在英國留學時間，傳統說法是三年（1874 1877 年）。但據劉禹生記載：「『吧』期凡四年，如『吧』期已滿，餐數不滿四年者，逐日計算，須足四年在『吧』中進餐之數，方能出『吧』，稱大律師。」（劉禹生：《世載堂雜記》，中華書局 1960 年版，第 164 頁。）由此推定即四年，但此說僅存，故仍從三年說。

取得法律博士學位，⁹²獲大律師資格。這是中國人第一次獲此榮耀。

　　留學英國，專習法律，是伍廷芳人生歷程的重大轉折點，他將由此步入一個更高的基點。二十三年後，伍廷芳仍感慨萬千地追憶這段時光。1900 年，伍廷芳寫道：

　　　　回憶囊昔，不侫（伍廷芳）知公法律例之學，所關極大，因往英國考求律學，潛心數載，幸得成就。華人之得充西國律師者，不侫實開其先。今觀學堂器具畢陳，師徒咸集，肄業諸生於布勒斯敦氏、甘得氏、惠頓氏諸法家之言，精勤研究，朝夕揣摩，不禁根觸於心，覺少年在倫敦讀律時光景，歷歷在目。⁹³

　　1877 年 3 月 22 日前後⁹⁴，伍廷芳結束了留英生活，返回香港，為父親伍榮彰奔喪。⁹⁵

五、離港北上：再造文明之夢

　　從 1877 年 3 月返港到 1882 年 10 月離港北上進入李鴻章幕府前，這一時期，伍廷芳在香港事業亨通，聲望驟增，成為港上名人。

　　1877 年 5 月 18 日，挾英國法律博士學位的伍廷芳被批准為在香港執業的大律師。這是英國殖民地中第一位華人大律師。孫中山

92　光英：《伍廷芳事略》，《廣東文史資料》(53)，廣東人民出版社 1962 年版，第47 頁。

93　伍廷芳：〈論美國與東方交際事宜〉，《伍廷芳集》上，第 131 頁。

94　關於伍廷芳回港的日期，是這樣推算出來的：1877 年 2 月 19 日（光緒三年正月初七日），郭嵩燾派使團隨員張德彝、姚彥嘉發電報給駐美公使容閎，敦促伍廷芳返英。由此可知，伍廷芳當在 2 月 19 日前離英赴港。而按郭嵩燾一行 1876 年12 月 18 日（光緒二年十月二十三日）由香港啟程，1877 年 1 月 21 日（光緒二年十二月初八）抵倫敦，費時三十三天。故推斷：伍廷芳返回香港的日期為 1877年 3 月 22 日前後。參見張德彝：《隨使英俄記》，第 332 頁。郭嵩燾：《倫敦與巴黎日記》，第 53-70 頁。鍾叔河主編：《走向世界叢書》，岳麓書社 1986 年版。

95　《伍秩庸博士哀思錄·附哀啟》，第 1 頁。「先父父憂歸國，哀毀骨立，幾至滅性。」
　　孫文〈伍秩庸博士墓表〉：「以奔父喪歸國。」華東師範大學圖書館藏未刊本。

稱：「國人得為外國律師者，公為第一人。」[96]伍廷芳之子伍朝樞則說：「操業大律師，為東亞律師之濫觴。」[97]香港按察司約翰·司馬理爵士(Sir John Smale)對伍廷芳出任大律師有過高度評價。他說：「我盡了我應盡的責任，觀看了整個過程，我發現全部都很正確。對伍敘先生來說，目前的情形純然是不必要的，因為他在這裡是如此的著名，同時許多人都知道他已成為大律師，現在的動機是准許伍敘先生在本法庭執行律師業務。我很榮幸授予這項任務……我很高興一個世界上最聰明的民族有這樣一位人物；我很高興看到一位在聖保羅書院受教育的中國人，曾在巡理廳(Police Court)任職傳譯員數年，已成為英國律師會的會員。在英國，每一個政府機關都歡迎有智慧才能的人。一位傑出的美國政治家班哲明(J. P. Benjamin)現已成為英國律師公會的佼佼者，如果這一位中國人的表現正如前者一般，則所有律師公會當會樂於祝賀。」[98]

伍廷芳出任大律師，本是東西文明碰撞的結晶。它表明自鴉片戰爭之後數十年，先進的中國人在西化顯著的香港等地，勇敢地摒棄「夷夏之辯」的傳統說教，面對西方的挑戰、衝擊，做出了順乎時勢的回擊與反應。這決不同於費正清、李文森等美國史學家所建構的「衝擊－回應」模式，即「西方扮演著主動的(active)角色，中國則扮演著遠為消極的或者說回應的(reactive)角色」。[99]而是基於對民族命運的焦慮，自發、自覺地投入東西文明的衝突中，尋求華夏文明的新生路。

繼出任大律師後，伍廷芳還在 1877-1878 年任香港政府考試委

⑨⑥ 孫文：〈伍秩庸博士墓表〉，華東師範圖書館藏未刊本。

⑨⑦ 《伍秩庸博士哀思錄·附哀啟》，華東師範大學圖書館藏未刊本，第 1 頁。

⑨⑧ J. W. Norton-kyshe, *The History of the Laws and Courts of Hong Kong* (T. Fisher Unwin, London, 1898), pp. 261-262; Hong Kong Daily Press, May 19th, 1877. North China Harald and Supreme Court & Consular Gazette, June 2nd, 1877; E. J. Eitel, *Europe in China: the History of Hong Kong from the Beginning to the Years 1882*, p. 532.

⑨⑨ 〔美〕柯文：《在中國發現歷史——中國中心觀在美國的興起》，中華書局 1989 年版，第 1 頁。

員，參與選拔官員。[100]並於 1878-1882 年任香港保良局副主席，[101]負責社會治安，保護婦幼，組織救災。此外，伍廷芳還以極大的熱情投身於香港的社會福利、教育、商業等事業。傑出的才幹，斐然的成就，使伍廷芳贏得了香港社會廣泛的讚譽，華人皆尊稱其為「伍叔」。1878 年 12 月 16 日，港督委任伍廷芳為太平紳士(Justice of the Peace)，[102]成為港府委任的四十名太平紳士中的唯一華人。第八任港督軒尼詩曾說：「伍敘是名字出現在我們太平紳士名單中的唯一的中國籍紳士。」[103] 1880 年 2 月 19 日，伍廷芳就任港府立法局議員，開啟了華人進入香港殖民政府參政、議政的先河。[104]

回顧伍廷芳返港五年所取得的非凡成就，不難看出，伍廷芳成功的原因大致有三：良好的教育；港叔軒尼詩的扶持；在港華人經濟勢力的勃興。

伍廷芳十多歲起接受正規的西式教育，直到取得博士學位，這在當時的香港華人社會可謂鳳毛麟角。而像伍廷芳那樣留學海外，攻研法律的人，在華人中更是寥若晨星。良好的新式教育，陶鑄了

---

[100] 1877 年 6 月 2 日《香港轅門報》。

[101] *History of the Po Leung Kur Hong Kong, 1878-1968*, pp. 124-215.

[102] The China Mail (Hong Kong), Dec, 16th, 1878; See also C. O. 129/187, " Sir Pope-Hennessy, John to Sir Michael Hicks-Beach, Hong Kong, Jan. 19th, 1880. " p. 48. 「太平紳士」一詞，其英文名稱 Justice of the Peace 是治安官或治安委員的意思。1843 年英國駐華全權代表兼首任香港總督璞鼎查組織了一個治安委員會，任命了第一批治安委員。當時的翻譯將治安委員譯為「太平紳士」。從此這一譯法一直沿用至今。最初太平紳士全由英國人擔任，分為兩類：由英國官員兼任的稱為「官守太平紳士」，由英國在港商人兼任的稱為「非官守太平紳士」。其職責是管束在港的英國僑民，協助英軍及警察維持香港的殖民統治秩序；有權推舉立法局的非官方議員；在發生擾亂社會治安的事情時，有權令在場及當地其他人員協助維持秩序或拘捕擾亂者，拒絕協助者，將會受到簡易程序審判處分，科以五十元以下罰金或三個月以上的監禁；無論有無搜查證及隨從，有權自由進入民宅搜查嫌疑犯。

[103] C. O. 129/187, " Sir Pope-Hennessy, John to Sir Michael Hicks-Beach, Jan. 19th, 1880, " p. 48. C. O. 129/187, " Hong Kong, List of Gentlemen in the Commission of the Peace, Jan. 19th, 1880, " p. 54-55.

[104] 黃勝，1883 年初為立法局議員；何啟，1890 年為立法局議員；韋玉（寶珊），1896-1914 年任立法局議員。

伍廷芳新的風範、新的學養，為他躋身香港社會的高層，鋪墊了堅實的基礎。按英國審判庭制度規定，「律師資格凡兩種：曰小律師(Solicitors)，專司收集證據、抄閱公文及摘述案情始末，以備辯護之材料，而已不出庭；曰大律師(Barristers)，則出庭司辯護者。」⑯「大律師可出席任何法庭的訴訟，代人辯護。」⑯伍廷芳取得博士學位的林肯法學院，名氣雄踞英國四大法學院之首，擁有授予大律師資格的權力，其規定自然在英國的殖民地——香港通行。因而，伍廷芳返回香港不久即被准許為執業大律師。律師原本就是貴族的專業，紳士的職業。在等級觀念森嚴的英國及其殖民地，憑其學識、文憑和資格步入社會上層，自然就在情理之中。

　　社會的運行是有規律可循的，但人的成功則是多種因素綜合作用的結果。軒尼詩的扶持，對伍廷芳取得驕人的成績，起到了相當重要的作用。軒尼詩是香港第八任總督（1877-1822年）。據稱他來港履職時，恰巧與伍廷芳離英回國同船，兩人相談，甚為投機。伍廷芳的學識、氣質、志向給軒尼詩留下了良好的印象。更重要的是軒尼詩身為愛爾蘭人，一個人道主義者，奉行種族平等，反對種族歧視，⑯對於同受英國統治的香港華人深表同情。在其任職期間，他排除來自香港和英國本土的英國商人、政客的壓力，大膽啟用華人代表——伍廷芳。1879年，律政司因事返英，一時乏人，軒尼詩總督即遴選伍廷芳署理。駐港英人群起攻訐，指斥港督偏愛華人，稱律政司既可讓華人署理，則將來香港按察使出缺也可任用華人了，因此，他們準備向英國首相控告。⑯在這種情況下，軒尼詩只好作罷。但在委任伍廷芳為立法局議員一事上，軒尼詩獲得了勝

---

⑯　容閎：《西學東漸記》，湖南人民出版社1981年版，第33頁。

⑯　楊奇主編：《香港概論》（續編），中國社會科學出版社1993年版，第145頁。

⑰　R. C. Hurley, *Handbook to the British Crown Colony of Hong Kong and Dependencies*, p. 65.

⑯　1879年2月19日（光緒五年正月二十九日）《申報》。另見 The North China Herald and Supreme Court & Consular Gazette, Feb. 21st, 1879。

利。1880 年 1 月 19 日，軒尼詩採取先斬後奏的策略，發布通知：
「總督閣下已暫時委任伍敘先生為定例局（即立法局。──引者
註）的一名議員，……只待女皇陛下的回覆，以接替離開本港的吉
柏先生。」[109]待造成既成事實後，軒尼詩向英國政府殖民地事務大
臣詳盡地介紹了伍廷芳，「他是一位德高望重的紳士。」[110]「伍敘
先生是一位成功的英國學者，一位學識廣博的人。」「在整個殖民
地沒有一個比伍敘先生更受尊敬及更正直的紳士。」「在謹慎地考
慮整個問題後，我毫不猶豫地向您推薦，並請您向女王陛下舉薦，
伍敘先生在定例局內可得到一席位。」[111]駐港英人對此大為不滿，
惡意誹謗軒尼詩總督，「不能想像英國的愛爾蘭人可以同意由中國
人訂立法律，或願意看見其他民族在為他們制定法律的定例局中活
躍。」[112]殖民地事務部經過慎重考慮，最後採納了軒尼詩總督的建
議。1880 年 2 月 19 日，伍廷芳就任立法局議員。近四十年來香港
殖民政府無華人任職的歷史由此結束。史學家林友蘭曾有過一段非
常中肯的話：「當年真正了解華商的處境，尊重華人的地位的香港
最高行政首長，卻是堅尼地的繼任者軒尼詩爵士。」[113]

　　軒尼詩執政五年，對香港地區的社會安定與經濟發展貢獻極
大。但洋商卻指斥那是「混亂不絕的五年」。軒尼詩終於在駐港英
人的反對聲中，提早「調任毛里求斯的總督」，[113]離開了香港。在
港英歷史上，軒尼詩的名字是同華人政治地位的提高聯繫在一起
的。

　　個人的學識、才幹，軒尼詩總督的提攜，是伍廷芳在港事業騰

[109] 1880 年 2 月 5 日（光緒五年十二月二十二日）《申報》。
[110] C. O. 129/187. " Hennessy to Hicks-Beach, Jan. 19th, 1880, Hong Kong, " pp. 49-50.
[111] The North China Herald and Supreme Court & Consular Gazette, Feb. 21st, 1879. pp. 50-52.
[112] Hong Kong Daily Press, Jan. 23rd, 1880.
[113] 林友蘭：《香港史話》增訂本，（香港）上海印書館 1985 年版，第 78 頁。
[114] R. C. Hurley, *Handbook to the British Crown Colony of Hong Kong and Dependencies*, p. 66.

達的重要因素，但這只是一些表象，在歷史表象的背後，掩藏著一個最基本的也是最重要的因素——在港華人經濟勢力的崛起。早在十九世紀四〇年代末五〇年代初，香港華商抓住全球範圍內的經濟轉型機遇，大力發展轉口貿易，到十九世紀六〇年代，華商已成為香港經濟中不可忽視的一支力量。以 1858 年為例，當時整個香港島僅有居民七萬五千餘人，但華人開辦的店鋪就有二千餘家。這些店鋪中包括雜貨鋪二百八十七家，洋貨店四十九家，行商三十五家，買辦三十家，錢幣兌換商十七家，米商五十一家，造船工棚五十三家，金、銀、銅、鐵匠鋪一百十六家，木匠九十二家等。[⑮]進入十九世紀七〇年代後，多財善賈的華商紛紛改用汽船載運洋貨，前往通商口岸。來自黃埔的蛋民郭阿松（又名郭松）便是這一時期的暴發戶。他以買辦起家，1877 年已成為擁有十三艘汽船的香港航業界巨頭。1879 年，從香港輸往中國大陸沿海的貨物，四二·三六％由華商承載。英國對華的輸出，經由香港轉入中國通商口岸者亦占五十％。據 1880 年中國海關統計，中國的輸出總值，香港占二一％，輸入總值占三七％。[⑯]

在大力發展轉口貿易的同時，華商還將目光瞄向了香港房地產業。從十九世紀六〇年代後期開始，華商不斷收購洋商因經營不善而倒閉的商行和堆棧。進入八〇年代，華商在房地產業的興趣有增無減，僅從 1880 年 1 月至 5 月，華人購於原屬洋商所有的地產和物業，共值一百七十一萬元，並向港府承租了年付一萬七千七百零五元地稅的公地。英國最早劃定的種族隔離線，也伴隨華人經濟的迅猛發展而被衝破。在軒尼詩任港督期間，華人勢力沿荷里活道和威靈頓街向維多利亞城中心區節節推進。在皇后道、雲咸街、鴨巴甸街，中國式樓宇紛紛崛起。[⑰]軒尼詩總督 1882 年 2 月在立法局的

⑮ H. K. G. G. Vol. 4, No. 198, p. 172.
⑯ 林友蘭：《香港史話》增訂本，（香港）上海印書館 1985 年版，第 79 頁。
⑰ 同上，第 79-80 頁。

報告中指出：1882 年香港二十家最大公司中，屬於華人的有十七家，且這些公司也是生意額最大的。1876 年稅額共為港幣九萬七百九十點九三元，其中華人只交納二萬八千二百七十六點零五元。但到 1881 年，前二十家大公司共繳稅十一萬五千一百五十八點二八元，其中華人繳付九萬八千五百一十點二六元，約占八五％。而外人只占一萬六千六百三十八點一二元。每季繳地稅一千元的業主，香港共十八人，其中十七人為華人。洋商則只有渣甸洋行一家。[118]華人所輸，十居其九。[119]總之，到 1881 年，在最富的商人中，無論是納稅總額，還是人均納稅額，香港華商均已超過了西商。王韜曾在《循環日報》撰文介紹這一時期香港華商的崛起。他寫道：「近十年以來，華商之利日贏，而西商之利有所旁分矣。即如香港一隅，購米於安南、暹邏，悉係華商為之。凡昔日西商所經營而擘畫者，今華商漸起而予其間。」[120]在事實面前，英國人不得不承認，是「中國人造成了現在的香港」。[121]

在人類社會的演進中，經濟同政治常常是不同步的。經濟地位的提高並不絕對標誌著政治地位的奠定，但政治地位的確立，必以經濟地位的升高為基礎。伴隨華商經濟勢力勃興而來的，便是華人政治熱情的大爆發。參政、議政成為十九世紀七〇年代以後香港華人的政治追求。香港各界華人領袖繼 1878 年 10 月聯名請願，要求獲得立法局的代表權失敗後，又於 1879 年 12 月 17 日上書港督軒尼詩，重申前議。在上書中，他們抨擊港殖民政府不顧香港經濟、人口結構的變化，繼續執行種族歧視政策，「無論何時有任何當地公共利益項目提出討論時，中國人都不被准許聆聽有關事項及參與

[118] Great Britain, House of Commons, Sessional Papers, 1882, XLIV, p. 287, " Address by Sir Hennessy, John Pope to the Hong Kong Legislative Council. "

[119] H. K. G. G. Vol. 27. No. 24, p. 425.

[120] 王韜：〈西人漸忌華商〉，《弢園文錄外編》卷 4，中華書局 1959 年版，第 91-92 頁。

[121] 赫吉利・羅拔森爵士言，轉見張雲樵：《伍廷芳與清末政治改革》，（台灣）聯經出版事業公司 1987 年版，第 69-70 頁。

其中」，他們建議港英當局著眼現實，面向未來，放棄不合時宜的政策，向中國人敞開參政議政的大門。他們並推薦了華人代表伍廷芳，「假若此後有任何空席，請准許伍敘先生填補定例局的席位，這樣對當地的利益必可獲得很大的益處。」⑫

華人社會的廣泛呼聲，和華商擁有的巨大經濟實力，促使港英政府不得不重視華人的要求。軒尼詩總督 1880 年 1 月在給英國政府殖民地事務大臣的長信中，援引港人請願書的話，表達了自己的意見，「華人居民人數是外籍居民人數的十倍，華人團體所擔負的稅項比外籍團體所納的稅也多出很多，因此准允中國團體分擔管理本地公共事務是很公平的。」⑬「我不能不感到，事實上在定例局撥出一些席位給一些人可代表香港的中國人團體利益的時候已到。」⑭

為確保香港地區的繁榮和穩定，英國政府只有面對現實，將向華人關閉了近四十年的港府大門開啟了一道門縫。1880 年 2 月 19 日，伍廷芳就任立法局議員。這是一件應該彪炳史冊的大事。大門已經打開，短期內不可能開得太大，但它將難以再次關上，而只能是越開越大。這既是對伍廷芳二十多年潛心西化的認同，也是對香港華人力量崛起的首肯。從這個意義上講，十九世紀七〇年代後香港華人經濟上的巨大成就，奠定了伍廷芳通往港府政壇的基石。至於選定伍廷芳作為華人社團的代表，這又是同伍廷芳自身具有的知識財富分不開的。合力的作用，促成了伍廷芳在香港政壇的升起。

在香港，伍廷芳是成功的，他改寫了香港的歷史；在香港，伍廷芳又是失敗的，殖民地臣民的印記，使他無法實現救國匡世的宏願。高唱自由、平等、博愛、正義讚歌的歐美列強，恰恰正是這一人類文明宣言的褻瀆者。國際事務間的雙重標準，相伴著殖民主義

⑫ C. O. 129/187, "Mr. Wong Kwan-Tong and others to Sir Hennessy, John Pope, Dec. 17th, 1879," pp. 56-58.

⑬ C. O. 129/187, "Hennessy to Hicks-Beach, Jan. 19th, 1880, Hong Kong," p. 50.

⑭ H. K. G. G. Vol. 27. No. 24, p. 425.

擴張的過去和現在。近代中國向西方尋求真理、傾心西化的先驅者對此均有過驚詫、痛苦和頓悟的思想體驗。梁啟超、孫中山等無不如此。伍廷芳自然也不例外。十九世紀七〇-八〇年代，香港社會彌漫著濃濃的種族歧視的氣氛。以戰勝者身份踏居香港的英國人，無處不流露出大不列顛國民的優越感，對凡是有利於華人的議案、舉措，動輒抗議，上書女皇。殖民者的心態展現無遺。1878 年 8 月，港督軒尼詩宣布廢除針對中國人的公開笞刑，英國居民大為不滿，「認為烙印、放逐及鞭撻的制度已經頗有成效，而且無疑起了阻嚇作用。」[125]他們在 10 月 7 日召開駐港英人大會，通過了五項旨在反對這一規定的決議。率隊參加大會的伍廷芳要求重複一次這項決議，因為大多數中國人未能聽懂英語。大會主席斷然拒絕說：「我們無能為力。我希望每一個中國人都明白剛才所說的話，但我們不懂中文。」[126]種族歧視，溢於言表。伍廷芳對此只能做蒼白的抗議，「這是不公平的，華人並不知道情形怎樣。」

令伍廷芳咀嚼不公平的遠不止這些，「福州中美訟案」又使伍廷芳領略到了殖民者的蠻橫，品嚐了半殖民地人民的痛苦與無奈。

1877 年初，美國失業船員波特(C. E. Porter)假冒美國駐福州領事館官員，威嚇中國漁民交納保護費。五月，中國當地政府以恐嚇、勒索漁民罪將薄得拘捕。在美國領事館舉行的一次聆訊中，薄得被撤銷控罪，當庭釋放。八月，福州中國商會對此提出指控，並聘請伍廷芳、翰倫作辯護律師。[127]奉命前來調查此案的美國駐華公使秘書荷坎比以毋庸置疑的口吻說，在中美所訂條約——治外法權條例下，薄得事件不能視為法律事件，無需通過法律訴訟解決，並拒絕接受伍廷芳的一切提問和代表原告遞交的狀書，「我並沒有得到通知他（伍廷芳）與這件事有關係，或有權向我提出任何問

[125] Ibid., "Hennessy to Hicks-Beach, Sept. 27th, 1878," enclosures, p. 17.

[126] Hong Kong Daily Press, Oct. 8th, 1878.

[127] The North China Herald and Supreme Court & Consular Gazette, Sept. 8th, 1877.

題。」「我不會從他手中接過那封信，或承認他與這件事有任何關係。」[⑱]荷坎比的傲慢與無理，擊碎了伍廷芳的一切努力。福州商人被迫撤銷控訴，罪犯薄得逍遙法外。

上訴的失敗，給伍廷芳強烈刺激。這是伍廷芳從英國攻讀法律，獲得大律師資格歸國後經辦的第一椿大案。托馬斯‧霍布斯、溫斯坦萊、洛克等英美法系的創始人給了伍廷芳豐富的法學知識。維護法律的正義、公平，成為伍廷芳的政治理念。新殖民主義者卻給伍廷芳上了一堂荒謬絕倫但暢行無阻的法律課。創造了近代國際法則的殖民主義者，在國際事務中扮演的卻是強權主義的角色。殖民主義時代，通行的國際準則是「強權即公理」。弱國外交、治外法權，貫穿著近代中國外交的始終。儘管先進的中國人悉心西化，但是皈依歐美近代文明，並不等於被近代歐美文明所接受。伍廷芳的遭遇是近代中國遭遇的縮影。它既是伍廷芳個人的悲劇，也是人類文明的悲哀。

殖民者的霸道，法律正義的無奈，揭示了一條樸實的真理：國家的富強，才是民族平等的後盾。個人縱有天大本領，也是回天乏術，無能為力。殖民者的蠻橫、法律尊嚴的被踐踏，帶給伍廷芳的不全是痛苦與憤懣，還有一種新覺醒：探求強國富民之道，捍衛法律的尊嚴、維持人類的平等、正義，再造文明之夢。離別香港，毅然北上，正是伍廷芳此期思想巨變的最好寫真。孫中山先生曾寫道：「公（即伍廷芳。——引者註）自幼時，已懷經世之志，中國積弱，發憤以匡救自任。」[⑲]

此外，經營房地產業的失敗，也是伍廷芳離港北上的原因之一。從十九世紀七〇年代起，經濟上崛起的華商，不惜任何代價向洋商劃下的「種族隔離線」發起猛攻，重金收購地產和物業，市價越炒越高，華商從沿海貿易賺得的財富，落到洋商的銀行戶頭裡。

---

⑱ Ibid., See also Shin, Linda, pp. 137-139.
⑲ 孫文：〈伍秩庸博士墓表〉。華東師範大學圖書館藏未刊本。

到 1881 年 10 月,地產投機狂潮暴跌,物業市價下跌四五％,華商損失慘重,華人社會也因此元氣大傷。據說伍廷芳即因此而離港北上。[130] 其實,此事並不能遮掩伍廷芳離港北上的光彩。國家利益同個人利益本質上就是一致的。而伍離港北上也正是伍廷芳將個人前途與國家民族前途命運緊密聯繫起來的表現。

1882 年 10 月,伍廷芳離港北上,匯入到救亡圖存的愛國洪流中去,尋求中國社會走上近代化的途徑。

[130] G. B. Andacott, 97th. Government and People in Hong Kong.

第二章

邊緣人的跋涉

一、出任幕僚，贊襄洋務

㈠進入李鴻章幕府

1882 年 10 月底，伍廷芳乘「懷遠」輪離港北上，11 月 2 日抵達上海稍作停留，即趕到天津，出任李鴻章幕僚，襄辦洋務。[①]從此開始了時間長達十四年的幕僚生涯（1882-1896 年）。

伍廷芳受李鴻章重用，緣起於郭嵩燾。1877 年 1 月 22 日，中國近代首位駐外公使郭嵩燾到達英國倫敦，下榻在倫敦坡蘭坊第四十五號。翌日，正在英國林肯法學院留學的伍廷芳登門拜訪。據副使劉錫鴻記載：「初十日（1877 年 1 月 23 日）新會人伍廷芳來謁，蓋赴英三年考取律師者（英國審案，必延請律師數人辯論是非）。年約三十歲，明白俊爽。告余曰：『英國之政，君主之，實民主之。每舉一事百姓議其失，則君若臣改弦更張。此間乏中國人，遇有交涉案件，惟憑彼一面之詞，肆口怨詈，故百姓每鼓掌而請用兵。今遣使駐紮以通氣，誠中肯綮。然猶須多蓄才智人，效為洋語，散布此地，並刊傳新聞紙，以持其曲直，乃有濟也。』」[②]隨員張德彝同日留有日記：「廣東新會人伍廷芳字秩庸者，原曉英文，三年前來此學習英例，今已考中律師。是日來拜，言月內由此

---

① 1882 年 11 月 6 日（光緒八年九月二十六日）《申報》。
② 劉錫鴻：《英軺私記》，岳麓書社 1986 年版，第 70 頁。

走紐約金山，剃髮易服以回華。其人年三十六歲，言貌溫恭。」③郭嵩燾則稱「其人尚文雅，為西洋裝，而蓄髮約長丈許，云為回家後尚可結辮也」。④

　　1877 年，伍廷芳與郭嵩燾在倫敦的相逢相識，對二人今後的境遇都極富影響，對前者尤其如此。揭開中國近代外交史新篇章的郭嵩燾，不僅是中國近代第一位正式駐外公使，更重要的是其思想敏銳，見識超群，以其同時代的人們難有的勇氣和銳氣，大膽衝破「用夷變夏」的傳統說教，熱情謳歌以英國為代表的西方資本主義近代文明，將林則徐、魏源等人在鴉片戰爭前後「開眼看世界」的目光投向了更深邃的西方世界。在英期間，他考察了以議會和民選市長為特徵的西方民主政治的現狀和歷史，接觸了以亞當・斯密為代表的資產階級經濟理論，了解了英國發展資本主義經濟的實際情況，認識到「非民主之國，則勢有所不行」，國政在臣民，遠比「君德」更可靠，對中國自秦漢以來二千多年「適得其反」的封建君主專制制度提出了批評。他從歐洲看到了教育在物質文明、精神文明建設中所起的關鍵作用，盛讚西方學校教育務實、求新，遠勝中國專門崇尚「時文小楷」的八股取士制度，力主中國應當開辦學校、多派留學生，像日本那樣大規模地向西方學習。遺憾的是，郭嵩燾也與先行者們的遭遇相同，先是被何金壽奏參，隨後又被副使劉錫鴻密劾，1878 年 5 月即被革職撤回，所著《使西紀程》被視為「禁書」，橫遭毀版，⑤1891 年在湖南老家溘然長逝。然而，事情到此並沒有結束，在他死後，光緒皇帝頒布聖諭，明令規定：「郭嵩燾出使外洋，所著書籍，頗滋物議，所請著不准行，」拒絕為其

---

③ 張德彝：《隨使英俄記》，岳麓書社 1986 年版，第 310 頁。
④ 郭嵩燾：《倫敦與巴黎日記》，岳麓書社 1986 年版，第 100 頁。
⑤ 梁啟超曾說：「光緒二年，有位出使英國大臣郭嵩燾，做了一部遊記。裡頭有一段，大概說，現在的夷狄和從前不同。這部書傳到北京，把滿朝士大夫的公憤都激動起來了，人人唾罵，鬧到奉旨毀版，才算完事。」見梁啟超：〈五十年中國進化概論〉，原載《申報五十周年紀念論文集》。

立傳賜諡。甚至於其死後的靈魂也不得安寧。庚子年間，義和團運動遍及華北，野蠻而愚昧的排外行動甚囂塵上，死去的郭嵩燾竟落得了一頂「二毛子」的稱號，時有京官上疏，「請戮郭嵩燾、丁日昌之屍，以謝天下。」⑥

與郭嵩燾後來可悲可憐的境遇相比，伍廷芳則因 1877 年的倫敦會面而名聲大振，贏得了朝廷權貴們的刮目相看，並最終步入晚清政壇，憑著卓越的才幹，在風起雲湧的近代中國社會大舞台上，扮演了一個個光彩照人的角色。

初次相識，郭嵩燾等人對伍廷芳評價甚高。鑑於初次出使英國，政情不明，郭嵩燾決議留用伍廷芳，「臣等觀其人明白俊爽，尚有可用，曲意留之，」⑦1 月 30 日，使團參贊張德彝奉命至倫敦梅克蘭柏爾坊第六號造訪伍廷芳，「先生（指郭嵩燾。——引者註）欲畀以翻譯，廷芳辭。至晚先生復令德明等往，許改為隨員，仍不願。—因陳蘭彬敦約在先，二因車船票已定，三因翻譯隨員月俸不過二百金，參贊始得三百金。余往合眾，如事機不就，即在上洋為律師，亦可月得千圓。再英國律師可援侍郎及人御史等官，是豈翻譯、隨員可比耶？」⑧這就是郭嵩燾所說的：「經遣人往商，見其所欲過奢……，以致因循未能定議，聽從程啟而去。」⑨

一天之內，郭嵩燾兩度派人盛請伍廷芳，雖未談妥，亦可足見郭嵩燾求賢若渴之意。當聞知伍廷芳已離英他往時，郭嵩燾心急如焚，判定已去美國，當即於 1877 年 2 月 19 日，令使團翻譯張德彝、姚彥嘉趕到電信總局發報，致函清朝駐美公使陳蘭彬，內稱：「中國公使於伍秩庸去時，挽留不及，現已奏派渠為參贊，薪水與黎同。請迅致伍君，飛速回英，如赴金山，祈轉致鄺容階代催。望

---

⑥ 《清鑑綱目》卷 15，光緒二十六年五月，郎中左紹佐奏。

⑦ 〈使英郭嵩燾等保薦伍廷芳折〉，王彥威：《清季外交史料》卷 10，書目文獻出版社 1987 年版，第 15 頁。

⑧ 張德彝：《隨使英俄記》，岳麓書社 1986 年版，第 313-314 頁。

⑨ 同註⑦。

示復。」⑩

　　2 月 21 日，清朝駐美使館副使容閎復電，「伍秩庸不在乞富埔，無處可尋。」⑪郭嵩燾仍不相信，堅持認定「伍秩庸實往金山容春圃（純甫）所居，名乞富埔」，盛怒之下，歸咎為「皆陳荔秋（即陳蘭彬，其人字荔秋。——引者註）貽之累也」。⑫

　　事實上，郭嵩燾判斷錯了。伍廷芳並沒有接受陳蘭彬的邀請，趨往美國就職。而是在 3 月 22 日前後，返回香港，為父親伍社常奔喪去了。

　　事情並沒有就此打住，必欲得伍廷芳而心甘的郭嵩燾在繼續努力著。四月，郭嵩燾向直隸總督李鴻章伸出了求援之手，希望李鴻章出面，勸說陳蘭彬忍痛割愛，讓出伍廷芳。5 月 9 日，李鴻章致函郭嵩燾，對求援一事表示了不痛不癢的關切，內稱：「聞粵人伍秩庸學習英律甚為精熟，陳荔秋欲派充秘魯總領事，設法招致，而執事左右竟乏此才，殊為可惜。」⑬這是李鴻章第一次得知伍廷芳其人其事。

　　請求李鴻章相助無效，郭嵩燾只好上書朝廷，乞求聖斷。6 月 22 日，郭嵩燾與劉錫鴻聯名上奏清廷，薦保伍廷芳，希望朝廷從中調停，要陳蘭彬讓賢。奏折中寫道：「英人寄跡中華，視他國為多故。其交涉事務亦倍紛繁，間遇案件或應由駐紮使臣向其外部辦論，非得熟悉英律之員相為贊助，無以中其肯要。臣等出都時路過天津，聞有粵人伍廷芳在英學律數年，經英人考驗，拔取律師。及到倫敦後適伍廷芳來見，言數日前接出使美國大臣陳蘭彬電報，許以充當領事，令其迅速回粵相候，正在料理啟行。臣等觀其人明白

⑩ 張德彝：《隨使英俄記》，岳麓書社 1986 年版，第 332 頁。
⑪ 同上，第 333 頁。
⑫ 郭嵩燾：《倫敦與巴黎日記》，岳麓書社 1986 年版，第 119 頁。因陳蘭彬曾致電伍廷芳，「令其不必回粵，即赴合眾，不為參贊官，當充總領事。」張德彝：《隨使英俄記》，岳麓書社 1986 年版，第 313 頁。
⑬ 〈復郭筠仙星使〉，光緒三年三月二十六日。吳汝綸：《李文忠公全書‧朋僚函稿》卷 17，第 7 頁。

俊爽，尚有可用，曲意留之。經遣人往商，見其所欲過奢，臣等到英伊始呈遞國書，尚無期日，一切未暇深考。又以經費宜節，不敢多有支銷，以致因循未能定議，聽從啟程而去。其後察看英國辦案，別有例法，相需實殷。查伍廷芳所習者英律，各國律法，互有異同，置諸美日秘三國，正恐遷地弗能為良。陳蘭彬出洋多年，於華人之熟悉洋務者，早已搜羅殆盡，度亦無所需於伍廷芳一人。英國本少華民寄居，伍廷芳外更無有通其語言兼諳其律例者。陳蘭彬心念國家大局，亦必不肯專顧一隅，有所較論。應請飭下陳蘭彬，無論伍廷芳行抵何處，令速回英，藉資襄助。伍廷芳以熟悉律法，不甘小就。應否即派充三等參贊官官，俾得盡其志意。並候聖裁。」清廷當即表示准其所奏。⑭

郭嵩燾滿世界地找人，最後直鬧得滿城風雨，各路諸侯紛紛插足，競相羅聘。直隸總督李鴻章、兩廣總督劉坤一等就是在此期間插足進來的。伍廷芳一時聲譽鵲起。

李鴻章面對頭緒紛雜的中外交涉，竟然也產生了奪人之美的意念，決計聘用伍廷芳，留為己用。李鴻章派遣與伍廷芳相識的津海關道黎兆棠前往香港接洽。此時爭相羅聘伍廷芳的不只李鴻章一人，「是時兩廣總督劉坤一亦遣人邀往面談，伍氏以李約在先，不克即往。」⑮黎兆棠不負重托，1877 年 10 月 6 日引伍廷芳北上天津，李鴻章與伍廷芳初次相見。

關於交談的情況，李鴻章於會談的第二天，即 10 月 7 日寫給朝廷的奏折中做了詳細交代。李鴻章稱：「近來各口交涉事件日繁一日，前擬會訂通商律例，迄未議辦。泰西各國欺我不諳西律，遇事狡賴，無理取鬧，折之以中國律例，則彼諉為不知，悍然不顧。思有以折服之，非得一熟諳西律之人不可，顧物色數年，未得其

---

⑭ 〈使英郭嵩燾等保薦伍廷芳折〉，王彥威：《清季外交史料》卷 10，書目文獻出版社 1987 年版，第 15-16 頁。
⑮ 1877 年 9 月 8 日，《華北先驅周報及高等法庭與領事公報》。

人。昨日津海關道黎兆棠帶粵人伍廷芳來見，久聞其人熟習西洋律例，曾在英國學館考取上等。於其來謁虛衷詢訪，俱能指陳款要。雖住香港及外國多年，尚恂恂然有儒士風，絕無外洋習氣，尤為難得。前出使英美之郭侍郎、陳太常爭欲羅致之，蓋有由矣。此等熟諳西律之人，南北洋須酌用一二人，遇有疑難案件，俾與洋人辯論。凡折以中國律例而不服者，即以西律折之，所謂以彼之矛刺彼之盾也。惟聞伍廷芳在香港作大狀師，歲可得萬餘金，若欲留之，亦必厚其薪水。黎道曾微探其意，非每年六千金不可，為數似覺太多。然留之俾為我用，鈞署及各口有事均可令其前往襄辦。無事則令在津學說官話，與通曉漢文者翻譯西例。若能辦正一事，有俾大局，所值當不止數千金。現在日本外務省延雇美國律師，即前充天津領事之施博，歲費萬金，想亦有見於此。伍廷芳究係中國人，與雇用西人有間，且無庸訂明年份，寫立合同，進退綽有餘裕。查中國通曉西律尚未有人，無從翻譯。前派學生出洋學習，每歲費且巨萬，如今將西律譯出，則通曉政體，見解敏捷之人一覽自能了然。從此西律人人能通，而西人亦無從欺蔽，於辦理交涉案件不無裨益。即將來擬訂中外通商律例，亦藉有援據參考矣。如承允許，其薪水一切，當會商南洋籌款給發。」⑯

在十九世紀七〇年代顯得頗有進取之心的清政府，正被接踵而至的對外交涉攪得心煩意亂，李鴻章的上奏適逢其時，奏准自然就在情理之中。10 月 22 日，李鴻章致函兩江總督兼南洋通商大臣沈葆楨，要其負責伍廷芳年薪六千兩的一半，「請津滬兩關，歲各籌給三千金，南北各口有事，皆可前往襄屬。」⑰

奪人之愛，畢竟有些心虛。設法掩飾，自是必然。年薪問題解

⑯ 〈請用伍廷芳〉，光緒三年九月初一日。吳汝綸：《李文忠公全書・譯署函稿》卷7，第 20 頁。

⑰ 〈復沈幼丹制軍〉，光緒三年九月十六日。吳汝綸：《李文忠公全書・朋僚函稿》卷 17，第 25 頁。

決後，李鴻章便於 11 月 8 日致函遠在英倫三島的郭嵩燾，竭力表明自己的清白。內稱：「伍廷芳月前來津，據稱不願當二三等參贊，荔秋亦不帶往，惟於公法英律煞有探討，其人亦尚穩靜，因與總署緘商，」「暫留南北洋差遣。」再三表示「非敢奪公所好，緣渠不欲遠行，只有量才器使，勿任久居香港為外人牢籠耳」。[18]

李鴻章不愧為官場老手，寥寥數語，即將郭嵩燾封得緘口無言。在這場人才爭奪戰中，李鴻章計高一籌，成為最後的贏家。

在此須交代的是，伍廷芳並沒有在 1877 年接受李鴻章的聘請，而是返回了香港。至於其原因，伍廷芳自稱「嗣以母病，請假回籍」。[19]余啟興則稱：「因任李之法律顧問，仍回港繼續其大律師業務。」[20]時任清帝老師的翁同龢在 1880 年 8 月 6 日（光緒六年七月朔日）的日記中亦謂：「盧慶雲報言粵人伍秩庸者，熟洋人律例，有志氣，非徵召不至，不應諸侯之聘也。」[21]其實，這只是問題的一個方面。伍廷芳沒有進入李鴻章幕府的深層原因，應該同伍廷芳剛剛留學歸來，欲在香港施展才學，幹一番事業有密切關係。後來港英政府的民族歧視政策，促成了伍廷芳的民族自覺。而迅速膨脹的民族主義思想，驅動了伍廷芳最終接受李鴻章的召喚。1882 年 10 月，伍廷芳毅然離港北上，進入李鴻章幕府。

縱觀伍廷芳進入李鴻章幕府的全過程可以看出，李鴻章之所以不遺餘力地要將伍廷芳招至麾下，一個最重要也是最現實的原因就是洋務外交的需要。

1840 年的鴉片戰爭，改變了中國歷史的發展進程，中國被迫走上了一個更廣闊的世界舞台。它所面臨的對手已非昔日的「夷狄」

⑱ 〈復郭筠仙星使〉，光緒三年十月初四日。吳汝綸：《李文忠公全書・朋僚函稿》卷十七，第 28-29 頁。

⑲ 《伍廷芳集》上，第 296 頁。

⑳ 余啟興：〈伍廷芳與香港之關係〉，見《壽羅香林教授論文集》，香港編委會 1970 年，第 256 頁。

㉑ 陳文杰整理：《翁同龢日記》，中華書局 1993 年版，第 385 頁。

等游牧民族可比，而是擁有以先進政治制度作保障，以發達的工商業為基礎，以堅船利炮為武器的歐美殖民主義者。當東西文明在近代兩極相逢時，外交制度便成為這兩種文化所造就的截然不同的制度相互間衝突與融合的焦點。歐美殖民者依恃堅船利炮，向全球強制推行其文明方式、價值觀念，迫使所有落後國家在國際交往中接受所謂的「國際公法」。

由於對國際大勢、國際法則的無知，致使中國政府在同歐美殖民者的交涉中，付出了慘重的代價，留下了沈痛的教訓。「海禁初開，膺壇坫者暗外情，締約多喪權病民。」[22]「道光年間的中國人，完全不懂國際公法和國際形勢，所以他們爭所不當爭，放棄所不應當放棄的。」[23]中外交涉伊始，中國就喪失了關稅主權和司法主權，讓歐美列強攫取到了「領事裁判權」。「領事」是一國政府在接受國許可下委派於該國某些地區的官員。「他的職責是為派遣國政府國民的利益服務的或是與該政府實施它的法律有關。」[24]「領事裁判權」是指一國通過駐外領事等，使處於別國領土內的本國國民，根據本國法律行使司法管轄權的一種特權。這是對國家屬地優越權的例外或侵犯。領事裁判權制度在中國的推行始於 1843 年中英《五口通商章程》第十三款：「英人華民……倘遇有交涉詞訟，」英國領事有權「查察」、「聽訴」，「其英人如何科罪，由英國議定章程、法律發給管事官（即領事）照辦」。[25]對於有犯罪行為的英國僑民，也只能「交英國管事官依情處罪」，中國人「不得擅自毆打傷害、致傷和好」。[26] 1844 年訂立的《中美望廈條約》，把領事裁判權的範圍由中英《江寧條約》規定的「五口」擴大到各個港口。

[22] 《伍秩庸博士哀思錄·附哀啟》，華東師範大學圖書館藏未刊本，第 1 頁。
[23] 蔣廷黻：《中國近代史》，岳麓書社 1989 年版，第 27 頁。
[24] 〔英〕戈爾-布恩主編：《薩道義外交實踐指南》，上海譯文出版社 1984 年，第 303 頁。
[25] 王鐵崖編：《中外舊約章匯編》第 1 冊，三聯書店 1957 年版，第 35 頁。
[26] 同上，第 42 頁。

同時規定，不僅在中國的美國僑民與中國人之間或美國僑民之間的民刑案件要由美國領事審訊，甚至美國僑民與其他外國僑民在中國發生訴訟，也「應聽兩造查照各本國所立條約辦理，中國官員均不得過問」。[27] 1858 年中英《天津條約》將此更加明確化，即確立了「會審」制度。該條約第十六款規定：「英國民人有犯事者，皆由英國懲辦。中國人欺凌擾害其民，皆由中國地方官自行懲辦。兩國交涉事件彼此均須會同公平審判，以昭允當。」[28] 1876 年《中英煙台條約》又規定了原告人的本國官員可以「赴承審官員觀審」，有不同意見可以「逐細辯論」的「觀審」制度。「會審」、「觀審」制度的確立，使領事裁判權更加充實與鞏固。「會審公廨」制的出現，則將領事裁判權推上了頂峰。據此，「會審公廨」成為外國人在中國設立的法院。陪審領事有權決斷，華人會審官不過為「蓋押印章之工具」而已。領事裁判權的確立，使各國在華領事成了本國法律的執行者，標誌著中國司法獨立主權的喪失。就領事裁判權的形成過程而言，該項特權的確立，固然是歐美殖民列強武力威逼的結果，但中國封建官員對國際公法與通則的蒙昧無知，也有著不可推卸的責任，致使中華民族蒙受了一百年司法獨立主權喪失的恥辱。1943 年 1 月 11 日，美國與英國宣布放棄包括領事裁判權在內的在華特權，中國人才開始掌握中國人自己的司法主權。

在付出慘重代價後，中國人才逐漸吸收西方的國家主權和國家平等的觀念，開始意識到中西條約體系的不平等性及對中國主權的危害性。十九世紀六、七〇年代以後，隨著洋務運動的展開，中國社會加大了對外開放的廣度和深度。西洋文化人規模湧進中國。東西文化的交融擁有了廣闊的時空。為了調和中外矛盾，中國需要更具普遍性與約束力的國際交往原則和規範。總理衙門在經過一番摸索之後，終於找到了西方的國際法。1863 年美國傳教士丁韙良帶著

<hr>

[27] 王鐵崖編：《中外舊約章滙編》第 1 冊，三聯書店 1957 年版，第 54 頁。
[28] 孫曉樓、趙頤年編著：《領事裁判權問題》，第 167 頁。

他譯的惠頓的《萬國公法》來到北京，經美國駐華公使蒲安臣介紹，把他的譯作送給總理衙門參考。奕訢曰：「此乃吾所急需者也。」[29] 不久恰好發生了普魯士軍艦在天津口外扣押丹麥商船的事件，總理衙門便運用了國際法中的領海權理論與普使交涉，使後者同意釋放所押商船。這次交涉成功，使總理衙門很受鼓舞，因而奏稱：「查該外國律例一書，衡以中國制度，原不盡合，但其中亦間有可採之處。」於是派人幫助丁韙良修飾潤色，並於1864年奏准由總署出資刊印，「言明印成後，呈送三百部到臣衙門，將來通商口岸，各給一部。」[30]國際法就這樣被總理衙門接受為對外的交涉依據。以此為起點，截止到1895年，在華傳教士與中國人共譯出了十八種西方法律著作。據梁啟超《西學書目表》（1896年）記載，丁韙良譯著五部：《萬國公法》、《公法會通》、《公法便覽》、《公法千章》、《中國古世公法》。供職於江南製造局的英國傳教士傅蘭雅也翻譯了五部西方法律著作：《公法總論》、《各國交涉公法》、《各國交涉便法》、《比國考察罪犯紀略》、《西法洗冤錄》。[31]

運用國際法，是中國外交近代化的一個重大轉折，標誌著中國的對外關係進入了一個新的歷史時期，古老的中華帝國開始在條約體制下，步履蹣跚地走向世界。西方法律的廣泛引進，急需深諳西方法律的專業人才，但當時的中國，法律人才寥若晨星，因而遇有外交交涉，每每請教於洋人。1882年中法開戰，總署派專差至北京西山，將正在避暑的丁韙良請至總署，及至署而問曰：「何急務耶？曰：法人已在福州轟炸我船場，將戰事也。請汝無它，願聞公法耳。按公法，有敵國士商，居留境內者，何以處之？」[32]丁韙良即開列數條，第二天就成為「聖旨」。

㉙ 丁韙良：《花甲憶記》。
㉚ 《籌辦夷務始末》（同治朝）卷27，《近代中國史料叢刊・正編》(611)，（台灣）文海出版社，第26頁。
㉛ 梁啟超：《西學書目表》。徐維則：《東西學書錄》。
㉜ 丁韙良：《花甲憶記》。

隨著中外交涉的增多，中國社會急需擁有自己的法律人才。按照國際公法的準則，折衝樽俎，維護民族主權，漸成近代中國社會的共識。李鴻章 1871 年在給曾國藩的信函中就曾抱怨：「此間洋務幕吏無一解事者，函牘奏咨必須親制，殊為窘苦。」[33]李鴻章 1877 年 10 月 7 日給總署的函稿，典型地代表了此期當權者的心態。他說：「近來各口交涉事件日繁一日，前擬會訂通商律例，迄未議辦。泰西各國欺我不諳西律，遇事狡賴，無理取鬧，折之以中國律例，則彼諉為不知，悍然不顧，思有以折服之，非得一熟諳西律之人不可。顧物色數年未得其人。」伍廷芳精通西律，儘管歲俸較厚，但「伍廷芳究係中國人，與雇用西人有間」。[34]

　　時勢逼迫近代中國拋棄「天朝上國」的外交模式，擷採歐美列強締造的近代國際法則；而為了維護民族利益、國家主權，中國也在呼喚著自己的法律人才。伍廷芳的出現，填補了近代中國法律人才的空白，故而，李鴻章、總署不惜一切，「頻電招邀」，[35]重金聘用。

　　事情的成行常常是由多種因素促成的。李鴻章的盛情邀請固然是伍廷芳進入其幕府的一個重要原因，但伍廷芳為何沒有聽從兩廣總督劉坤一的徵召而最終選擇了李鴻章呢？這個問題的答案要從李鴻章當時的作為與其在晚清政壇的地位中去尋找。

　　李鴻章崛起於鎮壓太平軍、捻軍，發跡於洋務運動。從十九世紀六〇年代末開始，李鴻章憑藉著他在鎮壓國內農民起義軍中所立下的赫赫戰功和其思想中的樸素的「變易觀」，創辦了軍民用企業、新式學校，並主持了派出留學生[36]等若干項順應中國近代歷史發展潮流的大事，到十九世紀八〇年代初已經成為一位權傾滿朝的

---

[33] 《李文忠公全書·朋僚函稿》卷 10，第 31 頁。

[34] 〈請用伍廷芳〉，光緒三年九月初一日。吳汝綸：《李文忠公全書·譯署函稿》卷 7，第 20 頁。

[35] 《伍秩庸博士哀思錄·附哀啟》，華東師範大學圖書館藏未刊本，第 1 頁。

[36] 參見拙文〈李鴻章與中國首批留美學生〉，《聊城師範學院學報》1993 年第 3 期。

高官大員。在其身邊幾乎匯集了當時中國各界最出色的人才。時人曾這樣描述李鴻章幕僚盛況：「名都騏驥多，幕府璠璵眾。」[37]就連民主革命的先行者——孫中山也曾在 1894 年盛讚李鴻章「孜孜然以培育人才為急務。建學堂、招俊秀，聘西師而督課之，費巨款而不惜。遇有一藝之成，一技之巧，則獎勵倍加，如獲異寶」，而對自己「無緣沾雨露之濡，叩桃李之植，深用為憾」，[38]希望得到他的青睞，躋身幕僚行列。美國史學家對此曾有過如下評述，「如果李鴻章讓他擔任了秘書或是別的什麼職務，他很可能變成另一個人，有另一番經歷了。」[39]

由此可見，李鴻章的社會地位[40]及其所展現出的革新氣息，當是伍廷芳接受邀請，進入李鴻章幕府的重要原因。

(二)洋務運動中的法律顧問

伍廷芳自 1882 年 10 月進入李鴻章幕府，到 1896 年 10 月 23 日出任駐美公使，整整十四年間，一直被李鴻章「倚為左右手，凡有新建設，必諮而後行」。[41]其間，他參與經營了津沽鐵路、北洋大學、北洋武備學堂、電報局等近代事業，成為洋務運動後期的重要策劃人和推動者之一，為中國的近代化做出了巨大貢獻。

伍廷芳是作為法律顧問進入李鴻章幕府，贊襄洋務的。這點在李鴻章〈請用伍廷芳〉的奏折中說得十分明確。1877 年 10 月 7 日，李鴻章在給總署的函稿中，痛訴中西交涉日繁，洋人每以朝廷無人通曉西洋法律相欺，而伍廷芳「在外久，且精法學，於列國盛衰強

㊲ 黃萬機：《黎庶昌評傳》，貴州人民出版社 1992 年版，第 58 頁。
㊳ 〈上李鴻章書〉，《孫中山全集》第 1 卷，中華書局 1981 年版，第 16 頁。
㊴ 轉自〔美〕史扶鄰：《孫中山與中國革命的起源》，中國社會科學出版社 1981 年版，第 33 頁。
㊵ 西方報紙在 1874 年時就評論說：「中國外交為：『北京討論，天津決定』。」美國公使艾儒敏也認為，李鴻章「為清帝國最有勢力的官吏，尤其於總署有特別之影響，故對各事先向李鴻章徵求意見」。
㊶ 《伍秩庸博士哀思錄‧附伍朝樞〈誄文〉》，華東師範大學圖書館藏未刊本，第 1 頁。

弱之故，外交沿革得失之林，若燭照數計」，[42]「此等熟諳西律之人，南北洋需酌用一二人，遇有疑難案件，俾與洋人辯論。凡折以中國律例而不服者，即以西律折之。」「鈞署及各口有事，均可令其前往襄辦；無事則令在津學說官話，與通曉漢文者翻譯西例。」[43]因此，協助李鴻章致力於中外交涉，成為伍廷芳十四年幕府生涯的主要活動。在此期間，伍廷芳先後參與了 1885 年中法談判，簽訂《中越邊界通商章程》；[44]參與 1885 年中日天津交涉；1895 年 1 月隨同張蔭桓、邵友濂赴日求和，遭拒絕，但因與伊藤博文相識，[45]探悉日方意圖。三月，再次隨李鴻章赴日議和。《馬關條約》簽訂後，他於五月奉旨在煙台與日使換約。[46]遺憾的是，伍廷芳參與的這些外交活動，自己均沒有留下完整、系統的記載，治史者只能從《李文忠公全書》中的〈譯署函稿〉、〈奏稿〉、〈海軍函稿〉、〈朋僚函稿〉及〈盛宣懷檔案〉和一些報紙中窺視一斑。因而，也就無法準確地把握伍廷芳在此期間的實際活動。但有一點可以斷定，李鴻

---

[42] 《伍秩庸博士哀思錄‧附伍朝樞〈誄文〉》，華東師範大學圖書館藏未刊本，第 1-2 頁。

[43] 吳汝綸：《李文忠公全書‧譯署函稿》卷 7，第 20-21 頁。

[44] 李鴻章 1886 年 1 月 25 日致函總署：「越邊通商章程一事，前駁戈（可當）使（A. Gogordon）原稿，並另擬十八款。於十一月十九日（1885 年 12 月 24 日）緘呈核酌。……當飭津海關道周馥、候選道伍廷芳將駁擬送戈使閱看。本月初十日（1886 年 1 月 14 日）戈使來晤，謂此等辯論甚多，彼此可各派參贊先行會議，俟有頭目，或參贊不能解決等，我等再行訂期會商，於是戈使派歷在各國議約，熟習稅各章程之卜法德，鴻章亦派周道等同商議。」吳汝綸：《李文忠公全書‧譯署函稿》卷十八，第 26-27 頁。

[45] 筆者認為有關伍廷芳與伊藤博文為留英同學的說法是錯誤的。伊藤博文一生三次到過英國。第一次是 1863 年 3 月與井上馨偷渡英國，1864 年 6 月回國。第二次是 1871 年以副史身份參加岩倉具視使節團出訪歐美，1873 年 9 月回國。第三次是 1882 年 3 月，赴歐考察英、法、德等國憲法。伍廷芳留學英國是在 1874 年。據此得知，伍廷芳與伊藤博文留英期間在時間上毫無重疊，因而也就絕無可能有同學關係。至於兩人的相識，當是在 1885 年伊藤博文率團至天津與李鴻章締結《中日天津條約》時結識的。參見吳杰主編：《日本史辭典》，復旦大學出版社 1992 年版，第 363、542 頁。日本歷史學會編：《明治維新人名辭典》，吉川弘文館昭和五十七年版，第 101-102 頁。日本民友社：《伊藤博文》。久米正雄著，梁修慈譯：《伊藤博文傳》。久米正雄著，周容譯：《伊藤博文傳》。

[46] 〈換約證書〉，1895 年 5 月 8 日，轉見《伍廷芳集》上，第 15 頁。

章此間留下的大量有關上述問題的書稿，必定凝聚著伍廷芳的外交思想。

李鴻章對伍廷芳是重視和信任的。這可從李鴻章給朝廷的奏折中顯示出來。1886 年，李鴻章奏請獎賞伍廷芳：「前因天津隨辦洋務委員又逾二年，當將認真出力之候選道伍廷芳等九員，照章奏請給賞，……況天津為各口總匯，洋務本多棘手；近來各口交涉日繁，非他關之僅辦稅務者可比。該員等遇事襄籌，任勞任怨；歷時既久，著有勤勞。……候選道伍廷芳等九員，實係洋務出力人員。」[47] 1887 年 1 月 5 日，朝廷降旨：「以隨辦蠶池口遷移教堂出力，予直隸道員伍廷芳獎敘。」[48]

從上述史料看，對伍廷芳的外交才幹，李鴻章是認可的，朝廷是首肯的。不僅如此，伍廷芳卓越的外交才幹，也深得西方輿論的盛讚。1883 年 3 月，李鴻章丁憂守制，伍廷芳陪同代理直隸總督兼北洋大臣的張樹聲拜訪天津各國領事。《北華捷報》曾對此評論說：「這些交換友誼的探訪，完全由於伍廷芳先生的才能，他每日都得到他的同僚及外國官員的稱讚。」[49]

正因為如此，當 1886 年張蔭桓奉命出任駐美公使，邀請伍廷芳同往時，李鴻章拒不放行。在給總理衙門的信中，李鴻章說：「伍廷芳洞悉中外關係，又長期任職北洋傳譯，曾奉旨處理外交事務，足證其具有中外法律的才幹。如准調任他處，殊為失策。」[50]《華北先驅報》也發表評論說：「伍叔熟習英國、中國及羅馬法，明智過人，他應在重要口岸如上海等地工作，對中外人民若干問題將是一優良評判員。」[51]

以李鴻章在晚清政壇中的顯赫地位，再加上外國人的直言相

⑰ 吳汝綸：《李文忠公全集·奏稿》卷 58，第 3 頁。
⑱ 《大清歷朝實錄》（德宗）卷 236，第 7 頁。
⑲ North China Herald, April 27th, 1883.
⑳ Peking Gazette, March 15, 1866; North China Herald, June 18th, 1886.
㉑ 吳相湘：《民國人物列傳》（上），（台灣）傳記文學出版社 1986 年版，第 175頁。

勸，清廷權衡再三，決計不因一個張蔭桓而開罪李鴻章，故而降旨令伍廷芳繼續留在北洋，輔佐李鴻章。張蔭桓悻悻然赴美就職。

翻閱卷帙浩繁的《李文忠公全書》，治史者在嘆息之餘，偶有所得，那便是〈譯署函稿〉卷十八載有伍廷芳簽名的「長崎兵捕互鬥案處理辦法」。[52]這是伍廷芳作為李鴻章幕僚十四年來留下的唯一一份有關中外交涉的史料，可謂彌足珍貴。

鑰匙既然已經找到，那我們就應該打開塵封的歷史之門，步入歷史的庭院深處，探尋先人的行蹤印跡，最大可能地復原歷史。

此處將以「長崎事件」為典型，透析伍廷芳此時期的外交實踐與外交思想。

「長崎事件」是指 1886 年 8 月（清光緒十二年七月，日本明治十九年八月），中國北洋水師官兵在長崎與日本警察發生的兩次衝突及由此所引起的中日兩國間的交涉。中國舊稱為「長崎兵捕互鬥案」，或簡稱「崎案」。日本則別有用心地命名為「長崎暴動」，或「長崎清國水兵暴行」。西人則或譯為「長崎暴動」，或譯為「長崎事件」，但以後者居多。

1886 年 8 月 7 日，北洋水師結束了在海參崴的游弋，提督丁汝昌率領「定遠」、「鎮遠」、「濟遠」、「威遠」四艦開赴日本長崎船塢修理（旅順船塢直至 1888 年 5 月 3 日始竣工[53]）。1886 年 8 月 13 日（清光緒十二年七月十四日，日明治十九年八月十三日，星期五），中國水兵一行數人登陸上岸，在一妓館與日本警察發生衝突，結果造成日警一人重傷，水兵一人輕傷的不幸事件。是為「長崎事件」的首起。關於衝突毆鬥的原因，現存史料記載不一。據《申報》記者發自長崎的報導說：「十三日若干水兵上岸購物，在岸上遇到一名日本警察，毫無理由地命令他們停止。中國水兵以

---

[52] 吳汝綸：《李文忠公全集・譯署函稿》卷 18。
[53] 吳汝綸：《李文忠公全集・電稿》卷 9，第 38 頁。〈寄海署呈醇邸光緒十四年三月二十三日〉（1885 年 5 月 3 日）。

第二章　邊緣人的跋涉

55

為被污辱，因之鬥毆遂起。」[54]當地的英文《長崎快報》(Rising Sun & Nagasaki Express)則稱是由於中國水兵嫖妓並向警察行凶而起。據稱：星期五（八月十三日），「有一群帶有醉意的水兵前往長崎一家妓館尋樂，因而發生糾紛。館主前往警察局報案，警至，已順利將糾紛平靜。但因中國水兵不服，不久乃有六人前往派出所論理，非常激動，大吵大鬧，引起衝突。日警一人旋被刺傷，而肇事的水兵也被拘捕。其他水兵則皆逃逸。」[55]英國駐長崎領事米尤斯利也持相同觀點。他說：「傳言頗多，惟可信者，大約事情起於十三日晚妓區之小糾紛。有一中國水兵與妓館的僕人在街上爭吵，警察前來干涉，水兵遂即將之刺傷，但那名水手自己也受了輕傷。」[56]但是，另一英人則稱：「有一水兵在星期五晚拿一塊錢向日人購買西瓜，雙方語言不通，日人離去很久未回。水兵前往找尋，乃與日警衝突。結果，警察一名被刺死亡，而該名水手亦受輕傷，並被拘捕。」[57]日本方面則稱：「8月13日，中國水兵一行五人至長崎一家妓館遊歡作樂，狂飲成醉，毆打過往行人，並同前來制止的日本警察發生衝突，後被押送至中國駐長崎領事館。是日沒有發生嚴重事件。」[58]揆諸眾多史料大致可以斷言，「長崎事件」的起因，緣於中國水兵因嫖妓而與日本警察發生衝突。關於此論，也可依李鴻章在「長崎事件」處理結束後的一段話作為佐證。當時有人指斥水兵缺乏紀律，丁汝昌約束不嚴。李鴻章稱：「至於弁兵登岸，為狹邪遊生事，亦係恆情。」[59]「爭殺肇自妓樓，結束之疏，不無可

54 《北華捷報》(North China Herald)所譯之 1886 年 8 月 27 日《申報》，第 224 頁。
55 參見 1886 年 8 月 27 日《北華捷報》，第 225 頁。
56 見 E. O. 46/346, Copy 1 No. 36, Aug. 20, 1886，美國駐長崎領事 Mr. Euslie 向英國駐日公使 Plunkett 所作的報告。
57 北華捷報所譯之 1886 年 8 月 27 日《申報》，第 224 頁。
58 松下芳男：《日清戰爭前後》，東京白楊社昭和十四年版，第 26 頁。
59 〈復欽差出使日本大臣徐孫麒〉光緒十三年一月二十二日，于式枚編：《李文忠公尺牘》卷 4，第 13 頁。

辭，」「武夫好色，乃其天性。」[60]事實上，不管是水兵嫖妓也好，還是因語言不通購物發生誤會也罷，8 月 13 日的兵警衝突，實為一件偶發性的小事，只要及時妥善處理，是決不會釀成另一場更大的血案的。

8 月 13 日案件發生後，中方應日方要求，8 月 14 日（星期六）並未放假。8 月 15 日，水兵紛紛請假，要求外出。丁汝昌仍堅持不准。後經北洋艦隊顧問兼副提督英國人琅威理(W. M. Lang)說情，丁汝昌乃准許，但仍嚴禁攜帶武器。不料一場血案由此發生。據日方記載：當晚八點過後，梅香崎警察署的警察巡邏到廣馬場時，中國水兵從黑暗處竄出，先是扯掉警察的帽子，繼而圍打，後同前往增援的本署警察發生群毆。長崎警察署聞訊，火速派人增援，到達船大工町與元籠町之間時，預先埋伏在此的中國水兵一擁而上，向警察投擲物件。又一場更大規模的毆鬥又開始了。毆鬥持續了三個小時，到深夜十一點左右結束。在這場毆鬥中，中國水兵四百多人參加。[61]對雙方傷亡的數字，中外記載不一。中國方面的傷亡數字，《長崎日報》說，中國水兵死亡五人（其中軍官一人，士兵四人），受傷五十餘人（其中軍官三人，水兵五十餘人）；[62]《北華捷報》(North China Herald)說中國官兵七人被殺，三十人受傷；《申報》說，中國死亡九人（軍官一人，士兵八人），重傷十五至十六人，輕傷若干人，失蹤十六人；[63]據丁汝昌說，中國死亡五人，重傷六人，輕傷三十八人，失蹤五人；[64]日本記載則說，中國死亡四人，重傷六人，輕傷九人，微傷十五至十六人。[65]日本方面：《北華捷

---

⑥⓪ 《復寧紹台道薛叔耘》，于式枚編：《李文忠公尺牘》卷 2，《近代中國史料叢刊·三編》(190)，（台灣）文海出版社，第 72 頁。

⑥① 松下芳男：《日清戰爭前後》，東京白楊社昭和十四年版，第 26-27 頁。

⑥② 參見 1886 年 8 月 17 日《長崎日報》，其標題為："Disturbence Caused by the Chinese Sailers"。

⑥③ North China Herald, Aug. 27, 1886, p. 214, "Summary of News"。

⑥④ 〈寄日徐使〉光緒十二年七月十九日，吳汝綸：《李文忠公全書·電稿》卷 7，第 32 頁。

⑥⑤ 松下芳男：《日清戰爭前後》，東京白楊社昭和十四年版，第 27 頁。

報》説有二人死亡，三十人受傷；《長崎日報》説一人死亡（警察），二十九人受傷（其中警官三人，警察十六人，市民十人）；⑥⑥日本方面則稱，死一人，重傷五人，輕傷十五人。⑥⑦實際上，中國的傷亡數幾乎高達日本的一倍以上。

對於中日警兵之間的第二次混戰原因，前引松下芳男的記載最典型地代表了日本方面的觀點。他宣稱，8 月 15 日的毆鬥，是中國水兵為報復 8 月 13 日的衝突，有目的、有準備而一手挑起的，責任在中方。不過，台灣的著名史學家王家儉先生綜合中外諸多史料，卻得了另一結論，且令人信服。現錄於此：

> 若以過錯的輕重而論，日本應負更多的責任，則大致是沒有問題的。因由當時的情形來説，如云華兵報復，向警察尋釁，似乎不太合理。第一，十三日晚發生之事，日警重傷，華兵僅受輕傷。雖曾一度被捕，但旋經中國領事保回，實無再報復之必要。第二，華兵為客，日警為主，客不敵主，華兵豈非不知？加以第三，當華兵放假之時，丁提督一概不准攜帶武器，且不准購買日刀。又派有親兵武弁隨帶令箭，隨時彈壓，華兵豈敢亂為？第四，日人動謂華兵缺乏紀律，胡作亂為，其實並不一定如是。因為當時北洋海軍總查為英人琅威理，專司訓練，治軍甚嚴，海軍官兵對之均甚敬畏。中外稱之，「一時軍容頓為整肅。」⑥⑧當華艦訪日時，琅威理亦與丁汝昌偕行，並且主張放假讓水兵登岸購物，華兵豈能借端生事反貽琅氏之羞？第五，華兵登岸約有二百餘人，而凶刀則僅有四把，可見刀係日警所有，乃華兵被殺情急而奪獲者。且華兵受傷皆在背後，亦可證明其無意與日警爭鬥。⑥⑨但是相反的，日警的所為卻處處顯示其存有預謀，而且計劃相當周密。其一，對於華兵

---

⑥⑥ 參見 North China Herald, Aug. 27, 1886, p. 214, " Summary of News "。
⑥⑦ 松下芳男：《日清戰爭前後》，東京白楊社昭和十四年版，第 27 頁。
⑥⑧ 池中祐：《海軍大事記》光緒八年條。
⑥⑨ 〈擔文與日狀師克沃爾問答〉，《清光緒朝中日交涉史料》卷 10，第 1 頁。

的監視：當十三日事件發生後，警方即派有漁船在華艦附近監視華兵活動，其後又命令各舢板於載華兵上岸後，一概撐開，不准載華兵一人回船。[70]其二，人力的集中：根據英人的估計，長崎地區的警力關係於此次事件最大，在十三日以前，其人數大約為二百二十九人。可是十三日以後，不斷增加，至十五日至少由其他警局調來八十一人。……華兵上岸人數實則僅有二百餘人，英人所估者已嫌偏高，然而日本警方卻仍恐人力不足，特別召來一群苦力及附近的「舊雙劍階級」(The Old Two Sworded Class)等無業遊民幫凶。[71]其三，市民的動員。除上述人力外，日警並且動員長崎市民為之助陣。戰鬥發生後，日警當即吹哨，表示信號。故除警察等人對我水兵刀棍砍打之外，日民亦在各家樓上投擲石塊，潑澆滾水，喊號助凶，一呼百應。如無預謀，其誰能信。其四，未晚閉市。長崎為一國際港口，商業都市，一向閉市甚晚。可是當十五日那天，每街商店居然紛紛打烊，提早收場。關門閉戶，儼然將有不尋常之事發生。市民如不預知風聲，何致有此景象。總之，十五日之鬥，雖非出於市政當局的主謀，但長崎的日警不能辭其咎。[72]

王先生的論點，有理有據，於情於理，皆合事宜，令人信服。8 月 15 日（清光緒十二年七月十六日）的血案真象，應是如此：「十六日水手放假，二成登岸，散在各街買物。至八點餘，日巡查多人近前尋釁，日捕數百將街巷堵住，逢人便斫，滿街民持刀追殺。」[73]

「長崎事件」從 8 月 13 日的小鬥，發展到 8 月 15 日的大規模群鬥，表面看來是一個偶發事件，事實上，在此歷史表象的背後，

---

[70] 〈擔文與日狀師克沃爾問答〉，《清光緒朝中日交涉史料》卷 10，第 9 頁。

[71] 參見 E. O. 46/347, Aug. 27, 1886. No. 42. (Aug. 20, No. 36) Euslieto Plunkett, p. 4 B.

[72] 王家儉：〈中日長崎事件交涉(1886-1887)〉，（台灣）《中國近現代史集》第 15 編之〈清季對外交涉俄、日〉(二)，第 219-221 頁。

[73] 〈寄日徐使〉光緒十二年七月十九日，吳汝綸：《李文忠公全書・電稿》卷 7，第 32 頁。

隱藏著必然發生的趨向。它實際上是十九世紀八〇年代中期遠東國際局勢複雜化的產物，是中日兩國敵對情緒高漲的惡果。

1885 年 3 月 30 日，俄國出兵占領謀夫（在裏海外省境內），逼近英國在西亞的勢力範圍，造成了英國舉國上下群情激憤。英俄關係緊張，戰爭大有一觸即發之勢。列寧曾說過，1885 年俄國「差一點同英國作戰」。[74]為報復俄國在西亞的行動，借以牽制俄國的力量，1885 年 4 月初，英國艦隊占領了朝鮮巨文島。英俄在西亞的爭奪轉移到了遠東。

「巨文島事件」在列強各國掀起一場軒然大波，使得遠東國際局勢急劇緊張，矛盾錯綜複雜。英國占領巨文島，阻擋了俄國艦隊南下太平洋的通道，並使其遠東軍港海參崴處於隨時遭受攻擊的境地，進而妨礙了它對朝鮮和中國東北地區的擴張計劃。俄國對此表示了強烈的不滿。鑑於在遠東地區無力同英國開戰，俄國政府責令駐北京公使多次敦促中國政府設法使英國艦隊撤出巨文島，並揚言如果英國艦隊繼續占領巨文島，「俄國將認為不得不占領朝鮮的某個地方。」[75]當時，俄國選中了朝鮮的永興灣。

日本對「巨文島事件」反應強烈。因為日本一直把朝鮮作為其征服中國、稱霸亞洲的跳板。到十九世紀八〇年代，日本已成為朝鮮半島的兩大力量之一。英國進占巨文島，俄國欲占永興灣，打亂了日本的如意算盤，引起了日本政府的強烈震動。1885 年 5 月 13 日，日本駐朝代理公使近藤真鋤寫信給朝鮮大臣金允植，剖析英國占領巨文島可能引發的後果。他說：「同盟各國內，若不幸有失和之國，其一欲據貴國地方，以防不虞，貴國許之，利於一國而害一國，恐反局外相持相處之道。」[76]要求朝鮮公開發表聲明，反對英

[74] 《列寧全集》第 39 卷，人民出版社 1990 年版，第 775 頁。
[75] 〔美〕安德魯‧馬洛澤莫夫：《俄國的遠東政策，1881-1904 年》，商務印書館 1977 年版，第 291 頁。
[76] 吳晗編：《朝鮮李朝實錄中的中國史料》（下編）卷 17，中華書局 1980 年版，第 5279 頁。

國侵占巨文島。外務卿井上馨認為，英國艦隊占據巨文島是「予俄國插手朝鮮以最大良機」，絕望地認為其結果「使日本近海將成為爭奪之焦點，東亞和平殆不可保」。[77]特別是當聞知俄國將對於朝鮮半島所屬的其他島嶼及海港實行占領，並準備策劃占領對馬島時，日本朝野憂心忡忡，焦急如焚。《時事新報》在 6 月 24 日發表了題為〈對馬之事不可忘〉的社論，重提幕府末期俄國艦隊占據對馬島的事件，警告說，已經出現對馬島遭受侵略危機。為防止沙俄勢力在朝鮮的擴張，日本政府基於戰備不足的現實，選擇了同清政府妥協的方略。1885 年 7 月 2 日，日本駐華公使榎木武揚到天津面見李鴻章，遞交了日本外相井上馨所提《朝鮮辦法八條》，核心內容是要求清政府積極干涉朝鮮的用人行政，但事先必須徵得日本的同意，默認清政府對朝鮮的宗主權，把朝鮮置於中日兩國共同保護之下，實質是要使清政府充當日本政策的工具，以中國抵制沙俄的入侵。榎本武揚還提議：「如果俄國侵略朝鮮，或英國不退出巨文島，中日兩國就採取聯合行動。」[78]然而，對於日本此政策的真實意圖，全面負責清朝外交的李鴻章焉有不知之理。李鴻章早在 1870 年代中期日本侵台和七〇年代末期日本侵占琉球時，即清醒地意識到日本是未來中國在東亞地區的最大隱患，遂一眼看西洋，一眼看東洋，且將主要精力與物力集中用來對付日本。他對日本在朝鮮發動的「壬午政變」（1882 年）、「甲申政變」（1884 年）的用意有深刻的認識，防日成為李鴻章外交軍事生涯的最大思慮。但鑑於清朝江河日下的實情，李鴻章深悉無力一舉擊潰日本，重鑄天朝上國的神威，故採取威懾日本的方策，其法即是大辦北洋水師。當巨文島事件發生後，李鴻章一方面積極進行外交斡旋，爭取國際勢力，消弭遠東危機，一面派北洋艦隊的遠程巨艦「定遠」艦、「鎮

[77] 《日本外交文書》卷 18，1980 年版，第 601 頁。
[78] 〔英〕季南：《英國對華外交，1880-1885 年》，商務印書館 1984 年版，第 206 頁。

遠」艦、「超勇」艦、「揚威」艦等北上海參崴，巡遊日本近海，炫耀軍威。

「巨文島事件」引發的遠東國際危機，及對日本造成的軍事威脅，使日本自明治維新以來的極端民族主義情緒高亢。十九世紀七〇年代以來對清挑戰的連連獲勝，致使日本國內蔑視中國之意益顯昭著，拿中國開刀，發洩民族激憤，成為日本民眾的普遍共識，因而在巨文島事件期間（1885 年 4 月-1887 年 2 月）所發生的中日「長崎事件」，也就具有了深刻的國際背景。

「長崎事件」發生後，李鴻章根據丁汝昌的電報於 8 月 18 日電飭清朝駐日公使徐承祖（字孫麒），質問「日政府何意」，並命「速電飭崎領事與縣官查辦」，[79]「崎案須妥辦，不得任日偏狡。」[80]接此文，徐承祖當即部署對日交涉。但由於日方毫無誠意，堅持兵警互鬥責任在中方，拒不承擔撫恤。雖經徐承祖等人反覆辯論，仍然毫無進展。1886 年 8 月 30 日，徐承祖電告，「井上來談崎案仍狡強，毫不認錯，並云將來恐致失和等語。」[81]談判一度中斷。處此情形，李鴻章即命伍廷芳草擬交涉方案，並於 1886 年 10 月 22 日，致函總署稱：「伍廷芳擬籌長崎兵捕辦法，頗有條理，已寄徐公使酌辦。」[82]

根據案件的起因，伍廷芳從法學的角度，首先認定，長崎事件為一普通刑事案件。並認為此案解決之所以遙遙無期，全由日本政府處置失當所致。他說：「兵船駛往各埠，水手請假登岸，因小故與該埠土民巡捕等互相滋鬧，以致鬥殺，不時有之。此案起事之由，既無日官主使實據，只可視為地方鬥殺之案，於兩國友誼無傷

[79] 〈寄日徐使〉光緒十二年七月十九日酉刻，吳汝綸：《李文忠公全書‧電稿》卷 7，第 32 頁。

[80] 〈寄日徐使〉光緒十二年八月十四日巳刻，吳汝綸：《李文忠公全書‧電稿》卷 7，第 32 頁。

[81] 《清季外交史料》㈡卷 68，書目文獻出版社 1987 年版，第 18 頁。

[82] 〈寄澤署〉，吳汝綸：《李文忠公全書‧譯署函稿》卷 18，第 49 頁。

也。查我國鐵甲兵輪數艘駛往長崎船塢修理，事屬創始，各水手等既經請假上岸，不無購買什物，對該埠商民生意實有裨益。乃是日彼此爭鬥，中國兵船人死者八名，受傷者四十二名，誠屬慘矣！而日人死者只二人，傷者二十七人。主客不敵，勢所必然。日人近年凡事專效西法，鬥事既在境內，無論禍由誰起，日政府一聞此事，應即照會我國駐紮東京大臣，婉言慰藉，以見悼惜死亡之意，方為得體。我國家胞與為懷，亦以婉言照復。如此，則爾我既無猜嫌，隨即推誠商議，自不難冰消瓦解。聞日廷並無照會惋惜，只允派員查辦，似於交涉和誼，未免失當。」[83]

依據法律程序，伍廷芳提議，判定「長崎事件」是非曲直的關鍵，是以事實為依據，以公正為準繩，不可輕信偏袒任何一方。具體辦法是，「先於鬥殺之時，細核誰首啟釁，旁觀者若干人，現為兩造干證人孰多孰寡，兵船證供是否相符，日人證供是否吻合。再查兩造受傷部位，被創形跡，或刀或木，水手死傷因利器所致，足見日人先已蓄謀有心戕害。如日人為木器所傷，足明水手出於不得已者，亦須細按水手人等，有無騷擾之端，勘明各情，判斷自有把握。」「執此與日人理論，語語中肯，不難折服其心。縱其不甘降志相從，質之公論，亦見我國大公無私也。」[84]

至於具體談判方式，伍廷芳提出三種方案：

其一，兩國委員會審。「如彼此吻合，意見無異，即可照其申文飭辦施行。」

其二，由兩國政府分別與兩國駐外公使結案。「如會審委員意見參差，即由日政府與中國駐東京大臣詳細會商辦理。如再有不合，或由總理衙門與日本駐京公使商辦，或令該駐京公使赴津與中堂會商，均須將該案全卷、兩造供詞，細為研究，平心論斷，方昭

---

[83] 〈論刪改俄照會·附伍廷芳擬籌長崎案辦法〉，吳汝綸：《李文忠公全書·譯署函稿》卷 18，第 49-50 頁。

[84] 同上，第 49-51 頁。

公允。」

其三，延請友邦諳悉各國刑名律法大員調處。「如兩國商議，意見大相逕庭，似應請友邦公正大員調處，或由兩國公請一員或各請一員。若兩員調處意見仍不相符，再由該二員公請一評理之人評斷。」

如果以上三種方案全部失敗，伍廷芳建議採取如下最後方案：撤退使臣，斷絕邦交。他説：「日廷如強詞奪理，復不允請公正大員，或請公正大員而不依其評斷，我國則不能不視為重事。即使不遽用武，似宜撤回駐該國大臣、領事等官，以絕友誼。至中國商人在其國貿遷者，則托別國駐日領事暫行照料保護。」⑧⑤

整個「長崎事件」的談判進程可以説基本上是按照伍廷芳提議的程序進行的。先是由清朝駐長崎領事蔡軒與長崎縣知事日下義雄在長崎交涉，繼而由清朝駐日參贊楊樞為首的中方調查委員會與日本外務省取調局長鳩山和夫為代表的日方調查委員會在長崎談判，後由駐日公使徐承祖與日本外務卿井上馨、外務省辦理公使陸奧宗光在東京爭辯。雙方都重金聘請西洋名律師出庭辯護，英人擔文為中方律師，英人克爾沃、美人典儀生為日方律師。雙方圍繞取證、孰是孰非、議定撫恤金等問題展開了一輪又一輪的辯論。僅徐承祖在東京就同井上馨、陸奧宗光進行 10 次談判，而中日長崎聯合委員會在 1886 年 9 月 6 日至 12 月 4 日交鋒更達三十一─四十次之多。談判是艱難而冗長的。日本的強詞奪理，激怒了徐承祖，中日談判終於走向了伍廷芳所設想的最後方案──撤使斷交。1886 年 11 月 24 日，徐承祖致電李鴻章，痛陳日人狡黠，認為除非絕交，否則別無他法。他説：「頃遵旨剴切力辯二時之久，彼此撫恤，倭堅不允。井云：『既重邦交，何不各自撫恤？』似此無恥無理之言甚多。因須請旨，是以未敢遽與決裂。事已如此，非絕交無別法。如蒙奉准，務須密先飭沿海嚴備。並擇友邦保華商。然後由承祖電飭

---

⑧⑤ 〈論刪改俄照會‧附伍廷芳擬籌長崎案辦法〉，吳汝綸：《李文忠公全書‧譯署函稿》卷 18，第 49-51 頁。

擔等，將倭造證圖延及倭有意圍殺各證據指出，宣告停審，刊布新聞。我已認倭輸，再由承祖責問撫恤，如仍不允，當再行文，責其自通商後，屢次背約欺藐。今決意絕交，興戎與否，悉聽尊便，並請護照回國。」[86]撤使斷交，極有可能引起戰爭，此時中法戰爭剛剛結束數月，清廷自然不願再度捲入戰爭的漩渦，故而，伍廷芳、徐承祖所提議的斷絕邦交方案未能實施。清廷最終採納了李鴻章的「未可因此開釁，貽廟堂憂」的方案，於 11 月 29 日下令停審此案：「長崎一案徐承祖與該外部屢議不合，諒解在彼完結。著照李鴻章所議，電飭停審，將已審兩造證供全案抄送來京，由總理衙門詳復，交李鴻章承辦。」[87]日方雖數次欲求續談，中方聖旨已下，斷不應允。12 月 16 日，井上馨只好宣布長崎交涉停頓。[88]長達近四個月之久的中日長崎交涉，至此完全陷入停頓。

考究李鴻章所提「停審」策略的用意，是使長崎交涉變成懸案，希望日本自我轉圜，仍然和平解決。其實，它仍然是伍廷芳所議解決「崎案」的最後一種方案的變種，即雖未宣布撤使斷交，但以主動停審，造成一種強硬態勢，迫使日方自動就範。

當然，李鴻章做此決定，也是基於對國際國內大勢的準確把握。整個長崎事件交涉期間，由英國占據巨文島引起的遠東國際危機仍未消除，受此危機衝擊最大的日本自然不會因「長崎事件」而開罪中國，妨礙其利用中國遏制沙俄南侵朝鮮的大策。事實上，當時日本雖有大批官員反對對清採取讓步政策，聲稱「我國萬一採取讓步政策，則清帝國將作何感想？……恐將看作為威脅嚇倒，苦於抑制，終於屈服，而愈助長其輕侮之念」，[89]但以穩健著稱的首相

---

[86] 〈北洋大臣來電〉，《光緒朝中日交涉史料》卷 10，第 20 頁；〈直督致總署核請示電〉，《清季外交史料》卷 69，第 24 頁。

[87] 《大清德宗實錄》卷 234，第 2 頁，「癸巳」條；又見〈癸巳上諭〉，《光緒朝東華錄續錄》卷 79，第 7 頁。

[88] 《日本外交文書》第 20 冊，1980 年版，第 536-537 頁。

[89] 同上，第 569 頁。

伊藤博文力排眾議，最終決定和解。

　　利用日本急於修約的心理，則是李鴻章主張對日強硬的另一原因。十九世紀八〇年代，日本發起了一次強大的修約外交活動，欲圖改變其半殖民地狀態，並欲提高進口關稅。但英、法等國反應消極，日本遂把主攻目標放在中國。駐華公使鹽田三郎屢次提議，清廷有意與之商談。[90]有鑑於此，李鴻章致函總署稱，日本雖狡詐萬端，不值與之開釁，停審之後，可借改約「以牽涉中止」。在給陝西巡撫葉伯英的信中，此種意見就表達得更加明確。李鴻章說：「崎案倭人狡賴已極，現將案提歸內辦，不與糾纏。彼方求我修約，適可懸此為抵制之端，本無情理可說也。」[91]當然，李鴻章對停審可能帶來的後果，也有過慎重考慮。他認為，一則「法事了結，沿海並未撤防」，日本不能無故開釁。再則以「倭既自知理短，斷不敢再生爭端，貽人口實」。[92]更重要的是，此時日本尚不足以同中國開戰。這是日本最終妥協的最主要原因。史學家信夫清三郎就曾一語中鵠地說道：此時「日本沒有一支敵得住北洋艦隊的艦隊，被它的威力壓倒了。」[93]

　　事實上也確是如此。李鴻章的這一招起到了敲山震虎的效應。1886 年 12 月 21 日，日本政府為「長崎事件」的善後問題舉行緊急廷議。會議由日本天皇親自主持，出席者有伊藤博文、井上馨、山縣有朋、大山、山田、松方、森有禮、榎本武揚等大臣，外務次相青木、法制局長官山尾、書記官田中以及長崎縣知事日下義雄等也奉命列席。經過五個小時的反覆磋商、討論，因意見分歧較大，此次會議沒有做出最後的決斷。在此後的一個多月裡，由於英、法諸國，尤其是德國的居間調停，1887 年 1 月 28 日，日本政府突然決

---

⑩　〈總署奏日本清修約章擬與酌議折〉，《清季外交史料》㈡卷 68，書目文獻出版社 1987 年版。

⑪　吳汝綸：《李文忠公全書·電稿》卷 7，第 52 頁。

⑫　同上，第 42 頁。

⑬　〔日〕信夫清太郎：《日本外交史》上，商務印書館 1980 年版，第 211 頁。

定讓步，接受中方所提「傷多恤重」的原則，了結「長崎事件」。斡旋其中的德國駐日公使何理本於 1 月 29 日上午將此通報給徐承祖。清廷聞訊，隨即於 1 月 30 日電令徐承祖：「崎案現經德使轉圜，日外部願遵傷多恤重之議，歸結而不失體，事屬可行。如別無翻覆，及另添枝節，即著徐承祖與之妥慎定議，先行電復，再降全權諭旨，以便畫押結案。」[94]

日本政府在接到德國駐華公使巴蘭德的轉告後，做出了同樣的反應。先由首相井上馨、外務次相青木出面與徐承祖、德國駐日公使何理本再做最後商定。經過五個小時的談判，雙方於 2 月 4 日凌晨三點達成最後協議。在撫恤金方面：日應付華五萬二千五百日圓。其中：士官一名，六千日圓；水兵七名，每名四千五百日圓，合為三萬一千五百日圓；廢疾六名，每名二千五百日圓，合為一萬五千日圓。中國應付日一萬五千五百日圓。其中：警官一名，六千日圓；警察一名，四千五百日圓，廢疾二名，每名二千五百日圓，合為五千日圓。另外，水兵在長崎醫院的治療費由日方墊付，計二千七百日圓。至於是否捉凶懲辦，則由雙方政府自行決定，互不干涉。[95]

2 月 5 日，李鴻章將徐承祖的稟報轉交總理衙門代奏朝廷。2 月 7 日，清廷經過磋商，一日內兩次頒降諭旨，認為長崎結案，所議各節，尚屬妥切，全權大臣徐承祖可就近畫押。2 月 8 日，徐承祖奉旨與井上馨正式簽字。長達八個月之久的中日談判至此結束。中國取得了最後勝利，基本實現了談判初衷。

伍廷芳在處理「長崎事件」的過程中發揮了自己應有的作用，而其外交思想和法律思想也在處理該事件過程中得到了具體展現，即遵循國際法規，按照法律程序，依照公正、公平的原則，化解國際爭端。這體現了伍廷芳對國際公法的忠誠與遵循。「長崎事件」

[94] 〈光緒十三年正月乙未諭軍機大臣〉，《清德宗實錄》卷 1238，第 4 頁。
[95] 《日本外交文書》第 20 冊，1980 年版，第 585 頁。

最後以中國的勝利而結束，昭示出的正是公理戰勝邪惡。當然，應該看到，在崇尚「強權即公理」的列強爭霸時代，外交談判不僅僅是外交家法律思想的較量，更是綜合國力的抗衡。中國之所以最後以勝利者的姿態在「長崎事件」的協約上簽字，固然公理在握，但與此時中日兩國綜合國力的現實有密切的關係。迷信武力的日本政府意識到了這一點，在「崎案」結束後的首要舉措即是窮兵黷武，大辦海軍。明治天皇於 3 月 14 日頒發敕令：「立國之務在海防，一日不可緩，」並且撥出內帑三十萬日圓，[96]揭開了海防獻金運動的序幕。日本政府要員乘機大作文章。伊藤博文首相在有「貴族俱樂部」之稱的鹿鳴館召集官員，發表了一場慷慨激昂的演說，聲稱：為完成開拓「萬里波濤」的帝國偉業，必須建設一支強大的海軍。在國家危難之際，希望全體國民，效法天皇之舉，踴躍捐出海防金，為日本成為海上強國恪盡臣守。事後，經過新聞報刊的大肆渲染，日本國內迅速掀起了一個「海防獻金」的高潮。半年之間，「海防獻金」就達到了二百零三萬日圓。先進的戰艦相繼購回，數年間，日本已成為東亞地區可與中國爭雄的海上強國。到 1895 年伍廷芳兩次奉旨赴日參加談判時，人類正義的天平已向強盜傾斜，法律已失去了其神聖的光澤，無法保護受害國一方。中方代表如同砧壇之肉，任人宰割。伍廷芳追尋並皈依的法律之夢，悄然破滅。喪權辱國的不平等條約再度降臨。受此刺激，伍廷芳慨然長嘆，「我將卒苟能奮勇於疆場，不容其猖披，何致就彼而受其欺慢，欲消此恨，其任將與兵焉，和局易成與否，亦在戰爭之勝負判也。」[97]恪信法律權威、正義尊嚴的法律專家，面對強盜的淫威不得不有所醒悟。這不僅是伍廷芳個人的無奈，也是人類永恆正義的悲哀，更是那個時代的中國的悲哀。

---

[96] 〔日〕信夫清太郎：《日本外交史》上，商務印書館 1980 年版，第 212 頁。

[97] 陳旭麓：《甲午中日戰爭（下）‧盛宣懷檔案資料選輯之三》，上海人民出版社 1982 年版。

二、中國近代鐵路事業的行政先驅

㈠中國鐵路的艱難起步

中國近代的鐵路事業開始於同治光緒年間。它發軔於列強對中國鐵路修築權的覬覦，起步於清朝官員內部的爭吵聲中。

十九世紀初年，火車機車的出現，將英國帶入了所謂的「鐵路時代」，加速了「工業革命」的完成，帶動了英國乃至整個西方世界經濟的騰飛。伴隨著西方殖民侵略的加深，火車、鐵路這項人類科技文明的成果也被移植到世界各地，成為殖民者掠奪落後國家資源財富的一項重要手段。第二次鴉片戰爭後不久，西方列強即開始了對中國鐵路修築權的覬覦。1862 年，「外托柔和，內懷陰狡」的英國翻譯梅輝立即在廣東「倡為由粵鐵路入江西之議」，並「親至大庾嶺踏勘」，後因「工程過大，事遂中寢」。[98] 1863 年 7 月 20日，英國怡和洋行聯合二十七家在滬洋行，向江蘇巡撫李鴻章索求「建築上海至蘇州間鐵路的特許權」，[99]但遭拒絕。同年秋天，受怡和洋行邀請來華的斯蒂文生，制定了一個綜合鐵路計劃：以漢口為中心，東通上海，西經四川、雲南等省直達印度，南行廣州，由鎮江為起點，北至天津、北京，從而構成一個龐大的鐵路網絡。[100]但是，該計劃也被總理衙門打入冷宮。

連連受挫的西方列強，並沒有終止其對中國鐵路修築權的覬覦，而是變更手法，多渠道、多方式地向清政府遊說，試圖爭得中國鐵路修築權。1865 年 11 月 6 日，海關總稅務司赫德向總理衙門進呈〈局外旁觀論〉，內提「凡有外國可教之善法，應學應辦。即

---

[98] 〈李鴻章致總署函〉，宓汝成：《近代中國鐵路史資料》上冊，《近代中國史料叢刊‧續編》(391)，（台灣）文海出版社，第 4 頁。

[99] 肯德：《中國鐵路發展史》，第 3 頁，引自宓汝成：《近代中國鐵路史資料》上冊，《近代中國史料叢刊‧續編》(391)，（台灣）文海出版社，第 4 頁。

[100] 宓汝成：《近代中國鐵路史資料》上冊，《近代中國史料叢刊‧續編》(391)，（台灣）文海出版社，第 6 頁。

如鑄銀錢以便民用，做輪車以利人行。」[⑩]英國駐華使館參贊威妥瑪則於 1866 年 3 月 5 日在〈新議略論〉中提出，各國喜聞中國「欲開議鐵道飛線」，「無不欣悅」，「一則中華有取前項新法，商局未免大受其益。二則內地從此容易治平；外國民人來往通商，常行居住，易得保全，各國亦可無慮。」[⑩]1874 年 5 月，德國公使巴蘭德則將德國對法國作戰獲勝的原因歸功於龐大的鐵路運輸，警告清廷，「當今之世，如尚有一二不以電氣蒸氣為救時急務，以為別有道以制勝於他國也，吾誠不知其將果操何道也已。」[⑩]

　　西方列強在多方遊說的同時，還採取了現場示範表演的策略，試圖打開近代中國修築鐵路之門。1865 年 8—9 月，英人杜蘭德在北京永定門外，鋪設鐵路一條，長約一里，「以小汽車駛其上，迅疾如飛。」「京師人詫所未聞，駭為妖物，舉國若狂，幾致大變。」[⑩]英國商人於 1872 年 9 月在天津租界舉行鐵路表演，邀請達官貴人乘車兜覽。[⑯]更有甚者，1873 年 8 月，英國商會籌銀六萬鎊，準備鑄造「一條短短的鐵路」，「送給中國皇帝」，「作為結婚禮品，借此使鐵路在中國流行」。此即轟動一時的「婚禮鐵路」。[⑯]

　　到十九世紀八〇年代，西方列強則試圖通過不平等條約、政治性借款等手段，攫取中國鐵路修築權。主持中法談判的赫德就曾提議：「中國在五十年內讓與我們（法國）建築鐵路的特權。」[⑩]1885 年 6 月中法會訂《越南條約》規定，「由法國在北圻一帶開闢

[⑩] 赫德：〈局外旁觀論〉，《籌辦夷務始末》（同治朝）卷 40，《近代中國史料叢刊·正編》(611)，（台灣）文海出版社，第 20 頁。

[⑩] 威妥瑪：〈新議略論〉，《籌辦夷務始末》（同治朝）卷 40，第 31 頁。

[⑩] 〈巴蘭德致總署函〉，宓汝成：《近代中國鐵路史資料》上冊，《近代中國史料叢刊·續編》(391)，（台灣）文海出版社，第 17 頁。

[⑩] 李岳瑞：《春冰室野乘》，《近代中國史料叢刊·正編》(60)，（台灣）文海出版社，第 204 頁。

[⑯] 1872 年 9 月 30 日《申報》。

[⑯] 1873 年 8 月 30 日《申報》。

[⑩] 中國史學會編：《中法戰爭》第 7 冊，上海人民出版社 1957 年版，第 240 頁。

道路，鼓勵建設鐵路。」[108]威妥瑪則於 1881 年 11 月向李鴻章施加壓力，逼迫清廷向英國借款，他說：「如有借款創辦鐵路、整備水師等事，託我英人辦理，則猜疑可釋。」[109]作為英國侵華輿論喉舌的《北華捷報》則組成一個由英國人為首的「鐵路委員會」，統籌策劃修築中國鐵路。[110]此外，美國、德國、比利時等國也紛紛勸諭中國修築鐵路，以便從中漁利。[111]《申報》就此寫道：「外洋各國，一聞中國開辦鐵路之信，無不爭先恐後，竭力營謀，欲求承攬此項大宗生意，紛紛進京，多方謀干，已有若干家。」[112]

　　面對西方列強發起的爭奪中國鐵路修築權的浩大聲勢和咄咄逼人的攻勢，清廷在同光年間多次發布上諭，徵詢各方意見，其中尤以 1866 年 4 月 11 日的上諭最具典型。該詔書責令官文、曾國藩、左宗棠、李鴻章等封疆大吏，圍繞「輪車、電機等事」，「各就該處情形」，「悉心妥議，專折速行密奏」。[113]由此拉開了長達二十餘年的鐵路大論戰的序幕。

　　縱觀長達二十餘年的論戰，大致形成兩種意見，即反對與堅持修築鐵路。雙方分歧之點主要集中於修鐵路是否資敵、修鐵路是否擾民、修鐵路是否奪民生計三點上。（詳情參見附錄二、附錄三）

　　以徐致祥、屠仁守、徐桐、都興阿、張家驤、劉錫鴻等人為代表的反對派堅持認為，鐵路一修，西方列強便會沿鐵路深入中國的腹地，倘若戰爭爆發，中國既無山川險關可依據，又無精兵利器相抵抗，其結果只會使國家陷於極度的困境。興修鐵路只會是「開門

[108] 《光緒條約》卷 15，《近代中國史料叢刊‧續編》(78)，（台灣）文海出版社，第 9 頁。

[109] 吳汝綸：《李文忠公全書‧譯署函稿》卷 12，第 32 頁。

[110] 《北華捷報》社論，1887 年 6 月 17 日，第 661 頁。

[111] 參見〈美國駐華公使田貝 1885 年 11 月 5 日致國務卿貝雅函〉，《美國外交文件》，1886 年，第 180-181 頁。1890 年 7 月 18 日《北華捷報》，第 68 頁。1889 年 4 月 29 日《北華捷報》，第 467 頁。

[112] 1886 年 9 月 2 日《申報》。

[113] 《籌辦夷務始末》（同治朝）卷 40，《近代中國史料叢刊‧正編》(611)，（台灣）文海出版社，第 31 頁。

揖盜」，引狼入室。通政使司參議劉錫鴻在 1881 年 2 月 14 日的上奏，典型地代表了反對派的此種意見。他說：「守國之道，人和而外兼重地形，兵力苟不如人，則握險憑高，亦足自固。王公所為設險以守也。若造鐵路，則不惟不設險而且自平其險，山川關塞，悉成馳驟之坦途，重門洞開，屏障悉撤，一夫奮臂，可直入室矣。」[14]此外，他們還認為修築鐵路將會鏟除沿途民間墳墓，拆毀百姓房屋，剝奪水手、車夫等人的生計，勢必會激化官民之間的矛盾，加劇社會的動盪。因而，堅決反對修築鐵路。

以李鴻章、劉銘傳、丁日昌、奕譞等人為代表的贊成派，則從「強國禦敵」、增加就業途徑等方面，論述了修築鐵路的緊迫性和必要性，堅決要求中國應修築鐵路。他們認為目前海道大通，中國面臨「數千年未有之變局」，「數千年未遇之強敵」，就必須改變陳舊的戰略攻防觀念，拋棄狹隘的國防意識，全力吸納新觀點、新思維，才能尋覓到「強國禦敵」之策，實現勵精圖治的夙願。在論戰中，李鴻章等人以 1874 年日本侵台事件為例，深刻反省了因運輸與通訊手段的落後給國家安全帶來的慘痛教訓。1874 年春，日本發兵侵台，李鴻章從徐州調集裝備精良的七千淮軍，渡海赴台，加強防務。然而，由於缺乏近代化的通訊交通工具，「臣與沈葆楨函商調兵，月餘而始定；及調輪船，分起裝送，又三月而始竣，而倭事業經議定矣」，[15]中國被迫簽訂喪權辱國的《中日台事專條》，賠償日本兵費五十萬兩。同年 12 月 31 日，李鴻章在〈應詔籌議海防折〉中，結合中國在日本侵台戰爭中受挫，明確闡述了他對鐵路交通在近代戰爭中作用的思想。他說，為了禦敵於國門之外，「南北洋濱海七省自須聯為一氣，方能呼應聯通。惟地段過長，事體繁重，一人（指統帥）精力斷難兼顧，……何況有事之際，軍情瞬息變更，倘如西國辦法，有電線通報，徑達各處海邊，可以一刻千

[14] 《清朝續文獻通考》卷 312，郵傳三，第 34 頁。
[15] 吳汝綸：《李文忠公全書・電稿》卷 24，第 23 頁。

里；有內地火車鐵路，屯兵於旁，聞警馳援，可以一日千數百里；則統帥當不至於誤事。」[116]此段宏論，既是中國國情的真實反映，又是國際大勢的全面洞察，可謂真知灼見。1880 年 12 月，淮軍將領劉銘傳上呈〈籌造鐵路以圖自強折〉，從國防的角度，剖析了鐵路運輸的重要性。他說：「自強之道，練兵、造器固宜次第舉行，然其總括，則在於急造鐵路。」當今天下，強敵環伺，虎視鷹瞵，北鄰沙俄「自歐洲起造鐵路，漸近浩罕；又將由海參崴開鐵路以達琿春」，「不出十年，禍將不測」。東鄰日本「恃有鐵路，動逞螳螂之臂，藐視中華，亦遇事與我為難」。「通商各海口，又與各國共之。」真可謂「門戶洞開，藩籬盡撤」。受此險情，倘若不思更新，恪守舊制，依舊劃疆而守，中國軍隊將會疲於奔命，萬里邊陲將是狼煙四起。當務之急，應大辦鐵路，「鐵路一開，則東西南北呼吸相通，視敵所驅，相機策應，雖萬里之遙，數日可至，雖百萬之眾，一呼而集，無徵調倉皇之過，無轉輸難阻之虞。」[117]

　　針對反對派所提修鐵路將會擾民的問題，李鴻章於 1889 年 1 月 30 日以津通鐵路的修築為例，進行了駁斥。他認為修築鐵路「並無需拆之房，儻竟有礙路之房，亦擬照天津各局所成案辦理（即『仿照民房樣式，官為蓋造，並籌搬費』。——引者註）。凡事皆利弊相因，貴在隨時調劑，若因噎廢食，便一事不可為矣」。「至民間墳墓，可避者必避，其必不可避者，現在查勘情形，並無一處寬大之冢，皆係低窪之義冢。方丈之地，叢集數棺，且常年積水，此等墳墓在其子孫見之，其頹亦必有此，特困窮無力遷徙耳。今因鐵路給賞遷葬，或官為從厚掩埋，未始非福。乃耳食者不加考察，道聽途說，輒為屍骨暴露等類慘酷之言，使聽者不能無惑。」[118]海軍衙門督辦、光緒帝生父醇親王奕譞也稱：「始議建設鐵路，即與

⑯ 吳汝綸：《李文忠公全書‧奏稿》卷 24，第 22-23 頁。
⑰ 《劉壯肅公奏議》卷 2，第 1-2 頁。
⑱ 《李文忠公全書‧海軍函稿》卷 3，第 15 頁。

臣李鴻章反覆討論，以避民間廬舍邱墓為最要之端，不獨津通鐵路為然，即唐山之至大沽、大沽之至天津，亦莫不然。偶有一屋一墳，關礙大勢，萬不能避，則給以重價，諭令遷徙，務恤民隱而順輿情，以仰體朝廷子惠黎元之至意。」由於處理得當，「所過田廬墳墓各地主並未有一人一詞赴該道署具呈申訴，」反而有百姓王有慶等人主動「求讓菜園」和「墳前餘地」。至於反對者污稱「民間因立限遷墳，百姓呈訴有二三百起之多，呈詞中墳墓在千起以上」，此事純屬臆造，「為危言聳聽之詞」。[119]

在論戰中，贊成派還以火車通車後的事實為例，闡明了鐵路開通後，促進了當地經濟的發展，增加了沿途百姓謀生的手段，嚴厲批駁了反對派所提修鐵路會奪民生計的謬論。他們說，火車通車，絕非沿途所有的人都能乘坐，只有那些經濟寬裕的人才能搭乘，至於「尋常之人仍坐尋常車船」，同時也只有那些「急於搶售之貨方裝火輪車，其尋常之貨仍裝尋常車船」。因而根本不存在反對派所稱謂的搶奪百姓生計問題。至於鐵路一通，舟車盡廢，水手車夫，終歸餓莩，則純屬妖言惑眾，而絕無其事。因為，唐津鐵路現已運行兩年，「而鐵路旁之新開河，民船往來如故」，[120]即是明證。

延續二十多年之久的鐵路大論戰，最終以李鴻章、劉銘傳、奕譞等人為代表的贊成派獲勝而告終。隨著反對興修鐵路的湖廣總督裕祿被調為盛京將軍，頑固派紛紛偃旗息鼓，不敢再發表反對言論。朝廷則每每在兩派爭執不下之際，出面干預，以示定奪。1885年1月10日，清廷針對徐致祥反對興建津通鐵路的謬論頒旨嚴斥：「徐致祥此奏，並不平心論事，輒敢肆行訾詆，殊屬妄誕，著交部議處。」[121]當劉銘傳上書奏議，在台灣興建鐵路，遭到反對派的群起攻擊之際，清廷於1887年5月2日，發布上諭，「福建台灣巡

⑲ 《李文忠公全書‧海軍函稿》卷3，第23-24頁。
⑳ 同上，第10-11頁。
㉑ （清）朱壽朋編：《光緒朝東華錄》卷66，中華書局1984年版，第18頁。

從西方到東方——伍廷芳與中國近代社會的演進

撫劉銘傳奏，台灣擬興修鐵路，創辦商務。……欽奉……懿旨，著海軍衙門議奏。尋議：台灣孤懸海外，物產蕃盛，非興商務不足以開利源，非造鐵路不足以興商務，應請旨准其開辦。……從之。」[⑫]

在反對派的反對叫罵圍攻聲中，近代化的產物和推進器——鐵路，終於在中國這片古老的土地上出現。到甲午戰爭前，先後有唐胥鐵路、津沽鐵路、津通鐵路、台灣鐵路誕生，共修築四百多公里的鐵路，結束了中國鐵路史上的空白歷史，開闢了中國交通運輸的新紀元。

(二)中國近代鐵路的總管家

如果說，李鴻章是中國近代鐵路史上的最大倡辦者，那麼，伍廷芳則稱得上是中國近代鐵路交通事業的行政先驅和總管家。梁士詒曾說過：伍廷芳是「鐵路行政之先進」。[⑬]事實確實如此。在中國鐵路創辦的早期，即 1881-1894 年，伍廷芳參與經營了唐胥鐵路（開平鐵路）、津沽鐵路、關東鐵路，將李鴻章描繪的鐵路規劃藍圖部分地變成了現實，為中國鐵路的奠基譜寫了濃重的一筆。

1.經營開平鐵路

唐胥鐵路是中國人自籌資金修建的第一條鐵路。它是開平煤礦的延伸，並為開平煤礦的發展架起了一條通往成功之路。

從 1876 年春夏之交開始，時任上海輪船招商局總辦的唐廷樞受李鴻章委派，經多方勘探，終於找到了煤質優良、儲量豐富的開平煤礦，1879 年 2 月鑿井施工，估計 1881 年即可全面投入生產。為解決煤炭外運問題，經李鴻章同意，於 1880 年秋開挖一條胥各莊－蘆台－天津的「煤河」。1881 年 6 月 9 日，還修築了一條從唐山煤礦至胥各莊的十八華里的輕便鐵路，是為「唐胥鐵路」。因

---

⑫ 《德宗實錄》卷 241，第 7 頁。
⑬ 岑學呂編：《三水梁燕孫先生年譜》上冊，《近代中國史料叢刊·正編》(743)，（台灣）文海出版社，第 54 頁。

「慮朝議禁駛機車,乃聲明以驢馬拖載」。[24] 1881 年底,這條中西合璧、新舊交雜的鐵路投入運行。此時,開平煤礦發展迅速,煤的日產量「從 1881 年日產三百噸遞增為 1884 年 7 月以後的九百噸;年產量從 1882 年三萬六千多噸,增至 1889 年的二十四萬七千八百餘噸」。[25] 原有的運輸條件已遠遠不能滿足煤炭外運的需要。升任開平礦局總工程師的英國人金達於 1885 年晉見李鴻章,面陳展拓鐵路的必要性。開平礦局商董在 1886 年 7 月上書李鴻章,聲言「礦內積煤日多,欲運煤而路不暢」,「今經邀集眾商公議,咸願湊合股銀,接辦鐵路六十五里,從胥各莊到閻莊止,名曰開平運煤鐵路公司[26](簡稱開平鐵路公司)。」「於是鴻章奏請將唐胥鐵路展至蘆台,奉旨依議,乃脫離礦局另組開平鐵路公司。」[27] 從「名為官督商辦,實為商督商辦」[28] 中獲利豐厚的商董們,為抵制官府過多染指頗為景氣的開平礦務,提議:「如蒙憲台批准,應將鐵路公司與開平礦局分為兩事,出入銀款,各不相涉。」[29]

1886 年 8 月,開平鐵路公司掛牌。在該公司負責人的人選問題上,時任總理海軍衙門大臣、光緒皇帝的生父、醇親王奕譞同李鴻章頗費了一番心思,最後圈定了由伍廷芳出任經理,一則當時中國缺乏鐵路經營方面的專家;二則伍廷芳的專長雖然是法律,但鐵路在當時歸屬於「洋務」範圍,而伍廷芳當時是「北洋」洋務局委員,由其擔任該公司的經理還算名正言順。「總辦鐵路者,一係伍秩庸觀察,一係吳南皋刺史。吳君刻充開平總辦。所有招商集股及西匠開帳繪圖等事,均須送伍、吳二君核辦。」[30] 中國近代化運動

---

[24] 《交通史路政編》第 1 冊,第 11 頁。
[25] 夏東元:《洋務運動史》,華東師大出版社 1992 年版,第 257 頁。
[26] 1886 年 7 月 27 日《申報》。
[27] 《交通史路政編》第 1 冊,第 12 頁。
[28] 夏東元:《洋務運動史》,華東師大出版社 1992 年版,第 258 頁。
[29] 1886 年 7 月 27 日《申報》。
[30] 宓汝成:《近代中國鐵路史資料》上冊,《近代中國史料叢刊‧續編》(391),第 126 頁。

的全面展開，為伍廷芳提供了一個更為廣闊的舞台。從此，伍廷芳與中國近代鐵路事業結下了不解之緣。

伍廷芳總理開平鐵路公司所辦的第一件事，即是招商集股，收購唐胥鐵路，作為公司的資產。具體辦法是：設股二千五百份，每股天津行平化寶銀一百兩，共籌集二十五萬兩，這便是該公司創辦之初的全部資產。

接著，伍廷芳領導的開平鐵路公司將唐胥鐵路拓展至蘆台的閻社蓟運河邊。該工程在 1886 年開工，1887 年建成通車，共修築鐵路七十二里，加上原有十八里，至此開平鐵路公司擁有新舊鐵路九十里。公司運營良好，獲利頗豐，基本實現了預期的目標。「運煤一宗，每年准保得銀三萬兩，有盈無絀。灰石雜貨等項，可得銀一二萬兩；搭客等費，亦得銀萬餘兩。除去二三萬兩作養路經費外，足有五六厘至一分之息。」「是每股周年五六厘至一分之息。」[31]從開平鐵路公司兩次在《申報》登載的「開平鐵路通車營業一年間客貨運收入情況」（參見附錄四、附錄五）看，證實此言絕非訛傳。一年間：運煤收入三萬三千二百六十五點二五五兩，其他貨運收入一萬零五百一十八點七零八兩，客運收入一萬零一百五十九點三一兩，外加鐵路兩側餘地地租及利息等雜項收入九百五十點六八兩，共計收入五萬四千八百九十三點九五三兩。支出（主要是養路經費）三萬五千一百九十六點一二六兩，結餘一萬九千六百九十七點八二七兩。扣除章程規定的機器設備添置及公司人員一年花紅五千兩，「淨餘一萬四千六百九十八點八二六兩，通扯每股長年約得利六厘。」[32]

開平鐵路公司之所以取得如此顯著成效，主要原因有：

第一，開平煤礦生意興隆。修築唐胥鐵路的主要用途，即是為了解決開平煤礦煤炭外運的問題。因而，開平煤礦的產量多否，會

---

[31] 1887 年 4 月 26 日《申報》。
[32] 1888 年 8 月 12 日《申報》。

直接影響到開平鐵路公司的收入。開平煤礦投產後，煤產量急劇上漲，從 1881 年日產三百噸，遞增為 1884 年 7 月以後的九百噸；年產量從 1882 年三萬六千多噸，增至 1889 年的二十四萬七千八百噸。「自 1888 年第一次分配股息的十餘年間，平均每年獲利三十六萬餘兩，百兩面值的股票價常在二百兩上下。」^⑬開平煤礦的興旺發達，成為開平鐵路公司收入的最大來項。從收支情況表看，運煤收入每月基本維持在三千兩左右，1887 年 10 月最多時達到月收入三千六百五十六點七零六兩，同期的客運收入為八百九十五點一一兩，其他貨物收入為六十八點八九兩。運煤年收入為三萬三千二百六十五點二五五兩，比客運與其他貨物兩項總收入的二萬零六百七十一點零一八兩還多一萬二千五百八十七點二三七兩，分別是客運與其他貨物兩項年收入的三倍。從收入百分比表看，在開平鐵路公司運營的前七個月，煤炭收入平均占總收入的七八‧一一％，客運收入占一六‧〇六％。其他貨物收入占五‧八三％。開平煤礦的產量與開平鐵路公司的收入成正比。

第二，經營有方，廣開財源。伍廷芳在任職期間，拓展業務範圍，廣開贏利財源。毋庸置疑，開平鐵路公司開辦的目的，即為運輸開平煤礦的煤，但在實際上，該公司的經營業務遠不止如此。客運、其他貨物運輸，也是該公司收入的大宗，兩項合計多達三七‧六七％。儘管運煤是該公司收入的最大來源，但從運營一年來的收入情況看，運煤收入總體上呈下降趨勢。尤其在 1887 年 12 月和 1888 年 1 月，運煤收入僅為八百七十七點零八七兩和九百零九點一六八兩，而同期的客運收入穩中有升，其他貨物運輸收入則呈急劇上升勢頭，分別為一千八百三十點九五七兩和一千一百五十七點七四五兩，遠遠超過煤炭運輸的收入。如果從客貨收入百分比來看，這種趨勢則更為明顯。運營前七個月煤炭、客運、其他貨物的收入前面已經交代，煤炭收入以七八‧一一％高居榜首，其他貨物收入

⑬ 夏東元：《洋務運動史》，華東師大出版社 1992 年版，第 258 頁。

僅為五・八三％，客運收入也只有一六・○六％。但後六個月，情況則發生明顯的變化。煤炭收入平均為三七・九一％，客運收入平均二八・六八％，其他貨物收入平均為三三・四一％。煤炭收入儘管仍位居首位，但所占比重已大大下跌。以運輸灰石、雜貨為主項的其他貨物收入已經由占前七個月的五・八三％，上升為三三・四一％，與煤炭收入大致持平。客運收入也比前七個月增加了十二・六二％。1900年伍廷芳曾說過：「與我一起建造這條鐵路的人幾乎都没有想過能獲利，但卻獲利百分之五十。假如我們把這條鐵路建在人口眾多的地區，在良好的管理下，就能獲利百分之百。」[34]這一變化表明：開平鐵路公司的經辦者已改變了單靠運煤贏利的思路，而是在保證運煤的同時，廣開生財之道，且成效顯著。該公司呈現出百花齊放的格局。

第三，名為官督商辦，實為商督商辦。開平鐵路公司屬於官督商辦性質的企業。唐廷樞為商人代表。伍廷芳雖為官派經理，但他是一個具有資本主義新思想的知識分子，深諳「商富則國富，商貧則國貧」的治國之道。表現在企業經營中，他更多地照顧商人的利益，注重發揮唐廷樞創辦近代企業的卓越才幹。因而該公司名為官督商辦，實為商督商辦，官商之間矛盾很少。這就避免了「官督商辦」企業的弊端，使企業真正按資本主義經濟規律運行，從而取得了促進資本增值的效果。這是開平鐵路公司贏利的根本所在。伍廷芳的經濟思想和行政管理才能由此得到體現。

2.出任中國鐵路公司經理

開平鐵路的巨大成功，激起了李鴻章修築鐵路的熱情。1887年3月16日，李鴻章上奏朝廷提出了一攬子的修路計劃，即以開平鐵路為中樞，「南接至大沽北岸，北接至山海關」。鑑於工程浩大，

---

[34] 〈中國與美國〉，《伍廷芳集》上，第123頁。

費用頗高，李鴻章提議：「將閻莊至大沽口北岸八十餘里鐵路，先行接造，再將由大沽至天津百餘里之鐵路，逐漸興辦。」是為「津沽鐵路」。他還建議，該鐵路「仍交開平鐵路公司一手經理。並擬派奏留北洋差委前福建布政使沈保靖、署長蘆鹽運使直隸津海關道周馥，督率官商，妥為辦理」。[35] 4 月 15 日朝廷「依議」，「津沽鐵路」前期工程隨即準備上馬。伍廷芳曾說過：「這條鐵路雖然地處中國的偏遠地區，但從一開始就收到了良好的經濟效益，所以它的一端很快延伸到了天津和北京，另一端延伸到了長城東端的山海關。」[36]

　　1887 年 4 月 26 日，《申報》刊登《開平鐵路公司招股章程》，宣布該公司現改稱「中國鐵路公司」。伍廷芳、吳南皋仍為正、副經理。然而，此次招商集股計劃卻大大受挫，原因即在「官督商辦」。「官辦」、「官督商辦」、「官商合辦」、「商辦」是中國近代企業走過的一條發展道路。前三種方式，雖對中國資本主義企業的早期發展起了某些保護作用，但隨著企業的運行，其阻礙、破壞作用日漸突出。如「官督商辦」企業，一般由商人出資認股，政府委派官員經營管理，但企業盈虧，「全歸商認，與官無涉」。企業的實權由官府委派的總辦、會辦、幫辦和提調等掌握，入股商民處於只有義務而無權利的地位。企業內部充滿衙門惡習和官場積弊，官商之間矛盾重重。商人視為畏途，不敢也不願投資。「官督商辦」的弊端直接影響到「津沽鐵路」的招商集股。「中國鐵路公司」原定招集股銀一百萬兩，每股行平化寶銀一百兩，但由於開辦之初，李鴻章即舉薦前福建布政使沈保靖、署長蘆鹽運使直隸津海關道周馥，「督率官商，妥為辦理」，雖有李鴻章言明：「該公司所辦之事，全照生意規矩，官但維持保護，隨時督飭該公司認真籌辦，必令取信商民，經久無弊。」[37] 伍廷芳也曾保證：「凡遇應商

㉟ 《交通史路政編》第 1 冊，第 42-44 頁。
㊱ 〈中美互惠互利〉，《伍廷芳集》上，第 88 頁。
㊲ 〈李鴻章招股開路示略〉，1887 年 5 月 26 日《申報》。

事件，先邀董事公議，議妥再報知大員查核，決無不經董事議准而徑行之事。官不勒商，商不瞞官，附股諸君可請放心。」⑱但輪船招商局的前車之鑑，仍使商民不願附股搭辦，「他們非常反對已被諭旨任命來管理這個事務的兩位官員，特別是周馥」，懼怕「投資的人對公司事務將無權過問」。⑲1888 年 1 月 23 日，《申報》發表評論說：「昔年各局廠所集公司股份有名無實，入股者無不付之東流。此次雖奉諭旨創行，又得傅相為之調度，而覆轍非遠，人終栗栗寒心。」⑭最後僅招集商銀十萬八千五百兩。無奈之下，借撥天津海防支應等局十六萬兩，並先後以北洋大臣李鴻章的名義向英怡和洋行借款六十三‧七萬餘兩，向德華泰銀行借款四十三點九萬餘兩。⑭

款項雖到位，但津沽鐵路的修建仍是困難重重。其一為缺乏技術人才和熟悉技工。為此，伍廷芳 1888 年聘請二十七歲的詹天佑為工程師，「他是國內第一個擔任鐵路工程師的中國人」。⑭李鴻章還通過駐美使館招到十名築路熟練的華工。⑭其二為當地居民的反對。濃重的鄉土觀念和對祖宗神靈的崇拜，畢竟遠遠超過所給安撫費的吸引力，「當地鹽民和鄉民頑強地反對這條線路」。「額照（Mr. Ngchoy，即伍廷芳。——引者註）先生雖在從事適當調解，但發現不容易戰勝愚昧、笨拙和克服地保和地主們的狂熱。……也許在經過長久的時間和困難後，伍廷芳先生可以明智地制止所有這些煩擾。」⑭其三為外國列強的干預。當鐵路修至天津紫竹林租界時，法國人曾出面干預。後來幾經交涉，伍廷芳與法國天津領事林椿訂立了築橋合同。⑭

⑱ 《開平鐵路公司招股章程》，1887 年 4 月 26 日《申報》。
⑲ 1887 年 4 月 29 日《北華捷報》，第 458 頁。
⑭ 1888 年 1 月 23 日《申報》。
⑭ 數字見《李文忠公全書‧海軍函稿》卷 3，第 29 頁。
⑭ 茅以升：〈中國傑出的愛國工程師詹天佑〉，1961 年 4 月 27 日《人民日報》。
⑭ 吳汝綸：《李文忠公全書‧電稿》卷 8，第 21 頁。
⑭ 1887 年 6 月 24 日《北華捷報》。
⑭ 郭廷以編：《海防檔》戊，《鐵路》，第 35 頁。

雖然遇到過不少困難，但津沽鐵路經過十九個月的修築，終於在 1888 年 10 月 3 日全線竣工。至此，從唐山至天津全長約一百三十公里，全部建成通車。九日，李鴻章乘火車直抵唐山。甚為滿意。[46]「從此，苞桑鞏固，而俄日兩國知中國講究武備，亦不敢生窺伺之心矣。」[47]津沽鐵路的軍事價值由此可見。

　　津沽鐵路竣工後，李鴻章雄心勃勃決意修築天津至通州的「津通鐵路」。1888 年 10 月 13 日致函海軍衙門，大談「津通鐵路」經濟與軍事價值，並提議「仍准津沽鐵路公司承辦」。[48]同年 11 月 30 日，清廷朱批：「依議。」伍廷芳當即受命前往通州勘查路徑，[49]並在上海英大馬路鴻仁里源豐潤票號內設立中國鐵路公司駐滬辦事處，負責招集股份，每股銀一百零五兩，合津行平銀一百兩。[50]

　　正當津通鐵路籌建工作緊鑼密鼓進行之時，頑固派頻上奏章，激烈反對修築鐵路。先後登場的有國子監祭酒盛昱、山西道監察御史屠仁守、河南監察御史余聯沅、戶部給事中洪良品、禮部尚書奎潤、戶部尚書翁同龢等人。他們聲稱，鐵路「開闢所未有，祖宗所未創」，[51]清宮太和門失火，說明「天象示儆」，指責李鴻章「誤國家」，請求「速停此舉，以弭國患」。[52]李鴻章、奕譞、劉銘傳等人雖竭力反擊，但終因頑固勢力過於強大，清廷採取折衷的辦法，接受兩廣總督張之洞的提議，緩建津通路，先修盧漢路。[53]津通鐵路胎死腹中。

---

⑯ 中國史學會編：《中國近代史資料叢刊·洋務運動》㈥，上海人民出版社 1957 年版，第 199 頁。

⑰ 《西報近事滙編》丙戌，卷 2，第 127 頁；宓汝成《近代中國鐵路史資料》上，第 125 頁。

⑱ 《李文忠公全書·海軍函稿》卷 3，第 9 頁。

⑲ 同上，第 10 頁。

⑳ 〈中國鐵路公司滬局招商廣告〉，1888 年 12 月 4 日《申報》。

㉑ 中國史學會編：《中國近代史資料叢刊·洋務運動》㈥，上海人民出版社 1957 年版，第 211 頁。

㉒ 同上，第 209 頁。

㉓ 《德宗實錄》卷 269，第 5-6 頁。

1889 年，伍母去世，伍廷芳趕赴廣東，守制三年。1891 年 10 月 22 日，他返回天津，繼續主持鐵路公司事務。

3.總攬北洋官鐵局

「北洋官鐵局」是 1891 年由清政府批准成立的，目的是為督造「關東鐵路」，而「關東鐵路」的興建是因為沙俄修築西伯利亞大鐵路。

1885 年 4 月至 1887 年 2 月的「巨文島事件」，以英俄兩國的相互妥協而收場。但它給沙俄帶來了強烈震撼。沙俄從中體察到在遠東太平洋地區力量的薄弱，修建西伯利亞大鐵路已刻不容緩。1885 年以前，俄國的注意力主要放在埃及、土耳其、保加利亞和中亞細亞等地。這可從其外交部亞洲司辦理大部分涉及巴爾幹半島、埃及、中亞地區、甚至美洲的事務中得到證明。隨著「巨文島事件」的發生和 1887 年 7 月 22 日英俄關於阿富汗問題的最後協定，俄國外交政策的重心移向遠東地區。英軍占領巨文島這一事實表明俄國遠東艦隊很容易被封鎖在日本海內，一旦戰爭爆發，俄國軍艦將無法使用中立的港口，俄國艦隊就會由於缺少加煤站而被迫採取守勢。為改變這種不利局面，俄國從 1887 年始，採取了一項新的防衛遠東領土的政策，即依靠陸軍而不是依靠海軍。具體措施是以符拉迪沃斯托克（海參崴）為依托，修築一條橫貫歐亞的西伯利亞大鐵路。一旦修成，「這條鐵路還可以使俄國在遠東維持一支相當強大的艦隊。這支艦隊在歐洲或亞洲東部萬一發生政治糾紛時，將在控制太平洋海面上一切商業活動方面，起到特別重大的作用。」[54] 1887 年 6 月 18 日，在聖彼得堡召開的一次高級會議上，與會者一致認為：「為了國家利益，特別是從戰略上來考慮，愈來愈迫切需要在歐洲俄國和遙遠的東方之間建立起更迅速的交通設施。」[55]第

---

[54] 羅曼諾夫：《俄國》，第 60 頁。
[55] 庫洛姆津編：《西伯利亞鐵路的過去與現在》，第 80 頁。

二天，沙皇亞歷山大三世批准了該項決議，並且命令交通大臣具體負責西伯利亞大鐵路的測繪工作。後又任命其子尼古拉為西伯利亞大鐵路管理委員會主席。與此同時，俄國以二％的佣金從法國借得五億金法郎的修路專款。1891 年 3 月 31 日，沙皇太子尼古拉在遠東旅行中，參加了該鐵路的開工典禮，「親自倒空了頭一輛裝滿石碴的手推車，為這條鐵路的東端——所謂『東方的統治者』符拉迪沃斯托克——進行了奠基工作。」[156]

興論影響政府的行動，政府的舉措刺激興論的膨脹。十九世紀末期，俄國思想界出現了一個「東方人」派。該派宣稱俄國文化同歐洲文化是截然不同的。它同東方文化的關係要比它同歐洲文化的關係更為密切。把東方合併到俄羅斯帝國裡，使兩者融合成一起，是俄國的「歷史使命」。在修建西伯利亞大鐵路以前，「東方人」派只是以理論家而著稱，修建這條鐵路的決定，給「東方人」派提供了範圍極廣的實踐機會。他們以財政大臣維特為代言人，紛紛上書為沙俄的遠東侵略出謀劃策。1893 年 2 月，西藏學專家巴德馬耶夫向維特遞交了一份野心龐大的計劃，他建議說，除了西伯利亞大鐵路以外，俄國還應該修築一條通往中國蘭州的鐵路。有了這條鐵路，俄國就能煽動西藏人、蒙古人和中國的伊斯蘭教徒叛離清朝，「在他們的叛變成功後，那些領袖將要求俄國沙皇保護，而許多亞洲民族將不經過流血就併入俄羅斯帝國之內。」[157]維特對此大為欣賞，連同自己附加的一份備忘錄交給了亞歷山大三世。他說，如果巴德馬耶夫計劃像他所預見的那樣得到實現，那麼「有了太平洋沿岸和喜馬拉雅山的俄國，就不僅能主宰亞洲的事務，而且還能主宰歐洲的事務」。[158]沙皇於同年十一月撥出二百萬盧布的專款供巴德

[156] 《俄國思想》，1822 年版，第 37-60 頁。

[157] 謝緬尼科夫：《在沙皇統治下的幕後：西藏專家巴德馬耶夫的文件》，第 49-75 頁。

[158] 〔美〕安德魯·馬洛澤莫夫：《俄國的遠東政策：1881-1904 年》，商務印書館 1977 年版，第 45 頁。

馬耶夫去實施他的侵略計劃。

在修建西伯利亞大鐵路的同時，俄國政府還有計劃地向遠東移民。受海軍指揮的志願船隊從 1887 年起每年從第聶伯河運出兩千名哥薩克人，在庫頁島，他們都分配到土地、牲口和工具，「這些移居者將會加強這塊領土的內部力量」。[159]

「巨文島事件」後，隨著俄國外交政策的調整，俄國在遠東，尤其是在中國東北和朝鮮的影響與日俱增，使這一地區原有矛盾日趨緊張，呈現表面化。可以說，俄國勢力在遠東地區的激增，直接促成了 1890 年代中日戰爭的爆發。

俄國遠東政策的改變，引起了清朝駐外公使的注意。1890 年 6 月 7 日，駐俄公使洪鈞致函朝廷說，俄國「今聞中國鐵路之謀，欲為先發制人之計，則有開辦東方鐵路之議」。「此路告成，則我東顧之憂益亟。」[160]駐美公使崔國因 1891 年 4 月 27 日電告清廷，援引美國總統夫人的話，指陳西伯利亞大鐵路的威脅。他說：「俄人之地勢，已包中國東西北界，鐵路若成，必為中國之患。」對抗的辦法，「非自造鐵路不可」。[161]

為了對付俄國發起的咄咄逼人的攻勢，實現強藩固邊的目的，修築一條通往關外的鐵路已成當務之急。1890 年 3 月 30 日、4 月 3 日，總署兩次上奏，條陳維繫朝鮮大策，其中就有「東三省興辦鐵路」。[162]4 月 14 日，朝廷降旨「照所議辦理」。[163]李鴻章當即派員三次秘密前往沿途勘察，最後選定「自內達外，由林西接造至吉林」[164]一線，具體是：「由津沽已成鐵路現造至灤州之林西地方者，東接三百餘里至山海關；出關三百六十里至錦州，再二百六十里至

[159] 格林斯基：《序幕》，第 30 頁。
[160] 王威彥：《清季外交史料》卷 83，書目文獻出版社 1987 年版，第 11 頁。
[161] （清）崔國因：《出使美日秘日記》卷 6，黃山書社 1988 年版，第 49 頁。
[162] 《德宗實錄》卷 282，第 5 頁。
[163] 同上，第 14 頁。
[164] 《李文忠公全書・海軍函稿》卷 4，第 13 頁。

牛莊，再二百七十里至瀋陽。」[165]另由瀋陽造枝路以至牛莊、營口，共計二千三百二十三里，終略估計共需造路費用銀二千零五十萬兩。[166]至於其軍事價值，奕劻、李鴻章說得非常明確：「若造至吉林，已攬東三省全局，足以控扼邊境，」「於大局深有裨益。」[167]

關東鐵路是清政府在甲午戰爭前著手修築的最長鐵路，工程巨大，用費浩繁。設立專門機構全權督修鐵路實是明智之舉。「督辦一切事宜」的李鴻章在 1891 年 4-5 月之間奏請成立「北洋官鐵局」於山海關，負責修築「官路」即關東鐵路。與此同時，開平鐵路公司、中國鐵路公司則稱為「商鐵局」，專門管理由商人出資修建的「商路」即「津沽路」。薛福成在 1893 年 7 月 21 日有過明確記載：「由天津而軍糧城而大沽、北塘、漢沽、蘆台、唐坊、胥各莊、開平、古冶一帶，鐵道為公司集款而成，謂之商路；由古冶至雪莊，雪莊至灤州，業經工竣開車，復由灤州接至山海關，其已成未成各路，一切經費，概由官款發給，謂之官路。」[168]官商兩局獨立核算，分別經營，「客由山海關而來至古冶，須另購車票；由旺道莊而去至灤州，亦須另購車票，以清官商兩局界限。」[169]

「北洋官鐵局」首任總辦是記名提督周蘭亭、直隸候補道李樹棠。[170]關東鐵路純屬官辦，官場惡習暴露無遺，鐵路工程進展緩慢。為此，1893 年 5 月，李鴻章改派富有鐵路管理經驗的伍廷芳為「北洋官鐵局」的總辦，以期杜絕前任的貪污醜行，確保專款專用。[171]六月，伍廷芳又出任官商兩局鐵路副總督辦，並監督兩局的財政。

---

[165] 同上，第 12 頁。
[166] 〈軌政紀要〉軌 7，宓汝成：《近代中國鐵路史資料》上冊，《近代中國史料叢刊·正編》(391)，第 194 頁。
[167] 〈軌政紀要〉軌 7，宓汝成：《近代中國鐵路史資料》上冊，《近代中國史料叢刊·正編》(391)，第 49 頁。
[168] 薛福成：《庸庵全書·出使日記續刻》卷 8，第 7 頁。
[169] 1894 年 3 月 22 日《申報》。
[170] 《交通史路政編》第 7 冊，第 7 頁。
[171] 《北華捷報》1893 年 5 月 5 日，6 月 2 日。

伍廷芳成為李鴻章控制鐵路財政的全權代表。[172]

1894 年 6 月，身為商路總管的張燕謀（翼），依恃奕譞侍奴的特殊身份，侵吞商款，招致輿論攻擊，李鴻章將其革職，由伍廷芳的老搭檔吳南皋替代。《北華捷報》曾評論道：「自從他（張燕謀）來到後，只不過成為一個礙事和令人討厭的東西，……伍廷芳（伍敘）和吳南皋二者都是睿智和進取的人，也熟悉西方的方法，現在就可以照自己的意思做了。」[173]

然而，事實卻並非如此簡單，一、二個人的銳意進取，是不能戰勝專制王朝的愚頑的。關東鐵路阻力重重，步履維艱。原定每年戶部調撥的一百二十萬兩，山東、河南、江西、湖北等十五省應撥的七十五萬兩築路經費遲遲不到位。李鴻章憂心如焚，頻頻催徵，各省銀兩「於何月解齊，以便支領？如逾期不解，作何懲處？」[174]「封河不過兩月，號商匯兌逾遲，可勝焦急。」[175]從 1891 年奏准撥歸關東鐵路專款起，至 1895 年共應撥六百萬兩。但為舉辦慈禧太后的六十壽慶，1894 年戶部一次就挪用鐵路專款二百萬兩，「為移緩就急之計」。關東鐵路隨即停工待料，「委員司事，不便坐支薪水，有俟回津郡者。想須俟萬壽慶典告成，然後再議興工也。」[176]可見專制政體是近代化事業的天敵。截止到甲午中日戰爭前，關東鐵路出關約一百二十里，至關外中後所，進展速度緩慢。甲午戰爭爆發後，築路經費撥歸軍餉，關東鐵路停工。至此，伍廷芳結束了前後十多年的鐵路公司經理生涯，走上國際坫壇，施展其傑出的外交才華。

從中國鐵路發展史的角度看，1881-1894 年是中國鐵路的起步階段。在此階段，伍廷芳作為清政府委派的官員，出任開平鐵路公

---

[172] 同上，1893 年 6 月 16 日。
[173] 同上，1894 年 9 月 14 日。
[174] 〈軌政紀要〉軌 7，宓汝成：《近代中國鐵路史資料》上冊，《近代中國史料叢刊・正編》(391)，第 52 頁。
[175] 《李文忠公全書・海軍函稿》卷 4，第 17 頁。
[176] 1894 年 3 月 22 日《申報》。

87

司經理、中國鐵路公司經理、北洋官鐵局總辦、副總督辦，參與主持了唐胥鐵路、津沽鐵路、關東鐵路的籌建、經營、管理，填補了中國鐵路史上的若干項空白，中國從此有了自己的鐵路、自己的管理人才。

鐵路既是近代化的產物，同時也是近代化的載體。鐵路的出現，以其高效、快速的形式，展現了近代化的巨大威力，有力地推進了中國近代化的進程。在中國鐵路事業發展的早期階段，伍廷芳作為中國近代鐵路事業的統攬者，以其獨特而又先進的經營之道、管理思想，將自十九世紀六〇年代開始的中國近代化運動推向了一個新階段。

根據現代化理論的闡述，衡量一個國家的現代化水平主要有三項指標：器物層面、制度層面、民眾心理層面。而這三個層面能否呈現為互為因果、有機銜接、層層推進的格局，直接影響著該國現代化實現的程度。換言之，這三個層面銜接得越好，依次推進的條理越有序，則標誌著這個國家的現代化發展水平越高。回顧中國近代化的發展史則可以發現，中國作為一個「後發外源型」的現代化國家，在現代化運動的早期也即常說的近代化運動開始時，總體呈現出的是一種無序狀態，大多起於東南沿海沿江經濟較為發達的通商口岸地區，並且因為受到初期企業的性質、經營的種類等等的限制，舉國上下並沒有產生一種集體的認同感。風氣開化較晚的廣大北方地區的人們並沒有深切感受到近代化的巨大威力，沒有體察到近代化運動給人們的生活水平、生活方式帶來的變化與實惠。這也是中國近代化運動開始之時，官員、士紳、百姓最初紛紛表達排斥的一個重要原因。但隨著鐵路的修築與延伸，隨著鐵路、火車所展現出的巨大功能，更伴隨著鐵路營運所帶來的滾滾財源，人們看到了鐵路事業的顯性功能，認識到了「鐵路與中國的繁榮昌盛密切相關」[177]。伍廷芳以開平市的變化為例做了說明。「開平本為直隸荒

⑰ 〈中國與美國〉，《伍廷芳集》上，第 124 頁。

曠之一隅，迤邐土岡，深翳叢棘」，但隨著開平煤礦的挖掘、開平鐵路的通車，三十年過後，開平發生了翻天覆地的變化。「舉數千年絕無人煙，不能耕種之地，疏除煙瘴，逐漸成村，招募土人，以工覓食。久之，遠近窮庶，相率偕來，不啻一小殖民地也。」「今日（指 1915 年。——引者註）過開平之市，儼一都一邑，稱富庶之城鎮焉。操工者萬餘人，日出而作，日入而食〔息〕，地鮮乞兒，相安耕鑿，又有學堂，以咸濡其教澤也。」[178]與此同時，變化的還有人們的觀念，人們的認知方式。「僅在十年以前，說服十分之一的人相信各省修建鐵路還是十分困難的。但在今天（1900 年。——引者註），至少有十分之九的人認為應該盡早修建鐵路。輿論在如此短的時間裡徹底轉變，這是對中國正在迅速加入世界進步潮流的最好說明」。[179]這表明，隨著近代化運動數十年的開展，更隨著鐵路的修築與開通，中國的近代化運動已跨越了地域上的局限，從初期的東南沿海沿江地區，深入到北方的窮鄉僻壤。中國百姓在經受了近代化運動的洗禮後，在享受著近代化運動所帶來的巨大利益的同時，其態度也由修築鐵路時的堅決反對，變成了此時的熱烈擁護。隨之而來的就是中國鐵路事業的大發展。隨著開平鐵路的建成通車，「從此鐵路向四面八方延伸」。[180]截止到 1894 年，中國鐵路的總里程只有四百公里左右，但僅僅過了 5-6 年的時間，到 1900年前後，中國「正在修建的和已經設計的總計約五千或六千英里」。[181]中國的外貿進口也從最初的棉織品、煤油為主，變成了此期的以鋼、鐵產品為主。根據美國政府公布的統計資料，中國在1899 年度從美國進口了價值超過百萬美元的鋼鐵產品。「這是由於中國現在已開始認真修建鐵路，對建築材料需求極大，僅去年（1899 年。——引者註）就從美國進口了價值七十三萬二千二百十

---

[178] 〈中華民國圖治芻議〉，《伍廷芳集》下，第 586 頁。
[179] 〈中美互惠互利〉，《伍廷芳集》上，第 87 頁。
[180] 〈中國和西方的關係〉，《伍廷芳集》上，第 69 頁。
[181] 同註[179]。

二美元的火車頭。」[82]由此可見，伍廷芳身為中國鐵路事業起步階段的總負責人，在推進中國鐵路事業的近代化運動中功莫大焉。

伍廷芳在參與主持中國鐵路經營管理的過程中，為後世提供了一個可供借鑑的現成模式。伍廷芳對中國的國民性問題曾作過深刻剖析。他說：「他們是做小本生意的民族，只要有錢就投入小本經營。他們在本能上不願做大生意。」「對中國人來說，管理巨大新型的企業是一種全新的體驗。交結他一條舢板，他會輕鬆地穿過前所未有的兇猛颱風，但交給他一艘裝備有複雜的發動機、發電機、羅盤和其他現代航海設備的遠洋巨輪，他儘管懂得如何操作，也會全然不知所措，甚至靜靜地呆在那裡。」[83]難能可貴的是，伍廷芳在中國鐵路事業的起步階段，克服了資金、技術、設備、人才和經營管理經驗等方面的困難，完成了中國鐵路的從無到有的跨越，初步發揮出了「鐵路者，兵戰商戰恃為國本」[84]的巨大功效。在此就涉及到伍廷芳的鐵路經營、管理思想。大致說來，伍廷芳對鐵路的經營、管理思想主要體現在三個方面：充分發揮商人的作用，維護商人投資者的合法權益；積極吸納外資，實現「借雞下蛋」；以貨運為主，兼及其他。

首先，伍廷芳在總攬中國鐵路之時，表面看來，他代表的是官方利益，但在實際的運行過程中，他更多體現出的是對「官督商辦」、「官商合辦」經營管理模式的拋棄，具體的表現便是「商督商辦」。創辦之初，開平鐵路公司屬於「官督商辦」性質的企業，但伍廷芳上任之後，試行股份制改革，招集商股，入股商人皆成為該公司的合法股東，並制定了嚴格規範的章程，確保入股商人的合法權益不受侵犯。由此便避免了「官辦」、「官督商辦」企業的衙門弊病，極大地調動了商人參與公司經營管理的積極性，使該公司

[82] 〈中美互惠互利〉，《伍廷芳集》上，第 85 頁。
[83] 〈中美互惠互利〉，《伍廷芳集》上，第 87 頁。
[84] 〈中華民國圖治芻議〉，《伍廷芳集》下，第 582 頁。

迅速走上了賺錢贏利的良性軌道。到 1887 年扣除各類開支，公司贏餘一萬四千六百九十八點八二六兩，平均每股獲利六厘。「商督商辦」管理方式的成功，鼓舞了有錢者的入股熱情，開創了集中社會閒散資金辦企業的經營模式。

其次，修築鐵路需要大量的投資，當時僅靠官本、商本是難以為繼的。而如何才能解決資金短缺的難題呢？伍廷芳的辦法是吸收外資，引進外國的先進技術、設備與人才。對頑固派「借資外人，即是依賴性質」，即是喪失主權的叫罵，伍廷芳進行了嚴厲批駁。他說：「吾國苟能集資自辦，免弗利與人，豈不甚幸。」遺憾的是，國人對於修築鐵路，既無經驗，又無資本，而修築一條鐵路「更非廣集數百萬不為功，故勢有不能不借資外人」。[85]值得慶幸的是，這些想法得到了李鴻章、奕譞的支持，因而當津沽鐵路修築出現資金困難時，伍廷芳便通過嚴格規範的借款合同，向英國怡和洋行、德華泰銀行借款百萬兩之多，[86]保證了津沽鐵路的建成、通車。伍廷芳施行的此種舉措，為現代企業吸收外資，求得生存與發展，提供了一個可供借鑑的現成範例。

伍廷芳經營管理中國鐵路獲得成功的第三點經驗是：貨運為主，兼及其他。修築開平鐵路的初衷是為了開平煤礦的外運，因此，在一個時期內開平鐵路公司的大宗業務主要是貨物運輸。但隨著鐵路的開通，火車高效、快速的優點為越來越多的人所認識。伍廷芳便適時轉換經營思路，在確保開平煤炭外運的同時，積極拓展公司的經營範圍，開闢了貨運、客運同時並舉的新途徑。並且根據中國的實際情況，降低票價，吸引客源。伍廷芳曾經提到，「火車票價必須定得很低，因為我們有許多航運交通線，而且人民非常貧窮，最初只能乘坐一兩英里。不過我把票價定得如此之低，以至於

---

[85] 〈中華民國圖治芻議〉，《伍廷芳集》下，第 585 頁。
[86] 吳汝綸：《李文忠公全書·海軍函稿》卷 3，第 29 頁。

車廂裡擠滿了乘三等車的旅客。」⑱從附錄五「開平鐵路公司客貨運收入百分比表」中可以看出，1887年5月，客運收入只占公司總收入的一二・二三％，遠遠不及貨運的八二・一五％。但到了同年十月，客運收入已占公司總收入的二七・五四％，貨運收入則下降為五七・三二％。在客運最繁忙的1888年1月，客運收入已上升為四五・○六％，超過了貨運的三一・七一％，成為該月公司贏利的最大項目。

三、由政治邊緣向權力中心過渡

從1882年進入李鴻章幕府起至1910年從外交界卸任歸國寓居上海止，仕清二十八年間，伍廷芳由私人秘書做起，歷經候選道、頭等參贊、出使大臣、修訂法律大臣、會辦商務大臣、鴻臚寺卿、外務部右丞、商部左侍郎到刑部右侍郎，官至正二品，實現了由政治邊緣向權力中心的過渡，成為邊緣知識分子從政的典範。伍廷芳作為晚清政壇的成功範例，是如何跨越時空，由邊緣走向中心，取得發言人地位的呢？

大致說來，伍廷芳實現由政治邊緣向權力中心的過渡，是由兩方面的因素所促成：依靠個人的奮鬥所取得的顯赫政績；廢除科舉為適合中國社會改革需要的新式知識分子提供了機遇。

㈠斐然的成績成為過渡資本

伍廷芳仕清的二十八年（1882-1910年），正是中國社會的急劇轉型的時代。面對西方列強的挑戰，清政府在無奈和自覺中調適著傳統的統治方式，進行著亙古未有的新嘗試。全新的嘗試呼喚著新式人才的出現。伍廷芳正是憑著其法律專業特長，步入晚清政壇的。在近三十年的官宦生涯中，伍廷芳在內政外交各個方面，顯示

⑱〈中國與美國〉，《伍廷芳集》上，第123頁。

出卓爾不群的才幹，取得了一連串的驕人政績。

內政方面：揆諸史料，伍廷芳參與經辦的事務主要有：出任鐵路公司經理，經營管理開平鐵路、津沽鐵路、關東鐵路，被梁士詒稱為中國「鐵路行政之先進」。負責同美國合興公司洽談貸款修築粵漢鐵路，被張之洞、王文韶、盛宣懷譽為「無不盡力而謀」。[88]繼盛宣懷之後，擔任中國輪船招商局董事會會長，並改組局務，杜絕貪污腐敗，贏得商民信任。1895 年 9 月，經盛宣懷舉薦，直隸總督兼北洋大臣王文韶轉奏批准，伍廷芳出任天津中西學堂總辦。[89]到 1900 年，該學堂「計有各科畢業及未畢業之學生二百餘人，王寵惠、王寵佑、王正廷、金邦平、溫宗禹、關鏰庭、溫應星等均在其內。」[90]後來，伍又出任修訂法律大臣，主持了清末法制改革，推進了中國法律近代化，成為中國近代法律的奠基人（關於此點，本人將在第四章做專題探討）。

對外交涉更是伍廷芳的強項。他幾乎參與主持了清政府在 1882年至 1910 年間所有的外交談判。重大的外交活動有：1883-1885 年的中法談判、1885 年的中日天津談判、1894-1895 年的中日馬關談判、1902 年的中外商務談判。他主持修訂了《中墨通商條約》，締結了近代以來的第一個平等條約。他參與的小的外交斡旋則有：1882-1885 年主持與英、美、法、德談判，拒絕列強架設電線，維持中國電線權，[91]參與 1885 年中日長崎事件交涉，1886 年隨辦置

[88] 張之洞：《張文襄公文集》卷 154，第 8 頁。

[89] 1895 年 10 月 2 日，天津中西學堂成立，亦稱天津學堂，1903 年改名為北津大學堂。見朱有瓛主編：《中國近代學制史料》第 1 輯，下冊，華東師範大學出版社 1986 年版，第 105 頁。另：胡光麃主編《影響中國現代化的一百洋客》記載：天津中西學堂，「1895 年改為公立中西學堂，政府派由伍廷芳任頭等學堂總辦，蔡紹基（詹天佑同時留美幼年生。——引者註）為二等學堂總辦，並聘丁氏（即丁家立，美國公理會傳教士。——引者註）為總教習，其後改為北洋大學堂。」（台灣）傳記文學出版社 1984 年版，第 43 頁。

[90] 〈北洋大學史料組記北洋大學事略〉，朱有瓛主編：《中國近代學制史料》第 1輯，下冊，華東師範大學出版社 1986 年版，第 502 頁。

[91] 郭廷以編：《海防檔》丁，《電線》上，第 399-401 頁。

池口教堂遷移案，1898年首次提出並論證了中國門戶開放政策，成為享譽國際坫壇的外交家。

在此，特別需要提及的是，1896年11月—1902年11月，1907年9月—1909年12月，伍廷芳曾兩次出使美國，擔任清政府第六任和第八任駐美國公使，並先後兼駐西班牙、秘魯、墨西哥、古巴等國公使，負責整個美洲事務。在首次擔任駐美公使期間，伍廷芳的外交鬥爭主要集中於反對美國的「排華法案」。

中國人移民美國始於1858年的《蒲安臣條約》（即《中美續增條約》）。該條約第五條規定：「大清國與大美國切念民人前往各國，或願常住入籍，或隨時來往，總聽其自便，不得禁阻，為是現在兩國人民互相來往，或遊歷，或貿易，或久居，得以自由，方有利益。」⑧華工為美國西部的開發做出了巨大貢獻，促進了美國社會的繁榮。但隨著十九世紀七〇年代美國經濟危機的爆發，美國掀起了以種族暴力、種族歧視為特徵的排華狂潮。華工被搶劫、被毆打、被屠殺的事件幾乎每天都有發生，「殺害中國佬幾乎成了家常便飯」。

與驅逐華工相配合的是，美國政府陸續制定頒布了1882年《排華法案》、1894年《限禁來美華工保護寓美華人條約》、1902年的「卡恩提案」⑧，力求清除在美華人。保護在美華人利益成為伍廷芳的頭等大事。1897年4月，伍廷芳在華盛頓上任伊始，就為維護華人的生命財產安全而鬥爭。他曾在1897年6月7日、22日、7月7日、19日、24日、8月4日、24日、9月1日、10月27日、

---

⑧ 李天祿：《有關華人移民的國會政策》，第120頁。

⑧ 1901年12月16日，律師出身的鮑得利起草了一份嚴厲的法案，由來自加利福尼亞的眾議員葉斯·卡恩提交國會，故名。該提案於1902年4月通過。這是美國有史以來十七件排華法案中最苛刻的一件。它涵蓋了美國朝野排華分子的所有要求，其中包括對學生和商人定義的最嚴格的規定。此外，它還禁止中國移民前往美國新獲得的領土夏威夷和菲律賓，並禁止原居這些島嶼上的華人移往美國大陸。

11 月 30 日、12 月 22 日、1898 年 1 月 4 日分別就「譚忠瑶案」[184]、「二周案」[185]、「蔣森被殺案」[186]、「譚陵案」[187]、「科羅拉多州華民被官凌辱案」[188]，向美國國務院遞交了一系列措辭強硬的照會，猛烈抨擊美國政府在執行排華法中的弊端，指斥負責實施排華法的財政部下屬移民官員，如港口稅務員、視察員和調查員等，「如果不是充滿敵意，至少也是普遍地不友好」，由他們所組成的美國財政部的下屬機構，明顯地歪曲中美條約中的規定詞語，破壞條約的真實意圖。

伍廷芳對在美華人的保護是竭盡全力的。他曾明確表示：「成敗利鈍，雖不能料，但期竭盡愚忱，稍寬一分，即華人受一分之益。」但在奉行「強權即公理」的列強爭霸時代，作為弱國的代表，伍廷芳雖屢次提出嚴正抗議，要求放寬對華人的限制，可到頭來終舊無效，美國政府的排華行動愈演愈烈。1902 年 4 月底，美國參眾兩院在伍廷芳的抗議聲中通過了最苛刻的「卡恩提案」。「像牛虻那樣，以正式的抗議叮住不放」[189]的伍廷芳於 4 月 29 日通過國務卿海約翰再次向西奧多・羅斯福總統呼籲，為反對「卡恩提案」作最後努力，他鄭重表示，中國政府對於美國的排華法擴大到夏威夷、菲律賓斷不承認。他說：「凡邦國彼此互定條約，兩國應照約款永遠遵守，不能一國獨任意見，遽將他處人民地段未入條約聲敘者包入其內，縱欲包入其內，必須先與關涉之國籌商妥辦，從此允准，方能推行。否則不特有違公法，且非優待友邦之道。」[190]最後，伍廷芳要求總統否決此案。但是，他的呼籲對以推行「大棒政策」

[184] 〈致美外部照會〉1897 年 6 月 7 日，《伍廷芳集》上，第 27-28 頁。

[185] 〈致美外部照會〉1897 年 6 月 22 日，《伍廷芳集》上，第 29-30 頁。

[186] 〈致美外部照會〉1897 年 10 月 27 日，《伍廷芳集》上，第 42 頁。

[187] 〈致美外部照會〉1897 年 12 月 22 日，《伍廷芳集》上，第 46 頁。

[188] 〈致美外部照會〉1898 年 1 月 4 日，《伍廷芳集》上，第 46-47 頁。

[189] 〔美〕韓德：《一種特殊關係的形成──1914 年前的美國與中國》，復旦大學出版社 1993 年版，第 241 頁。

[190] 〈致美外部海約翰照會〉1902 年 4 月 29 日，《伍廷芳集》上，第 175 頁。

著稱的羅斯福總統根本沒產生任何效應。實際上羅斯福早在收到伍廷芳的抗議照會之前就已經簽署了這個法案。伍廷芳的抗議歸於失敗。

此次抗議失敗，給伍廷芳帶來了強烈震撼，使他再次深深領略到了「弱國無外交」的難言之苦。他在 1902 年 7 月 12 日發給清朝外務部的電函中明確提出：「如欲將苛例全行刪除，則須俟國勢既張，兵威稍足，元氣內固，自然外侮不生。」

既然神聖的法律可以踐踏，莊嚴的正義可以褻瀆，實施報復也就成為必要。抗議失敗後，伍廷芳決計遵循祖宗的遺訓，「以其人之道，還治其人之身」。「卡恩提案」通過後三周，伍廷芳在給國務卿海約翰的照會中警告說，如果繼續禁止某些獲得特許的華人進入美國，那麼，中國政府將採取相應的行動，禁止所有傳教士、銀行家、路礦工程師、鐵路承包建造商、商業經紀人和無固定住處的商人進入中國。7 月 12 日，伍廷芳在給清朝外務部的電函中，就正在進行之中的中美商務談判，再次重申報復計劃。他說：「目前體察情形，惟有互立酬報之條，妥籌抵制之法。查歐美各國無論大小強弱，兩國立約，皆有酬報一條。中國從前只允美立例禁工，其後並商人亦時多阻留，實於商務有礙。現正在滬議立商約，似可明告以華商至美稽留苛待，殊失體面。如美再不變計，則我亦仿照辦法，凡美商入境亦須稽留，照美例嚴為盤查。庶使美紳聞而知警。」[20]

伍廷芳的報復計劃，三年後變成了現實。美國在 1904 年聖路易斯博覽會上對中國人的肆意凌辱和甚囂塵上的排華行動，徹底激怒了清政府和四萬萬中國人民。1905 年中國近代史上首次全國規模的抵制運動——抵制美貨運動，從上海發起，迅速推向全國。美國這個素以報復他人聞名的國家終於品嚐到了被報復的滋味。追溯抵

[20] 〈致外務部函〉1902 年 7 月 12 日，《伍廷芳集》上，第 192 頁。

制美貨運動的來龍去脈則會發現，伍廷芳便是這場運動的首倡者。[22]

主持簽訂《中秘條約》是伍廷芳第二次出使美洲獲得的最大外交成果。受美國排華浪潮的影響，排華濁浪漫捲整個美洲大陸。身居秘魯、墨西哥、古巴、巴西等南美國家的華人頓時陷入水深火熱之中。身為清政府駐美洲總代表的伍廷芳再次走到了保護華人的外交桌前。1909 年 5 月 31 日，奉朝廷之命，伍廷芳帶領駐美國使館的三等參贊桂埴、代理三等翻譯錢樹芬從華盛頓啟程南下，沿途經過巴拿馬、厄瓜多爾，6 月 25 日，抵達此次南美之行的最後一站——秘魯首都利馬。由此開始了長達一個月之久的艱苦談判。1909 年 5 月 14 日，秘魯政府頒布「限制華人入口飭諭，若無五百金鎊呈驗，即不准登岸」。[23]此次中秘談判的焦點在於 1874 年簽訂的《中秘條約》是否仍然有效。秘魯政府認為，1874 年《中秘條約》之第十八款言明，「該條約期滿十年，若無更改，可再行十年，意即該條約的有效期為二十年。此約訂於 1874 年，至 1894 年期滿即廢，距今天已超過十五年了。由此可見，秘中兩國早已是無約之國。」伍廷芳對此進行了有理、有力的反擊。他認為秘魯政府對 1874 年《中秘條約》理解有誤。一則，經仔細查核，漢文本第十八款內並無「十年期滿，若無更改，再行十年」之句。二則，依照國際公法「通商和好條約」與「專約」不同。「凡兩國於彼此利益有所交換，另訂專約，則所立約章乃有所謂年限屆滿另訂，若不另訂即作為無效之說。至於通商和好條約本無年限，無年限即無所謂屆滿。如貴大臣之意謂中秘條約無效，豈我兩國遂不通商和好乎？可見英、秘文約本，所謂十年為限者係專指十年為一屆，若有未盡妥善之處，可以彼此和衷更改。」[24]並稱，來秘魯之前，曾與美國著名

[22] 〔美〕韓德：《一種特殊關係的形成——1914 年前的美國與中國》，復旦大學出版社 1993 年版，第 241 頁，內稱：「領導這次反排華（即 1905 年抵制美貨運動。——引者註）的是伍廷芳。」

[23] 〈與秘魯外長第一次會議記錄〉1909 年 7 月 6 日，《伍廷芳集》上，第 311 頁。

[24] 〈與秘魯外長第一次會議記錄〉1909 年 7 月 6 日，《伍廷芳集》上，第 312 頁。

的外交法律博士對 1874 年《中秘條約》第十七、十八款專門進行過法理上的探討、研究，且達成共識。

伍廷芳深厚的法學知識折服了對手。秘魯政府外交部長玻立士說：「貴大臣所論極是，即本大臣亦同此意。前時所謂期滿者，乃沿我前任之意而已。」[25]但對中方所提立刻廢止限制華人入境的要求表示「頗有難處」。在此後的時間裡，伍廷芳圍繞秘魯政府頒行的限制華人苛例、廢除舊約、締結新約等問題，先後同秘魯政府外交部長、總統進行了十四次談判。在經過了艱難的馬拉松式的談判後，雙方觀點趨向一致。1909 年 8 月 28 日，伍廷芳與秘魯政府外交部長玻立士，分別代表中秘兩國政府在《中秘條約》上簽字。同時簽署的還有《中秘廢除苛例證明書》。至此，伍廷芳南美之行的兩大目的全部達到。8 月 31 日，伍廷芳從秘魯啟程返回美國。

不久，伍廷芳又於同年 10-11 月間作為清政府的特命專使前往墨西哥、古巴等國遞交國書。1909 年 12 月，伍廷芳卸去駐美公使之職。1910 年 3 月中旬前後，伍廷芳踏上了歸國的旅途。至此，伍廷芳結束了長達八年之久的外交生涯。

伍廷芳以其在內政外交方面表現出的傑出才幹，贏得了包括劉銘傳、盛宣懷、袁世凱、左宗棠、張之洞、王文紹、李鴻章、奕譞等一大批晚清重臣的信任、重用和提攜，並由此實現了從政治邊緣向權力中心的過渡。詳情見附錄六：「伍廷芳仕清履歷表」。

㈡廢除科舉等改革為新式知識分子提供過渡契機

1901 年 1 月 29 日，「蒙塵巡幸」西安的慈禧太后發布上諭，內稱：「世有萬祀不易之常經，無一成不變之治法。……大抵法積則弊，法弊則更，惟歸於強國利民而已。……一切政事，尤須切實整頓，以期漸至富強。」[26]責令軍機大臣、六部九卿、各省督撫及

---

[25] 〈與秘魯外長第二次會議記錄〉1909 年 7 月 13 日，《伍廷芳集》上，第 319 頁。
[26] （清）朱壽朋：《光緒朝東華錄》㈣，中華書局 1984 年版，總第 4460 頁。

出使各國大臣考究中西政治，就軍國大政、國計民生諸問題獻計獻策。以此為開端，拉開了延續十年之久的「清末新政改革」大幕。新政改革當屬晚清政府的第三次自新。同洋務運動、戊戌變法相比，無論是在改革的深度和廣度上，還是在造成的社會震盪的力度上，都是前所未有的。此次改革涉及教育、政治、經濟、軍事、外交等諸多方面，強制性地改變了傳統社會的結構，引起了劇烈的社會震動。1905 年，科舉制度的被廢止，宣告了舊式教育制度的終結，顯示了對近代教育體制的皈依，導致了晚清社會結構深層次的巨變。邊緣知識分子群體從此有了一個較前適宜的順態環境。新政改革成為文化邊緣人由政治邊緣踏入權力中心的契機。

新政改革前，科舉制度是專制政府甄別人才、選拔官員的唯一標準，雖還有「捐納」等方式，但那實際上是清朝賣官鬻爵、獲取暴利的代名詞。科舉高中者入則為仕，退則為紳，高居四民之首，從中央到地方築起了一道難以逾越的壁壘，將非正途出身者遠遠擋在壁壘之外側，後者只能望壁興嘆，縱有治邦興國之妙計，也無從發揮。新政改革，尤其是科舉制度被廢除後，斬斷了舊式知識分子的入仕途徑，為新式知識分子參政議政提供了較為豐沃的土壤。隨著新式學堂的廣泛建立，學生群體急切擴大。1905 年前，學生不過二十五萬八千八百七十三人，兩年後，學生人數達到一百零二萬四千九百八十八人。1908-1909 年學生以每年淨增三十萬人的速度擴大，達一百六十三萬八千八百八十四人。[27]到 1912 年，躍升為二百九十三萬三千三百八十七人。[28]如再加上未統計在列的私立學堂學生、教會學校學生和外國在華設立的非教會學校學生，辛亥革命時國內學生數總計在三百萬人左右。幾乎是 1905 年的十二倍。教育的民間化趨向，造成了近代化過程中政治權力的分化下移，並由此引起了整個晚清政治格局的變化。此種變化在晚清駐外使節身上表

---

[27] 〈第三次教育統計圖表〉。
[28] 〈中華民國第四次教育統計圖表〉。

現得最為明顯（見附錄七）。1875-1900 年，清朝共派出駐外使節三十五人次。其中獲取功名者十八人次，占總數的五一‧四％；官員出身者十人次，占總數的二八‧六％；曾參與過外交者四人次，占總數的十一‧四％；學生出身者僅有三人次，占總數的八‧六％；科舉題名者高居榜首，幾乎是學生的七倍。如將前兩項合計，則高達八〇％，是學生的九倍。外交官隊伍呈現明顯的非專業化傾向。新政改革後，隨著外務部班列六部之首，越來越多的學生出身者（包括留學生、國內廣方言館、同文館學生）躋身外交官行列，外交官隊伍已趨專業化、職業化（見附錄八）。1901-1911 年，清政府共派出外交官四十七人次。其中學生出身者十八人次，占總數的三八‧三％；科舉出身者十一人次，占總數的二三‧四％；官員出身者六人次，占總數的一二‧八％；曾參與外交者六人次，占總數的一二‧八％；出身不詳者五人次，占總數的一一％。學生出身者已經由 1901 年前的八‧六％躍居 1901 年後的三八‧三％，穩居狀元位。科舉出身者則由 1901 年前的五一‧四％，下降至 1901 年後的二三‧四％，退居榜眼。官員出身者由 1901 年前的二八‧六％跌降到 1901 年後的一二‧八％，與曾參與外交者並稱探花。學生出身者比科舉出身者、官員出身者的總數還多二％。新式知識分子已成為清末外交官隊伍的主幹。另外，清末十年，擔任外務部尚書、侍郎、丞參的共三十一人，其中受過西式教育的共十三人，占四二％，1911 年竟高達六六％，[29]同總理衙門成立四十年來六十二位總理衙門大臣無一人受過西式教育相比，[30]不啻發生了翻天覆地的變化。外務部成為新式知識分子的薈萃地，成為文化邊緣人在晚清政府中謀取到的最早的發言地。

　　伍廷芳在清末新政改革期間，位置的升遷，同樣映襯出了這種

---

[29] 王立誠：《中國近代外交制度史》，甘肅人民出版社 1991 年版，第 205 頁。

[30] 數字根據吳福環：《清季總理衙門研究》附錄一〈總理衙門大臣傳略〉，新疆大學出版社 1995 年版，第 203-226 頁。

趨勢（見附錄六）。1882-1896 年前十四年，伍廷芳參與了許多內政外交活動，但在官銜、品秩上卻是微不足道，領有道員、候選道等虛銜，且多是通過捐納、劉銘傳、李鴻章、張蔭桓等人保奏獲得。有些還是臨時性的。如 1895 年，以「頭等參贊」身份同張蔭桓、邵友濂、李鴻章赴日本馬關談判；以「全權換約大臣」資格在煙台同日本代表伊東已代治交換《馬關條約》文本，所具官銜全為臨時，事畢即銷。直到 1896 年才出任駐美、日（西）、秘國大臣，品秩不過四品卿銜，充其量也不過是總理衙門的屬員，地處政治邊緣，遠離權力中心。但從 1902 年起，伍廷芳的官職急劇升高，逐漸進入決策中樞，由修訂法律大臣、四品京堂候補、會辦商務大臣升至鴻臚寺卿、外務部右丞、商部左侍郎、外務部左侍郎、署刑部右侍郎、刑部右侍郎，品秩為正二品，實現了文化邊緣人由權力邊緣向權力中心的過渡。新政改革成為伍廷芳及眾多邊緣人群體政治突破的新機遇。

透過伍廷芳在清末新政前後地位變遷的事實，可以看出：隨著外來勢力的衝擊，隨著近代化運動的全面啟動，飽嘗屈辱的中華民族已經從陣痛中覺醒，對西方世界所展現出的昭示人類發展方向的近代化運動，由最初的排拒，經過長時段的模仿，發展到後來的本體上的認同，表明中國的近代化運動是在被動中開始，在自覺中進行的，而並非如美國學者費正清、李文遜等人在「衝擊─反應」理論中所渲染的那樣，認為在西方的衝擊下，中國只是一個驚惶失措、消極應付、被動防禦的客體，表現不出任何積極、主動的形態。而事實上，在經過了來自國內外的沈重打擊後，清政府在自覺與不自覺中調適著其思維方式、統治手法，努力迎合著近代化運動的要求，表現在用人制度方面上，便是按照精細化、專門化的現代規程，擇選那些受過新式教育、具有專業知識、才堪重用的新型人才擔當各級各類官職。前面所提及的包括伍廷芳在內的新一代外交官的被任用，便已清楚地說明了此點。而新式人才在晚清政壇的崛

起，一方面標誌著中國的近代化運動已經渡過了它的膚淺的階段，步入了一個更高更深的層次，大批新式人才進入權力的中心地帶，隨之而來的便是中國近代化運動的加速發展。另一方面昭示出，社會分工精細化、知識分子隊伍日趨龐大化所造成的後果，只能是知識分子愈益中心化，而不是邊緣化。中國近代社會制度性的演變均已清晰無誤地表明了這一現象。尤其是在專業知識要求極高的政府機構中，知識分子進入中心地帶，謀取發言人位置的現象就更為明顯。前面所提到的中國近代外交隊伍五十餘年間的更替，就是一個最具代表性的例證。如再把視角延伸到整部中國近代史，則會發現，政治、軍事、文化、經濟、外交諸領域中的主角人物，全都是現代意義上的知識分子或知識分子出身的人。甚至可以説，一部中國近代史就是一部由知識分子擔綱的歷史。以孫中山、李大釗、陳獨秀、毛澤東為代表的政治領袖們，以其現代知識分子的睿智和學識，立足中國現實，緊隨時代演進節拍，在近代中國和世界這個廣闊的舞台上，導演並主演了一幕幕驚天地泣鬼神的英雄話劇，譜寫了一曲由舊民主主義革命到新民主主義革命的華麗樂章。文化領域更是現代知識分子獨領風騷的場所。陳獨秀、李大釗、魯迅、胡適、郭沫若等文壇巨匠，以其大師級的風範，推動並領導了中國文化的革命，引發了中國文化思想領域的風雷激盪，影響和培養了一代乃至數代新式知識分子，在中國文化思想史上樹立起一座座雄偉的豐碑。面對這既可觸摸到又可感受到的客觀存在，余英時先生所持的「中國知識分子邊緣化」[21]的理論顯然是難以成立的。

㉑ 余英時：〈中國知識分子的邊緣化〉，見（香港）《二十一世紀》雙月刊第 6 期，1991 年 8 月。余先生認為，從 1905 年科舉制度被廢除開始，「士」或「士大夫」為知識分子所取代，喪失了往昔的社會樞紐地位與尊貴，隨著中國歷史的嬗遞，知識分子也日漸式微，漸次脫出了社會政治、文化中心地帶而自動退居邊緣。

第三章

伍廷芳的中西文明觀

　　伍廷芳的中西文明觀，即對中西文明的認識、評判和抉擇，構成了他文化邊緣人特質的思想核心。從其中西文明觀形成以及演變過程中，我們不難看出近代中國社會的走向以及這種走向在他身上留下的烙印。

一、伍廷芳中西文明觀的形成

　　隨著伍廷芳人生經歷的豐富以及他對嚴酷現實的愈來愈深的體悟，他對中西文明優劣的認識經歷了一個由淺至深、由朦朧到清晰的發展過程。就現有史料來看，他的中西文明觀形成大致分為兩個階段。義和團運動之後到辛亥革命前，此為第一階段。在此階段，伍廷芳發表的著述主要有：1900 年 7 月的〈中美互惠互利〉，[①] 1900 年 8 月 17 日的〈呼籲公正對待〉，[②] 1900 年 11 月 20 日的〈外國人在中國不受歡迎的原因〉，[③] 1900 年 12 月的〈孔子的學說〉，[④] 1901 年 1 月 27 日的〈孔子與孟子〉，[⑤] 1902 年的〈中國文明與西方文明〉，[⑥] 1910 年的〈中國覺醒的意義〉，[⑦] 以及大概發表於 1900 年

---

① 《伍廷芳集》上，第 82-92 頁。
② 《伍廷芳集》上，第 93-99 頁。
③ 此為 1900 年 11 月 20 日在美國政治與社會科學學會的演說，《伍廷芳集》上，第 100-110 頁。
④ 《伍廷芳集》上，第 111-121 頁。
⑤ 此為 1901 年 1 月 27 日在費城倫理學會上的演講，《伍廷芳集》上，第 135-147 頁。
⑥ 《伍廷芳集》上，第 202-207 頁。
⑦ 同上，第 202-207 頁。

的〈論美國與東方交際事宜〉[8]和 1911 年的〈中國〉。[9]其中最能代表其觀點的是 1900 年 12 月的〈孔子的學說〉和 1911 年在「世界種族大會」作的題為〈中國〉的發言。他憑一個中國人的良知，以其外交家的機敏、大律師的睿智，剖析近代以來中外矛盾激化的深層動因，為義和團運動辯護，為中國人民的反侵略鬥爭申言。他所要揭示的是中國傳統文明的道德文化價值，所要爭的是中西文明的平等權利，他駁斥歐美列強所宣揚的種族優越論，正告西方人不要將其觀念強加於中國人民身上，「中國只希望得到別國公平和公正的對待」。[10]這一階段，通過比較，伍廷芳明顯流露出這樣的看法，即以儒學為核心的東方文明有著以基督教為特質的西方文明無法比擬的優點。但同時，其中西文明觀也存在著表述分散、不系統等問題。從辛亥革命後至第一次世界大戰爆發，此為第二階段。在這一時期，伍廷芳發表的著述主要有：1914 年 3 月的〈延壽新法〉，1915年 12 月的〈美國視察記〉及〈美國宴會和美國禮節〉，其中 1915 年12 月由上海中華書局出版的《美國視察記》，比較系統、全面地闡述了伍廷芳的中西文明觀。

伍廷芳之所以在第一階段逐漸形成他關於中西文明的基本思想，原因有二：空前的危機和民族主義思潮的勃興。歷經半個多世紀的蹂躪，到二十世紀初，中華民族已陷於亡國滅種的危機，外國列強仗恃堅船利炮和不平等條約，在中國大地上為所欲為，外國軍艦隨意游弋在中國的沿海、內河，傳教士竟敢依照行政區域劃分教區，漫長的海岸線竟沒有一處中國人自己的通商口岸。中國人不禁仰天長嘆「天涯何處是神州」。國勢衰微與亡國危機的並存，凸顯出了民族主義的大旗。十九世紀末二十世紀初，當西方不同流派的民族主義思潮傳入中國時，較為敏銳的知識界立刻對此表現出濃厚

⑧ 《伍廷芳集》上，第 126-134 頁。
⑨ 《伍廷芳集》下，第 405-414 頁。
⑩ 〈呼籲公正對待〉，《伍廷芳集》上，第 99 頁。

的興趣，將其視為拯救中華民族的法寶。《浙江潮》第一、二、五期連載的〈民族主義論〉一文，最典型地代表了這一時期知識界在民族主義問題上的態度。文章認為，「合同種，異異種，以建一民族的國家，是曰民族主義。」該文大聲疾呼：「今日者，民族主義發達之時代也，而中國當其衝。故今日而再不以民族主義提倡於吾中國，則吾中國乃真亡矣。」

爾後，經過梁啟超、孫中山等人的具體闡釋，合漢滿蒙回藏為一族的民族理念成為近代中國民族主義的核心思想。[11]此種民族主義是由於共同文化、宗教、語言產生的歸屬感，是傳統的「中國情結」在外力壓迫和外部觀念刺激下的匯集。它同建立在統一的國內市場基礎上的經濟上的民族主義相比，顯得頗為幼稚、空洞和脆弱，因而易變為政治上的排外主義和文化上的保守主義。

儘管如此，民族主義思潮的勃興成為近代中國不死的民族之魂，成為匯集千百萬人民投身反帝愛國洪流的旗幟。在列強瓜分中國的民族危機日趨嚴重和民族主義思潮蓬勃興起之時，伍廷芳作為一個身受東西文明薰染的文化邊緣人，不能不對中西文明予以思索，做出抉擇。在這兩個原因中，後者對他的觸動更為深刻，前者對他的刺激則更為直接。〈孔子的學說〉就是列強瓜分中國的危機達到頂峰時，伍廷芳對中西社會、政治、文明予以思辨的產物。

在〈孔子的學說〉裡，伍廷芳不僅譴責了西方列強對中國的政治壓迫、軍事侵略、民族歧視、文化歧視，痛斥了包括傳教士、八國聯軍等在華西人對中國人民所犯下的各種罪行，而且還公開與西方進行了文化爭辯、宗教爭辯。仔細閱讀分析他在這一時期所發表

---

⑪ 梁啟超：《飲冰室文集》(13)，《近代中國史料叢刊》第 75-76 頁，「大民族主義者何？合國內本部屬部之諸族以對於國外之諸族是也，」亦即「合漢合滿合蒙合回合苗合藏，組成一大民族，提全球三分有一之人類，以高掌遠──於五大陸之上。」另見《孫中山全集》第二卷，中華書局 1981 年版，第 48，89 頁，「合全國人民，無分漢、滿、蒙、回、藏，相與共享人類之自由，」「合五大民族為中華民國。」

的各種言論，就會發現，他是從中西文明問題的視角和高度，來看待和評判當時的事變和東西方關係的癥結所在。他認為，造成義和團運動爆發的原因或外國人在中國不受歡迎的原因，就在於「外國人在中國自視高貴優越，漠視中國人非常重視的社會禮儀」。「美國人在中國的名聲是粗魯無禮，英國人是專橫、傲慢。」[12]傳教士以不平等條約為護身符，「公開譴責中國珍惜的傳統，宣稱崇拜祖先和偶像是無用的行為，並對他們的聽眾說，必須放棄這種做法，信奉他們所說的惟一真正的宗教，否則就會遭到懲罰，受無窮的磨難。」[13]伍廷芳又進而分析，外國人之所以如此，是因為他們不了解真正的中國，不知道中國人有真正的道德文明的緣故。實際上，歸根到底是在對文明內涵的理解上，東西方存有歧異。

由此出發，伍廷芳闡述了他對「文明」的理解，並在此基礎上，比較了基督教文明和儒家文明的異同，批評了基督教教義的虛妄性和擴張性。最後，他不僅將儒家文明置於基督教文明之上，而且將其置於歐洲近代文明之上，認為「文化亦如宗教，肇始於東土，而流傳以至西方者也」。「東西相接，而西方文化於以誕生，以漸得揚其波焉。」[14]事實上，伍廷芳在〈孔子的學說〉中，初步表述了他的中西文明思想的基本觀點和思路。

在伍廷芳中西文明觀形成的第二階段，辛亥革命雖然推翻了統治中國兩千多年的專制統治，但由於缺乏社會轉型的長期準備，國民整體素質低下，對民主共和的真諦認識不夠，中華民國徒有虛名，傳統文化道德仍然極具生命力。第一次世界大戰的爆發，暴露了西方文明固有的弊端，當中國人認識到徒具物質財富的高度發達，並不能為人類造就一個良好的生存秩序，因而，以東方文明拯救西方的輿論風靡一時。梁啟超《歐遊心影錄》的記述典型地代表

---

[12] 〈中美互惠互利〉，《伍廷芳集》上，第 91 頁。
[13] 〈外國人在中國不受歡迎的原因〉，《伍廷芳集》上，第 104 頁。
[14] 〈美國視察記〉，《伍廷芳集》下，第 735 頁。

了此時期中國知識分子對東西方文明的重新反思。

國內政治風潮的湧動與世界局勢的改變，自然影響到中國知識界對東西方文明價值的重新判斷。在這一時期，伍廷芳對中西文明優劣的認識更加明確，對儒家文明優越於西方文明的信念更加堅定，堅信東方文明在時間上早於西方文明。他還認為西方文明的源頭在東方，具體說是在中國。在內在的價值上，東方文明比西方文明更具有永存性的意義。他聲稱：「當今世界逐漸緩慢地通向儒學。」[15]

二、伍廷芳中西文明觀的「文明」內涵及評判標準

要正確理解把握伍廷芳的中西文明觀，必須首先弄清其「文明」的內涵及評判標準，因為它是其中西文明觀的思想基點和邏輯核心。

1902 年，伍廷芳在〈中國文明與西方文明〉中揭示：「文明並不意味著僅僅擁有最強大的戰艦或最先進的槍炮，而是更多地意味著人類對自然環境的征服。」「文明是人類努力進取，從低級向高級發展的成果總和」，因而，「文明也可以解釋為從自然狀態到人工狀態的進步」。儘管在人類的演化史上，「對文明貢獻最多的國家卻成為其不開化的敵人的犧牲品」，如埃及屈服於波斯、希臘向羅馬稱臣、而羅馬又向北方的野蠻民族日耳曼民族投降，但是，「文明是和平的產物，而不是戰爭。」[16]「所謂文明，我的理解不是教人忽視他人的權利，也不贊成違反別人的意願去攫取人家的錢財。」[17]

由此可見，追求人類和平、公平、正義，就是伍廷芳「文明觀」的內涵。對此，他常將孔子的「己所不欲，勿施於人」作為國

---

[15] 〈孔子的學說〉，《伍廷芳集》上，第 121 頁。
[16] 〈中國文明與西方文明〉，《伍廷芳集》上，第 203 頁。
[17] 〈中國和西方的關係〉，《伍廷芳集》上，第 72 頁。

際交往的「黃金準則」。對「文明」內涵的理解，成為伍廷芳中西文明觀的思想基點和邏輯核心。據此，他對中西文明進行了全面系統的比較和評判。

(一)儒學與基督教比較論

儒學是古代東方國家尤其是中國的立國原則，是東方文明的精神所在；基督教則是歐美諸國的立國基石，是西方文明的本源特質。作為意識形態，它們的相異遠遠超過它們的相同，尤其是在整體結構上。然而最明顯、最本質的不同還在於它們的基本出發點：前者以人為出發點，後者以神為出發點。基督教以一個人格化的上帝為中心，宣稱上帝創造了人並對人享有絕對權威。由此，上帝與人的縱向關係便是基督教關注的首位。儒家卻沒有相應的創世說，沒有相應的人格化的上帝，也沒有任何相應的神話，於是注意力便集中投向人與人之間的橫向關係。當儒學被稱為儒教時，這個「教」應該是「教導」的意義，而不是「宗教」的意義。但中國人對待儒學的態度卻是宗教式的，故有人稱這種以聖賢為中心的宗教為「哲人宗教」。[⑱]而進行中西文明之間的比較，勢必涉及儒學、基督教這兩種令東西文明相異的最基本的精神載體。伍廷芳自然也不能超越。

伍廷芳認為，「中國文明傾向於平靜、滿足；而美國文明則傾向於奮進和開創。」[⑲]造成兩種文明巨大差異的根源就在於主導東西方國家精神取向的儒學與基督教。儒學占據了中國現實生活領域，擁有至高無上的地位，「儒學成了中國社會政治、國民生活的基礎。它把中華帝國的各種不同成分，凝聚成為一個同宗的整體。」如果可以把美國稱作基督教國家的話，那麼，按照同樣的原

[⑱] 錢滿素：《愛默生和中國——對個人主義的反思》，三聯書店1996年版，第86-87頁。

[⑲] 〈中國文明與西方文明〉，《伍廷芳集》上，第206頁。

則，「我認為可以把中國稱為儒學的國土。」[20]

　　但是，伍廷芳又認為，從嚴格的意義上說，儒學並不是一種宗教。所謂的宗教是一種學說和崇拜體系。它承認神的崇高實體的存在，神靈操縱著人類的命運。「宗教通常是通過在人們眼前展示邪惡受懲罰、仗義行善得幸福的說教，試圖把人從錯誤的歧視上引導回來。」「宗教學說的要旨之一是說人在死後有一個類似生的境界。」[21]但是，儒學卻對宗教本質的靈魂世界和來世這類問題完全不予論說。儒學的創始人孔子有所謂四不論，即怪異、兵事、亂世、鬼神。表現在《論語》中的即是「未能事人，焉能事鬼？」[22]「未知生，焉知死。」[23]「用現代的話說，這可以稱做不可知論」。儒學之所以深入中國人的心，應歸功於它強烈的實踐性。中華民族是一個重實踐的民族，孔子的學說恰好順應了人們的需要。因而，強調社會實踐性，當是儒學的特色之一。

　　伍廷芳認為，與儒學強調的社會實踐性、現實性相反，基督教的教義則充斥著虛妄性。對此，伍廷芳結合八國聯軍侵華暴行，予以深刻的揭露和辛辣的諷刺。伍廷芳說，孔子教人「以德報怨」，的確不如基督教義「愛你的仇人；為詛咒你的人祝福；為恨你的人做好事」那樣寬宏高尚。不過這種教義「太寬宏高尚了」，意志薄弱的凡人，至少在我們這一代，是達不到這種境界的。「我恐怕這已成為一種形同虛設的教規。」「據我有限的經歷，我無論如何還想不起有一個人或一個國家的行為符合這種教誨。」[24]「這個世界的人將永遠達不到那樣的境界。」而事實上，信奉基督教的人們，或者說基督教國家，正在遠遠背離這些準則。「愛你的仇人！」這是耶穌的意旨。但是就在這個時刻（指 1900 年 12 月八國聯軍入侵

---

[20] 〈孔子的學說〉，《伍廷芳集》上，第 113 頁。
[21] 同上，第 113 頁。
[22] 《論語》卷 11，「季路問事鬼神，子曰：未能事人，焉能事鬼。」
[23] 《論語》卷 11，「季路敢問死，子曰：未知生，焉知死。」
[24] 〈外國人在中國不受歡迎的原因〉，《伍廷芳集》上，第 105 頁。

中國），「一些傳教士正在叫囂血腥報復，基督教的軍隊正在破壞田園，焚燒城鎮、村莊、家庭，不分年齡性別，不加區別地瘋狂殺戮，搶走他們能弄到手的一切東西。信念的表白與實際行動之間出現了多麼巨大的鴻溝啊！總之，我認為耶穌的意旨實行是困難的。請反躬自問吧，你是否能愛那些殺了你的父母、毀壞你家園的人呢？我還從來沒有碰到一個遵循上述教諭行事的人。」⑤

注重人與自然的和諧，強調人與人之間的親情，是儒家的另一特色。伍廷芳認為人類為了滿足無止境的欲望，無限度地向大自然宣戰、征服，到頭來必定會受到大自然的懲罰，加速人類災難的降臨。因而，人類應該遵照儒學的說教，注重維持人與自然的和諧狀況。在人與人之間，同樣也要講求一種人倫秩序，具體說即儒學宣講的「五倫」。伍廷芳說：「這裡所說的五倫，包括了一個人置身社會的地位和各種生活態度。每一種地位和態度都聯繫著特定的職責，履行這些職責，就可以造就一個合格的社會成員。」⑥同時，在實踐中還要恪遵「五行」（仁、義、禮、智、信），以求得自身的完善。因此，伍廷芳說，儒學不是「消極的學說」，而應是「積極的學說」。

儒學是一種「和平的宗教」。對此，伍廷芳從儒學傳播的方式進行了論述。他說，儒學不僅在中國深入人心，成為人們生活取向的最高準則，而且，它還遠播海外，「在日本、朝鮮早已扎下了根」。但是，「這種學說的傳播不是武力征服或侵略宣傳的結果，它從不靠刀劍，也不靠傳教去爭取信徒。在它的進步過程中沒有血腥的痕跡，也從沒有派遣教徒到其他國家和地區，去要求人們信奉儒學。如果一旦發生了糾紛，也不靠發動戰爭，以迫使人們信奉它的教義。儒學祈助於人類的同情心、共同利益、崇高抱負。它的威

⑤ 〈孔子的學說〉，《伍廷芳集》上，第 117-118 頁。
⑥ 同上，第 115 頁。

望的建立不是通過武力，而是通過人們心悅誠服地皈依。」㉗正如孔子所說：「禮聞來學，不聞往教。」㉘

　　與此相反，基督教則是一種極富擴張性、充滿征服慾望的宗教，「它總是希望事情的發生。它鼓勵變化，也間接促進了民族擴張心理的增長。」㉙可以說，基督教是一種霸氣十足的宗教。在它的發展史上，既有「異教徒被綁在火刑柱上燒死」的宗教信仰之爭，也有「以它的名義發動的聖戰」。㉚其傳教方式就最典型地供認了它的宗教本質。身負「天職感」、「使命感」的基督教傳教士，自元明清以來，遠涉萬水千山，飄洋過海，踏入中國疆域，向中國人民灌輸其教義，進行一場曠日持久的宗教征服戰爭。尤其是在鴉片戰爭之後，傳教士以不平等條約為護身符，按照行政區域劃分教區，廣招中國社會的渣滓、刁民，恣意干預中國的行政、司法，踐踏中國人民的宗教信仰，「公開譴責中國珍惜的傳統，宣稱崇拜祖先和偶像是無用的行為，並對他們的聽眾說，必須放棄這種做法，信奉他們所說的唯一真正的宗教，否則就會遭到懲罰，受無窮的磨難。」㉛「這個國家長期珍惜的傳統和習俗，經常被他們以輕蔑的態度看待，」遇有教案發生，輕則外交官出面干預，重則不惜發動「八國聯軍」整體行動的侵略戰爭，以鐵與血的代價，保證基督教事業的傳播。

　　與基督教國家充滿血腥氣味相比，在儒學盛行的中國，卻是另一番景象。伍廷芳認為，中國是一個多神教的國家，民眾擁有絕對的信仰自由，既有佛教徒、道教徒，又有猶太教徒、基督教徒和伊斯蘭教徒，「只要不造成政治動亂，他們就可以在信仰和宗教儀式

㉗ 〈孔子的學說〉，《伍廷芳集》上，第 121 頁。
㉘ 〈禮記・曲禮上〉。
㉙ 〈中國文明與西方文明〉，《伍廷芳集》上，第 206 頁。
㉚ 〈孔子與孟子〉，《伍廷芳集》上，第 146 頁。
㉛ 〈外國人在中國不受歡迎的原因〉，《伍廷芳集》上，第 104-105 頁。

方面自由地按自己良心的驅使行為。」㉜

伍廷芳隨之闡述了他的宗教觀：「這個世界上有許多善良的東西，也有許多善良的宗教。所有的善不可能只存在於某一種信仰或某一種宗教中。隨著人類知識的愈益增多和文明的愈益發展，人類對不同的觀點也應該更加寬容。我認為，所有的宗教都教人為善。如果每個人都能真正按照自己所信仰的宗教的教義行事，世界將會變得更美好；犯罪將會很少發生，戰爭將會更少，和平將會更為持久。在各國人民之間，自私自利將會更少，友愛之情將會更多。如果每種宗教信仰的牧師和教士都能竭盡全力推進這一理想的實現，那該有多好啊！這樣，孔子所說的『愛人』也就可以實現了。」㉝

(二)中西政治比較論

伍廷芳對中西政治的比較，主要集中在政治體制方面，具體表現為對君主制與民主制的比較。同時，由於美國是近代最典型的民主共和國家，伍廷芳又曾先後八年擔任駐美公使，對美國的政治利弊洞察入微。因而在更多的時候，其中西政治比較主要表現為中美政治比較。

伍廷芳指出，古今中外，政體紛淆，然其實質不外乎三大類：「一曰君主之專制，二曰君民共主之立憲，三曰民主之共和。」㉞伍廷芳認為，當時的中國、英國、美國可謂此三種政體的代表。難能可貴的是，伍廷芳從歷史的角度，深刻剖析了三種政體存在的合理性，指出無論何種政體，其之所以能長存於一個國家和民族的歷史之中，肯定都有其合理的淵源。即如黑格爾所言，「凡是合乎理性的東西都是現實的。」問題的關鍵是，政體的變更應與時代潮流的演化同步，也即「凡是現實的東西都是合乎理性的」。㉟由此凸

㉜〈孔子與孟子〉，《伍廷芳集》上，第 146-147 頁。
㉝ 同上，第 146-147 頁。
㉞〈中華民國圖治芻議〉，《伍廷芳集》下，第 570 頁。
㉟〔德〕黑格爾：《法哲學原理》，商務印書館 1996 年版，第 11 頁。

顯出了伍廷芳與時俱進的思想特性，揭示出了其歷史進化觀。

肯定歷史的進化，反對歷史的僵滯，成為伍廷芳中西政治比較論的思想基點和內在邏輯核心。他就是以這種歷史觀作為指導性原則進行中西政治比較的。

與對中西文明起源的揭示一樣，伍廷芳認為，中國是民主共和政體的肇始者。在中國古代思想中，始終高揚著民主共和的旗幟。伍廷芳明言，「民權之說，見之中國哲學家言者，遠在四千五百年以前。」㊱具體說，「中國共和始自唐虞，其後孟子民為重，君為輕，皆本共和主義。」㊲遺憾的是，中國先哲們雖最早揭示並曾實行過民主，但因時勢變遷，「日久乃流為專制耳」，終未能將民主共和的精髓發揚廣大。後來，隨著中國文化的西播，民主共和的觀念漸進西境，且得到了充分的發育。時至今日，「民權主義之在美國，正如群卉當春，奇花怒放，發育已至全盛之期。」㊳伍廷芳對此作了一個形象的比喻，民主共和的觀念在中國「存焉而無以闡發，較之泰西今日，特土壤之於泰山，細流之於河海耳。故雖萌蘗東土，而闡明發育，使呈燦爛之光明，則厥功殊不能不歸之西土之聞人」。㊴

既然民主共和觀念肇始於中國，那又如何看待三代之後的專制統治呢？伍廷芳認為治國的原則，在於國富民強，卓有成效地抵制外敵的入侵，維護國家的安全。至於採用何種政體，一看其是否「善循時勢」，二看其是否實現了上述原則。基於此種認識，伍廷芳客觀公正地評判了君主專制政體。他認為，君主專制絕非一無是處，倘若君主聖明，乾綱獨攬，則能極大地提高辦事效率，加速國家機器的整體運轉。為此，他以西漢文帝、景帝兩位賢明君主為例，闡述了他的上述觀點，明確提出：「權在一人，號令嚴則措施

㊱ 〈美國視察記〉，《伍廷芳集》下，第 689 頁。
㊲ 〈中華民國圖治芻議〉，《伍廷芳集》下，第 568 頁。
㊳ 〈美國視察記〉，《伍廷芳集》下，第 689 頁。
㊴ 同上，第 689 頁。

自易,使歷代皆有賢良之君,選才擇賢,以為之相,權操在上,民使由而不使知之,發政施仁,速於置郵而傳命。一切敷布,及其改革,自無掣肘扞格之虞。」⑩很明顯,伍廷芳的此種觀點,實際上是對中國歷史上賢君能相統治模式的認可。但是,決不能就由此得出伍廷芳擁護專制的結論。因為,伍廷芳稱頌專制政體的前提是國家大權必須由聖君賢相掌握,且「維時民智未開」。而事實上,在中國數千年的專制統治中,聖君賢相,寥若晨星,屈指可數,昏君佞相則不絕如縷,枚不勝舉,視黎民如草莽,將百官作家奴。專制政體已成為罪惡的淵藪,社會巨變的火藥庫,其末日已是指日可待。在歷史已經進化到二十世紀的中國,專制政體萬難持續,「專制二字,主持民權者目為蛇蠍,騰罵於萬口,見拒於五洲,實無可再容於二十世紀。」⑪

專制政體既然已經變成進步的絆腳石,君主立憲代之而起也就成為歷史必然。伍廷芳詳細地指陳了君主立憲政體的形式與實質。所謂君主立憲,即君民共主,「有君上,有上下議院,有秉政內閣,三權並立,如鼎足焉。」⑫但是君主只是徒擁虛位,大權「首在內閣,而次及議院。每行一政,君主畫諾而已」。如英國即為君主立憲政體的典範。此種政體與君主專制政體相較具有根本的差異。國家最高權力不再為一家一姓一人所獨攬,而是由司法、行政、立法三權平分。黎民百姓由皇帝的奴僕,一躍而為國家的公民,成為國民一分子。權力的下放,國民地位的提高,養成了近代國家意識、民族觀念。一旦外敵入侵,國民無不踴躍參戰,為國效力。試觀正在進行之中的第一次世界大戰,英國國民「莫不同仇敵愾,輸粟從軍,為王前驅,交相愛國。蓋恐一遭挫敗,不啻破其身家」。⑬反觀中國,則是大相逕庭。長期的專制統治,窒息了中華

⑩ 〈中華民國圖治芻議〉,《伍廷芳集》下,第 570 頁。
⑪ 同上,第 570 頁。
⑫ 同上,第 571 頁。
⑬ 同上。

民族的愛國觀念。久存民眾之心的愛國主義顯得格外空洞、廣泛，缺乏理性。究其原委，即在於專制統治剝奪了民眾參政、議政的權利，民眾只是作為皇朝統治下的聽話機器而存在。在民眾權利被剝奪的同時，民眾的愛國熱情也一同消失。莫談國事變成了中國千百萬百姓的集體無意識。

實現民主共和，是伍廷芳政治上的最高追求，也是他生命中的最後十年為之奮鬥的理想所在。他認為，「共和者，政體之高等階級也。」[44]其表現形式與君主立憲大體相同，設有上下議院，實行三權分立，「不過國之元首，非君主繼位，由國民公舉總統，定以年期」，「國會通過並經總統簽字許可的議案即為法律，而為國民所共遵。」「民權主義之精意，以國民為全國之主宰。」[45]當今的美國即為民主共和政體的楷模。從伍廷芳留下的文集來看，他對美國式的共和政體是推崇備至的。考慮到伍廷芳本人對美國長達八年之久的親身洞察，他的這種推崇並不令人感到奇怪。他將美國視為「自由發生之地，英雄崛起之邦，人民無束縛，種族無階級，有非他國所可同日語者」。[46]在他看米，美國式民主共和政體當是中國擺脫貧弱走上富強的政治目標。

當然，伍廷芳也認為美國式民主共和並非完美無缺，同樣存有諸多弊端。伍廷芳在〈美國視察記〉中，對此進行了詳盡的披露。首先，每州議員數額的框定，限制了傑出人員才能的發揮。按照美國選舉法規定，各州無論大小，上院議員只有二人，下院議員若干人，這就造成了人才濟濟的大州，常因數額已滿，而無法使其「幹練出眾之才」得以「參與國事」，「此則美國選舉法之弱點矣」。[47]在伍廷芳看來，美國在這一點上似應仿行英國選舉法。其次，總統任期過短，四年之內難有作為。第三，總統選舉，費時耗資，令

㊹ 〈中華民國圖治芻議〉，《伍廷芳集》下，第 571 頁。
㊺ 〈美國視察記〉，《伍廷芳集》下，第 690 頁。
㊻ 同上，第 712 頁。
㊼ 同上，第 690 頁。

「全國陷於恐慌之地位，工商各業無不受其損害者」。[48]遠不如法國兩院選舉總統為優。第四，「美國政治缺陷最大者，莫如朋分職祿之制。」意即「一朝天子一朝臣」。具體是指每屆新總統上任伊始，必裁撤原有職官，「而位置其同黨友朋，及運動選舉時與有勞力之人。」[49]大有「一人得道，雞犬升天」的味道。此種制度，自傑克遜總統首創以來，蕭規曹隨，視為成例，並沿及各州。「在美國政治界上，若已成為不可動搖之定制者。」此風的蔓延，助長了自私欲念的膨脹，導致了裙帶關係在美國政界的盛行。伍廷芳由此指判，「此不可謂非一國之秤政也」。為此盛讚美國政府推廣實行的國家公務員制度，認定「苟此法屬行於全美，則總統之所以報酬其同黨戮力之人者，權力必且大削」。[50]

基於上述比較，伍廷芳認為由君主專制走向民主共和，是時代發展的必然趨勢，專制政體「萬不能復容於二十世紀」，[51]「今日二十世紀時代中國是必要進步為根本，若不發奮振起，斷不能立定腳跟者也。倘吾等並無進步，如舊日一式，定必替他人為奴才而已。」[52]廢棄君主專制，採擷民主共和是中華民族擺脫恥辱，重新崛起的關鍵之關鍵。

針對中外人士對中國由君主專制一蹴而為民主共和的疑慮，伍廷芳認為，由君主專制經君主立憲至民主共和是政體演進的常規階梯，但社會變革的突發，也能帶來政體上的跳躍性發展。古今中外，不乏此例。中國在推翻了滿清專制統治之後，一躍而建立了中華民國，便是一個成功的事例。中華民國合法性地位是毋庸置疑的。他還針對上述問題從兩個方面進行了闡述。

第一，中國素有民主共和的傳統，「考共和盛治，首著唐虞，

---

[48] 〈美國視察記〉，《伍廷芳集》下，第 691 頁。
[49] 同上，第 692 頁。
[50] 同上，第 692 頁。
[51] 〈中華民國圖治芻議〉，《伍廷芳集》下，第 570 頁。
[52] 〈斐律濱賽會記〉，《伍廷芳集》下，第 671 頁。

河山標日月之光，聖主紀堯舜之號，明揚側陋，御宇從公，草野謳歌，民權所託。」(53)至秦始皇掃平六國，底定天下以前，民主觀念通行宇內。「天聽自我民聽，天視自我民視。」民眾擁有至高無上的權力，「國人皆曰可殺，然後殺之」，孔孟微言，宛如律令，民重君輕，申達天意。「是可知民權民族，大秦以上，吾祖國實發闡歷史上一大光榮。」(54)當此之時，地球各地，尚處於人類文明的前夜，「若野蠻之國則無所謂政體也。」(55)自秦朝建立，民主共和逐漸被君主專制所取代，到明清兩朝，君主專制達到巔峰。在君主專制籠罩中國的這段時光內，隨著東方文明的西播，民主共和政體遠播歐洲，泰西諸國「獨得其精髓，富強之勢，遂震全球」。(56)而民主共和政體的創始國——中國卻「虛任愛民之名，而陰行專制之實，四民蜷伏，不獲自由」。(57)因此，辛亥革命後建立的中華民國，只是恢復中國固有的民主共和傳統，重續被中斷數千年之久的政統，絕非空穴來風，絕非歐美政體的東移。

第二，世界潮流浩浩蕩蕩，順之者昌，逆之者亡，君主專制「實無置喙之餘地」。(58)伍廷芳以時代變遷為準繩，結合滿清王朝的腐敗統治，論證了中華民國建立的必然性。他認為治國之道，貴在因時變革，天下無不弊之成法，亦無不變之成法。明滅清立，奉行閉關鎖國政策，昧於中外情形，不知變通，卒致內憂外患，交相頻仍，割地賠款，屢屢發生，「其時執政諸臣，雖負中興大勛箝口結舌，亦不敢輕言改革，則以祖宗成法，不能稍變。」(59)雖有洋務運動興起，但「徒恃槍炮而不考求政治，猶未足以窺泰西富強之真

(53) 〈中華民國圖治芻議〉，《伍廷芳集》下，第648頁。
(54) 同上。
(55) 同上，第570頁。
(56) 同上，第648頁。
(57) 同上，第648頁。
(58) 〈美國視察記〉，《伍廷芳集》下，第696頁。
(59) 〈中華民國圖治芻議〉，《伍廷芳集》下，第565-566頁。

相」。(60)甲午戰敗，瓜分狂潮肆虐，亡國滅種，迫在眉睫。滿清王朝，拘於成法「仍不知改變」。康梁變法，終遭扼殺。庚子事變，釀成巨禍。「執政者激於輿論，不得不允行立憲，豈知憲法仍是假借名詞，不過籠絡國人之一面孔。故不待政成，而民心已去，如水赴壑，不可遏抑。」(61)後又強收鐵路，攫取民財，招致巨變。武昌起義，敲響了滿清王朝滅亡的喪鐘，奏起了中華民國建立的樂曲。伍廷芳坦然承認，由專制驟改民主，就中國國民的素質而言，變化確實過速，「然我國人民疾苦久嚐，群情望治。」(62)「於是以熟籌大局，顧念和平，而一躍以成現行之民主政焉。」(63)至於外人屢以共和雖建，成效不著頻頻譏評，伍廷芳辨析道，政體完善如蓋高樓廣夏、撫育周歲嬰兒，非假以時日，是難以落成長大。「以數千年之專制，又在創巨痛深而後，賠款未了，經濟維艱，一旦製造共和，詎能不假以時日？」(64)當今美法豈不也經過百餘年的苦心經營，始成「完善共和之國」。展望未來，伍廷芳信心百倍，「進化公理，於中國進行殊速，將來必有登峰造極之一日，以共增進人類之幸福。今雖為雛形之民主國，然其長成之期，當不在遠。」(65)針對辛亥革命後出現的復辟逆流，伍廷芳痛加駁斥，提議政府，明定法律，「申明現在中國，全屬民主政體，如有人謬議復辟，或立說著書，或從中煽惑，即照內亂罪，從嚴懲治，以杜此等邪說，而固國基。」(66)

實事求是地講，伍廷芳對中西政治文明起源及傳統的闡發，實際上有諸多牽強附會甚至錯誤。按照史學界對文明起源的研究，伍廷芳推崇有加的孔子時代，正處於人類文明的「軸心期」，世界各

---

(60)《中華民國圖治芻議》，《伍廷芳集》下，第 567 頁。
(61) 同上，第 566 頁。
(62) 同上，第 568 頁。
(63) 〈美國視察記〉，《伍廷芳集》下，第 696 頁。
(64) 〈中華民國圖治芻議〉，《伍廷芳集》下，第 568 頁。
(65) 〈美國視察記〉，《伍廷芳集》下，第 696 頁。
(66) 〈中華民國圖治芻議〉，《伍廷芳集》下，第 648 頁。

地在此階段都曾湧現出一代先哲聖賢，創立了影響民族至深的一整套政治倫理體系。在中國是孔子、老子、墨子、莊子等諸子百家；在印度出現了《奧義書》和佛陀，探索了一直到懷疑主義、唯物主義、詭辯派和虛無主義的全部範圍的哲學可能性。在伊朗、巴勒斯坦地區，瑣羅亞斯德（波斯國教祆教創始人）、以利亞、以賽亞和耶利米及以賽亞第二等先知們紛紛湧現。在希臘賢哲如雲，有荷馬、巴門尼德（希臘哲學家，埃利亞派創始人）、赫拉克利特、柏拉圖等。[67]人類社會在相互隔絕的狀況下，同時綻開了文明之花。因而，伍廷芳深信不疑並反覆宣講的文明源於東方，傳於西方，中西文明同源的理論是錯誤的，是經不起歷史推敲的。至於中國素有民主共和傳統，現在建立民國，不過是恢復固有傳統之說，更是缺乏證據。現在西方式的民主政治畢竟和中國古代的所謂「民主」相差甚遠。儘管如此，憑伍廷芳學貫中西的地位，和他在晚清政壇的影響，由他來反覆倡導此說，對於消弭國內外人士對中華民族的疑慮，維護中華民國的正統地位，無疑是有積極意義的。荒謬的傳言，可以達到政治上的真正意圖。伍廷芳關於中西民主共和起源的宣傳，大概即屬此列。

(三)中西文化、教育比較論

「文化」一詞，是伍廷芳進行中西文明比較最常用的名詞。他曾就「文化」的內涵及中西文化的差異，做過系統、全面的論述。

在文化的起源問題上，伍廷芳堅信，文化源於東方，播及西方。他認為：「文化亦如宗教，肇始於東土，而流傳以至西方者也。」當歐美諸地，尚處於野蠻、蒙昧階段之時，「東土各古國，如中國等，其政教文化儀節，優出於西方者，已無慮什百倍，而藝術物理且為西方人所未及聞。」中於人類征服自然能力的增強，東

---

[67] 〔德〕卡爾‧雅斯貝斯：《歷史的起源與目標》，華夏出版社 1989 年版，第 8頁。

土之人，逐漸向西拓展，東方文化隨之西播，灌溉西方，「東西相接，而西方文化於以誕生，以漸得揚其波焉。」後來，隨著歲月的流逝，時光的變遷，東方諸國未能將文化推向一個更高層次，西土各地卻得東方文化之真傳，發揚闡釋，勝出東方，衍成「青出於藍而勝於藍」的狀況。伍廷芳對此概定為：「文學藝術等，雖導源於東土，而發揚推闡，則功在西方。」[68]

關於「文化」的內涵，伍廷芳有過明確的回答。他說：「所謂文化者，實包含一民族之名教良風及其人民之德性純行者也。」[69]對文化內涵的理解、把握成為伍廷芳進行中西文化比較的思維取向和立足之地。

中西服飾比較　伍廷芳曾說過：「文明之人，無不有衣服者，故言文化，不可不及衣服。」[70]服飾當以舒適、護身、美觀為宗旨。他認為：「衣服求其適中，過多固有害，過少之病亦正復同。且過多而感熱，過少而冒寒，以之較示人色相而激動浪子如沸之熱血者，其利害又此輕而彼重矣。故吾人對於衣服正當之舉動，合乎人心而又不違時尚者，莫如以衣服配天時，求其適於衛身而可貞靜合度。」[71]據此，伍廷芳批評歐美服飾「冬日過薄而不暖，夏日過緊而太熱，所穿革履」，易生「跰疣」。[72]人完全成為了時裝的奴隸。長此以往，既違背自然，又妨礙肢體。他還列舉了美國某女因著時裝，死於嚴冬一例，作為現身說法。相反，關於中國服飾，伍廷芳則認為具有歐美服飾無法比擬的優點。他說：「中國衣服，隨天時而變更，自重裘以至單葛。嚴冬之際，有重裘棉衣，入春則易輕裘薄棉，至夏季則有絺絲葛羅之屬，」[73]完全避免了歐美服飾的痼疾。

68　〈美國視察記〉，《伍廷芳集》下，第 735 頁。
69　同上，第 742 頁。
70　同上，第 738 頁。
71　同上，第 739 頁。
72　同上，第 733 頁。
73　同上，第 740 頁。

為此，伍廷芳曾熱心地向歐美各國推廣中國服飾，強烈指責民國初年都市、政界出現的「西方服飾狂熱病」。

服飾是人類進化的產物，是衡量人類社會文明進程的重要尺度。隨著人類文明由分散走向集中，地區國別間文明差異逐漸減少。因而，作為人類文明內容之一的服飾，愈益走向趨同。再加上近代以來的東西文明交流，是在不平等的條件下進行的，西學東漸的同時，歐美服飾悄然而入，影響著中國人的衣著打扮、審美情趣。早在十九世紀七〇年代，沿海通商口岸居民尤其是女性的妝飾已初顯西化端倪。到民國初年，「上海派新妝飾」漸為國內公認。中國人延續數千年的服飾文化正面臨著一場空前的革命。(74)伍廷芳從堅持中國傳統文化理念出發，一方面猛烈譴責「二十世紀為強權之世界，強權即公理」，「即於服制上，其現狀亦如此也。」(75)另一方面，在高唱中國衣服遠勝泰西文明各國的同時，又不得不在西式與中式之間折衷調和。1914 年，他上書袁世凱聲言：「世界大勢，事事日趨於大同，況乎服制，詎能獨異？」(76)提議外交人員及遊歷外國之人，為避免外人的指責，出使異國，「可易西服」。「國內人民則應任其自由，不可強令改變。」(77)

伍廷芳在服飾問題上的堅持與依違，一則反映了近代化趨勢的不可抗拒，二則表現了社會轉型時期文化邊緣人對傳統與現代取捨的獨特心態。固守傳統已屬萬難，歐美現代又非盡善盡美，爭取民族生存平等權利的民族主義激情，往往促使文化邊緣人採西補中，以培邦本。其文明觀常常是民族性與時代性交相輝映。

中西婚姻比較　美國社會學家路易斯·亨利·摩爾根通過對人類早期狀況的研究認定：「人類是從發展階梯的底層開始邁步，通

(74) 羅蘇文：《女性與中國近代社會》，上海人民出版社 1996 年版，第 171 頁。
(75) <美國視察記>，《伍廷芳集》下，第 740 頁。
(76) <中華民國圖治芻議>，《伍廷芳集》下，第 615 頁。
(77) <美國視察記>，《伍廷芳集》下，第 741 頁。

過經驗知識的緩慢積累，才從蒙昧社會上升到文明社會的。」[78]以性為基礎的婚姻，貫穿著人類社會進化的始終。在婚姻形式上，人類社會經過了群婚、血婚、伙婚、一夫多妻、一夫一妻等婚制。婚姻形式和實質的差異，體現了人類文明不同階段的特徵。作為民族文化的產物，它又折射出文化的民族性表象。

伍廷芳對中西婚姻問題的見解，明顯帶有文化邊緣人的思維特色：既反對中國「父母之命，媒妁之言」式的婚姻，又不滿西方全由男女自主的婚姻。對中西婚姻存在的弊端，伍廷芳有過深刻的批判。

在中國，「中國婚制與婚事最有關係之新夫婦，無發言之權。」婚姻大事全由雙方父母或媒妁者決定，男女完全處於被動、從命的地位。一經聘定，縱有萬般不中意，「亦莫由中悔」。[79]「婚約之在中國，實視為最莊嚴之契約。」[80]更有甚者，在中國還盛行「指腹為婚及襁褓定親之說」。對此種婚姻的痼疾，伍廷芳進行了尖銳的批判。他認為，天道無常，人生變幻莫測，過早定婚，只會徒添諸多煩惱，「若強令成婚，不獨中道仳離，甚且釀成禍變，每因背約，構訟成仇，此則議婚太早之為累也。」[81]

與中國男女雙方的被動完全相反，婚姻在美國則完全由男女雙方自主。伍廷芳曾與美國新婚夫婦探討過此問題。當問及是否徵得雙方父母同意時，後者答曰：「婚事結果，僅關於二人前途，故二人有完全自主之權。」[82]伍廷芳對此評說道，「此實可見美國獨立主義之極致。」少年男女情竇初開，常常被情所困，不能理智地看待對方，一旦結婚，始行覺察，則追悔莫及。倘若婚前徵詢父母，

---

[78] 〔美〕路易斯·亨利·摩爾根：《古代社會》上，商務印書館 1995 年版，第 3 頁。

[79] 〈美國視察記〉，《伍廷芳集》下，第 726 頁。

[80] 同上。

[81] 〈中華民國圖治芻議〉，《伍廷芳集》下，第 628 頁。

[82] 〈美國視察記〉，《伍廷芳集》下，第 726 頁。

「使以其老成之見，為之審慎端察，則後日之悔，當可獲免。」⑧

　　通過比較，伍廷芳認為：「泰西風俗，未免失之自由太過。若中國之結縭，直至婚時，始兩相見面，性情好惡，夙所未諳，直令一素不相習之人，強同匹配，是又拘迫太甚也。」⑧最好的辦法就是擷採中西所長，彌補雙方所短，「本身自由選擇之權，固不容有所干涉」，⑧但為防上美式「盲愛」，應參酌父母之言，由此便能實現美好的婚姻。平實而論，伍廷芳對中國舊式婚姻的批判是中肯的。千百年以來，「父母之命，媒妁之言」，釀就了無數婚姻悲劇，拆散了眾多鴛鴦之戀。廣泛流傳於民間的「梁山伯與祝英台」的愛情悲劇，實即是對封建禮制、婚制的血淚控訴，和千千萬萬青年男女對自由、美滿婚姻的追求與嚮往。在中國舊式婚姻的表面背後，實際隱含著中國專制社會的特質。以「五倫」為中心的封建倫理價值系統，將社會上的芸芸眾生框定在一個特定的空間內，履行著與此相匹配的責任與義務。濃厚的人身依附關係，束縛著人們的自由，「非禮勿視，非禮勿聽，非禮勿言，非禮勿動」，⑧成為恪守的天條，人們只能在禮制秩序中，小心翼翼地生活，不敢越雷池半步。禮制秩序中的個人，就像小孩，永遠處於兒童時代，被管教、被護理，所有的一切都是長輩、上司規定給他的。從這點看，禮制秩序確實有將成人兒童化的傾向。⑧個性、主體性在脈脈溫情中慘遭扼殺，獨立利益在人倫網羅中化為烏有。倘若有人斗膽抗拒天條，等待他（她）的就只能是全社會的譴責與懲罰。中國史書赫然記載著對那些敢於追求個人幸福的女性的懲罰手段，剝皮、騎木驢、油炸、炮烙等酷刑不絕於書。

---

⑧　〈美國視察記〉，《伍廷芳集》下，第 727 頁。
⑧　〈中華民國圖治芻議〉，《伍廷芳集》下，第 628 頁。
⑧　〈美國視察記〉，《伍廷芳集》下，第 727 頁。
⑧　《論語・顏淵》。
⑧　關於中國文化成人兒童化傾向，參閱李亦園等編著：《中國人的性格》，（台灣）桂冠圖書股份有限公司 1994 年版。孫隆基：《中國文化的「深層結構」》，（香港）集賢社 1985 年版。

正是基於此種認識，伍廷芳提出對中國舊式婚姻進行改革，主張「男女論婚，宜由父母作主，俾免年少無知之受惑。然百年伉儷，終身唱隨，亦須與兒女輩明白相商，彼此欣從，愈成婉變」。在當時的中國，這無疑是有進步意義的。不過，在肯定伍廷芳婚姻觀念富有進步色彩的同時，也應該看到，他對美國婚姻觀的認識存有不少偏頗之處。伍廷芳曾明確表示，西方的婚姻，「未免失之自由太過」，[88]「雖若自由而弊竇滋多。」[89]由於東西國情的差異，在西方，由基督教教義「平等」觀念推繹出的「民主」理念，成為西方民眾的「第二生命」。「在民主制度下，政府的權力及於人民群眾中的每一個人，以同樣的法律直接地治理每一個人，不需要有父親那樣的中間人。在法律上看來，做父親的不過是一個比子女年齡大和有錢的公民而已。」[90]在法律上子女同父母是完全平等的，待長大成人後，子女完全有權力決定自己的事情。再加上他們對愛情含義的理解不同，因而表現在婚姻觀念上，便與東方迥然有別。吳森先生在〈中美婚姻觀念的不同〉一文中，就美國人的基本心態、擇偶方式、對「結婚」的看法等問題，做過系統深入的研究。他認為：美國人的基本心態是 wonder 和 action 的結合體。「在 wonder 的心境裡，主體和客體是分立的。……客體和主體間有著一段距離。因為有了一段距離，客體對主體便有一種招引的力量，招引主體去探究客體的自身。在主體探究客體的過程中，……主體所追求的問題只有一個：『它（客體）是什麼？』至於客體是否會對主體不利，是否有益世道人心，本身是美的還是醜的，這些問題，主體一概不管。只要能解答『客體是什麼』一問題，wonder 的歷程已到達彼岸，客體不復是主體的對象，倘若主體尚有餘興時，便要另尋客體作對象了。」

88 〈中華民國圖治芻議〉，《伍廷芳集》下，第 628 頁。
89 〈美國視察記〉，《伍廷芳集》下，第 727 頁。
90 〔法〕托克維爾：《論美國的民主》下，商務印書館 1996 年版，第 734 頁。

這種自由獨立，獵奇、冒險的心態，構成了歐美科學發展的原動力。表現在男女之間，便是性關係的隨便。性關係成為男女雙方彼此認知的途徑。中國人的心態則以concern為主，這是一種關懷、同情和顧念的意識。表現在男女戀人之間便是彼此關心、理解，進而產生「相依為命」和「天長地久」之情，從而互許終身，相期白頭偕老。這種意識極難在 wonder 心態下產生。" Americans are too ready to move. Chinese are too ready to commit. "（意謂美國人太容易移情別向，中國人太易許以終身。）

由於美國社會一向注重個人獨立性的培養，每個人從孩童起，經小學、中學到大學，均接受過一整套獨立能力的培養訓練，完全有能力控制自己的情感世界。表現在擇偶方式上，即是實踐第一。大抵他們的見解是，男女間關係愈多，對將來找尋終身伴侶的把握愈大。「表現在擇偶標準上，即是兩人之間的互相契合(compatibility)第一。除了性格的契合之外，還包括性生活的契合。與此相反，中國人的擇偶，在父輩的安排下，注重『身家清白』和『門當戶對』」。[91]至於實質性的東西如性格、愛好等，則基本不予考慮。可以說：中國人的婚姻是外觀第一，內容第二；利他第一，利己第二。「在中國人的傳統文化與民族精神裡，注重群體和人際關係是一個有別於西方人的主要特徵。西方文化以個人主義和自我依靠為核心，中國文化則以外勢中心和互相依賴為特徵。西方文化把人看作是具有理智、情感和意志的獨立個體，認為每個人都是他自己內在因素的創造物，他對他自己的命運負責。中國文化則把人看作是群體的分子，認為人是具有群體生存需要，有倫理道德自覺的互動個體，每個人的命運都跟群體息息相關。」[92]

---

[91] 吳森：〈中美婚姻觀念的不同〉，見郁龍余編：《中西文化異同論》，三聯書店 1992 年版，第 199-203 頁。
[92] 王和：〈漢民族「群體本位」文化的內涵與作用〉，中國現代文化學會主編：《東西方文化交融的道路與選擇》，四川人民出版社 1993 年版，第 17-18 頁。

東西方文明間的差異，構築了中西婚姻觀念上的天淵之別，對精神內核的準確把握，成為破譯異質文明的密碼。單就伍廷芳在中西婚姻問題上所持見解看，他對西方文化的認識，是存有偏頗之處的。但他基本上抓住了問題的實質，對中國舊式婚姻痼疾的揭露更是如此。這可能就是他沒有像對待中國服飾那樣，將中國婚姻向歐美國家推廣的深層原因。他曾明確聲言，我「不欲以吾中國制度（婚姻制度）介諸美國也」。[93]

中西教育比較 中西教育是伍廷芳關於中西文明比較的重要內容之一。他認為中西教育的差異具體表現為：在教學內容上中國傳統的教育是以「四書」、「五經」為內容，歐美諸國，尤其是「美國學校所授之課程，科目甚繁，賅括至廣」，「不特圖畫等美術在所當學，即木工及其他藝術，亦皆列入課程之中」；[94]在教學目的上，中國傳統的教育是以科舉應試為目的，在美國則是以「應社會之需求」為歸宿；在教學途徑上，中國傳統教育是以私塾、書院為主，美國則以學校（包括公、私學校）為主。「各州各地，學校如林，公私並有。」[95]每一市鎮，必有公立學校，即使在人少地偏的鄉村，也必定設有小學校；在教育宗旨上，歐美教育注重培養國家社會所需要的實用人才，中國傳統教育「以道德為歸宿之地」，[96]強調做人之道。

應該承認，伍廷芳對中西文化教育差異的認識是正確的、恰當的。長期以來，中國的傳統教育，教學內容陳舊，「所學多非所用，所用又非所學」；辦學宗旨偏狹，扼殺了大批傑出人才，深深窒礙了中國教育事業的發展，致使中國近代社會人才匱乏，科技落後，民族素質低下，「日日求材，而不知播種，安望得良好之結

[93] 〈美國視察記〉，《伍廷芳集》下，第 726 頁。
[94] 同上，第 703 頁。
[95] 同上，第 702 頁。
[96] 同上，第 704 頁。

果。」⑨反觀歐美諸國，視教育為「富強之根本」，⑱在全國強迫推行義務教育制，「男女僅及六歲，即須入塾讀書，否則罰其父母」，對於那些孤兒及無力上學的窮民，國家專門設有「義塾」，免費教育。此制的推廣，並不單單是為了「儲才」，更重要的是通過普及全民教育，提高整個民族的文化素質，才智高者可以成為國家的棟樑、民族的精英，才智低者也可以成為一個具有近現代文明的合格國民而非為「國累」。最後由此等國民組成的國家，將是一個戰無不勝的國家。「大凡強國必須以戰勝人，而歐美則恃兵戰商戰為制勝之具。兵與商皆少時入塾，舉國無不讀書知書之兵，亦無不讀書知書之商，其能戰即在能學。」⑲國民識字率的差異，即是中西文化教育的晴雨表。伍廷芳斷定，英國識字率為九八至九九％，美國為九二％（包括土著居民），中國男子識字率為一○％，女子僅為一至二％。可以說中國是一個文盲充斥的國家，國民素質可想而知。故爾每當外國人問及中國識字率時，「苦難率答，為之慚惡」。⑩

　　為使文化沙漠遍披文化綠陰，伍廷芳建議，簡化漢字，更新教材，派出留學生，增加教育投資。他認為，中國之所以文盲充盈，「亦緣中國之字，與言語分為兩途，字形太多，非如西文之可以調音串字而得。一字有數義數音，文法深邃，不獨文理苦於構思，即字形亦不易記辨。」⑩為此，必須簡化漢字，使之易懂、易學。在教材方面，「中國古籍，經史大義，炳如日星，誰敢輕議？然大學中庸，為治天下國家之至理，以之訓童蒙，實屬躐等。且文辭簡奧，中人以下，索解殊難。」⑫伍廷芳為此主張，中國前代教科諸

⑨ 〈中華民國圖治芻議〉，《伍廷芳集》下，第 575 頁。
⑱ 同上，第 573 頁。
⑲ 同上，第 573 頁。
⑩ 同上，第 573 頁。
⑪ 同上，第 573 頁。
⑫ 同上，第 574 頁。

書，凡「不適宜於今日文明進步者，亟宜斟酌變通，參以新法，並須務為顯淺，使切實易行，乃稱盡善」。[103]伍廷芳認為派出留學生，「求知於世界」乃是吸收西洋文化，加速中西文明融匯的通衢。針對保守頑固勢力對留學事業的非難，他辨析道，所謂出洋學子，血氣未定，好異喜新，率多躁進，而忘祖國之本源次序，此純屬臆想、杜撰，倘若由此認定「外洋教法，萬不可行於中國者」，更是因噎廢食。[104]因為西洋教法適用與否，當各視其地其人，何況出洋學子，大多具有熾熱的愛國之心。「以外洋教育，灌輸其中國學問，集合眾長，其成材又何可量也。」[105]

消滅文盲的出路在於遍設學校，推廣學校的辦法在於增加教育投資。伍廷芳認為歐美學校林立的關鍵，是教育經費寬裕。1910年，美國人口九千一百九十七萬二千二百六十六人，學生為一千七百五十萬六千一百七十五人，教員為五十萬六千零四十人。「教育廣溥，至於如此，當必有甚大之經費以維持而進行之。」[106]據統計，美國全年教育經費為七千零六十六萬七千八百六十五元，舉世罕見。「即香港一隅之地，用款亦歲撥二十餘萬。」[107]時下，中國國庫雖虛，但只要舉國一致，認清教育的重要性，採取官辦、民辦等辦學措施，各州縣設立一兩處中小學校還是能夠做到的。重振華夏雄風的出路在教育，「教育為一國最重之事」，「今日中國，教育最為切要。」[108]

此外，伍廷芳還就中西戲劇、音樂等方面進行比較研究，其總體思路是以西洋文明作為參照系，以救亡圖存為急務，反思甄別中國傳統文化的優與劣，既充分肯定傳統文化在中華民族數千年繁衍

[103] 〈中華民國圖治芻議〉，《伍廷芳集》下，第 574 頁。
[104] 同上。
[105] 同上。
[106] 〈美國視察記〉，《伍廷芳集》下，第 701 頁。
[107] 〈中華民國圖治芻議〉，《伍廷芳集》下，第 575 頁。
[108] 同上，第 620 頁。

昌盛史上的重要地位，始終不渝地堅持民族文化的精華、特色必須固守，同時，又從「長時段性」的發展觀點出發，主張傳統文化的弘揚與剔除，必須以能否拯救民族的危亡為前提，以是否與人類文明的總體發展趨勢相契合作標準。一個國家或民族的傳統文明，應該既是民族的，又是世界的，既有特別性價值，又應具有普世性價值。只有如此，此種文明才會永保旺盛的生命力，四季綻開文明花朵。異質文明間的比較切忌妄自尊大與妄自菲薄。前者極易導致只見樹木，不見森林的錯誤，斷送文明吸納新養、更生活力的機遇。後者往往陷入民族虛無主義的泥淖而不拔，喪失迎接文明挑戰的勇氣和膽魄，使固有文明淹沒在人類文明撞擊的驚濤駭浪中。

民族主義、世界主義應是進行異質文明比較必須擁有的兩種理念。據此既可避免「我族中心主義」的自大狂，又可擺脫「泛世界主義」的自卑感，使文明比較走上通衢大道。依上述分析可見，伍廷芳對中西文明進行比較，心態是正常的，方法是得體的，結論是公允的。他並不全盤否定與肯定東西方文明，而是力圖把兩種文明中有用的、有意義的以及可運用於人類的部分加以正確評價，並以這些部分作為人類文明尤其是中國人自己的追求與歸宿。

三、「同途異轍」
——伍廷芳、辜鴻銘中西文明觀之比較

論述伍廷芳的文明觀，我們就不能不提到同時代的另一個著名的人物——辜鴻銘。將其文明觀與伍廷芳的文明觀進行對比，可以使我們更好地認識伍廷芳的文明觀。

從廣義的角度看，1840 年以後的中國近代史，就是一部東西文明撞擊、交流、融匯史。在這場人類有史以來規模最為宏大、壯闊的文明衝突中，作為「弱勢文化」代表的中國知識分子，在對中西文明的比較中，大致留下了四條軌跡，即：殊途異轍、殊途同轍、

同途同轍、同途異轍。奇異的途徑，帶來了繽紛的景觀，釀就了五彩的格局，近代中國思想界上演了一齣「春秋戰國」劇。文化怪傑辜鴻銘則是這齣史劇的主角之一，其西學路數與伍廷芳基本趨同，但對中西文明的擇取卻迥然相異。他們無疑屬於「同途異轍」之列。

勾畫辜鴻銘的人生圖，當是進行伍廷芳、辜鴻銘中西文明觀比較的前提。

辜鴻銘（1857-1928 年），名湯生，英文為 Ku Hong-Ming，別署漢濱讀易者。祖籍福建同安。1857 年出生在馬來西亞檳榔嶼一個「中西合璧」的華僑世家。其父辜紫雲為橡膠園主、英人福布斯·布朗(Forbes Brown)的大管家，母親為葡萄牙人。辜鴻銘從小接受西式教育，學習英語。大約十三歲時，即 1869 年前後，被義父布朗帶往歐洲留學，長達十一年之久。他先考入英國愛丁堡大學文學院專攻西方文學和世界歷史，1877 年，順利通過拉丁文、希臘文、數學、哲學、道德哲學、自然哲學和修辭學等科目考試後，以優異成績獲文學碩士學位。[109]此後，又遊學德國、法國和義大利，並獲德國某工學院工科文憑。[110] 1880 年返回檳榔嶼時，已是一個精通英、德、拉丁、希臘、馬來亞等語種的西學之士。孫中山曾說：「中國精通英文的，只有三個半。其一辜鴻銘，其二伍朝樞，其三陳友仁。」至於那半個，可能是指王寵惠。[111] 1882 年，辜鴻銘在新加坡巧遇學貫中西的馬建忠，成為他一生中的重大轉折。三日交談，辜鴻銘完全拜倒在中國傳統文化下。他辭去新加坡海峽殖民地政府職務，從此蓄髮養辮，改穿長袍馬褂，閉門研讀中國古籍，決

---

[109] 羅振玉〈外務部左丞辜君傳〉一文中則稱「入愛丁堡大學畢業，授博士」，見 1931 年 1 月《東北叢刊》第 13 期。但博士說為謬，今從碩士說。

[110] 〔日〕薩摩雄次〈追憶辜鴻銘先生〉一文則稱在「德國工科大學繼續深造，獲得工學博士學位，於土木、水力方面造詣非凡」。此說為謬。黃興濤：《文化怪傑辜鴻銘》，中華書局 1995 年版，第 3 頁。

[111] 邵鏡人：《同光風雲錄》，《近代中國史料叢刊·續編》(950)，（台灣）文海出版社，第 242 頁。

意「中國化」。

　　1885 年初，辜鴻銘進入兩廣總督張之洞幕府，成為「洋文案」。從此開始了其文化保守主義者的奇特生涯。在近二十年的幕僚生涯中，辜鴻銘孜孜以求的便是不遺餘力地抨擊西洋文明，揭批西洋文明的弊端及沒落。通過著書立說，導播中國古代典籍灌溉西洋文化，拯救西洋文明。堪稱晚清以降，中國傳統文化的第一辯護人。愛鳥及屋，對中國傳統文化的盛讚，在辜鴻銘的言論中，衍變成了對晚清政府、西太后的推崇備至，和對變法維新、共和民主的痛詆。義和團運動期間，辜鴻銘強烈譴責列強侵略，為清政府，尤其是為慈禧太后辯護，宣稱西太后德高望重，威儀天下，「三十餘年，盛德崇功不可殫述」，「其德足以感人，其明足以知人。」「中國能有今日，正應歸功於她的穩健和隨機應變的政策。」「皇太后陛下的存在及其影響，乃是中華帝國穩定與統一的唯一保證。」[112]與此相反，對康梁維新派、孫中山革命派，辜鴻銘則大加撻伐，恨之入骨，「康有為及其黨徒卑鄙無恥、喪盡天良。」[113]「康梁一出，幾欲使我中國數千年來聲名文物一旦掃地浮盡，」如果變法成功，「那麼，世人將看到一場可怕的悲劇：整個中華民族像一個瘋子一樣行動，打碎自己家中的所有家具，拆毀房子，代之以紙糊的家具和紙房子的假貨。」[114]對孫中山為首的革命派倡導的民主共和革命，辜鴻銘斥之為「把中華民族引向了道德完全淪喪的時代」。[115]《臨時約法》被其污稱為一張「穢紙」。[116]他以其愚頑的言行，贏得朝廷的垂青，1905 年經張之洞和周馥保薦，出任黃浦江濬治局督辦。後被任命為外務部員外郎，晉升郎中，擢左丞。1910 年1 月，清廷以其為「遊學專門列為一等」，賞給文科進士。進入民

---

⑫ 黃興濤：《辜鴻銘文集》上，海南出版社 1996 年第 2 版（下同），第 22-23 頁。
⑬ 同上，第 28 頁。
⑭ 同上，第 325 頁。
⑮ 同上，第 187 頁。
⑯ 同上，第 177 頁。

國後，他一直以前清遺老自居，鬆疏的小辮子伴隨其壽終正寢。辜鴻銘詆毀民國，參與張勳復辟，被列名為外務部侍郎。後被聘為北京大學教授，主講英詩和拉丁語。五四前後，他著書立說，激烈反對西方文明，鼓吹儒教救世救西和中國文化優越論，抨擊新文化運動。1924年前後，他應日本大東文化協會的邀請幾度赴日訪問，主講東西文化。在日本的演講中，他對迅速崛起、日漸膨脹的日本軍國主義毫不介意，甚至聲稱甲午戰爭的罪責在李鴻章而不在日本。[⑰]將中日間的紛爭視作「一對同胞兄弟在為爭奪父母的遺產而爭吵」，[⑱]不比他人。他將日本視為捍衛東方文明的希望所在，「中國文明的精神自元代以後，在中國本土就不復存在。為了保護這個文明，日本必須把復興真正的中國文明引為自己的天職。」[⑲]他還反覆強調：「日本能否防止自身的西化……不僅關係到日本也關係到遠東的未來」，如果日本不西化，「也能夠防止中國西化，並最終依靠日本的努力將明治以前日本保存著的純正的中國古代文明帶回給今日的中國。這是歷史賦予日本的使命。」「給全體東洋的人民帶來真正的中國文明的復興，是日本的神聖使命。」[⑳]可悲的是，這種「大東亞文化建設」理論被日本軍國主義分子所借用。二十世紀四〇年代初，日本大規模侵華時，他的〈春秋大義〉一節被譯成日文，再版多次。他在日本的演講集也被廣為散發。東瀛之行，給辜鴻銘蒙上了一層濃重的悲劇色彩。

1928年，軍閥張宗昌任命他為山東大學校長，但他並未到任。同年4月30日，辜鴻銘在孤獨、抑鬱中病逝北京。廢帝溥儀感其忠孝，賞銀治喪，並賜以「含謨吐忠」匾額，以表其忠。

通觀辜鴻銘的一生，其前半生的經歷，與伍廷芳具有十分的近似性，兩個人都出生在華僑家庭。一個在新加坡，一個在馬來西

⑰ 黃興濤：《辜鴻銘文集》上，第285頁。
⑱ 同上，第274頁。
⑲ 同上，第282頁。
⑳ 同上，第281-282頁。

亞，從小接受系統的西方教育，都在英國完成大學學業。其事業的起點，都是從做達官貴人的幕僚開始。伍廷芳從 1882 年起，作為法律顧問在李鴻章幕府工作了十四年；辜鴻銘則從 1885-1905 年一直擔任張之洞的「洋文案」，負責情報和禮賓事務。幕僚生涯結束後，兩個人都踏入了晚清政壇，參與外交活動。伍廷芳先後兩次出使美國，擔任駐美公使，官至外務部右侍郎。辜鴻銘則先任黃浦濬治局督辦，繼任外務部外郎，終為外務部左丞。可以說，伍、辜在清王朝垮台前的經歷是極為相似的，皆走過了一條留學海外、踏入仕途的道路。辛亥革命成為伍、辜後半生經歷、思想旨趣的分水嶺。伍廷芳體現出了與時俱進的性格特徵，抨擊封建專制制度，出任南方代表，力主清帝下台，反對張勳復辟，響應孫中山的護法號召，南下廣州，組建護法軍政府，高舉民主共和的大旗，直至病逝。辜鴻銘則表現出迥然不同的思想特徵，始終堅持最為頑固的立場，肆意詆毀民國後出現的新生事物，攻訐民國，詆毀憲政，贊襄復辟，反對新文化運動，成為時人抨擊和嘲諷的頑固象徵。

前半生經歷的近似，後半生經歷的迥異，表現在對中國傳統文化與西方文化上，即中西文明問題上，伍、辜存有巨大差異。透過洋洋灑灑的《伍廷芳集》和《辜鴻銘文集》，可以窺見，伍、辜二人都流露出民族文化的優越感和對本體文化的認同感。也正是在這個意義上，西方史學家稱伍廷芳為「文化保守主義者」。⑳實際上，這種結論是有失公允和與史實相脫節的。的確，伍廷芳在進行中西文明比較時，對東方文明、中國傳統文化曾經有過價值評判上的偏頗之處。譬如認定人類文化肇始於東方，更確切地說是中國，後來隨著人類活動空間的擴大，東土文化逐漸西移，播及歐美。客觀地說，伍廷芳的「文化東源說」是錯誤的。人類社會的歷史已經表明，文化乃至文明的起源是多元的，就文化或文明的最初形式看，

---

⑳ 〔美〕柯文：《在傳統與現代性之間——王韜與晚清改革》，江蘇人民出版社
1995 年版，第 227 頁。

人類是在相互隔絕的狀態下相繼締造了區域性的文化或文明圈，根本不存在一個涵蓋全球的文明中心。另外，伍廷芳對中國傳統文化的主流——儒家文化也曾大加讚賞，但是決不能就此稱之為「文化保守主義者」，更不能同典型意義上的文化保守主義集大成者——辜鴻銘相提並論，兩人在中西文明比較上的根本差異，足以證實此說。

辜鴻銘的中西文明比較是一種異常極端的文明比較，主旨就是全盤批判、無情否定西方文明，全盤肯定、熱烈稱頌中國傳統文明。伍廷芳則是立足時勢的變遷，理性地對待中西文明，既肯定中國傳統文明中的精華，又貶斥中國傳統文明中的糟粕，既批判西方文明中的非理性成分，又肯定西方文明中的合理內核。其中西文明比較始終是在一種瞻前的境界、理性的心態下進行的。例如，他雖錯誤地認定「文化東源說」，但又坦然承認近代以來，東方文化已漸衰落，西方文化則蓬勃興旺，如日中天，東西文化之間呈現出青出於藍而勝於藍的格局。辜鴻銘則始終確信東方文明高於西方文明，西方文明沒落的拯救者，必定是東方文明。立意的差異，主旨的不同，邏輯思維的相悖，決定了伍廷芳、辜鴻銘中西文明觀的迴異。

關於文明的評判標準。伍廷芳認為，「文明並不意味著僅僅擁有最強大的戰艦或最先進的槍炮，而是更多地意味著人類對自然環境的征服。」「文明是人類努力進取從低級向高級發展的成果總和。」「文明是和平的産物，而不是戰爭。」[122]「所謂文明……不是教人忽視他人的權利，也不贊成違反別人的意願去攫取人類的錢財。」[123]追求物質財富的極大豐富，提高民族物質文化生活水平，嚮往人類社會的公平、正義、和平，成為伍廷芳文明觀的基本內核。以此為邏輯思想基點，伍廷芳在言論和行動中，實踐著自己的

[122] 〈中國文明與西方文明〉，《伍廷芳集》上，第 203 頁。
[123] 〈中國和西方的關係〉，《伍廷芳集》上，第 72 頁。

文明追求。他盛讚現代科學技術給人類征服自然、造福於民插上了堅實的翅膀，熱情呼喚現代大工業在中國出現，明確指出，「中國迫切需要現代技術」，[⑭]竭誠歡迎西方國家、特別是美國企業家在互惠互利的原則下投資中國市場，並認為中美合作前景遠大。「美國現在擁有完備的產業機器，創造了史無前例的巨額財富」，[⑮]中國則具有龐大的勞務市場和豐富的礦產資源，中美合作將會給兩國人民帶來巨大的實惠。對物質文明的追求，更使伍廷芳痛詆傳統社會的「重農抑商」政策，充分肯定商人在社會發展中的巨大作用，認定抑商重農是造成中國衰微的根源之一。「經商者人多鄙夷之，此中國之所以貧弱者此也。英國號稱為商國，英倫一島，故能既富且強。現中國已大變方針，予正欲起商人而列之於四民之首也。」[⑯]「故欲中國富強，非營商業不能。」興之所致，伍甚至高呼：「中華民國商人萬萬歲。」[⑰]

作為貧弱國家的外交家，伍廷芳痛恨「強權即公理」的近代國際準則，呼籲國際交往的公平、正義與和平，並在此前提下，闡釋中國文明，弘揚傳統文化的道德理念，企盼在「己所不欲，勿施於人」的「黃金準則」下建立一個公正、合理的國際新秩序。正是在此前提下，伍廷芳對儒學與基督教進行了全方位的比較，歌頌、肯定了儒家學說，批判、貶斥了基督教的霸道與虛妄，堅信人類社會必定趨向和平、正義、合理。

在對文明準則的理解上，辜鴻銘表現出了與伍廷芳極大的不同。他認為「真正的文明標誌是有正確的人生哲學」，而不是生活水平的提高和物質的進步。[⑱]文明的核心是教養水平和道德標準，

⑭ 〈中美互惠互利〉，《伍廷芳集》上，第 87 頁。
⑮ 同上，第 83 頁。
⑯ 〈斐律濱賽會記〉，《伍廷芳集》下，第 667 頁。
⑰ 同上，第 669 頁。
⑱ 〈東西異同論〉，《辜鴻銘文集》下，第 304 頁。

「文明的真正涵義，也就是文明的基礎，是一種精神的聖典。我所說的『道德標準』指的就是這個。」[129]他認為，「近代歐洲的進步，重點放在產業和機械工業的發達上，而古代中國則側重於人的靈魂和理性的進步，人的靈魂的、理智的進步。」[130]所以中國文明才體現出真正的道德和精神，西方文明則是一種物質實利主義的文明。由於歐洲人沒有正確的人生哲學，因而「歐洲人沒有真正的文明」。[131]概言之，重精神，輕物質，崇心靈，貶實用，成為辜鴻銘文明觀的基本內核。對中國傳統文明的褒揚和對西洋近現代文明的貶斥，自然就在情理之中。而辜鴻銘正是在此邏輯前提下展開中西文明比較的。

在中西政治比較中，辜鴻銘從人治與法治、君主與民主、王道與霸道三個方面闡釋了中西政治在統治方式、政體性質和精神上的差異。他認為，中國的「人治」遠優於西方的「法治」，因為「人治」依賴的是人的道德的自覺和高尚，「中國的人治完全依賴我們的統治者的道德品質。」[132]而「法治」依賴的只是一紙僵死的條文。為中國的皇權專制辯護也就成為必然。他認為真正的民主政治就是「擁戴有德君主之治」，[133]即「理性民主」政治。中國從漢代至民國以前就是這種政治時代，「儘管從統治的形式上來說，始終是君主統治，但中華民族一直是個民主的民族」，並且是「今日世界上唯一民主的民族」。[134]而近代西方則屬於「非理性民主」政治。西方所謂「民主」就是消除王權，設立議院，實行「代議制」，主張「大多數人」參政，這意味著將「笨蛋與非笨蛋」的「頭腦弄平」，使「國家中最好的人變成與最差的人一樣差」的絕對平等。[135]

[129] 〈中國文明的復興與日本〉，《辜鴻銘文集》下，第 280 頁。
[130] 〈中國古典的精髓〉，《辜鴻銘文集》下，第 329 頁。
[131] 〈東西異同論〉，《辜鴻銘文集》下，第 304 頁。
[132] 〈中國牛津運動故事〉，《辜鴻銘文集》下，第 379 頁。
[133] 〈什麼是民主〉，《辜鴻銘文集》下，第 320 頁。
[134] 〈孔教研究之二〉，《辜鴻銘文集》上，第 545 頁。
[135] 〈尊王篇〉，《辜鴻銘文集》上，第 151 頁。

而隨心所欲、無所限制的絕對自由，正是西方社會災難深重的根源，也是導致歐洲大戰的「非直接原因」。

伍廷芳則從社會進化的視角出發，認為人類社會的制度演進將依次經過君主專制、君主立憲和民主共和，斷言：「共和者，政體之高等階級也。」[36]「專制二字，主持民權者目為蛇蠍，騰罵於萬口，見拒於五洲，實無可再容於二十世紀。」[37]他熱情稱頌美國式民主，揭批中國君主專制統治的弊端，認為清朝滅亡的緣由就在於昧於國際大勢，抱殘守缺，「驕傲性成，恥於下問」，[38]雖舉辦洋務運動，引進西洋兵器，但此法是治標不治本，不能覓得西洋富強的真諦。庚子事變後，清政府表面上倡行「新政」，實則「假立憲之美名，行專制之虐政」。[39]伍廷芳雖也曾有條件地讚頌過中國古代的君主專制政體，但他認為，君主專制須以君賢相能為前提，以確保國家獨立富強為宗旨，以民智未開為鋪墊。他同辜鴻銘無條件、無限制地泛讚君主專制是有天壤之別的，二者不可同日而語。與辜鴻銘在政治理念上的最大不同是，伍廷芳雖也認定美國式民主政體絕非盡善盡美，但他同時也認為，美國在更大程度上代表了歷史演進的趨向，體現了民眾的政治願望，昭示著後進民族國家的政治發展大勢。伍廷芳對中華民國的褒揚和對美國式民主政體的肯定，充分展現了其政治理念的意向，並由此奠定了他在中國近代民主政治史上的不朽地位。

與文明評判標準、政治理念的不同相匹配，伍廷芳、辜鴻銘兩人在社會習俗、文明教化諸方面同樣存在著巨大差異。

在中西婚姻認識問題上，伍廷芳雖對歐美國家全由青年男女自主型的婚姻提出異議，但表現更多的是對中國舊式婚姻痼疾的無情批判與揭露。辜鴻銘對此問題的態度則迥然有別。他不僅充分肯定

[36] 〈中華民國圖治芻議〉，《伍廷芳集》下，第 571 頁。
[37] 同上，第 570 頁。
[38] 〈中華民國圖治芻議〉，《伍廷芳集》下，第 567 頁。
[39] 〈致清慶邸書〉，《伍廷芳集》上，第 369 頁。

了中國舊式婚姻的正當性和完美性，甚至不遺餘力地為中國的畸形婚姻──納妾制辯護。他在〈春秋大義〉中認定，「一個民族中的女性正是該民族的文明之花，是該文明國家的國家之花。」[40]其心目中的「中國人的女性理想」，便是成為恪守「三從」、「四德」、「絕對無我地」終生為丈夫活著的「手靠」和「眼靠」。辜認為，允許丈夫納妾，最典型地體現了中國女性的美德，「一個真正的淑女或賢妻，不論何時，只要她丈夫有納妾的合適理由，她也決不會不同意的。」[41]對於為何只允許男人納妾，卻不允許女人有多夫的反詰，辜鴻銘詭辯道：「君知眾杯翼壺之理乎？壺一而杯眾宜也，夫一而妻眾亦宜也。」[42]字裡行間滲透出辜鴻銘靈魂深處的人身依附觀念和大男子主義。

在稱頌納妾制的同時，辜鴻銘還對纏足、蓄髮、太監、隨地吐痰等社會陋習大加讚頌，充分肯定。在他看來，纏足不是摧殘婦女，而是賦予婦女以美，小腳體現了中國婦女令人憐愛的幽閒溫柔性情；蓄髮留辮是中外民族區別的某種特徵，且能使外人由於陌生驚奇感而產生「敬畏」之心；中國的太監並非人格不健全，李蓮英就極有風度和教養；隨地吐痰則是中國人注意心靈生活而忽視外在物質環境的結果。正是由於其對中國傳統文明無以復加的肯定和辯護，後人稱其為「極端保守主義者」，也當在情理之中。

與辜鴻銘相較，伍廷芳的中西文明觀同樣帶有相當濃厚的傳統色彩，但其中西文明的比較是在一種正常的心態下進行的，其對中西文明優劣的認識也是較為中肯的。從而避免了辜鴻銘在極端心態驅使下得出的中西文明比較的偏狹結論。他既非如虛無主義者一樣，全盤否定中國傳統文化，全盤肯定西方文化，也非極端保守主義者那般，全盤肯定中國傳統文化，全盤拒斥否定西方文化，而是

----

[40] 黃興濤：《辜鴻銘文集》下，第 72 頁。

[41] 同上，第 76 頁。

[42] 邵鏡人：〈辜湯生〉，載於《同光風雲錄》，《近代中國史料叢刊‧續編》(950)，（台灣）文海出版社，第 242 頁。

在一種正常的心態下，在一種更廣闊的背景下，著眼於人類文明演化的「長時段性」，進行著中西文明的比較研究。與辜鴻銘對中國社會陋習的津津樂道相異，伍廷芳對此則是大加鞭撻。他認為，納妾制只是為了傳宗接代的需要，事實上，法律既不准許一夫多妻，且將嚴懲以身試法者。對於妻妾，「法律不承認所謂的再娶之妻，而且她在家庭中也沒有合法的地位。」⑱至於纏足、蓄髮等陋習，它們既沒有賦予婦女以美感，也沒有給中國人帶來外交場合的威儀感，有的只是對婦女身心健康的摧殘和對民族形象的侮辱，因而他大力主張廢除上述社會陋習，並身體力行，帶頭倡導。他曾言明，「廷芳於前清之季，主張剪髮，言之不行，則以身為率。革命未起之先，即在上海糾集同志，開剪髮大會。」⑭辛亥革命前他已剪掉髮辮，成為辜鴻銘所罵的「沒有辮子的食肉獸」。⑮

縱觀伍廷芳、辜鴻銘一生的經歷及思想旨趣，可以發現伍、辜二人在從西方到東方的回歸歷程中，走過了一條同途異轍的人生之路。由於所受西學素養的不同、侍從幕主學養的差異和性格上的區別，伍、辜二人雖同是文化邊緣人，但在對中西文明優劣的甄別上，卻得出迥然不同的結論。

構成辜鴻銘文化極端保守主義者形象的底色，應是其留學歐洲接受的浪漫主義思想。這裡的浪漫主義特指十八世紀末、十九世紀初風行歐美文壇的一種文化思潮。卡萊爾、阿諾德、愛默生、羅斯金等即為此派的代表人物。辜鴻銘與他們或為師生關係，或是半師半友，總之是關係密切。翻閱《辜鴻銘文集》，以上大師的名字不絕於書。浪漫主義者以社會現實反對者的面貌出現，以全方位、多角度來否定和批判歐美資本主義文明。他們反對資本主義對個性的壓迫，揭批資產階級庸俗、卑鄙、無聊；抨擊社會貧富懸殊、拜金

---

⑱ 〈中國〉，《伍廷芳集》下，第 406 頁。
⑭ 〈中華民國圖治芻議〉，《伍廷芳集》下，第 617 頁。
⑮ 辜鴻銘：〈中國牛津運動故事〉，1912 年英文版，附錄 2：〈中國的皇太后，一個公正的評價〉。

第三章 伍廷芳的中西文明觀

139

主義、人性的異化、現實民主政治的虛偽，過分強調情感、精神或心靈、自然、宗教信仰和正義；貶斥自私自利、物質主義和功利主義，追求道德的永恆價值。此外，卡萊爾、愛默生等人對中國古代文明，尤其是對孔子多有盛讚。前者曾親口對辜鴻銘談及，「世界已經走上一條錯誤的道路。人的行徑、社會組織——典章、文物——是根本錯誤的。」「人類的一線光明，是中國的民主思想。可嘆！據我所知，民主理想，在中國始終未能實現。迨傳播到歐洲而後，掀起了法國大革命，又好像一根燃著了的火柴，一陣風吹滅了。徒有民主制度，没有民主精神。」[46]愛默生對孔子更是推崇有加，他以孔子為中國文化的核心，宣稱：「孔子，民族的光榮；孔子，絕對東方的聖人，他是個中間人。他是哲學中的華盛頓、仲裁人，現代史中的中庸之道。」[47]孔子的人格可以作為人類努力向上的榜樣。因為他是最高尚道德身體力行的楷模。「辜鴻銘作為卡萊爾的嫡傳弟子，不僅在中國，乃至在整個東方世界都可謂是第一個系統接觸、了解，並深受浪漫主義思想影響的人。」[48]在其留下的宏篇巨論中，卡萊爾、愛默生等浪漫主義言論屢屢被引，即是明證。可以說，辜鴻銘整體學術素養中的西學成分的主流便是浪漫主義思想。早在 1928 年辜氏去世不久，就有人作過明確指陳：

> 辜氏一生之根本主張及態度，實得之於此諸家之著作，而非直接取之於中國經史舊集。其尊崇儒家，提倡中國禮教之道德精神，亦源一己之思想見解確立之後，返而求之中國學術文明。見此中有與卡萊爾、羅斯金、愛默生之說相類似者，不禁愛不忍釋，於是鑽研之，啓發之，孜孜焉。舉此吾國固有之寶

[46] 兆文鈞：《辜鴻銘先生對我講述的往事》，《文史資料選輯》第 8 輯，中華書局 1960 年版。
[47] 引自錢滿素：《愛默生和中國——對個人主義的反思》，三聯書店 1996 年版，第 137 頁。
[48] 黃興濤：《文化怪傑辜鴻銘》，中華書局 1995 年版，第 26 頁。
[49] 〈悼辜鴻銘先生〉，1928 年 5 月 7 日《大公報》。

藏，以炫示西人。⑧

此種論述，確如辜鴻銘問題研究權威黃興濤先生所言，即過分誇大了浪漫主義對辜氏思想的影響，低估了儒學傳統對辜氏思想的影響。⑨但考究、追溯辜氏思想的學術源流，可以斷言，卡萊爾、羅斯金、愛默生等浪漫主義大師對辜鴻銘的言傳身教，刺激扶持了辜氏思想的萌生，構成了辜氏思想的雛形。浪漫主義思想成為辜氏思想的源頭活水。「在大規模的複雜社會中，沒有任何一種個人屬性能比他所受到的教育更能一貫地、強有力地預言他的態度、價值和行為。」⑩因而辜鴻銘對西方資本主義文明聲嘶力竭的揭露與抨擊，對中國傳統文明的盛讚，也便在情理之中。

至於辜氏陷入極端文化保守主義者的泥淖而不能自拔，則還有其他原因，下面將會論及。

如果說，文學家是以情感、浪漫為特質的話，那麼大律師、外交官則更多地表現為以事實、理智為表徵。可以說，專業的不同，在很大程度上影響了伍廷芳、辜鴻銘對中西文明觀的比較研究。與辜氏留學歐洲獲取文學碩士不同，伍廷芳留學英國是以法律為專業的，且三年後獲取大律師資格。歸國後在香港、在李鴻章幕府、出任駐外公使時所從事的事務便是運用法律，折衝樽俎，維護國家及民族的利益。多年的職業薰陶、長期的外交生涯，鑄就了伍廷芳注重事實，講求實際的職業特徵。律師外交官職業的特殊性，訓練和決定了伍廷芳思維方式的理性色彩。當他作為一個集團或一個國家的代表出現在談判桌前，實力與利益是他必須考慮和爭取的前提與宗旨。運用縝密的邏輯思維，洞悉國內外政治、經濟風雲的變幻，則是實現談判宗旨的重要條件。身為弱國代表，伍廷芳飽嚐「弱國無外交」的苦楚，在痛恨「強權即公理」的國際準則的同時，現實

---

⑨ 黃興濤：《文化怪傑辜鴻銘》，中華書局 1995 年版，第 27 頁。

⑩ 〔美〕阿列克斯·英克爾斯、戴維· H. 史密斯：《從傳統人到現代人——六個發展中國家中的個人變化》，中國人民大學出版社 1992 年版，第 197 頁。

與理智告訴伍廷芳：西方文明絕非一團漆黑，中國文明更非光明一片。因而其建築在理性與現實基礎之上的中西文明比較，便缺少了辜鴻銘單恃「天地不變之正氣」，抗拒西方列強侵略的虛妄性和只要弘揚遠古道德便可救亡禦侮的浪漫性，增加了理性與務實的雙重基調，由此所得出的結論具有更大的合理性，從而避免了辜鴻銘式的非此即彼，非彼即此的極端機械性錯誤。

侍從幕主學養的差異，也是導致伍、辜二人中西文明觀不同的重要原因之一。伍、辜二人都曾有過長期的幕僚生涯。伍廷芳自1882-1896年蟄伏李鴻章的門下。辜鴻銘則從1885-1905年皈依張之洞帳前。李鴻章、張之洞的學術素養及思想特色，對伍、辜二人中西文明觀的確立自然有著至關重要的作用。單從中國傳統文化的素養看，李鴻章、張之洞雖都是進士出身，但前者是遜色於後者的。李鴻章屬於典型的行政長官，張之洞則屬於學者氣質型的官員。博大精深的《勸學篇》充分展現了張之洞儒學知識的豐厚功底。相比之下，李鴻章則以處理事務見長，時人稱之為清政府的「智囊」，絕非無的放矢。事實、理性是李鴻章思想和其內政外交行動的特色。「內須變法，外須和戎」即典型地體現了李鴻章思維方式的特質，折射出他對中西文明比較認識的新起點。張之洞則是晚清政壇由清流派轉變為洋務派官員的最成功者。他為政雖也講求「致用」務實，但絕非李鴻章那般鮮明。同時他又是一個深具舊學趣味，且造詣深厚的學者，對儒學傳統有著堅定的理念，他終生倡導「致用」要以「通經」為前提，「西學」必以「中學」為根基。幕僚群體的不同，也反映了李、張二人思想的差異。馬建忠、薛福成、羅豐祿、盛宣懷等人，作為李鴻章的幕僚多以行政事務見長。張之洞的幕僚朱一新、梁鼎芬、王仁俊、屠仁守、沈曾植、羅振玉、鄭孝胥、梁敦彥等多屬保守學者和文人。因而伍、辜二人長期生活在不同思想特色的幕主及幕僚群中，其思想及思維方式自然會有潛移默化的同化現象。有趣的是，李鴻章的幕僚大多成為具有新

思想的、在中國近代社會政治、經濟、外交活動中發揮重大作用的人。馬建忠「以為歐洲各國富強，專在製造之精，兵紀之嚴；及披其律例，考其文事，而知其講富者以護商為本，求強者以得民心為要，……他如學校建而智士日多，議院立而下情可達。其製造、軍旅、水師諸大端，皆其末焉者也」。[152]薛福成稱讚西方的君主立憲制度「無君主、民主偏重之弊，最為斟酌得中」。[153]盛宣懷更是「順應歷史發展趨勢的佼佼者」。[154]而張之洞的幕僚多屬於頑固、保守一族。如朱一新最早明確攻駁康有為今文經學和較系統抵斥西方基督教。王仁俊著《實學平議，民主駁議》和《格致古微》。屠仁守則攻擊《原強》。沈曾植號稱舊學問第一，是民初孔教會和復辟派的頭面人物。梁鼎芬、羅振玉、鄭孝胥、梁敦彥後來則以清朝遺老自居，或參與張勛復辟，或在二十世紀三〇年代唆使溥儀出逃東北，組建「滿洲國」，充當日本帝國主義的傀儡。因而像辜鴻銘這樣保守的人物出自張之洞的幕府就絕非偶然。同樣，如伍廷芳這樣開明進步的人物出自李鴻章的幕府也就不覺意外。

性格方面的差異也是導致伍廷芳、辜鴻銘二人中西文明觀大相徑庭的不可忽視的因素。關於伍廷芳的性格特徵以及所表現出的認知方式，在前面已作過交代，故在此略去不談。現以辜鴻銘為重心，就其保存至今的大量著文和其同事的記載看，辜鴻銘在性格特徵方面表現出了驚人的偏執狂。心理學上認為，大凡有此症的人，在思維方式上，往往表現為固執己見，逆向思維，自我意識特強，個人主義傾向膨脹；在處世態度上則伴有我行我素，故步自封，難以調和等現象。正因為如此，同僚們動輒戲稱辜鴻銘為「辜瘋子」，也就有其必然性。而伍廷芳則與之表現出了截然不同的性格

⑬ 馬建忠：《適可齋紀言紀行·上李伯相言出洋工課書》，《近代中國史料叢刊·正編》(153)，第 65 頁。
⑬ 薛福成：《庸庵文編》，《近代中國史料叢刊·正編》(943)，（台灣）文海出版社，第 256 頁。
⑭ 夏東元：《盛宣懷傳》，四川人民出版社 1988 年版，第 2 頁。

特徵。由此也就可以理解兩人在中西文明觀方面上的差異。

理解是評判的前提和基礎。綜觀伍廷芳、辜鴻銘兩人中西文明觀的差異及造成差異的原委，不難發現，文明間的比較評判是有益的，但又是艱巨複雜的。歷史的「長時段性」，當是進行文明比較必須恪守的首要原則。文化發生學的原理揭示：人類諸文明均要依次經過它的發生期、發展期、定型期（文明的征服期）、絕對化期、綜合期。這種對文明階段的分化，大致上與著名歷史學家阿爾諾・湯恩比對文明命運的詮釋類似。湯恩比通過對人類業已發生、存在過的諸多文明的綜合比較研究，提出了一個具有普世性價值的模式。他認為誕生、成長、衰落和死亡是所有文明難以抗違的命運。雖然對此種模式後人多有抨擊，[35]但數千年間，諸多文明的興盛衰亡、繁榮枯竭，佐證了湯恩比此種模式大致不謬。中華民族五千年的文明史同樣流淌在這條難以逾越的河流中。經過夏、商、周、春秋諸代的開拓、征伐、融合，中國境內的眾多氏族、部落初步凝成了一個具有「共同語言、共同地域、共同經濟生活以及表現於共同文化上的共同心理素質的穩定的共同體」。[36]人類文明的篝火在東方大地上熊熊燃起。到戰國秦漢時期，中華民族的文明形態已經大致定型。在此階段，中華民族充分釋放出了其在發生期、發展期積蓄的巨大能量，在政治、經濟、軍事、文化思想、藝術諸領域創造出了令人嘆為觀止的輝煌成就。可以說，這是一個偉人輩出的時代，一個哲人橫空躍起的世紀。中國古典文明呈現出一派群星璀璨、競相輝映的壯麗景觀。秦漢以降，中經三國、兩晉、南北朝，至隋、唐、兩宋，中國古典文明步入其絕對化期。在此階段，單從數量上看，中國古典文明繼續保持前趨的勢頭，但就其獨創性的意義而言，卻較前大為遜色。先賢們的獨創性和智慧真諦在繼承

---

[35]　〔法〕費爾南・布勞岱爾：《資本主義論叢》，中央編譯出版社 1997 年版，第 142-147 頁。

[36]　《斯大林全集》第 2 卷，人民出版社 1953 年版，第 294 頁。

者那裡逐漸消失，形似而神不似的模仿特徵日益凸顯。表現在文化藝術、哲學思想、價值判斷上，概莫能外。中國古典文明呈現出衰落的跡象，表徵有三：「一是民族生命力的衰退，這是其物質基礎和決定性機制。其次是文明創造力的衰退，這是主要的衰落表現。最後是自為文明自為性的消失。」[157]

　　明清之際，中國古典文明進入了它的綜合期，在此階段雖也有雄才大略的英明君主出現，雖也曾在思想文化、科技等領域取得些許成就，但就整體而言，中國古典文明已經敗落，中華帝國只是作為文明的虛體而存在。文明機制的原初創造力已經喪失殆盡，人由原先作為文明創造的主人，蛻變成了他所創造的文明的奴僕。倡行「天朝上國」的閉關鎖國政策、狹隘的民族觀、局促的世界意識，無不鮮明地透露出中國古典文明衰老的特徵，散發著陳腐的氣息。中華民族文明之河面臨著嚴重的水源危機。1840年爆發的鴉片戰爭確實給中華民族帶來了亙古未有的陣痛，但從文明再生的角度看，又何嘗不能將它稱之為一次機遇呢？當文明創生資源枯竭時，這個民族為擺脫死亡，走出舊制度的怪圈，最迫切需要的就是由一種具有強大生命力的文明，為其注入新鮮的血液與養素，進行異質文明間的嫁接與交融，實現文明的再創造。「衝突不僅可引起人類悲劇的覺醒，也可引起人類進步的覺醒。」[158]歐美殖民主義的東侵，一方面將中國社會一步步推入到半殖民地半封建社會的深淵，另一方面又驚破了中國封建社會的死水微瀾，促成了中國社會全方位的巨變：近代民族資本主義工商業蓬勃興起，君主立憲、民主共和革命如火如荼，思想文化領域風雷激蕩，中國社會作為世界資本主義鏈條中的一環在加速運轉。一百多年的變化超過了前期所有社會變化的總和。古老的民族重新煥發出勃勃生機。中國文明進入了新一輪

---

[157] 鄭剛：《中國人的命運》，廣東旅遊出版社1996年版，第466頁。
[158] 〔美〕許烺光：《美國人與中國人：兩種生活方式比較》，華夏出版社1990年版，第346頁。

次的發生發展期。生物學、動物學上的近親繁殖導致退化，雜交產生優勢的生命規律在此得到了充分體現。正如布勞岱爾所言：「文明的火種不單是代代相傳的」，「不同的文明火星之間的會合也能燃起熊熊烈火。」[59]

異質文明間的嫁接、交融是一項艱巨的、系統工程。它絕不是 1＋1 再除以 2 的簡單數學換算，而是兩種乃至多種民族合併為一個混合民族，構成一個主體，各種文明成分互相聯接的文明。從這個意義上看，辜鴻銘顯然要比伍廷芳深刻得多。他曾經說過：「今中國銳意圖新，事事效法西人，不求其所以然，而但行其所當然，與此西人所雇之成衣又何以異與？」[60]他還尖銳指出，「當中華民族決心拋棄他們自身的文明，採納現代歐洲文明的時候，在整個帝國內，沒有一個受過教育的人對現代歐洲文明的真正內涵有絲毫的了解。」[61]毫無疑問，辜鴻銘的這些見解是正確的、深邃的，對西方文明的批判與反省有許多睿智之處。問題的關鍵是，辜氏對中西文明的比較，通篇流露著一種歷史的終結意識，情緒性多於科學性，封閉性多於開放性，排拒性多於兼容性，其文明觀實際是一種變態的文明觀。真正有自信的文明是不會在乎有多少東西是從他人那裡學到的，只有卑弱的，以強烈自尊掩蓋自卑感的文明才會對外來文明強烈排斥，才會專注於什麼是我的文明，才會保持自己的價值而不是文明自身的價值，才會把目光放在自身而不是人類文明上，才會把主要精力放在自己的過去，而不是文明的將來上。辜鴻銘正是在這種畸形心態下進行中西文明比較的。李大釗對他的病態心理的剖析，可謂一語中的。李大釗認為辜氏「但指責西洋物質文明之疲勞，不自反東洋精神文明之頹廢」。[62]辜鴻銘固守的歷史終

⑨〔法〕費爾南・布勞岱爾：《資本主義論叢》，中央編譯出版社 1997 年版，第 143 頁。
⑥ 黃興濤：《辜鴻銘文集》上，第 467 頁。
⑥ 同上，第 324 頁。
⑥ 李大釗：〈東西文明根本之異點〉，陳崧編：《五四前後東西文化問題論戰文選》，中國社會科學出版社 1985 年版，第 65 頁。

結論是一種反歷史的觀點，也是他堅持中國儒家文明故道，走向文化極端保守之途的癥結所在。

　　與辜鴻銘相比，伍廷芳對中西文明優劣的比較，顯得淺顯、直觀，所提出的對中西文明進行改造的方案也過於粗疏。但伍廷芳是在一種健康的心態下進行著中西文明比較的。歷史進化論是其文明觀的邏輯主線。科學性多於情緒性、開放性多於封閉性、兼容性多於排拒性是其文明觀的基本特色。其文明觀顯示出了歷史的正當性與歷史的合理性，為後世進行中西文明比較研究提供了一個雖顯簡陋卻具精髓的基本範式。

　　透過對伍廷芳中西文明觀的分析不難發現，伍氏在從西方到東方的回歸歷程上，走過了一條尋常與超越的道路。其中西文明觀所帶有的時代性、進步性為他逸出封建堡壘，高舉民主共和的旗幟，鋪墊了堅實的思想基礎。

第四章

中國法律近代化的催生者

——清末新政時期伍廷芳的法律思想與實踐

伍廷芳精通中外法律,是近代著名法制改革家。在清末擔任修訂法律大臣時,他主持並參與修訂法律工作,開創了中國近代立法史上的新紀元。下面將就清末新政時期伍廷芳的法律思想與實踐做一詳細論述。

一、出任修訂法律大臣

(一)「清末新政」的出台

義和團運動之後,清政府四面楚歌,處境艱難。《辛丑條約》簽訂後,帝國主義列強加強了對中國政治、經濟、軍事、文化的全面控制。清政府徹底喪失了民族自衛的能力,變成了帝國主義侵略中國的馴服工具——「洋人的朝廷」,帝國主義則成為了「太上皇」。以孫中山為首的資產階級革命黨人以「振興中華」為己任,發動了越來越猛烈的武裝反清起義。民族資產階級的中上層對清政府的腐敗無能表現出了愈來愈強烈的憤懣,廣大的農民階級更以抗糧抗捐的方式,直接表達了對清政府腐朽統治的不滿。

處此變亂之世,封建頑固勢力在結束了最後一次大規模的抗拒之後,終於深切地體味到抗拒變革的慘痛教訓,認識到歷史潮流的

不可抗拒性。於是，一場由清政府導演的「不變則亡，變亦亡」的新政改革運動粉墨登場。1901 年 1 月 29 日，遠逃西安的慈禧太后和光緒皇帝頒發「預約變法」的上諭，內稱：「世有萬古不易之常經，無一成不變之治法，」「蓋不易者三綱五常，昭然若日星之照世；而可變者令甲乙，不妨如琴瑟之改弦。」「自播遷以來，皇太后宵旰焦勞，朕尤痛自刻責。深念近數十年，積習相仍，因循粉飾，以致成此大釁。」為求振作，上諭督令軍機大臣、大學士、六部、九卿、出使各國大臣、各省督撫，「各就現在情形，參酌中西政要，舉凡朝章國故，吏治民生，學校科舉，軍政財政，當因當革，當省當併，或取諸人，或求諸己，如何而國勢始興，如何而人才始出，如何度支始裕，如何而武備始修，各舉所知，各抒所見，通限兩個月，詳悉條議以聞。」①同年四月，又設立以慶親王奕劻為首的「督辦政務處」，具體負責「新政」。新政改革的帷幕至此拉開。10 月 2 日，清廷再以慈禧太后的名義發布懿旨，重申變法改革的決心。懿旨內稱：「自經播越，一載於茲。幸賴社稷之靈，還京有日。臥薪嘗膽，無時可忘。推積弱所由來，嘆振興之不早。近者，特設政務處，集思廣益，博採群言，逐漸施行。擇西法之善者，不難捨己從人。救中法之弊者，統歸實事求是。數月以來，興革各事，業已降旨飭行。惟其中或條目繁重，須待考求，或事屬創舉，須加參酌。回鑾以後，尤宜分別緩急，銳意圖成。茲據政務處大臣榮祿等面奏，變法一事，關係甚重，請重新誡諭，示天下以朝廷立意堅定，志在必行，並飭政務處隨時督催，務使中外同心合力，期於必成。用是特頒懿旨，嚴加責成。爾中外臣工，須知國勢至此，斷非苟且補苴所能挽回厄運。惟有變法自強，為國家安危之命脈，亦即中國民生之轉機。予與皇帝為宗廟計，為臣民計，捨此更無他策。爾諸臣受恩深重，務當將應行變通興革諸事，力任其

① 《義和團檔案史料》下，中華書局 1979 年版，第 915-916 頁。

難，破除積習，以期補救時艱。」②

在以後的幾年中，清政府陸續頒發諭旨，提出了包括「廢科舉，辦學校，派遊學」和變官制等在內的三十多項新政舉措，其中較為突出的改革措施，有編練新軍、改革教育和修訂刑律幾項。

㈡「江楚會奏變法三折」拉開修律序幕

為響應 1901 年 1 月 29 日清廷發布實行「新政」的變法詔書，1901 年 7 月 12 日至 20 日，兩江總督劉坤一、湖廣總督張之洞聯袂進呈〈變通政治籌議先務四條折〉、〈籌議變法謹擬整頓中法十二條折〉、〈籌議變法謹擬採用西法十一條折〉。③此即名噪一時的「江楚會奏變法三折」。在〈籌議變法謹擬整頓中法十二條折〉中，劉坤一、張之洞從「治本」與「治標」的關係方面，論述了整頓中法的意義。他們稱：「治國如治疾，然陰陽之能為患者，內有所不足也。七情不節，然後六氣感之。此因內政不修，而致外患之說也。療創傷者，必先調其服食，安其臟腑，行其氣血，去其腐敗，然後施以藥物、針石而有功。此欲行新法必先除舊弊之說也。蓋立國之道，大要有三：一曰治，二曰富，三曰強。國既治，則貧弱者可以力求富；國不治，則富強者亦必轉為貧弱。整頓中法者，所以為治本之具也；採用西法者，所以為富強之謀也。」④該折羅列了崇節儉、破常格、停捐納、去書吏、去差役、恤刑獄、改選法、籌八旗生計、裁屯衛、裁綠營、簡文法等十二條舉措。其中第七條「恤刑獄」，集中談了改造現行審判制度和監獄制度。它共包括九項內容，即：禁訟累、省文法、省刑責、重眾證、修監羈、教工藝、恤相驗、改罰鍰、派專官。第三折旨在學習西法，提議制訂礦律、路律、商律和交涉刑律，以期適應「月新日盛」的社會需要。清廷對

② 《義和團檔案史料》下，中華書局 1979 年版，第 1327-1328 頁。
③ （清）朱壽朋編：《光緒朝東華錄》㈣，中華書局 1984 年版，第 4727-4771 頁。
④ 王威彥：《清季外交史料》卷 148，書目文獻出版社 1987 年版，第 1 頁。

此大加讚賞，稱頌劉、張「會奏整頓中法仿行西法各條，事多可行。即當按照所陳，隨時設法，擇要舉辦」。⑤通過劉坤一、張之洞的條陳，變法修律開始提到議事日程。

1902 年 3 月 11 日，清廷頒降諭旨，稱：「中國律例，代有增改。我朝大清律例一書，折衷至當，備極精詳。惟今昔情勢不同，非參酌適中，不能推行盡善。著責成袁世凱、劉坤一、張之洞慎選熟悉中西律例者，保送數員來京聽候簡派開館編纂，請旨審定頒發，用示通變宜民至意。」⑥經過一番物色、斟酌，1902 年 4 月 1 日，兩江總督劉坤一、湖廣總督張之洞、直隸總督袁世凱聯名上奏，保舉沈家本⑦、伍廷芳為修律大臣。在奏書中，三位總督說道：「刑部左侍郎沈家本久在秋曹，刑名精熟。出使美國大臣四品卿銜伍廷芳，練習洋務，西律專家。擬請簡調該二員，飭令在京開設修律館，即派該二員為之總纂。其分纂、參訂各員，亦即責成該二員選舉分任。」⑧ 5 月 13 日，清廷頒降諭旨，「現在通商交涉事益繁多，著派沈家本、伍廷芳將一切現行律例，按照交涉情形，參酌各國法律，悉心考訂，妥為擬議，務期中外通行，有裨治理。」⑨至此，伍廷芳以修律大臣的身份與沈家本主持了 1902 年 5 月至 1907 年 9 月 23 日⑩間的修律工作。

---

⑤ 《義和團檔案史料》下，中華書局 1979 年版，第 1328 頁。
⑥ 廖一中編：《袁世凱奏議》上，天津古籍出版社 1987 年版，第 475 頁。
⑦ 沈家本（1840-1913 年），字子惇，別號寄簃，浙江歸安人。光緒九年中進士。歷任刑部郎中，秋審處提調，天津、保定知府，山西按察使，刑部左侍郎，大理寺正卿，法部右侍郎，修訂法律大臣，資政院副總裁，法部大臣，法部首領等職。其中於 1902 年被任命為修訂法律大臣，宣統元年兼任資政院副總裁。宣統三年因禮教問題，為禮教派所排擠，先後被免去本兼各職。武昌起義後，袁世凱組閣，被起用為法部大臣。宣統退位後，改任司法首領，旋即辭職。撰有《沈寄簃先生遺書》甲編二十二種 86 卷，乙編十三種 104 卷。其中甲編是專門考訂、研究法制的，分為《歷代刑法考》和《寄簃文存》兩大部分。另外，未刻書目，有十六種 132 卷。其中《秋讞須知》、《律例偶箋》、《律例雜說》、《讀律校勘記》等，也是精研法制的著作。
⑧ 廖一中編：《袁世凱奏議》上，天津古籍出版社 1987 年版，第 475-476 頁。
⑨ 《伍廷芳集》上，第 256 頁。
⑩ 1907 年 9 月 23 日，伍廷芳第二次奉旨充任出使美國、墨西哥、秘魯、古巴大臣。

修訂法律作為清末新政的重要內容之一，充分反映了新政改革的特色和性質，展現了伍廷芳此期的法律思想。

二、伍廷芳清末法律思想與實踐

清末法律改革實際上包括兩個方面的內容。1905 年以前側重於刪改舊律。1905 年以後，側重於制訂新律。任職期間，伍廷芳在「刑名精熟」的沈家本的協助下，按照近代西方法學原理，對中國法律進行了全面的刪改與增設，初步形成了具有中國特色的近代法律體系。

伍廷芳在主持清末法律改革過程中，從歷史的進化觀出發，堅持認為「法律之為用，宜隨世運為轉移，未可膠柱而鼓瑟」。[⑪]中國古代法律歷經數千年的沿革變遷，以法的形式高度濃縮了自然經濟的文明成就，總括了農耕文明的輝煌歷史。但是，隨著閉關鎖國時代的結束，中國傳統法律明顯地滯後於大裂變所造成的社會現實。外國領事裁判權的形成和確立，則象徵著東西方列強對中國傳統法律的排拒。顯而易見，變法修律，既是大勢所趨，又是民族振興的希望所在。早在戊戌變法之初，伍廷芳在＜教案迭起內治無權請變通成法折＞中，就提出了「法無不變，制貴因時」[⑫]的法制觀念。擔任修律大臣後，伍廷芳本著「模範列強」的修律宗旨，對集中國古代法律之大成的《大清律例》進行全面刪改，刪除了體現中國古代法律重刑主義的「凌遲」、「梟首」、「戮屍」、「緣坐」等重法酷刑，停止刑訊逼供的野蠻舉動。在「參酌東西，擇善而從」的旗幟下，派出了董康、王守恂、麥秩嚴等刑部官員，「前赴日本，調查法制刑政，並分赴各裁判所，研究鞫審事宜」，以收「借助他山，事半功倍」[⑬]之成效。他還重金延聘日本法學家岡田

---

⑪ ＜奏刪除律例內重法折＞，《伍廷芳集》上，第 259 頁。

⑫ 王威彥：《清季外交史料》卷 129，書目文獻出版社 1987 年版，第 13 頁。

⑬ ＜奏訂新律折＞，《光緒朝東華錄》㈤，第 5413 頁。

朝太郎、松崗義正等來華主講法律，以備顧問。「調取留學外國卒業生」，大量翻譯了體現大陸法系精神的日本、德國法典。主持創辦中國第一所法律學堂，培養中國人自己的法律人材。按照西方近代法律的結構、規範、思想、理論、方法、程序、技術、傳統以及司法實踐，主持編訂了《刑事民事訴訟法》、《大清商律》、《破產律》、《大清印刷物件專律》等法律、法規，首次打破了中國古代法律重刑輕民、民刑不分、諸法合體的法律傳統，實現了民刑分隔、實體法程序法分離的歷史性突破，開啟了中國法律走出中世紀、邁向近代化的新時代。

(一)刪改舊律

「改重爲輕」，刪除酷刑 中華民族素以「禮義之邦」享譽海內外，殊不知在溫情脈脈的背後還蘊存著一整套非人道的刑罰體系，刑名、刑具應有盡有，施罰手段殘酷無比。自夏、商、周以至明清，數千年來，刑律日趨完備，刑罰愈顯暴虐。單純的懲罰、報復和威嚇變成了刑罰的原則，正當的刑罰變成了酷刑。美國著名漢學家費正清正是在這個意義上把古代中國稱之為「將殘殺制度化」的國家。隨著人類社會文明的進化，更隨著西方法律文化的全面衝擊，違反人道的中國舊律遭到了歐美國家的猛烈抨擊。「中國之重法，西人每訾為不仁」，而且，中國的嚴刑酷律還成了在華外國人逃避中國法律管轄的最好理由，「其旅居中國者，皆藉口於此，不受中國之約束。」⑭

有鑑於此，伍廷芳認為，中國欲收回治外法權，實現變法自強的夙願，必先自刪除重法治，他明確表示，「刑法之當改重為輕，固今日仁政之要務，而即修訂之宗旨也。」⑮為此，他主張應首先廢除舊律例中的三項酷刑，即「凌遲」、「梟首」、「戮屍」，代

⑭〈奏刪除律例內重法折〉，1905 年 4 月 24 日，《伍廷芳集》上，第 256 頁。
⑮ 同上，第 257 頁。

之以斬決、絞決、監候。其次，伍廷芳建議廢止由秦代「連坐法」衍化而來的「緣坐」⑯。他認為，此制既違背「罪人不孥之古訓」，又同「今世各國咸主持刑罰止及一身之義」不相符。早在漢代，「連坐法」即基本被廢棄，「惟夷族之誅，猶間用之。」對於這種一人犯罪，殃及無辜的酷刑，漢文帝斥之為「不正之法」，但「連坐」的變種卻不時出現在許多朝代朝廷對「罪人」的懲罰中。像「緣坐」就是一例。為此，伍廷芳建議，「擬請將律例緣坐各條，除知情者仍治罪外，其不知情者，悉予寬免。」⑰此外，伍廷芳還提議廢止「刺字」。「刺字」即古代「墨刑」、漢代「黥刑」。漢文帝廢除肉刑，「刺字」亦在之列。「魏晉六朝雖有逃奴劫盜之刺，旋行旋廢。」隋、唐兩朝也皆無此法，五代後晉石敬瑭天福年間「始創刺配之制，相延至今」，且愈演愈烈，「其初不過竊盜逃人，其後日加繁密，刺事由，刺地名，刺改發，有例文不著而相承刺字者。有例文已改，而刺字未改者，其事極為繁揉。」⑱伍廷芳對此深表反對。他認為，立法行刑的旨意，在於使「莠民知恥」，悔過自新。此刑卻恰好違背立法宗旨，犯人一經刺字，則終身受辱，即剝奪了他們重新做人的權利和自由，使他們在犯罪的道路上越走越遠，最終加劇社會的動盪。況且，中國久已廢止肉刑，「而此法獨存」，恰成了「漢文所謂刻肌膚痛而不德者」。目下朝廷既施仁政，就應將「刺字款目概行刪除。凡竊盜者皆令收所習藝，按罪名輕重，定以年限，俾一技能嫺，得以糊口」。只要此法果真施行，「自少再犯三犯之人。」⑲

伍廷芳在此依照儒家的仁政觀念，論證了「政善」與「刑輕」的密切關係，批駁了法家單純的重刑主義，反覆強調「化民之道固

---

⑯ 中國古代法律刑名。同連坐，因受連累而獲罪。《北史‧齊後主紀》：「諸家緣坐配流者，所在令還。」
⑰ 〈奏刪除律例內重法折〉，見《伍廷芳集》上，第 258 頁。
⑱ 《伍廷芳集》上，第 259 頁。
⑲ 同上。

在政教，不在刑威也」[⑳]。如唐朝三百年間，廢止「凌遲、梟首、戮屍」，犯罪者並不因此而暴漲，反倒是百姓安居樂業，遵紀守法，「貞觀四年斷死罪二十九，開元二十五年才五十八」。[㉑]天下儼然成國泰民安的太平盛世。相反在「凌遲、梟首、戮屍」盛行的秦代、遼代、明代，犯人相望於道，絡繹不絕，社會秩序紊亂不堪。明太祖朱元璋以嚴刑峻法治民，三十年後「亦悟嚴刑之不足以化民，此等峻法不用矣」。[㉒]由此可見，治國之道，首在寬嚴相濟。嚴刑酷法只能收效於一時，不可能實現長治久安。為了加強立論的力度，伍廷芳將西方國家的發達與日本的崛起作為一個重要的參照系，進一步闡釋了「改善」與「刑輕」的關係。他說：「西國從前刑法，較中國尤為慘酷，近百數十年來，經律學家幾經討論，逐漸改而從輕，政治日臻美善。」[㉓]「近日日本明治維新，亦以改律為基礎，新律未頒，即將磔罪、梟首、籍沒、墨刑先後廢止。卒至民風丕變，國勢駸駸日盛，今且為東亞之強國矣。」[㉔]環顧當今天下，時勢大變，「法律之為用，宜隨世運為轉移，未可膠柱而鼓瑟。」[㉕]中國欲圖躋身強國之列，必先自廢除嚴刑酷法始。朝廷目下應擷採西法，「將重法諸端，先行刪除，以明示天下宗旨之所在，」「即宇外之環視而觀聽者亦莫不悅服而景從，」「變法自強，實基於此。」[㉖]

　　1905 年 4 月 24 日，清廷頒布上諭，准允伍廷芳所奏。「凌遲等極刑，雖以懲儆凶頑，究非國家法外施仁之本意。現在改訂法律，嗣後凡死罪至斬決而止，凌遲及梟首、戮屍三項著即永遠刪除。」「至緣坐各條，除知情者仍治罪外，餘著悉予寬免。」「其

⑳ 《伍廷芳集》上，第 258 頁。
㉑ 同上。
㉒ 沈家本：《歷代刑法考‧總考四》，中華書局 1985 年版。
㉓ 〈奏刪除律例內重法折〉，《伍廷芳集》上，第 256 頁。
㉔ 同上，第 260 頁。
㉕ 同上，第 259 頁。
㉖ 同上，第 260 頁。

刺字等項亦著概行革除。」⑦肆虐中國數千年之久的嚴刑酷律至此終於劃上了句號。〈刪除律例內重法折〉在中國法制史上具有劃時代的意義，標誌著封建刑法向近代資產階級刑法的轉變，昭示了古老的中華法系開始解體和近代法制初露端倪。法律史專家楊鴻烈稱讚它「剴切披陳了……中國法律最落後，不合時宜的部分」，「可算是對中國法系加以改造的一篇大宣言。」⑱

「**省刑責**」，「**重眾證**」　所謂「省刑責」、「重眾證」即限制刑訊，不得濫用刑罰，更改「以供定罪」的證據制度，依照事實、證據，判定罪責的有無、輕重。「以供定罪」是中華體系的一大特色。為獲取被告人的口供，法律允許在司法審判中使用拷訊手段。公元前成書的《周禮》中已有司寇「以五刑聽萬民之獄訟」的記載，表明在周代已將使用拷訊作為法定取供手段了。周代以降，經秦漢至明清，中國封建王朝建立了一整套完備的刑訊制度，刑訊名目花樣繁多，拷訊手段日趨殘暴野蠻。除法定的「訊杖」、「夾根」、「拶指」外，還有「炙烙」、「壓額」、「擊頭」、「夾幫」、「蟆蝕月」、「腦箍」、「簽指」、「壓踝」、「跪碎瓦」、「乾榨油」、「站磚」、「錐刺」、「鳳凰曬翅」、「擊脅」、「椓陰」、「輾腹」、「披麻帶孝」、「老虎凳」、「煙熏」、「灌鼻」、「精神拷訊」⑲等非法拷訊手段。非法拷訊的惡性泛濫，致使每朝皆有酷吏出。1882年6月《光緒朝東華錄》載有，地方官署在審訊中「創立非刑，至以布紙黏貼人身，向日曬乾，帶肉揭起，片片血淋，名曰『剝皮』；有以棒荊縛置人背，使芒鑽刺，逐條拔出，根根透骨，名曰『抽筋骨』；有以錘敲肋脛，應聲粉碎；有以炭炙膚，惡臭難聞。又製有好漢凳、好漢簡、站枷、站

---

⑦ 〈奏刪除律例內重法折〉，《伍廷芳集》上，第260頁。

⑱ 楊鴻烈：《中國法律思想史》下冊，周谷城主編：《民國叢書》第四編(25)，上海書店1992年版，第338頁。

⑲ 金良年：《酷刑與中國社會》，浙江人民出版社1991年版，第46-70頁。

籠等具，種種奇異，不可枚舉。」[30]儘管每朝每代皆有明達之士，提出減刑輕刑的主張，反對濫用刑訊逼供，但口供定案的訴訟制度和吏治的腐敗，致使明確規定拷囚之法的《唐律》、《乾隆會典》變成一紙空文，非法刑訊愈演愈烈。以此為源頭，中國歷史上真可謂冤獄遍野，屈打成招比比皆是。

隨著近代西方法律文化的傳入，中國傳統法律的殘酷、野蠻便凸顯出來。來華西人「譏為賤視人類，驅民入教」。[31]馬克思也曾指出：「和中世紀刑律的內容連在一起的訴訟形式一定是拷問，」「例如中國法裡面一定有笞杖。」[32]而中國人自己也感到了酷刑逼供的不合理。1901 年 10 月 2 日，兩江總督劉坤一、湖廣總督張之洞在〈江楚會奏變法第二折〉內強調，「獄為生民之大命，結民心，禦強敵，其端皆基於此」，痛斥晚清社會「濫刑株累之酷，囹圄凌虐之弊，往往而有，雖有良吏不過隨時消息，終不能挽頹風」，[33]呼籲「恤刑獄」。根據新政總樞政務處的咨文，1905 年 4 月 24 日，伍廷芳上書朝廷，就劉坤一、張之洞兩位總督所提「恤刑獄」一條，表明了自己的思想與建議。他指出，幾千年以來，「中國案以供定」，「供以刑求，流弊滋多」，被告人「忽認、忽翻、案懸莫結」。為杜絕冤獄，整肅吏治，中國當學習「外國案以證定」。[34]「嗣後除罪犯應死，證據已確，而不肯供認者准其刑訊外，凡初次訊供時，及徒流以下罪名，概不准刑訊。」「笞杖等罪，依照外國罰金之法，凡律例內笞五十以下者，改為罰銀五錢以上，二兩五錢以下。杖六十者，改為罰五兩，每一等加二兩五錢，以次遞加，至杖一百，改為罰十五兩而止。」無力完納者，可在「罪犯習藝所」作工抵銷。伍廷芳建議在順天府五城設立習藝所，「收拘輕罪犯

㉚（清）朱壽朋編：《光緒朝東華錄》㈣，中華書局 1984 年版，第 4785 頁。

㉛ 同上，第 4744 頁。

㉜《馬克思-恩格斯全集》第 1 卷，人民出版社 1985 年版，第 178 頁。

㉝（清）朱壽朋編：《光緒朝東華錄》㈣，中華書局 1984 年版，第 4743-4744 頁。

㉞（清）朱壽朋編：《光緒朝東華錄》㈤，中華書局 1984 年版，第 5330 頁。

人，以歸畫一。」㉟

　　清廷對此「全行照准」。1905 年 4 月 25 日發布上諭，責令各省督撫「嚴飭各屬，認真清理，實力遵行」。「倘有陽奉陰違，再蹈前項弊端者，即行從嚴參辦，毋稍護瞻徇。」㊱並於同年 7 月 19 日，8 月 25 日，將「濫刑斃命」的巡城御史瑞璐㊲、廣東候補知縣劉宗瀚㊳革職查辦，以示「朝廷恤下省刑之至意」。

　　「修監羈」，「派專官」　　所謂「監羈」即監獄和羈所的合稱。中國古代的監獄與現代意義上的監獄性質有所不同。現代的監獄，是對罪犯執行刑罰而設置的機構，而古代的監獄除了部分具有上述性質外，還是對訴訟當事人、嫌疑犯和干連證人的管收處所及各種所謂「違法」分子的羈押場所。在中國，監獄最初稱為「圜土」，㊴漢代稱為「獄」，《大明律》稱作「監」，清代合稱「監獄」。

　　清代監獄分為「內監」、「外監」。「內監以居重要人犯」。「外監」亦稱「羈所」，主要是拘押輕犯及案內聽審人犯。㊵除此外還有「交差押帶」、「私設班館」等非法關押場所。由於設置多頭，體系龐雜，古代獄制管理混亂。獄內低窪濕潮，「狹隘污穢，凌虐多端，暑疫傳染，多致瘐斃。」牢頭獄霸橫行無忌，恣意凌辱囚犯。監獄儼成人間地獄。「仁人不忍睹聞」，「外人尤為痛詆，比之以番蠻。」㊶自 1846 年以來的歷屆國際監獄會議，均不給予清政府代表資格。改革中國獄制已成為二十世紀初葉中外人士的共同呼聲。

　　1905 年 7 月 24 日，伍廷芳上書朝廷，痛斥清末獄制黑暗野蠻，

㉟　（清）朱壽朋編：《光緒朝東華錄》㈤，中華書局 1984 年版，第 5329 頁。
㊱　同上，第 5332 頁。
㊲　同上，第 5367 頁。
㊳　同上，第 5385 頁。
㊴　《竹書紀年》：「夏帝芬三十六年，作圜土」。
㊵　（清）朱壽朋編：《光緒朝東華錄》㈣，中華書局 1984 年版，第 4745 頁。
㊶　同上。

悖於人道，府廳州縣長官與典守者沆瀣一氣，「恣情克扣，肆意凌虐，以致百弊叢生，莫可究詰。」監獄場所，「夏則人多穢積，疫癘頻生；冬則嚴寒裂膚，凍餒交迫。痌瘝相繼，冤死莫伸。」[42]為革除痼疾，體現進化，伍廷芳提議，首先擴大獄房面積，增加食物定量，改善犯人生活環境，「內監、外監一律大加修改，地面務須寬敞，房屋務宜整潔」，「並優加口食及冬夏調理各費，以示體恤。」[43]其次，禁絕「差帶、官店、食鋪、班館」等非法羈押場所，整頓龐雜的獄制體系。最後，設立同知、通判，專門負責每府監羈一事，以改變往昔由行政長官兼管獄政的慣例。倘有違律背法者，同知、通判即可據實參處。[44]

伍廷芳所提優化監獄環境，委派專官督察的設想和主張，流露出了模仿西方近代法制，改造中國舊式獄制的思想。數千年以來，中國監獄法一直依附於刑律，沒能成為獨立的部門大法，刑罰執行的地位遠遜於定罪量刑的實體法，偵查起訴審判的程序法，這是造成中國獄制黑暗的深層緣由。實際上，監獄狀況是衡量一個國家文明程度的標尺，關乎著一個國家和民族在國際舞台上的地位和聲譽。為改變清政府兇惡殘暴的形象，使中國躋身世界文明國家之列，伍廷芳提出了一系列整治獄制的方案與措施，尤其是「派專官」一條，蘊涵著監獄獨立的近代意味，所派同知、通判，取代了原由府廳州縣行政長官兼理獄制的職能，凝鑄了爾後《大清現行刑律》、《大清新刑律》有關監獄法的合理內核。到 1910 年，隨著《大清監獄律草案》的出台，監獄法首次成為與實體法、程序法並列的獨立立法，邁出了中國獄制由封建專制向資產階級民主過渡的第一步。伍廷芳當是描繪中國近代監獄改良藍圖的第一人。

---

[42] （清）朱壽朋編：《光緒朝東華錄》㈣，中華書局 1984 年版，第 5330-5331 頁。
[43] 同上，第 5331 頁。
[44] 同上，第 5332 頁。

(二)增設新律

删改舊律，標誌著伍廷芳對中國傳統法制的批判。增設新律，代表了伍廷芳對近代法制的創新。删改是手段，創新是目的。二者相輔相成，構築了清末新政期間伍廷芳完整的法律思想。

伍廷芳主持完成的新增法律，主要有：《大清刑事民事訴訟法》、《大清商律》、《大清印刷物件專律》及《商會簡明章程二十六條》、《鐵路簡明章程二十四條》等。其中以前兩者最具典型意義。下面將以其為中心，進一步剖析伍廷芳此期的法律思想與實踐。

制定訴訟法，改革諸法合體的舊律結構 確定訴訟中的權利義務關係，規定進行訴訟活動的方式和程序的法律規範的總稱，就是訴訟法。它有形式意義和實質意義之分。形式意義上的訴訟法是指國家制定的專門性的訴訟法典。實質意義上的訴訟法是指其他法律令中有關訴訟的法律規範。一般地說，程序法與實體法互為依存，凡有實體法的地方，就應有程序法。自從戰國李悝著《法經》以來，中國歷朝歷代都有各具特點的一套司法制度和訴訟程序，但它們沒有形成單獨的形式意義上的訴訟法，有關訴訟內容的程序法，大多與實體法（刑法）糅合在一起，刑事訴訟法的規定與民事訴訟法的規定也相互交織。民刑不分，諸法合體成為中國法律的傳統形式。這也是造成中國傳統社會皇權發達，民權不伸，行政堅挺，司法萎縮的深層原因。

諸法合體的舊律結構，是自然經濟的產物，是「無訟」的法文化意識的產物，是重刑主義的產物。隨著中國資本主義經濟的發生、發展，隨著西洋法律文化的衝擊，隨著領事介入華洋案件審判的增多，隨著對「傷和害理」的嚴刑峻法的抨擊，中國諸法合體的舊律結構形式受到了全面挑戰。改革舊律，創設新律，已是大勢所趨。1905 年 5 月，御史劉彭年提議「於刑法及刑事訴訟法告成後，

即將民法及民事訴訟法纂訂,以成完各法律」。[45]通曉西方資產階級法學的伍廷芳,對訴訟法極為重視。1907年5月13日,伍廷芳上奏〈訴訟法請先試辦折〉,表述了設立訴訟法的必要性與緊迫性。他說:「法律一道,因時制宜,大致以刑法為體,以訴訟法為用。體不全,無以標立法之宗旨;用不備,無以收行法之實功。二者相因,不容偏廢。」[46]目前海禁大開,華洋混一,中外爭訟案件日益增多,由於東西審判不同,「每因尋常爭訟細故,釀成交涉問題,比年以來,更仆難收。」「若不變通訴訟之法,縱令事事規仿,極力追步,真體雖充,大用未妙,於法政仍無濟也。」[47]「中國舊制,刑部專理刑名,户部專理錢債、田產,微有分析刑事、民事之意。若外省州縣,俱係以一身兼行政司法之權,官制攸關,未能驟改。然民事、刑事性質各異,雖同一法庭,而辦法要宜有區別。」但是,「歐美之規制,款目繁多,於中國之情形,未能盡合。謹就中國現時之程度,公同商定闡明訴訟法,分別刑事、民事。」[48]中國應當以日本為榜樣,「踵武泰西」,「先後頒行民事、刑事訴訟等法,卒使各國僑民歸其鈐束,借以挽回法權。」[49]

同折上遞的還有伍廷芳主持制定的《大清刑事民事訴訟法》。該法共分五章,二百六十條。

第一章:總則

第一節,刑事民事之別	3條(1-3)
第二節,訴訟時限	4條(4-7)
第三節,公堂	8條(8-15)
第四節,各類懲罰	5條(16-20)

第二章:刑事規則

[45] (清)朱壽朋編:《光緒朝東華錄》㈣,中華書局1984年版,第5359頁。
[46] 同上,第5504頁。
[47] 同上。
[48] 同上。
[49] 同上。

---

[50] 伍廷芳等編：《大清新編法典》，《近代中國史料叢刊‧三編》(270)，（台灣）文海出版社，第 45-98 頁。

為保證「訴訟法」的貫徹落實，伍廷芳比照歐美各國通例，提出了兩項亟須實行的建議。

首先是設立陪審員。陪審員是指在國家審判機關參加審判刑事、民事案件的非職業審判員，[51]起源於奴隸制國家雅典、羅馬，盛行於近代歐美國家。伍廷芳在此以「中國古已有之」的態度論述了設立陪審員的承傳性。他說：「考《周禮‧秋官‧官刺》掌三刺之法。三刺曰訊萬民，必萬民皆以為可殺，然後施上服、下服之刑。此法與孟子『國人殺之』之旨相吻合，實為陪審員之權輿。秦漢以來，不聞斯制。今東西各國行之，實與中國古法相近。」[52]隨後伍廷芳闡述了設立陪審員的必要性。國家設有刑法的宗旨，原為「保良善而警凶頑」，只因「人情譸張為幻」，執法者一人，知識有限，不能明察秋毫，故「宜賴眾人為之聽察，斯真偽易明」。倘若執法者品行卑劣，貪贓枉法，縱惡凌善，陪審員「尤宜糾察其是非」。為保證法律的嚴肅性，今後各省會、通商口岸及會審公堂，「遇有應行陪審案件，」「應延訪紳富商民人等」，進行陪審。偏僻地方，可暫緩施行，「俟教育普及，一體舉行。」陪審制度的推廣，必能使「裁判悉秉公理，輕重胥協輿評，自無枉縱深故之虞矣」。[53]

其次是設立律師。律師是指接受國家機關、企業、團體或個人的委託，或者經法院指定，協助處理法律事務或代當事人進行訴訟的法律專業人員。[54]日本稱之為「辯護士」。起源於古羅馬，普及於近代歐美國家。中國古代社會始終沒有建立律師制度，因而也就無近現代意義上的律師出現，有的只是被貶稱為「訟棍」的「訟師」。訟師往往虛構事實，顛倒是非，混淆黑白，教唆訴訟，或串通胥吏，從中漁利。因其筆如利刃能殺傷人，故亦稱「刀筆吏」。

⑤ 《中國大百科全書‧法學卷》，中國大百科全書出版社 1984 年版，第 450 頁。

⑤ （清）朱壽朋編：《光緒朝東華錄》㈣，中華書局 1984 年版，第 5504 頁。

⑤ 同上，第 5505 頁。

⑤ 《中國大百科全書‧法學卷》，中國大百科全書出版社 1984 年版，第 396 頁。

至少自唐代以來，封建法律都對其活動做過懲戒性規定。《唐律·
鬥訟》：「諸為人作辭牒，加增其狀（將罪情誇大），不如所告者
（與事實不符），笞五十。若加增罪重，減誣告一等（按誣告罪減
一等）。」又規定：「即受雇誣告人罪者，與自誣告同。贓重者，
坐贓論加二等。雇者，從教令法。若告得實，坐謀論；雇者不
坐。」《大明律集解附例·訴訟》規定：「凡教唆詞訟及為人作詞
狀，增減情罪誣告人者，與犯人同罪。」《大清律例·訴訟》襲承
明制，並在法令中首次出現「訟師」的名稱。⑤

　　民族資本主義經濟的成長壯大，西洋法律文化的東播，動搖了
中國傳統法律賴以存在的基礎，甄採體現時代進步意義的歐美法制
成為可能。伍廷芳指出：「中國近來通商各埠，已准外國律師辯
案，甚至公署間亦引諸顧問之列。」⑥這顯然有損國體，況且遇有
中外交涉事件，所聘外國律師必不會助他人而抑同類。領事裁判權
也因中國尚無律師及律師制度而「更形滋蔓」。為此，中國必須設
立律師，滿足時勢的需要。對於律師的培養，伍廷芳建言，今後應
在法律學堂學生中，「擇其節操端嚴，法學淵深，額定律師若干
員，卒業後考驗合格，給予文憑，然後分撥各省，以備辦案之用。
如各學堂驟難造就，即遴選各該省刑幕之合格者，撥入學堂，專精
斯業。俟考取後酌量錄用，並給予官階，以資鼓勵。」⑦伍廷芳對
於律師在更改封建法制，創建近現代法制中的作用寄予了厚望。他
說：「國家多一公正之律師，即異日多一習練之承審官。」⑧

　　然而，滲透著伍廷芳近代資產階級法律思想的《大清刑事民事
訴訟法》未及頒行即成死胎。1907 年 5 月 13 日，清廷發布上諭，
聲言伍廷芳等奏「刑事、民事訴訟各法，擬請先行試辦一折，法律

<hr />

⑤　轉引自王申：《中國近代律師制度與律師》，上海社會科學院出版社 1994 年版，
　　第 7-8 頁。
⑥　（清）朱壽朋編：《光緒朝東華錄》㈤，中華書局 1984 年版，第 5506 頁。
⑦　同上。
⑧　同上。

關係重要，該大臣所纂各條究竟於現在民情風俗能否通行，著該將軍、督撫、都統等體察情形，悉心研究其中有無扞格之處，即行縷晰條分，據實具奏」。[59]以張之洞為首的「禮治派」乘機向以伍廷芳為代表的「法理派」發難，《大清刑事民事訴訟法》在劫難逃。1907 年 9 月 12 日，張之洞上奏朝廷，攻訐《大清刑事民事訴訟法》，「綜核所纂二百六十條，大率採用西法，於中法本原似有乖違，（於）中國情形亦未盡合。誠恐難挽法權，轉滋獄訟。」具體說來，該法倡行父子異財、兄弟析產、夫婦分資，甚至婦人女子，也可到堂作證。「襲西俗財產之制，壞中國名教之防，啟男女平等之風，悖聖賢修齊之故，綱淪法斁，隱患實深。」因而該法「礙難通行」。[60]至於設立陪審員、律師，「非特大礙民情風俗」，且同實際相脫節。目下中國「無專門學問，無公共道德」，倘若貿然舉行，「勢必良懦冤抑，強暴縱恣，盜已起而莫懲，案久懸而不結。」[61]言外之意即暫停試行。岑春煊則以較為隱晦的方式表達了反對意見。他在 1907 年 7 月 15 日的奏折中說道：「查各國陪審制度，原以輔佐承審者之聽斷，糾察執法者之是非，然惟人人富於法律知識，人人具有議員資格，故官商士民皆可充席。若其人平昔未諳法律，臨事必啟齟齬。問官權限攸關，從違兩無善策。」[62]至於各國律師制度，「蓋因兩造涉訟，各有情理可言，愚民對質不遑，需人代為伸訴。然惟有法律專門學堂出身法規，又有公布任用辯護士專章，故迎聘律師，多得其人。」[63]但是中國目前「法律學生畢業者鮮，任人既少專家，辦案必形掣肘，且恐不肖訟師廁身學堂，竊其名以行其術」。[64]鑑於此種情況，岑春煊提出，既然伍廷芳的

---

[59] （清）朱壽朋編：《光緒朝東華錄》㈤，中華書局 1984 年版，第 5663 頁。

[60] 同上，第 5732 頁。

[61] 同上，第 5733 頁。

[62] 同上，第 5693 頁。

[63] （清）朱壽朋編：《光緒朝東華錄》㈤，中華書局 1984 年版，第 5693 頁。

[64] 同上。

奏折中提及，訴訟法在偏遠地區可暫緩施行，「湘省僻處南服，腹地之民多狡黠，邊徼之民多蠻悍」，非沿海沿江通商地區可比，因而決定繼續依照舊律，待到教育普及後，再「一體舉行」。反對態度不言而喻。

地方督撫們的反對，改變了朝廷的初衷。中國第一部獨立的訴訟法典──《大清刑事民事訴訟法》未及頒布便被廢棄。

編纂《大清商律》，為資本主義發展提供法律保障　歐美列強的大規模東侵，促成了中國近代社會的轉型，「商業」及從事商業的「商人」的社會地位在現實生活中日益提高。商人們迫切希望能有為資本主義工商業的發展保駕護航的法律的出台。民族企業的代表張謇就曾多次呼籲進行經濟方面的法制的制訂與改革。他認為，法律對於農工商企業的成敗興衰關係極大，故必須「乞靈於法律」，並要及時制訂各行業的具體法律。他說，二十年來，目睹了無數企業的失敗，而其原因何在呢？從開始創立，到業務進行，一直潛伏著導致失敗的危險，這是由於沒有法律指導的緣故。將要失敗的時候，沒有法律加以糾正；既敗以後，沒有法律加以制裁，所以一蹶而不可復起。為了農工商企業的穩定發展，應及時制定耕種整理法、森林保護工場法、商人通則、公司法、破產法、運輸保險規則等。這些法律之所以重要，可以公司法破產法為例，他說：「無公司法，則無以集厚資，而巨業為之不舉；無破產法，則無以維信用，而私權於以重喪。」[65]由此可見，編訂法律、法規，成為維護商人合法權益，促進民族資本主義良性發展的新課題，也是清末新政有關法律建設的重要內容。

1903 年 4 月 22 日，清廷發布上諭，「通商惠工為古今經國之要政，急應加意講求。著派載振、袁世凱、伍廷芳先訂商律作為則

---

[65] 張怡祖編：《張季直（謇）九錄‧政聞錄卷七‧實業政見宣言書》，《近代中國史料叢刊‧續編》(963)，（台灣）文海出版社，第 237 頁。

[66] 該日為《破產律》定稿之日。《光緒朝東華錄》㈤，中華書局 1984 年版，第 5503-5504 頁。

例。」⁶⁶同年 9 月 7 日，商部成立，伍廷芳為侍郎。到 1906 年 4 月 25 日，⁶⁷伍廷芳主持編訂了中國近代第一部商業法典——《大清商律》。

《大清商律》由三部分構成：《商人通例》、《公司律》、《破產律》。其中《商人通例》共有九條，規定了商人的名稱、條件、商業內部經營管理的章程。《公司律》共有一百三十一條，分為十一節。第一節，公司分類及創辦呈報法（1-32 條）；第二節，股分（33-44 條）；第三節，股東權利各事宜（45-61 條）；第四節，董事（62-78 條）；第五節，查賬人（79-84 條）；第六節，董事會議（85-97 條）；第七節，眾股東會議（98-106 條）；第八節，賬目（107-112 條）；第九節，更改公司章程（113-119 條）；第十節，停閉（120-125 條）；第十一節，罰例（126-131 條）。《破產律》共有六十九條，分為九節。第一節，呈報破產（1-8 條）；第二節，選舉董事（9-16 條）；第三節，債主會議（17-24 條）；第四節，清算賬目（25-41 條）；第五節，處分財產（42-48 條）；第六節，有心倒騙（49-62 條）；第七節，清償展限（63-65 條）；第八節，呈請銷案（66-68 條）；第九節，附則（第 69 條）。

除此之外，伍廷芳還主持完成了《商會簡明章程二十六條》（1904 年 1 月 11 日）⁶⁸，《公司註冊試辦章程十八條》（內分《合資公司註冊呈式》、《股分公司註冊呈式》，1904 年 3 月 17 日）⁶⁹、《重訂鐵路簡明章程二十四條》（1903 年 12 月 2 日）⁷⁰、《礦務章程三十八條》（1904 年 6 月 15 日）⁷¹，作為《大清商律》的補充和延伸，使之日趨完備。另外，1906 年編訂了中國第一部新聞法——

---

⑥⑦ 伍廷芳等編：《大清新編法典》，《近代中國史料叢刊·三編》(270)，（台灣）文海出版社，第 1 頁。
⑥⑧ 同上，第 101 頁。
⑥⑨ 同上，第 114 頁。
⑦⓪ 同上，第 126 頁。
⑦① 同上，第 136 頁。

《大清印刷物件專律》，共五章四十一條。[72]

《大清商律》及其補充章程，充分體現了伍廷芳保護民族工商業，促進民族資本主義發展的法律思想。他在奏請酌擬《商會簡明章程》中，倡導「商戰角勝，馴至富強」，闡述了加強對商人的組織管理事關國家前途命運的道理。他認為泰西商人之所以能「任重致遠，凌駕五洲」，「日本地處亞東，風氣早闢，雖其物產之盛不逮中國遠甚，而商業蒸蒸日上，亦頗足與歐美抗衡」，溯根求源，「實皆得力於商會」。「商會者所以通商情，保商利，有聯絡而無傾軋，有信義而無詐虞。」[73]相反，中國商人則處於一盤散沙狀態，不僅「官與商隔閡，即商與商亦不相聞問」。不僅「彼業與此業隔閡，即同業之商亦不相聲問」。這種不合作，給國家民族利益造成了莫大損失，如絲、茶兩項本為中國出口貨物的大宗，「往往以散商急思出脫跌盤爭售，而殷實巨商亦為牽累」，[74]導致了中國商人在國際商場的征戰中往往虧蝕破產，「坐使利權旁落，浸成絕大漏巵。」為「振興商政」，擴大出口，防止「利歸外溢」，伍廷芳提議，創設商會，加強商人、商業之間的通力合作，制定章程，「聲明罰例，儆戒將來。」《大清商律》及其他簡明章程的頒行，從法律上確立了商人在社會結構中的地位。從此以後，商人、資產階級作為一支重要的力量活躍於中國近現代社會舞台，參與乃至主持領導了二十世紀初葉中國的一切進步運動。1905 年的抵制美貨運動、辛亥革命前以收回利權為宗旨的保路運動、反對君主專制的清末立憲運動，都有民族資產階級異常活躍的身影。商人地位的提高，刺激了商人政治熱情的大迸發，他們成為了中國早期現代化運動的有力推動者。由此可以說，伍廷芳以其特殊身份充當了中國民族資產

[72] 伍廷芳等編：《大清新編法典》，《近代中國史料叢刊‧三編》(270)，（台灣）文海出版社，第 147-156 頁。
[73] 同上，第 99 頁。
[74] 同上，第 114 頁。

階級的代言人，並以法律為武器充當了民族資本主義企業的保護神。他和由他主持制訂的《大清商律》及其他章程，在中國法律現代化史上具有極其重要的地位。

　　以大陸法系作爲修律藍本　法學界常用「五大法系」說總括世界各主要法律。該說由日本法學家穗積陳重博士首先提出。1884年（明治十七年），他在《法學協會雜誌》第一卷第五號發表〈法律五大族之說〉，將世界法律分為「印度法族、中國法族、回回法族、英國法族、羅馬法族」五大法系，並得到了世界法學界的首肯。⑦其中羅馬法系成為法學界廣有影響的大陸法系的原典。

　　所謂大陸法系，又稱民法法系、羅馬—日耳曼法系或成文法系，涵指包括歐洲大陸大部分國家從十九世紀初以羅馬法為基礎建立起來的，以1804年《法國民法典》和1896年《德國民法典》為代表的法律制度，以及其他國家或地區仿效這種制度而建立的法律制度。它具有下述四種特點：立法與司法分工明確，強調成文法典的權威性；比較強調國家的干預和法制的統一，尤其在程序法上；重視法律的理論概括，強調法典總則部分的作用；注重法典的體系排列，講求規定的邏輯性、概念的明確性和語言的精練。⑦

　　清末法律改革主要是以大陸法系為藍本，其原因大致有二：原屬於中華法系的日本，成為甲午戰後中國人學習的楷模，而「日本法規之書至詳至悉，皆因西人之成法而益焉也」。⑦大陸法系的特點，同中國古代注重成文法的法律傳統基本吻合。因而伍廷芳主持之下的清末法律改革，在參酌西法方面，主要是以大陸法系作為藍本。這可從修律初期翻譯的法律典籍中得到證明。

　　「參酌各國法律」是清末修律的基調，「首重翻譯」是實現修

---

⑦　轉引自《華東政法學院法學碩士論文集》，上海社會科學院出版社1988年版，第70頁。
⑦　參酌《中華大百科全書・法學卷》，中國大百科全書出版社1984年版，第50頁。
⑦　梁啟超：《變法通議》。
⑦　《清末籌備立憲檔案史料》下冊，中華書局1979年版，第838頁。

律的前提。[78]翻譯東西方法典就成為修律初期工作的重點。為此，1904 年 5 月 15 日成立的修訂法律館（後改為修訂法律院）在改造舊律和編纂新律草案的過程中，始終把系統地翻譯各國法律列為修律的重要一項。

1905 年 4 月 24 日，在〈刪除律例內重法折〉中，伍廷芳對開館近一年的翻譯工作做過一次統計，譯出的外國法典有：《德意志刑法》、《裁判法》、《俄羅斯刑法》、《日本現行刑法》、《改正刑法》、《陸軍刑法》、《海軍刑法》、《刑事訴訟法》、《監獄法》、《裁判所構成法》；譯出的法學著作有《日本刑法義解》；正在校正的有《法蘭西刑法》。[79]初期翻譯，側重刑法，且以東洋居多。此為當時翻譯的一個特點。

1907 年 6 月 28 日，據《修訂法律大臣沈家本奏修訂法律情形並請歸並法部大理院會同辦理折》統計，修訂法律館兩年來先後譯成：《法蘭西刑法》、《德意志刑法》、《俄羅斯刑法》、《荷蘭刑法》、《意大利刑法》、《法蘭西印刷律》、《德國民事訴訟法》、《日本刑法》、《日本改正刑法》、《日本海軍刑法》、《日本陸軍刑法》、《日本刑法論》、《普魯士司法制度》、《日本裁判構成法》、《日本監獄訪問錄》、《日本新刑法草案》、《法典論》、《日本刑法義解》、《日本監獄法》、《監獄學》、《獄事譚》、《日本刑事訴訟法》、《日本裁判所編制立法論》，共二十三種[80]。尚未譯完者有：《德意志民法》、《德意志舊民事訴訟法》、《比利時刑法論》、《比利時監獄則》、《比利時刑法》、《美國刑法》、《美國刑事訴訟法》、《瑞士刑法》、《芬蘭刑法》、《刑法之私法觀》，共十種。[81]

這次統計，包括了 1905 年的統計。已經譯完的二十三種法典

[79] （清）朱壽朋編：《光緒朝東華錄》(四)，中華書局 1984 年版，第 5325 頁。

[80] 原折內統計數字有誤，實際為二十三種，《清末籌備立憲檔案史料》下冊，中華書局 1979 年版，第 838 頁。

[81] 原折內統計數字有誤，實際為十種，《清末籌備立憲檔案史料》下冊，中華書局 1979 年版，第 838 頁。

和著作，全部屬於大陸法系。在尚未譯完的十種法典和著作中，屬於英美法系的只有美國一國。這表明二十世紀初，中國已由往昔主要翻譯英美法律，轉向翻譯以大陸法系為淵源的日本法律，反映了大陸法系逐漸取代英美法系，廣泛滲透到清末修訂的新法中。

(三)創立法律學堂，加強法制教育

隨著法律改革的全面啟動，法律人才短缺的問題日漸嚴重。早在 1901 年 7 月 20 日，劉坤一、張之洞在〈採用西法十一條折〉中就提到，為了儘快制訂路、礦、商、交涉四律，建議「由總督電致各國駐使，訪求各國著名律師，每大國一名來華，充當該衙門編纂律法教習，博採各國礦務律、鐵路律、商務律、刑律諸書，為中國編纂簡明礦律、路律、商律、交涉、刑律若干條，分別綱目，限一年內纂成，由該衙門大臣斟酌妥善，請旨核定，照會各國，頒行天下，一體遵守」。[82] 1905 年 4 月 24 日，伍廷芳在向清廷進呈〈刪除律例內重法折〉時，就提出「新律修訂，亟應儲備裁判人材」。修律之初，清廷採取延聘法律專家的方式，以解燃眉之急。[83]據此聘用了日本大審院判事法學士松岡義正、法學博士岡田朝太郎、志田鉀太郎等人。尤其是岡田朝太郎，時譽為「帝大七博士」之一，「於五洲法律之書，博學而詳說之，故能由博反約，提要鉤元」。[84]「重聘來華」[85]後，參與起草了《大清新刑律》、《大清現行刑律》、《刑事訴訟律草案》、《法院編制法》等，在傳播西方近代法制觀念，推動清末修律和民國立法方面做出了重要貢獻。然而，推廣新訂法律，須有大批法律人才的存在做前提，這則是無法用聘請外國法律專家的方法來解決的。當時，雖有不少留學歐美的法科畢業生，但他們「未諳中國情形，亦多扞格」。而「為學之道，貴具本

[82] （清）朱壽朋編：《光緒朝東華錄》四，中華書局 1984 年版，第 4763-4764 頁。
[83] 《袁世凱奏議》上，天津古籍出版社 1987 年版，第 476 頁。
[84] 《法學會雜誌‧序》，《寄簃文存》卷 6。
[85] 《法學通論講義‧序》，《寄簃文存》卷 6。

原。各國法律之得失，既當研厥精微，互相比較。而於本國法制沿革以及風俗習慣，尤當融合貫通，心知其意」。[86]

為了培養造就大批會通中西的法律人才，保證新法的全面推行，伍廷芳提出了「法律成而無講求法律之人，施行必多阻閡，非專設學堂培養人才不可」[87]的建議。1905 年 4 月 26 日，他奏請「在京師設一法律學堂，考取各部屬員，在堂肄習畢業後，派往各省為佐理新政分治地方之用」。[88]針對中國急需法律人才和財政拮据的現實，伍廷芳提議，法律學堂學制分為兩級：三年制的大學堂、一年半的速成科。1905 年 8 月 3 日，清廷降諭「依議」。[89]

1906 年 10 月，中國第一所近代法律學堂宣告成立。伍廷芳作為法律學堂的創始者，同沈家本等人一起，制定了一整套包括「設學總義章」、「學科程度章」、「職務規條章」、「職任總目」、「職務通則」、「附各員規條」、「學堂考試章」、「寄宿舍規條章」、「附自修室規條」、「全堂通行規條章」、「講堂規條章」、「操場規條章」、「會食堂規條章」、「禮儀規條章」、「放假規條章」、「學堂禁令章」、「接待外客規條章」、「圖書館規條章」、「經費規條章」、「稽察出入規條章」在內的規章制度，開創了近代中國法律學堂管理的先河。

法律學堂「以造就已仕人員研精中法律，各具政治智識，足資應用為宗旨，並養成裁判人材，期收速效」。[90]所定課程以「斟酌繁簡，按期講授，以冀學員循序漸進屆時畢業」為原則，內分三年制與一年半制。[91]三年制科目為：第一年，大清律例及唐明律、現行法制及歷代法制沿革、法學通論、經濟通論、國法學、羅馬法、

⑧⑥ 「教育」，《東方雜誌》第 2 年第 8 期。
⑧⑦ 《法學通論講義‧序》，《寄簃文存》卷 6。
⑧⑧ 「教育」，《東方雜誌》第 2 年第 8 期。
⑧⑨ （清）朱壽朋編：《光緒朝東華錄》㈤，中華書局 1984 年版，第 5542 頁。
⑨⓪ 《東方雜誌》第 3 年第 10 期，第 250 頁。
⑨① 同上，第 249-276 頁。

民法、刑法、外國文、體操。第二年，憲法、刑法、民法、商法、
民事訴訟法、刑事訴訟法、裁判所編制法、國際公法、行政法、監
獄法、訴訟實習、外國文、體操。第三年，民法、商法、大清公司
律、大清破産律、民事訴訟法、刑事訴訟法、國際私法、行政法、
財政通論、訴訟實習、外國文、體操。速成科年限為一年半，所開
課程有：大清律例及唐明律、現行法制及歷代法制沿革、法學通
論、憲法大意、刑法、民法要論、商法要論、大清公司律、大清破
産律、民刑訴訟法、裁判所編制法、國際法、監獄法、訴訟實習，
共十四門。三年制與一年半制具體授課安排參見下表。

三年制課程表
第一學年

第一學期		第二學期	
科　目	每星期課時	科　目	每星期課時
大清律例及唐明律	4	大清律例及唐明律	3
現行法制及歷代法制沿革	4	現行法制及歷代法制沿革	3
法學通論	6	法學通論	4
經濟通論	4	經濟通論	4
國法學	4	國法學	4
羅馬法	2	羅馬法	2
刑法	6	民法	4
外國文	4	刑法	6
體操	2	外國文	4
		體操	2
計	36		36

第二學年

第一學期		第二學期	
科　目	每星期課時	科　目	每星期課時
憲法	3	刑法	3
刑法	4	民法	4
民法	4	商法	3
商法	3	民事訴訟法	6
民事訴訟法	4	刑事訴訟法	3
刑事訴訟法	4	國際公法	2
裁判所編制法	2	行政法	2
國際公法	2	監獄法	3
訴訟實習	4	訴訟實習	4
外國文	4	外國文	4
體操	2	體操	2
計	36	計	36

第三學年

第一學期		第二學期	
科　目	每星期課時	科　目	每星期課時
民法	4	民法	4
商法	3	商法	4
大清公司律	2	大清破產律	2
民事訴訟法	4	民事訴訟法	6
刑事訴訟法	2	國際私法	4
行政法	3	財政通論	4
國際私法	3	訴訟實習	6
財政通論	3	外國文	4

訴訟實習	6	體操	2
外國文	4	卒業論文	
體操	2		
計	36	計	36

一年半速成科課程表

第一學期		第二學期		第三學期	
科目	每星期課時	科目	每星期課時	科目	每星期課時
大清律例及唐明律	4	大清律例及唐明律	4	民法要論	4
現行法制及歷代法制沿革	4	現行法制及歷代法制沿革	4	大清公司律	2
法學通論	4	法學通論	4	大清破產律	2
憲法大意	6	刑法	6	民刑訴訟法	10
刑法	6	民法要論	4	裁判所編制法	3
民法要論	6	商法要論	6	監獄學	3
商法要論	4	民刑訴訟法	6	國際法要論	4
				訴訟實習	6
計	34	計	34	計	34

　　法律學堂雖設，但其培養的學生數量與新政改革所需可謂是杯水車薪。為加強司法隊伍的建設，在全國造成一種學法、重法、尊法的風尚，伍廷芳於 1905 年夏天，奏請各省專設仕學速成科，對地方官進行一次普法教育。具體辦法是：各省已經開辦的「課吏館」內，添設講堂，專設「仕學速學科」，「自候補道府以至佐雜」，凡年齡在四十歲以內者均可入館學習。地方士紳也可附學聽講課程。教學內容參照法律學堂所列科目及「日本現設之法政速成

科辦理」，由明習法律者分門講授，「令學員在堂錄寫講義，定六個月為一學期，三學期畢業。」每一學期結束，由各省督撫會同教員面試一次，「以聽受講義、條對明晰為合格。」每屆畢業考試後，由督撫將學員職名、考試分數造冊咨送京師政務處、學務處、刑部，以備察核，作為將來晉升的依據。伍廷芳斷言：「地方官果能於各國政治源流、法律條理了然於心，則與外人交涉，先事可籌弭患之法，臨事亦有辨難之方。民教爭端、工商要務，均可洞見癥結，措置咸宜。」[92]倘若朝廷全力推廣，「似於政治，大有裨益」；「導以實行之學，則固陋之習可除；示以致用之階，則奔競之風自息。」[93]

清廷對伍廷芳所提設立法律學堂和仕學速成科的建議，表現出了極大的熱情，皆一一准允，並於 1906 年 10 月 20 日賞賜《圖書集成》一部，作為對法律學堂開辦的賀禮。[94]從此，法律學堂在全國各省紛紛設立，其中尤以袁世凱督撫下的北洋法政學堂最為出色，幾年之內法律學堂「畢業者近千人，一時稱盛」。[95]由這種學校培養的人才，已不是古代的律博士，而是掌握近代法律知識的專業人才和學者。1907 年，沈家本在〈奏刑律分則草案告成由〉中特別提到：「各省法政學堂依次推廣，審判人才漸已儲備。」官員自費出洋研讀法律蔚然成風。如 1906 年 10 月江蘇試用知縣黃紹玉，申請自費赴日考察法律四個月。四川補用知州崔同高申請自費赴日考察法政。廣西警察委員吳良棻申請自費赴日考察警察事務。在法律教育的同時，各類法律專刊如雨後春筍般湧現。最早的法律雜誌，首推 1900 年日本東京留學生所創的《譯書匯編》。此刊以專輯歐美法政名著為宗旨。盧梭的《民約論》（《社會契約論》）、孟德斯鳩的

---

[92] 《東方雜誌》第 3 年第 8 期。
[93] 同上。
[94] （清）朱壽朋編：《光緒朝東華錄》㈤，中華書局 1984 年版，第 5575 頁。
[95] 趙爾巽：《清史稿》卷 443，中華書局 1977 年版。

《萬法公理》(《論法的精神》),以及約翰·穆勒的《自由原論》、斯賓塞的《代議政論》等西方法學名著,均為該雜誌逐期刊載。1903年,該雜誌改名為《政法學報》繼續發行。繼《譯書匯編》之後,《政法雜誌》、《政法淺說報》、《法政介聞》、《預備立憲公會報》、《北洋法政學報》、《法學會雜誌》、《上海法政雜誌》等法律報刊相繼問世。與此同時,各類法律學會和法律研究所陸續出現。1910年冬,法律學堂學員伍子健、熊煜、王克忠等人創辦了中國歷史上第一個全國性的法律學會——北京法學會,並於辛亥年間設立短期政法研究所。學者雲集,同人齊會,講說新理,推導舊義,盛極一時。據有人統計,清末各類法律學堂的人數竟達一萬多人。數量之多,為前所未有。到辛亥革命前,由於伍廷芳等人的倡率,朝廷的督導,中國大地上出現了一個前所未有的學法熱潮。法律知識的普及,法律觀念的更新和法律研究的深入,促進了民族文明程度和政治民主程度的提高,為即將到來的辛亥革命提供了物質和思想準備。

三、「創榛闢莽,前驅先路」
——伍廷芳與中國法律近代化之關係

清末新政改革是對半個世紀以來數代先進的中國人向西方學習,探索富國強兵之道經驗智慧的總結。林則徐、魏源、洪仁玕、鄭觀應、康有為、梁啟超、孫中山等先驅者們的變革方案,在此部分地變成了現實。它又是中國近代化運動向縱深發展的新起點,隨之而來的便是中國近代社會全面轉型的到來。法律改革既是新政改革的重要組成部分,又是衡量新政改革的尺度,體現、規範著中國近代社會的整體走向。伍廷芳作為清末法律改革的主要負責人之一,依照西方近代法學原理,對中國傳統法律體系進行了全面刪改與創新,設計構築了未來社會的立國藍圖,推動中華法系走出中世

紀，邁向近代化。「創榛闢莽，前驅先路」，當能總括伍廷芳在中國近代法制史上的崇高地位。

法是階級社會的產物，是上層建築的組成部分。從本質上看，法是統治階級意志的體現；從形式上看，法是以國家意志出現，具有普遍約束力的調整人們行為的規範。自夏至清，中國古代法律與奴隸制國家相伴而生，同封建制國家一起走向成熟。四千多年來陳陳相因，不絕如縷，形成了沿革清晰、特點鮮明的法律體系，被世界推崇為五大法系之一的中華法系。

中華法系對於維護國家的長治久安起了至關重要的作用，中華民族五千年連綿不斷的歷史無處不凝鑄著它的輝煌。但它畢竟是人類相對分散時代的產物，是對自然經濟狀態下人與人、人與國家之間關係的規範、制約。哥倫布發現新大陸，帶來了世界觀念的變更；工業革命促成了人類由分散走向整體。十九世紀四〇年代以後，伴隨著歐美列強的殖民侵略，西方近代法律呼嘯東來，對中華法系造成了巨大的衝擊。以 1843 年《中英五口通商章程》為起始，「領事裁判權」作為一種異質的法律形態強行楔入中國社會肌體，暢行無阻，中國的司法主權遭到了完全的破壞，中華法系的完整性呈現破碎狀。此種現象且隨著中國社會半殖民地狀況的日趨嚴重而愈演愈烈。到 1943 年為止，兩種法律形態在中國大地上並行不悖。且歐美法律大有反客為主的傾向。在通商口岸的租界中，由外國人控制的「會審公廨」對案件的審理，竟然出現了「外人不受之刑章，而華人反就外國人裁判」[96]的現象，「洋官於互控之案，大率把持、袒護，雖有會審之名，殊失秉公之道。又往往干預華民案件，幾歸獨斷。」[97]對領事裁判權的危害，歐美法律對中國法律的衝擊造成的惡果，同是清末法制改革主帥的沈家本從法理上做過深刻的剖析。他說：「國家既有獨立體統，即有獨立法權，法權向隨

---

[96] 趙爾巽：《清史稿‧刑法志》，中華書局 1977 年版。
[97] 王威彥：《清季外交史料》卷 173，書目文獻出版社 1987 年版，第 11 頁。

領地以為範圍。各國通例，惟君主大統領，公使之家屬從官，及經承認之軍隊、軍艦有治外法權，其餘僑居本國之人民，悉遵本國法律之管轄，所謂屬地主義也。獨對於我國藉口司法制度未能完善，予領事以裁判之權，英規於前，德踵於後，日本更大開法院於祖宗發祥之地，立權日削，後患方長。」又說：「景教流行，始於唐代，有大秦、摩尼、祆神之別，言西教者喜為依托。自前明以至國初，利瑪竇、熊三拔、湯若望、南懷仁之流，藉其數學傳教中國，雖信從者眾，而與現在情形迥異。教案為禍之烈，至今而極，神甫、牧師勢等督撫，入教愚賤氣凌長官，凡遇教訟案，地方於交涉，絀於因應，審判既失其平，民教之相仇益亟。蓋自開海禁以來，因鬧教而上貽君父之憂者，言之滋痛。推其原故，無非因內外國刑律之輕重失宜有以釀之。」[98]因「中西刑律差殊，外人夙所藉口，今於租界公共之地，復侵華官自理之權，流弊何所底止」。[99]

不僅如此，中華法系在近代已呈現出明顯的滯後性，已經不能適應中國民族資本主義經濟發展的需要。例如中華法系中沒有商業法律，就只能被動地比照陳舊的京城錢鋪治罪章程處罰虛設公司的倒騙者，而不能主動地依法管理商業，更談不上依法保護民族工商業，免受外國工商業的擠壓。1901 年 10 月 2 日，湖廣總督張之洞、兩江總督劉坤一在著名的「江楚會奏變法」第三折內對此有過深刻的反省。他們認為：「互市以來，大宗生意，全係洋商，華商不過坐賈零販。」追溯原委，除外國採用大機器生產外，國家的支持和商律的詳明也是重要因素，「是以商務日興」。而「中國素輕商買，不講商律。於是市井之徒，苟圖私利，彼此相欺。巧者虧逃，拙者受累，以故視集股為畏途，遂不能與洋商爭衡」。「況凡遇商務訟案，華欠洋商則領事任意要索。洋欠華商則領事每多偏袒。於

[98] 沈家本：《欽定大清新刑律・奏疏》，中華書局 1985 年版。
[99] 伍廷芳：〈奏滬會審公廨情形黑暗請定章程片〉，《清季外交史料》卷 173，書目文獻出版社 1987 年版，第 11 頁。

是華商或附洋行股份，略分餘利，或庇無賴流氓為護符，假冒洋行。若再不急加維持，勢必至華商盡為洋商之役而後已。」有鑑於此，張、劉總督倡言當務之急是定商律，並樂觀地預言，商律制定，「則華商有恃無恐，販運之大公司可成，製造之大工廠可設，假冒之洋行可杜。」「十年以後，華商即可自立，駸駸乎並可與洋商相角矣。」[100]

中華法系的滯後性，遭到了近代眾多政治思想家的抨擊。從薛福成、嚴復、黃遵憲直至康有為、梁啟超，無不痛詆中國傳統法律的落後、野蠻。「吾國法律，與萬國異，故治外法權不能收復。且吾舊律，民法與刑法不分，商律與海律未備，無非所以與萬國交通也。今國會未開，宜早派大臣及專門之士，妥為輯定。」[101]報刊、雜誌更紛紛以修改法律為言：「凡天下君民共主之國，其已立憲者，蓋納一國上下於法之中，而莫敢越也。」而在中國，一國之事「寄之六部，六部堂官，悉之屬員，屬員奉職，托之胥吏。胥吏恃成法之積弊，因緣以為奸，是一國之治，皆胥吏之治也」。[102]「中國刑曹，只守舊章，勢必愈趨愈下。翻新革舊，雖不可過於急驟，而刑訊時所用各種慘酷之刑，必須速為掃除。並簡派刑官，將人清律例，詳為考究，擇其妥善，與西例相似者，悉為匯集。」[103]

這一切表明，中華法系已不能涵蓋近代社會豐富多彩的現實生活，進行一次革命性的變革已不可避免。因而，當列強各國做出關於放棄領事裁判權的許諾後，清末法制改革便緊鑼密鼓地展開。1901 年 10 月 16 日，英國在《中英追加通商航海條約》第十二條中說：「中國深欲整頓律例，期與各國改同一律，英國允願盡力協助，以成此舉，一俟查悉中國律例情形及案斷辦法，及一切相關事

---

[100]　（清）朱壽朋編：《光緒朝東華錄》㈣，中華書局 1984 年版，第 4763 頁。

[101]　康有為：〈請開制度局議行新政折〉。

[102]　〈論中國變政並無過激〉，《知新報》。

[103]　〈整頓中國條陳〉，《時務報》。

實，皆臻妥善，英國允棄其領事裁判權。」⑩繼英國之後，日本、美國、葡萄牙等國也做出了類似的承諾。清政府當即做出回應，發布修律上諭，設立修訂法律館。伍廷芳的奏折典型地代表了此時中國人的修律心態。他在〈奏刪除律例內重法折〉中認定：「方今改定商約，英、美、日、葡四國均允中國修訂法律，首先收回治外法權，實變法自強之樞紐。臣等奉命考訂法律，恭繹諭旨，原以墨守舊章，授外人以口實，不如酌加甄採，可默收長駕遠馭之效。」⑩列強各國的許諾，變成了清末修律的直接動因。中華法系在東西方列強的衝擊下，被迫做出艱難的抉擇。伍廷芳主持下的清末修律，正是在繼承、發展前人法制改革的基礎上，以西方近代法學原理為引線，對中華法系實施具有整體性的大手術。

清末法律改革動搖了中華法系的理論基礎，逐步擺脫了儒家思想的束縛。漢代以前，有關古代立法的原則，可謂是人鬼共爭，法、墨、道、儒同台。隨著大一統王朝的崛起，法律思想日趨並軌。自漢武帝罷黜百家，表彰六經，猶尊儒術以後，儒家的綱常名教逐漸成了立法與司法的指導原則，維護「三綱」、「五常」成了封建法典的核心內容。由漢至隋盛行的引經斷獄，以突出的形式表現了儒家思想對於封建法制的強烈影響。據經釋律、引經決獄的結果，不但把經與律這本來不協調的東西融和起來，而且給當時的法律條文賦予了儒學的精神，促進法律條文順著儒家經義發展，為儒家思想直接指導封建立法和司法掃清了道路。曾經盛行一時的法家思想不得不退居次席，生存在儒家思想的陰影下。儒家思想為體，法家思想為用的格局自此形成並日趨鞏固。反映儒法合流的「禮（德）主刑輔」和「出禮入刑」，成為封建統治者一貫遵循的法律原則。漢代儒家繼承和發展了周公的「明德慎罰」思想，強調以德服人，以禮服人，先教後刑。孔子說：「化之弗變，導之弗從，傷

---

⑩　楊鴻烈：《中國法律發達史》，上海書店 1935 年版，第 872 頁。
⑩　《伍廷芳集》上，第 257 頁。

義敗俗，於是乎用刑矣。」意即只有當人們不接受道德教化時，才對他們動用刑罰，把德與禮的統治方法放在首位，把政與刑的統治方法放在次席。此種思想經過孟子、荀子的繼承和發展，到西漢初期，由於秦亡之鑑，思想家們更是紛紛主張把仁義道德的感化教育作為治國的重要手段，而譴責秦朝的「專任刑罰」。到漢武帝統治時，經過高祖、惠帝、文帝、景帝的慘淡經營、拓展，西漢已呈強盛之勢，漢初的「治道貴清靜而民自定」的黃老學說作為治國的指導思想，已經顯得過時、迂腐，因而當董仲舒的新儒學一經問世，便受到了統治者的青睞，尊為正統。董仲舒總結自孔子以來德（禮）主刑輔思想的發展，用陰陽學說來加以闡述，提出一套「陽德陰刑」的德主刑輔理論。他在《春秋繁露‧精華》中就明確地說：「教，政之本也；獄，政之末也。其事異域，其用一也。」通過天道與儒家思想的巧妙結合，董仲舒就為德主刑輔找到了理論依據。禮還作為一種特殊形式的法，調整著親屬、婚姻、繼承各方面的民事法律關係，並最終導致了中國古代社會民事立法不發達，缺乏獨立的系統的民事法規。正是在這個意義上，人們普遍認為中國法律是倫理型的，「在中國，遵守習慣規定的禮代替了對法的遵守。」[106]

伍廷芳主持領導的清末法律改革則從立法原則上對中華法系進行了全面而具體的修訂。雖然在修律的全過程中，清廷規定，恪守「三綱五常」是天條，維護君權為職志，但隨著法律變革的深入發展，清末法律改革脫出統治者初衷的現象愈來愈明顯，並最終走向了統治者最不願正視的一面。誠如費正清所分析的：「清廷企圖實施有名的 1898 年百日維新時提出的許多改良辦法，但是已經太遲了。歷史已經把他們扔在後面。他們的勉強的改革舉動所得的唯一後果只是為革命準備了道路。」[107]廢除「緣坐」，提倡「刑罰止及

[106] 〔法〕勒內‧達維德：《當代主要法律體系》，上海譯文出版社 1984 年版，第 488 頁。

[107] 〔美〕費正清：《美國與中國》，商務印書館 1971 年版，第 153 頁。

一身」，實際即是對中華法系立法原則的否定和對西方近代法制思想的讚賞。「緣坐」、族誅之刑導源於中華法系的法制原則。禮教的法律化是以家族本位為前提的，儒家從維護家族內部秩序的立場出發，提出以父權、夫權為基點的倫理學說，竭力論證家國相通，忠孝互用，事君與事父的統一性，借以強化專制主義制度。「法律總是維護族長的威信，並且按照親屬關係身份進行懲處。國家就是這樣給家庭結構以法律上的支持，這是它維護社會秩序的一個明顯的手段。」[⑩]楊度對此有過精當的分析。他說：「所謂誅九族，夷三族，皆以族為本位，故對於國家犯罪，即處以誅族之罰。因此主義之故，其結果至於以立法、司法之權，皆界之今之所謂家法，即家長之法，家長至於可以殺人乃至擅殺人。」「此吾國數千年來刑法主義之所在，即維持國家安寧政策之所在。」[⑩]

與此同時，建立在儒家倫理精神和原則之上的封建法律，則以法律的強制力，確認父權、夫權，維持尊卑倫常關係。凡犯有「不孝」、「惡逆」、「不睦」、「內亂」罪者，皆以違背綱常倫理而加重其刑。因而「緣坐」誅族酷刑的出現與長期存在便成為當然。資本主義經濟的發展、壯大，引起了傳統家族觀念的變更，以公民為本位日漸成為中國近代社會的整體走向，因而「緣坐」誅族之刑的廢除便是必然的，「刑罰止及一身」則是以法律的手段，規定、確立了以公民為本位的社會制度。

「凌遲」、「梟首」、「戮屍」等酷刑的廢止，也表明了對中華法系立法精神——儒家倫理的排拒。據記載，「凌遲之刑，唐以前無此名目，始見於《遼史·刑法志》。」[⑩]宋朝神宗年間沿用不衰。清代「梟首」繼承明制。「戮屍」見於《始皇本紀》。明代「萬

⑩ 〔美〕費正清編：《劍橋中國晚清史》上，中國社會科學出版社 1985 年版，第 15 頁。
⑩ 劉晴波主編：《楊度集》，湖南人民出版社 1986 年版，第 528 頁。
⑩ 伍廷芳：〈奏刪除律例內重法折〉，《伍廷芳集》上，第 257 頁。

曆十六年始定此例，亦專指謀殺祖父母、父母而言。」[⑪]在刑罰裁量過程中，封建禮教觀念起著重要的作用，凡觸及禮教傳統的犯罪，律例均規定了極其嚴厲的刑罰，或是在審判時作為加重情節，嚴加懲處。例如對列於「十惡」之首的謀反、謀大逆等罪，凡共謀者，不分首從，皆凌遲處死，並株連親屬。從對以上酷刑的判處看，歷代大多僅限於十惡中的「大逆」、「謀反」、「逆倫」等罪，這是封建統治階級為了維持、維護其封建統治和宗法制度，而對人民採取的一種滅絕人性的殘酷鎮壓手段。它們在清末修建中被廢除，表明數千年來始終貫穿、滲透於中華法系的儒家倫理已經開始喪失了作為立法原則的地位，而讓位於體現人類社會進步的西方近代法學原理。新政期間由伍廷芳、沈家本等人主持制定的《刑事民事訴訟法》基本上採用了西方近代資產階級的訴訟原則和立法精神，排拒往昔禮教對司法的影響、滲透，追求法律的獨立與尊嚴，提倡男女平等，凡職官命婦，均可由公堂知會到堂供證，主張父祖子孫異財別籍，一人有犯被刑，產物查封備抵，不牽涉妻妾父母兄弟姊妹子孫和各戚屬家人的財產。前面提到的張之洞對《刑事民事訴訟法》的攻訐則從側面映襯了儒家倫理精神在清末立法中的旁落。雖然該訴訟法未能頒行，但它表明以伍廷芳為代表的資產階級法理派向儒家倫理綱常的正統地位發起挑戰，並試圖在立法中逐步擺脫儒家思想的羈絆，實現法律的真正獨立。

清末修律限制了皇權，由皇權無限開始了向皇權有限的歷史轉變。皇帝始終位居立法與司法的樞紐是中華法系的一個顯著特點。自秦始皇建立統一的專制主義封建王朝以後，歷代皇帝便居於國家首腦地位。皇帝受命於天，是最高的立法者，皇帝發布的詔、令、敕、諭是最權威的法律形式，皇帝可以一言立法，一言廢法。西漢杜周說：「三尺安在哉，前主所是著為律，後主所是疏為令，當時

---

⑪ 伍廷芳：〈奏刪除律例內重法折〉，《伍廷芳集》上，第 257 頁。

為是，何古之法乎。」[112]歷代封建法律的權力主要體現在「治民」，兼帶「治吏」上，卻從沒有治君之權。相反，法自君出，猶由君斷，皇帝的特權凌駕於一切法律之上，國王就是法律。正如純粹法學派奠基人凱爾森所言：在君主專制的政府形式下，「法律秩序在其所有階段上，都直接由君主或由其任命的機關所創造和適用，君主本人是不負責任的；他不在法律之下，因為他是不對任何法律制裁負責的。」[113]皇帝又是最大的審判官，他或者親自主持廷審，或者以「詔獄」的形式，敕令大臣代為審判，一切重案會審的裁決與死刑的復核均須上奏皇帝，他可以法外施恩，也可以法外加刑。並且皇帝對立法權和司法權的掌握隨著封建專制主義中央集權的極端化而日趨集中。限制、削弱皇權本非清末法律改革的初衷，但既然要「折衷各國大同之良規，兼採近世最新之學說」，[114]就勢必甄採西方近代法學原理，限制皇權，擴大民權。伍廷芳主持編訂的《刑事民事訴訟法》的主旨便是削弱、限制皇權，提高民權，保護私人利益不受侵犯，如訴訟法第七十九條明文規定，除「立決者」、「監候者」經由刑部復核報請皇上批准外，凡處「流徒刑者」，「監禁刑者」，「罰金刑者」，地方司法機關均有終審權。[115]第二十七、二十八條赫然寫有：巡捕如無適當公堂簽發的拘票，「概不准逕入房院或在道路擅行捕拏」，違者准民人「向公堂按律治罪或照民事案件辦法索取賠償」。[116]這些規定同被統治者只有義務而無權利的封建法律相比，不啻是一場革命，表明中國法律從否認民權向有條件地確認民權的轉變。

清末法律改革，帶動了官制改革，而在陸續出台的官制改革舉

[112] 《史記‧酷吏列傳》。
[113] 〔奧〕凱爾森：《法與國家的一般理論》，中國大百科全書出版社1996年版，第332頁。
[114] 沈家本：《寄簃文存‧進星刑律分則草案折》。
[115] 伍廷芳等編：《大清新編法典》，《近代中國史料叢刊‧三編》(270)，（台灣）文海出版社，第59頁。
[116] 同上，第50頁。

措中，人們依稀可以看到三權分立思想的影子，「定於一尊」的至上皇權自此受到削弱。1906 年 10 月，清廷決定實行司法與行政分立，推行司法獨立，將刑部改稱法部，執掌司法行政，不再具有審判職能；原來專司復核之權的大理寺改為大理院，作為全國最高審判機關；在法部設置總檢察廳，作為最高監察機關，獨立行使監察權。所謂：「行政之事，專屬之內閣各部大臣，內閣有總理大臣，各部尚書亦為內閣政務大臣。故分之為各部，合之皆為政府，而情無隔閡，入則參閱議，出則各治部務，而司事貫通。」「司法之權，則專屬之法部，以大理院任審判，而法部監督之。」「此外有資政院以持公論，有都察院以任糾彈，有審計院以查濫費，亦皆獨立，不為內閣節制。」[⑩]其後，為了進一步強化司法獨立，修訂法律館於 1907 年 9 月擬訂出《法院編制法》草案，提交憲政編查館審核。1907 年《各級審判廳試辦章程》的頒布，標誌著在中國歷史上首次肯定司法獨立及審檢分立、民刑分審、四級三審、上訴陪審、訴訟代理等原則的確立。於是，以司法獨立為特徵的政治權力分立化的格局開始出現在近代中國法律文化體系之中。儘管權力的分立依舊以皇權為依據，因而是不徹底的，但它昭示著新的司法體系的誕生，體現了近代中國法制文明的歷史性進步。

在這場長達十年之久的清末法律改革中，「六法」（刑法、民法、商法、刑事訴訟法、民事訴訟法以及 1911 年作為憲法宣布的「十九信條」）均已具備雛形，儘管除了兩部刑法（《大清現行刑律》和《大清新刑律》）和一部《法院編制法》（《大理院審判編制法》）外，大多數法律僅停留在草案階段，而且即使是已經頒布實施的法律，也因為缺乏經過嚴格訓練，具有全新法律知識、觀念的司法人員，而僅僅成為具文，但司法的獨立已開始成為現實，卻是無可爭議的。1906 年，中央官制的最終審定雖然並未完全實現憲政

⑩ 《光緒政要》，光緒三十二年九月，〈慶親王等奏改內閣部院官制疏〉，《近代中國史料叢刊・正編》(345)，（台灣）文海出版社，第 586 頁。

編制館所倡言的、仿照立憲諸國的三權分立的原則，但由刑部改成的法部掌司法行政，大理寺改成的大理院專司審判，就從機構設置與職官職掌兩方面改變了行政、司法不分的傳統。專制君主乾綱獨攬的時代已經結束，古老的中華法系趨於瓦解。

中國近代新型法律體系雛形的出現，是同中華法系的日漸式微直至逐漸瓦解大致同步的。伍廷芳主持領導下的清末法律改革在中國法制史上的地位是無與倫比的。它標誌著綿延數千年的中國古代法律開始走出中世紀，邁向近代化。伍廷芳作為清末修律的負責人，他的歷史貢獻在於：在特定的歷史條件下，把近代西方法律思想與實踐引入修律的整個活動中，進而改變了中國傳統法制的固有面貌，在一定意義上宣告了傳統法制體系的歷史性終結，由此構成了中國法制現代化的歷史新起點。此次改革所制定的法律、法規，雖然只是部分地得到了貫徹實施，但它留下的大量法律草案，成為1912-1919 年間南京臨時政府、北洋政府及 1928-1933 年間南京國民政府立法高潮時代的藍本。中華民國成立不久，孫中山就以「編纂法典，事體重大，非聚中外碩學，積多年之調查研究，不易告成」為由，採納伍廷芳所提建議，「前清制定之民律草案、第一次刑律草案、刑事民事訴訟法、法院編制法、商律、破產律、違警律中，除第一次刑律草案，關於帝室之罪全章及關於內亂罪之死刑，礙難適用外，餘皆由民國政府，聲明繼續有效，以為臨時適用法律，俾司法者有所根據」，「俟中華民國法律頒布，即行廢止。」[113]因而，從中國法制現代化的「長時段性」考慮，伍廷芳和他主持領導下的清末修律在中國的法制現代化史上具有里程碑式的地位。

[113] 存萃學社編：《辛亥革命資料匯輯》第五冊，（香港）大東圖書公司 1980 年版，第 352-353 頁。

高揚以法治國的旗幟
——中華民國初期伍廷芳的法律思想與實踐

　　1911 年的辛亥革命推翻了滿清王朝，建立了中華民國，但是中國社會仍呈現出一幅動蕩不安的景象，舊秩序被打亂但根基猶存，新秩序已建立卻基礎未牢，社會整體地處於由無序向有序的嬗變之中。在此新舊交替的歷史大轉折關頭，伍廷芳在擔任中華民國南京臨時政府司法總長[①]及其以後的時間裡，高揚以法治國的旗幟，突出強調尊重法律，改良司法，為在中國建立一個資產階級共和國進行了不懈的努力。下面將從司法與內政外交的關係，司法獨立訴訟原則兩個方面剖析伍廷芳在中華民國初期的法律思想與實踐。

一、司法改良「是為締造民國一大機紐」

　　從文明交流的角度看，中華民國是東西方文明衝突、交融的結晶。以孫中山先生為代表的資產階級革命派，以中華民族的歷史傳統為基點，以奔湧澎湃的世界潮流為參照系，甄採東西，淘舊鑄新，提出了一個以「三民主義」為核心的民主革命綱領，並歷盡千

[①] 1912 年 1 月 3 日至 4 月 3 日間，伍廷芳擔任中華民國南京臨時政府司法總長。史料依據：〈復滬軍都督書〉4 月 5 日：「四月三號接到大咨，適廷芳已辭職，不能再以正式公文互相商榷。」由此可推斷，伍廷芳辭去司法總長一職是在 1912 年 4 月 3 日前。《伍先生（秩庸）公牘》，《近代中國史料叢刊‧正編》(652)，（台灣）文海出版社，第 102 頁。

辛萬苦，終於迎來了中華民國南京臨時政府的成立。中國歷史由此揭開了新的一頁，東亞歷史開啟了新的紀元。然而，社會歷史演進的相對滯後性與政治家思想的趨前性之間的矛盾依舊困擾著孫中山為首的革命黨人。南京臨時政府成立之後，陸續制定頒布了《中華民國臨時約法》等一系列制度規章，構設了以「五權憲法」為核心的施政大綱。但戰亂頻仍、政局動盪的現實，致使中華民國步履維艱，危機四伏，有法不依、以權犯法的現象頻頻發生。在中華民國向何處去的重大歷史關頭，一度擔任過南京臨時政府司法總長的伍廷芳，以法學家的理性，政治家的睿智，參酌歐美國家富強之道，結合中國的歷史現實，於 1915 年 3 月寫成了共分三十章，長達數萬言的〈中華民國圖治芻議〉，全面、系統地闡述了其治國思想與舉措，突出強調，中華民國必須走以法治國的道路，並斷言惟有如此，才能無愧於「民國」稱號，也只有如此，中華民族才能早日躋身世界富強民族之林。

　　針對中華民國成立後百廢待興、百業待舉的現實，伍廷芳將改良司法列為治國的第一要義。他認為：「治國之法多端，」[2]「若問一國之內，開銷薪俸獨多，其職任又不容緩設者，厥官維何，則司法是矣。」[3]「中國政治，欲有所進步，須先從司法一門入手，」[4]「蓋內政外交均係於此。」[5]隨後，伍廷芳全面深刻地論述了司法改良與內政、外交的關係。

(一)欲收回治外法權，必先自改良司法始

　　東西方列強在華享有治外法權，是中國近代社會半殖民地化的重要標誌，這種特權地位，違反屬地主權原則，是對弱小國家主權的極大破壞，也是對國際法關於國家主權原則的粗暴踐踏。從 1843

② 〈中華民國圖治芻議〉，《伍廷芳集》下，第 596 頁。
③ 同上，第 593 頁。
④ 同上，第 595 頁。
⑤ 同上，第 593 頁。

年至 1918 年，中國被迫同十九個國家簽訂了含領事裁判權條款的各種條約計有三十四個，其中包含領事裁判權的條款共一百一十條。（詳情參見附錄九）

　　飽嘗不平等條約之苦的中國人，百年來為廢止治外法權，爭取平等外交進行了不懈的努力，尤其是當英國在《辛丑條約》之後，做出有條件地放棄領事裁判權的許諾後，中國人便把修律改制視為富強要訣。身受西方資產階級法學思想浸淫的伍廷芳更是堅信不疑，主持並領導了清末修律工作，制定頒行了一系列以大陸法系為藍本的刑律、民律、商律等，開啟了中國法律近代化的歷史先河。雖因頑固守舊勢力的排拒和清朝的垮台，所定新律多未頒行，恪守法學理念的伍廷芳仍是矢志不渝，孜孜以求。在擔任南京臨時政府司法總長期間，伍廷芳為使國人認清改良司法的重要性和必要性，「不惜務為顯淺，三復贅言。」[6]他認為，自開埠通商以來，「中西交涉，時間涉訟，而西人向無遵我法律者」，「中西會審，屢費周章」，「每因一案之齟齬積久未能清理」，究其原委，即在於「中西司法，判若兩途」。[7]中國法律歷經數千年的沿革、發展，形成了一個獨具風采的法律體系——中華法系，但它畢竟是農耕文明的產物，影響所及，僅在東亞一隅，只具有殊別性價值，而缺乏普世性價值。自海禁大開，西學東播以來，歐美法律作為西洋強勢文化的組成部分，呼嘯東來，漫捲神州，在不平等條約的保護下，迅即在中華大地上立足生根，大有取代中國傳統法律之勢。當此之時，中國人欲求國家的富強，欲求收回治外法權，必須以開放的心態，拋卻難以割捨的戀古情結，甄採西洋法律的精華，裁汰中國傳統法律的糟粕，重鑄中華法律的殿堂。因而改良司法不僅是時勢的逼迫，更是民族生存的需求，即使「為司寇三月，而魯大治」的孔子生於今日，「若非研究法律，細意鞫訊」，「徒守曩古之遺法，

---

⑥ 《中華民國圖治芻議》，《伍廷芳集》下，第 596 頁。
⑦ 同上，第 593 頁。

武斷拘執，勢所不能降及後世。」「此時欲收回治外法權，終未能旦夕解決。」[8]由此，伍廷芳申言，「中國改良律例，慎重法庭，自是切要之問題也。」[9]在此需要指出的是，過去論者多譏評伍廷芳對於英美日葡四國放棄領事裁判權的許諾，表現得過於天真，幻想通過律例改革收回治外法權，「沒有把收回領事裁判權的鬥爭放在切實的增強國力的基礎上。」[10]其實，此種觀點是值得商榷的。依表象判斷，伍廷芳確如批評者所言，他在主持清末修律的改革中和任南京臨時政府司法總長時，每每將司法改良同收回治外法權聯繫在一起，但是卻不能就此批評他對帝國主義抱有幻想，更不能將司法改良同增強國力視為矛盾。一則，以伍廷芳馳騁國際坫壇的經歷，他是深諳「弱國無外交」的近代國際準則的。1895 年，出席對日談判，伍廷芳便充分領略了弱國無外交的苦楚。1895 年 2 月 15日，伍廷芳在日本長崎致函盛宣懷，歷數日本對張蔭桓、邵友濂及隨團人員的侮辱虐待，忿言說道：「我將卒苟能奮勇於疆場，不容其猖披，何致就彼而受其欺慢。欲消此恨，其任將與兵焉，和局易成與否，亦在戰爭之勝負判也。」[11]據此，怎能斷言伍廷芳對帝國主義抱有不切實際的幻想呢？二則，改良司法同增強國力非但不矛盾，而且是極為一致的。綜合國力的提高，是由諸多變量決定的，其中完善的法律制度對經濟勢力的增強起著至關重要的作用。古今中外的盛朝強國的歷史均已證明此點。近代歐美諸國的捷足先登自不待言，即使輝煌無比的中國古代文明，也是有同農耕文明相匹配的封建法律作保障的。因此，批評伍廷芳只注重改革司法，不切實增強國力，將兩者截然分開的觀點是錯誤的。更何況伍廷芳在其多

---

⑧ 〈中華民國圖治芻議〉，《伍廷芳集》下，第 593 頁。
⑨ 同上。
⑩ 張晉藩等著：《中國近代法律思想史略》，中國社會科學出版社 1984 年版，第259 頁。
⑪ 陳旭麓：《甲午中日戰爭（下）・盛宣懷檔案資料選集之三》，上海人民出版社1982 年版。

部的論著中，始終將司法改良同發展資本主義經濟視為一個問題的兩個方面，且正確地認定前者是先導，後者是基礎，二者相輔相成。而這正是伍廷芳雖有近二十年的洋務生涯卻不能將其視為洋務派的根本原因所在。

(二)司法改良「關係商民安居與國家富強」

中國社會在近代的貧弱和商事制度的匱乏，封建政府長期推行重農抑商政策是難逃其咎的。早在戰國中期，「抑商」就成為商鞅變法的重要內容。如：「末事不禁，則技巧之人利，而游食者眾。」[12]所謂「禁」字之義，乃「令商賈技巧之人無繁」。[13]當時還明確規定「不農之征必多，市利之租必重」，[14]意即加重商稅。漢代統治者更運用政治法律措施抑制「不法」商賈，硬性規定商人「不得衣絲乘車，重租稅以困辱之」，「市井之子孫，亦不得仕官為吏。」[15]唐代以後，封建國家進一步擴大商品的專營的範圍，除了實行鹽鐵專營外，還制定茶法、酒法、醋法，將茶葉、酒、醋的專賣權收歸政府掌管。明清初年，則把「海禁」視為基本國策。明太祖朱元璋就曾宣布「片板不許下海」，違者嚴懲，《大明律》均列有「違禁下海」的專門條款。

長期推行重農抑商政策，使得資本主義在中國的演進極為緩慢，雖有學者提出唐宋萌芽說，甚至有春秋戰國萌芽說，但直至鴉片戰爭爆發前，資本主義萌芽始終沒能衝破中國封建社會母體，成長為參天大樹。與此同時，該政策也嚴重阻礙了商事制度的發達。反觀歐洲的歷史，早在羅馬時代，就有具有商法特徵的私法、商人團體的習慣法和萬民法存在。在中世紀的地中海沿岸國家，出現了解決商事糾紛的特殊法庭，制定了海商法。十五、十六世紀，風靡

---

⑫ 《商君書·外內》。
⑬ 同上。
⑭ 同上。
⑮ 《史記·平準書》。

英法等國的「重商主義」更為資本主義發展海外貿易和資本原始積累插上了堅實的翅膀。至近代，西方各國尤其是大陸法系國家為適應資本主義發展的需要，紛紛進行商法典的編纂。其中最為著名的且對後世最有影響的當是 1807 年的《法國商法典》和 1897 年制定的、1900 年 1 月 1 日起生效的《德國商法典》。商法典的陸續頒行，為西歐資本主義的發展起到了保駕護航的作用，輔佐英法諸國成就了亙古未有的大業。

學貫中西、通曉東西法律的伍廷芳對司法與工商業的關係，有著深切的認識。早在主持領導清末修律工作時，伍廷芳就對制定商事法表現出濃厚的興趣，陸續制定了《獎勵公司章程》、《商會簡明章程》、《商人通例》、《公司律》、《破產律》等單行商事法規。如《公司律》規定：「凡湊集資本共營貿易者，名為公司；」「凡設立公司，赴商部注冊者」⑯即為合法。1910 年 10 月，《大清商律草案》即在此基礎上，擴充而成。南京臨時政府成立後，伍廷芳從其一貫堅持的理念出發，闡釋了改良司法與開源增利的關係。他認為，中國財政拮据的一個重要原因，即在於長期推行重農抑商的政策，缺乏同資本主義經濟發展相適應的經濟立法。他說：「中華奧壤實冠全球，造物孕靈，五金畢具，」金銀銅鐵鉛錫煤與煤油多藏於地下，不知開採。「或禁閉千年，或功虧一簣。」「譬一富翁，明知臥榻之下，地窖儲蓄豐盈，而日日嗟窮，求人借貸，豈非咄咄怪事？」⑰雖有少數商人，投資新式工礦產業，終因封建官府層層設卡，處處掣肘，外加「或採法未得其宜，或弱苗難敷接濟，或曠師未深閱歷，或士人多所阻撓」，⑱致使天平金礦、大禹銀礦等相繼倒閉，尤以「漠河金礦最足令人寒心」。「按漠河當時定章，所得每日以二成報效，既而加至三成，迭增四五成，後聞借題，竟奪

⑯ 伍廷芳等編：《大清新編法典》，《近代中國史料叢刊‧三編》(270)，（台灣）文海出版社，第 3 頁。
⑰ 〈中華民國圖治芻議〉，《伍廷芳集》下，第 584 頁。
⑱ 同上，第 584 頁。

歸官辦。民不信官，不自今日始矣。」[19]由於企業運行缺乏法律保障，礦章「取締太嚴，令開採家畏其縛束，夫財產為人類第二生命，誰肯絞其心血腦力，而浪擲資本於不可必得利息之荒丘？」[20]反觀英國，「以保商富國，名著全球」，「其開礦章程行之久遠，無苛求妄增者，又出其政府能力，以保商人。」[21]終使英國富買天下。當此民國新立之時，「吾國正宜仿照英章，示民大信，發天府之寶藏，救四海之困窮，否則，徒借貸於外人，國內財權，幾為人掌握殆盡，豈復有還款富強之一日哉？」[22]

改革司法還可吸引華商投資國內。伍廷芳認為自古至今，華人輾轉遷徙，遠涉重洋，何止數百萬人，但「無論為紳為商，挾資回國者，恆不多見」。根由就在於「內地治安遜於外洋遠甚，官役敲詐，劫掠時虞，華僑久已聞而寒心矣」。[23]粵東、香港相距咫尺，社會秩序差若天淵。粵東「財政在在困乏，毫無進步之可言也」。雖「迭經承充賭餉數百萬，征集勇兵，而地方盜賊益滋，江河愈形不靖」，「富者受官紳之魚肉，畏差役如虎狼。」[24]香港則「實力保護商民，司法之權，毫不浸及，而審判官廉政自愛，凡判斷各案，除上訟外，即成鐵案如山」。因而「華裔寧去其鄉，咸來托足也」。[25]華商不僅雲集香港，爭赴租界者也相望於道。伍廷芳說，租界本是民族恥辱的標誌，「我華人圖保護之私，從之者竟如歸市，購地置業，挈眷為氓，內地富翁，紛然來集。」清朝垮台後，天津、上海、青島、大連竟成了前清官宦富翁的行樂宮、安樂窩。富紳的遷徙，造成了資財的巨大流失，「富戶即去，只餘貧民，其

[19] 〈中華民國圖治芻議〉，《伍廷芳集》下，第 586 頁。
[20] 同上，第 584-585 頁。
[21] 同上，第 586 頁。
[22] 同上，第 586-587 頁。
[23] 同上，第 596 頁。
[24] 同上，第 597 頁。
[25] 同上，第 596 頁。

國何自而不窮耶？」㉖香港開埠通商後十多年，港英政府入不敷出，英國政府每年不得不撥調數十萬，「方敷布置」。近年來因粵省患盜，戰亂頻繁，粵東富家紛逃港地，香港地價暴漲，「今日該港進款年及千萬。」「不獨收入賦稅足資該埠治理，且得餘款大宗，運供英倫，助其祖國兵費。」㉗由此可見，法善與否，直接關乎國家財政的盈絀。最後伍廷芳斷言，「欲華僑遄返祖國，富戶甘隸國民」，民國政府必須「鼓舞眾商，一洗前清之舊染」，㉘「尊重司法，保護商民」，「否則內地遷出之民，日甚一日，無興旺之可期。」㉙欲求「國家致富」，無異「孟子所謂緣木求魚也」。

二、以司法獨立爲核心的法律思想

司法獨立原則是近代西方資產階級訴訟法的最基本的原則。從理論上講，它源於三權分立學說，其最具權威性的論述當屬孟德斯鳩。他說：「如果司法權同立法權合二為一，則將對公民的生命和自由施行專斷的權力，因為法官就是立法者。如果司法要同行政權合二為一，法官便將握有壓迫者的力量。」㉚依此理論建立起來的歐美資本主義國家，在其憲法或法律中，確認了司法獨立原則，規定司法機關自成體系，不受行政、立法機關的干預，獨立行使職權。法官只從屬法律而不從屬上級司法或行政機關的命令和指示。

伍廷芳的法律思想主要體現在接受西方訴訟司法文化、建立司法訴訟制度方面。早在新政改革期間，伍廷芳就把體現西方近代資本主義法律原則和精神的司法訴訟制度引入清末修律之中，「陪審制」、「律師制」和「公開審判」等首次赫然載入中國法律。他所主持制定的《大清刑事法律》、《大清民事律例》成為中國司法獨立

㉖ 同上，第 596 頁。
㉗ 同上。
㉘ 同上，第 587 頁。
㉙ 同上，第 599 頁。
㉚ 〔法〕孟德斯鳩：《論法的精神》上冊，商務印書館 1982 年版，第 156 頁。

的圭臬，在中國法制現代化史上具有里程碑式的地位。

中華民國成立後，伍廷芳繼續高舉以法治國的大旗，孜孜追求著司法獨立的真正實現。他認為：「司法者，全國治體命脈所繫，非從表面皮相者。」[31]司法能否獨立，執法是否廉明，是評判一個國家文明與野蠻的重要尺度。「中國司法，向昧夫獨立之一理，循二千餘年之專制，舉立法、司法、行法之鼎立三權操於一手，中央如此，各省亦如是，命令一出，視為定例，不聞有所謂議決通過者。承審權宜即為立法所操縱。提刑執法，生死機關，亦立法之一人所得而操縱也。」外國人往往「以我行政官有權干預司法，為所輕視耳」，[32]故而有 1907 年海牙國際會議將中國列為「不文明國家」的決議的出現。

為改變中國的國際形象，建立一個「法良政美」的資產階級共和國，伍廷芳提出了尊重法律，崇敬法官，改良司法的建議。具體措施有二：一為司法獨立；二為「文明審判」。

所謂司法獨立，伍廷芳認為其意即「專指審判官之獨扼法權，神聖不可侵犯」，「其司法之權，君主總統莫能干預。」[33]「更不准行政者越俎違章，稍作民權之侵犯。」[34]並以「英人馬生私運軍火案」、「奧地利皇后被刺案」、「美國總統提議被否決案」為例，斷言「文明之國，未有以法律而可妄意加增者也」。[35]為在全社會養成一種尊法重法、執法嚴明的良好風氣，伍廷芳提議對審判官要「優給俸薪」，「務令司法俸薪高出於行政者，以示優厚養廉，尊重人格」，此為「改良審判」的「第一要義」。[36]所謂文明審判，就是廢止中國傳統法律中的重刑主義和「有罪推定」，比照

---

③1 〈中華民國圖治芻議〉，《伍廷芳集》下，第 593 頁。
③2 同上。
③3 同上，第 594 頁。
③4 同上，第 650-651 頁。
③5 同上，第 594-595 頁。
③6 同上，第 595 頁。

歐美法律的訴訟原則和審判制度，建立保障當事人訴訟權力的「不用刑訊」、「無罪推定」以及公開審判、陪審制度和辯護制度。針對「不用刑，不可以杜絕犯事」的謬論，伍廷芳進行了嚴正駁斥。他說，「試看中國嚴刑提鞫，數百年來，何嘗見政簡刑清。」「出洋華僑，數百萬之眾，均不聞以刑取決，即香港距粵省最近，華僑數十萬，服從英律，亦非用刑訊而得其整齊，地方艾安，勝於內地，」又怎能妄論「華人性質不同，不能依西法判斷罪案」呢？[37]

為實現司法獨立，確保「文明審判」，伍廷芳特擬〈憲綱大旨〉七條如下：一、凡國人，不論何事，若無合格衙門所發之票，不能擅入鋪屋等處捕人與搜查及封禁房屋捕户等等。二、在街道中，如無合格衙門發出拘人票，或其人安分，現未目睹其在街上犯法，不准拘拿。三、所捕之人，必須於二十四點鐘內提案，由法庭當眾審訊。四、如一人犯事，只可將本人科罪，於本人父母妻子及親戚伙伴，均不得牽連。又凡審訊刑事民事各案，均不准用刑。五、或照例將犯罪人財產充公，只准充本犯人名下財產，別人所有不得牽及。六、如犯以上數條，不論為官為商，凡受害人，得以起訴，要其賠補科罰。七、審判官所斷之案件，行政官不能過問，如有冤抑，得上控於合格衙門。[38]

〈憲綱大旨〉七條浸透著資本主義國家的司法精神，流露出伍廷芳對「三權分立」、司法獨立的真切呼喚和熱情期待，充滿了伍廷芳急盼祖國文明富強的熾熱情懷。他認為，以上七條，字句通俗易懂，但卻「言簡意賅，關係至為重要」。中華民國的立憲基礎，即在於此。「如定為國憲，切實奉行，永不更變，則國民安居樂業，避地遠去之富家，可望復回梓桑，不虞有人侵害。」[39]

同時，〈憲綱大旨〉七條，也是伍廷芳對中華民國現實的有感

[37] 〈中華民國圖治芻議〉，《伍廷芳集》下，第 599 頁。
[38] 同上，第 598 頁。
[39] 同上。

而發。南京臨時政府成立後，孫中山根據資產階級三權分立和民主法律原則，在訴訟法上確立了資產階級的司法獨立等原則，強調「中華民國建設伊始，宜首重法律」[40]，「司法為獨立機關」。[41]《中華民國臨時政府組織大綱》明確規定，司法總長執掌「關於民事、刑事、訴訟事件，戶籍、監獄、保護出獄人事務，並其他一切司法行政事務，監督法官」。[42]《中華民國臨時約法》設法院為最高審判機關，由臨時大總統和司法總長分別任命的法官組成，並且規定：「法官獨立審判，不受上級官廳之干涉，」「法官在任中不得減俸或轉職，非依法律受刑罰宣告，或應免職之懲戒處分，不得解職，」從而確保司法機關不受干擾，獨立地行使其職權。同時，明令宣布，提倡人道，規定無論「何種案件，一概不准刑訊」，否定封建傳統法制的「有罪推定」、嚴刑逼供的法定證據制度，主張訴訟「鞫獄當視證據之充實與否，不當偏重口供」，「從前不法刑具，悉令焚毀」，「其罪當笞杖、枷號者，悉改科罰金、拘留。」[43]對濫施刑訊的官吏，一經查實，除剝奪官職外，還要給以行政處分或法律制裁，以示「人權神聖」。[44]為了切實保障訴訟當事人的合法權益，孫中山主張實行公開審判制，強調上訴權為人民權利之一種，還主張建立律師制度，以保護當事人的訴訟權。1912 年 3 月，孫中山在內務部警務局局長孫潤宇呈送的《律師法草案》上批文指出：「查律師制度與司法獨立相輔為用，夙為文明各國通行，現各處既紛紛設立律師公會，尤應亟定法律，俾資依據。」[45]

經過政府的提倡和督導，一時之下，南京臨時政府出現了尊法

[40] 《孫中山全集》第 2 卷，中華書局 1981 年版，第 14 頁。
[41] 存萃學社編集：《辛亥革命資料匯編》第 5 冊，（香港）大東圖書公司 1980 年版，第 357 頁。
[42] 同上，第 19 頁。
[43] 同上，第 271 頁。
[44] 存萃學社編集：《辛亥革命資料匯編》第 5 冊，（香港）大東圖書公司 1980 年版，第 216 頁。
[45] 《孫中山全集》第 2 卷，中華書局 1981 年版，第 274 頁。

重規的新景象。但是，法制建設是一項長期艱鉅的系統工程，欲圖法制建設的真解決，不僅需要合法權威政治的倡導，而且還要有全體國民集體法律意識的養成。以孫中山為首的南京臨時政府儘管頒行了一系列旨在加強法制建設的法令法規，且也起到了有法可依的一定作用。但是，歷經數千年封建法律文化的浸淫，民國政府不可能在短時期內實現依法治國的宏大設想。有法不依，以權預法的違法事例，依舊比比皆是。「上海南市裁判所審訊案件，猶用戒責，且使之婦女。」[46]江寧地方審判檢察廳長楊年、劉煥竟違法「組織高等審判檢察兩廳，所有辦事人員仍以該廳人員兼任」。[47]官員馬良竟擅自以內務司名義，侵越地方行政職權，強占浦口龍泉一帶地段，創設龍洞山莊。[48]更有甚者，身為司法部次長的呂志伊竟然指示湖北軍政府軍政部長孫武，「以違背國憲之罪，逮捕懲辦參議員劉成禺。」[49]對於這些違法案件的發生，伍廷芳一針見血地指出，根源就在於「三權鼎立，界限猶未劃清，至今尚不見實行耳！」[50]

　　為了維護法律的尊嚴，實現真正的司法獨立，伍廷芳憑一個法學家的理念、良知，同各種違法現象進行了堅決鬥爭。最具典型意義的當屬圍繞「姚榮澤案」、「宋漢章案」同滬軍都督陳其美展開的「權」、「法」之辯。

　　「姚榮澤案」發生於 1911 年 11 月。此案的被害者周實（又名實丹）、阮式（夢桃）係南社社員，同盟會會友，奔走於革命事業多年。1911 年 11 月 14 日，在淮安宣布獨立，以響應武昌起義。獨立之日，原前清山陰縣令姚榮澤匿不到會，阮式曾經當眾斥責其有騎牆觀望之意，後來姚雖然勉強出任縣司法長（一說為民政長），

[46] 存萃學社編集：《辛亥革命資料匯編》第 5 冊，（香港）大東圖書公司 1980 年版，第 271 頁。
[47] 同上，第 387 頁。
[48] 存萃學社編集：《辛亥革命資料匯編》第 5 冊，（香港）大東圖書公司 1980 年版，第 375 頁。
[49] 同上，第 224 頁。
[50] 〈中華民國圖治芻議〉，《伍廷芳集》下，第 597 頁。

但對阮式懷恨在心，伺機報復。11 月 17 日，姚榮澤派人以議事為名，將周實、阮式騙至府學魁星樓下殺害。周實連中七槍斃命，阮式被剮腹剖心，殘害而死。[51]南京臨時政府成立後，孫中山最初指令在原案發地江蘇審理，後因被害人家屬及南社等團體向滬軍都督告發，孫中山遂同意改在上海訊辦。幾經交涉，犯罪嫌疑人姚榮澤於 1912 年 2 月被提解到上海。

「宋漢章案」發生於 1912 年 3 月。宋漢章（又名宋魯）捕前係中國銀行經理。該行原為清朝户部銀行，1906 年改稱大清銀行，總行在北京，「樞紐全在上海」，「歷年推廣分行四十餘處」。[52]武昌起義以後，該行宣布凍結資金。滬軍都督陳其美曾多次提出商借一百萬庫存資金，均遭拒絕，遂起懲辦宋漢章之念，只是苦於銀行設在租界，契據寄存洋行，一時無法下手。1912 年 3 月 24 日，[53]陳其美察知宋漢章應華僑梁建臣邀請赴曹家渡小萬柳堂廉惠卿家宴，當即派人乘小火輪由蘇州河潛入廉家將宋漢章拘捕，交第十師

---

[51] <陳其美為姚案來文>二月初四，《伍先生（秩庸）公牘》，《近代中國史料叢刊・正編》(652)，（台灣）文海出版社，第 50 頁。

[52] <為拘捕宋漢章事致袁世凱等電>，1912 年 3 月 27 日《時報》。

[53] 關於宋漢章被捕日期，現存三種說法。一為 3 月 24 日說，見中國銀行臨時理監事會 3 月 25 日致伍廷芳函，内稱「昨午後二鐘，敝滬行經理宋漢章往小萬柳堂赴宴，忽被滬軍陳都督派兵拘捕，捉上救生小輪而去」（《伍廷芳（秩庸）公牘》，第 81 頁）。一為 3 月 25 日說，見陳其美發表於 1912 年 3 月 26 日《時報》的<拘押前大清銀行經理宋漢章通告>，內稱：「迭據有人報稱，前大清銀行經理宋漢章，乘民軍光復之際，揑造假賬巨款等情，」「經本府屢次函傳，該經理均抗不到案。昨已派員將宋拘獲，暫交十師長吳紹璘收管，聽候查核，秉公訊究。」一為 3 月 26 日說，見《陳英士先生文集》，台北 1977 年版，第 124 頁。3 月 26 日捕宋，3 月 27 日在《民立報》刊出<報告捉拿宋漢章電>，宣稱宋偽造賬目，侵吞公款，「罔利營私，弗顧大局，在銀行為巨蠹，在民國為公敵，論其大逆不道，已屬罪不容誅。」「迭經敝處函詰質訊，奈該經理恃租界為護符，抗不到案，不得已偵其出界，派員捕獲。」
三說中以 3 月 24 日較為妥切，1912 年 3 月 26 日的《申報》亦持此說。該報記載：「中國銀行經理宋漢章前日與顧達三、周舜卿、張叔禾等應華僑梁建臣之約，同赴曹家渡小萬柳堂廉惠卿家宴，飲時至二鐘，未及入座，忽有小輪船一艘，駛至後河停泊，有十餘人登岸，徑入客座，稱奉都督府之命令，將宋漢章擁去。」故從 3 月 24 日說。

師長吳紹璘關押。[54]次日，陳其美致電袁世凱、孫中山等各部總次長、參議院、各省都督，歷數宋漢章的劣跡，稱其「捏造吞匿，以圖中飽。按之法律，實難寬容」。「迭經敝處函詰質訊，奈該經理恃租界為護符，抗不到案，不得已偵其出界，派員捕獲。」[55]

平實而論，陳其美解決兩案的動機是至誠的。「姚案」是為了懲辦兇手，替革命同志申冤昭雪。正如陳其美1912年2月4日在致南京臨時政府的信中所言：「我輩之所以革命者，無非平其不平。今民國方新，豈容此民賊、漢奸，戴反正之假面具，以報其私仇，殺我同志。其美不能不為同人昭雪，粉身碎骨，有所不辭。」[56]「宋案」則是為了緩解民國政府財政困難，「總期一切公款涓滴歸公，不使一二奸商任情乾沒也。」[57]言裡行列，充溢著陳其美嫉惡如仇，愛憎分明的階級立場和坦蕩磊落的革命家風範。但是感情不能代替理智，更不能取代法律，在講求以法治國的民國初期，陳其美處理兩案的方式，顯然違背民國政府的立國原則，違背司法獨立、文明審判的司法宗旨。視法律為聖典的司法總長伍廷芳拍案而起。從1912年2月至5月，伍廷芳為維護法律的尊嚴，圍繞「姚案」、「宋案」，同陳其美進行了長達三個月之久的公開辯論。因「姚案」更為典型，故在此以「姚案」為中心。

伍、陳在「姚案」上的爭執，不在案情的虛實與否，焦點在於「權大」還是法大，即司法是否真正獨立。這場爭論主要體現在三個方面。

首先是裁判官任命之爭。按照三權分立的原則，司法部是一獨立機關，所有民刑案件的處理，理應由該部組織執行。但以民國功

---

[54] 〈中國銀行臨時理監事會來書〉，《伍先生（秩庸）公牘》，《近代中國史料叢刊‧正編》(652)，（台灣）文海出版社，第81頁。
[55] 〈報告捉拿宋漢章電〉，1912年3月27日《民立報》。
[56] 〈陳其美為姚案來文〉二月初四，《伍先生（秩庸）公牘》，《近代中國史料叢刊‧正編》(652)，（台灣）文海出版社，第53頁。
[57] 〈為拘捕宋漢章事致袁世凱等電〉，1912年3月27日《時報》。

臣自居的陳其美，雖為民國都督，卻未匍匐在民國法律之下，而是長官意氣十足，恣意干預司法審判。1912 年 2 月 29 日，陳其美單方面決定，委任滬軍都督府「軍法司總長蔡寅為臨時庭長，日本法律學士金泯瀾，二人為民國代表」。[58]對於陳其美的越權行事，伍廷芳極為不滿，3 月 2 日，致書陳其美，內稱：「所有裁判之支配，應由敝部直接主任，應派某人為裁判官，某人為陪審員，其權原屬於敝部。」[59]為此，司法部決定，委派陳貽范為所長，丁榕、蔡寅為副。司法部解釋説：「陳君貽范前畢業英京大學，得有法律學士學位，在英京中國使館充頭等參贊十餘年，曾選雲南道，學問閱歷均有可觀，以之充當此次臨時裁判所所長，必能勝任。」[60]司法部還稱，「金泯瀾等二人為民國代表一節，語意尚未明了，應付何項責任，務望示復，再行決定。」[61]此種決定，等於全盤否定了陳其美所提方案。

3 月 4 日，陳其美來信，堅持前議，由蔡寅出任臨時庭長。理由是蔡寅出任臨時庭長一事「早經發表，各報上亦已登載」。如驟然改變，「致失信用」。「況蔡君學術、經驗，近時法界中人，類能言之，光復伊始，即在敝處擔任裁判事宜，數月以來，亦無隕越，以之充當臨時裁判所長，亮能勝任。」[62]故而提議，由蔡寅為正，丁榕、陳貽范副之。

為早日開庭審理，伍廷芳採取了一種變通策略。3 月 7 日，致函陳其美，提出撤銷正副裁判所長之稱謂，統稱裁判官，但坐次位

---

[58] 〈附滬軍都督來書〉1912 年 2 月 29 日，《伍先生（秩庸）公牘》，《近代中國史料叢刊‧正編》(652)，（台灣）文海出版社，第 55 頁。

[59] 〈附滬軍都督來書〉1912 年 3 月 2 日，《伍先生（秩庸）公牘》，《近代中國史料叢刊‧正編》(652)，第 55-56 頁。

[60] 同上，第 57 頁。

[61] 同上。

[62] 〈附滬軍都督來書〉1912 年 3 月 4 日，《伍先生（秩庸）公牘》，《近代中國史料叢刊‧正編》(652)，第 58 頁。

置「以陳君居中，蔡君居左，丁君居右」。[63] 3 月 8 日，陳其美復函接受，稱「位置之居中居左，無甚軒輊於其間，自可遵命辦理」。[64] 裁判官的任命終於在伍廷芳的妥協下獲得解決。

其次是開庭審判日期之爭。陳其美最初提議在 3 月 5 日或 16 日開庭。[65] 伍廷芳同意，決定在「禮拜六即陽曆三月十六號開庭審判」。[66] 遂派司法部官員林行規「親至開闢地方，調查證據」，並致函江北都督蔣雁行，「轉飭該地方人民，於此案有關係，可以到堂指證者，立刻來滬，以備審判時傳呼到堂指證。」[67] 不料，時隔一天，陳其美突然變卦。3 月 12 日，滬軍都督府軍法司長蔡寅來函，內稱「此案裁判日期不能過促。因裁判之先除牌示原被告到案外，並須登報通告兩方面各證人，及調集各種證據，俟準備就緒，然後開庭。庶裁判時是非曲直，較易明了。現在，兩方面證人，散處各地，即使趕緊登報，亦非三四日所能齊集，則開庭之時，恐難免為不完全之裁判」。因而提出待一星期證人匯齊之後，再行開庭。

表面看來，蔡寅所提合情合理，實際上這只是一種藉口。滬軍都督府食言的真正原因在於欲圖多增加陪審員，而未得到伍廷芳的明確答覆。[68] 加之，陳其美因公赴寧未回。「諸事待商」，故「不得不稍為從緩」。[69] 3 月 15 日，陳其美致伍廷芳，提出「裁判日

[63] 〈再復滬軍都督來書〉1912 年 3 月 7 日，《伍先生（秩庸）公牘》，《近代中國史料叢刊·正編》(652)，第 59 頁。

[64] 〈附滬軍都督來書〉1912 年 3 月 8 日，《伍先生（秩庸）公牘》，《近代中國史料叢刊·正編》(652)，第 62 頁。

[65] 同上，第 69 頁。

[66] 〈三復滬軍都督來書〉1912 年 3 月 11 日，《伍先生（秩庸）公牘》，《近代中國史料叢刊·正編》(652)，第 62 頁。

[67] 〈致江北都督書〉1912 年 3 月 12 日，《伍先生（秩庸）公牘》，《近代中國史料叢刊·正編》(652)，第 64-65 頁。

[68] 〈三復滬軍都督來書〉1912 年 3 月 11 日，《伍先生（秩庸）公牘》，《近代中國史料叢刊·正編》(652)，第 63 頁。

[69] 〈附滬軍都督府軍法司長來書〉1912 年 3 月 12 日，《伍先生（秩庸）公牘》，《近代中國史料叢刊·正編》(652)，第 67 頁。

期，準定下禮拜六（3月25日）下午二時」。[70] 3月19日，伍廷芳復函，「當照辦理」。[71]

開庭審判日期之爭，最終以陳其美的意志為意志。伍、陳在前兩個回合的較量中，難分伯仲。

再次是外國律師能否出庭辯護之爭。伍、陳在這一方面意見分歧嚴重，爭辯趨向高潮。伍廷芳受理「姚案」之初，即於1912年2月18日，電告孫中山大總統，略陳審理「姚案」的方式，「擬由廷特派精通中外法律之員承審，另選通達事理，公正和平，名望素著者三人為陪審員，並准兩造聘請辯護士到堂辯護，審訊時任人旁聽。」[72] 次日，孫大總統復電完全贊同，「所陳姚榮澤案，審訊方法極善，即照來電辦理可也。」[73] 孰料，當姚榮澤聘請外國律師辯護時，陳其美即持反對意見，認為「姚案」中原被告均為華人，「並非華洋交涉案件」，且「裁判地點亦在華界之內，與外人絕不相干」。因而主張「聘用律師一事，似宜稍示限制，以重法權」。[74] 在3月15日的書信中，態度愈趨堅決，聲稱「姚榮澤一案，聘用外國律師，鄙意絕對的以為不可」。並質問伍廷芳：「文明各國法律，有採用相互主義者，試思吾國律師，居留外國時」，「外國法院能允許吾國律師有蒞庭辯護之權乎？」因此，「吾國法庭不能允許外國律師到堂，無待言而自明矣。」[75] 況且「華人素有崇拜外國人之習慣性，依賴一生，則情奪勢絀，莫敢爭衡，是以宜並外人之

⑦ 〈附滬軍都督來書〉1912年3月15日，《伍先生（秩庸）公牘》，《近代中國史料叢刊‧正編》(652)，第69頁。

⑦ 〈四復滬軍都督來書〉1912年3月19日，《伍先生（秩庸）公牘》，《近代中國史料叢刊‧正編》(652)，第69頁。

⑦ 〈呈南京孫總統文〉1912年2月18日，《伍先生（秩庸）公牘》，《近代中國史料叢刊‧正編》(652)，第53頁。

⑦ 〈復伍廷芳電〉1912年2月19日，《臨時政府公報》第20號。

⑦ 〈附滬軍都督來書〉1912年3月8日，《伍先生（秩庸）公牘》，《近代中國史料叢刊‧正編》(652)，第61頁。

⑦ 〈附滬軍都督來書〉1912年3月15日，《伍先生（秩庸）公牘》，《近代中國史料叢刊‧正編》(652)，第68頁。

指證而卻之」。加之目前外國律師亟欲去內地審判庭辦事，「若一經讓步，異日援例，要求者勢必接踵而起，主權喪失，口實貽人，僕與我公將為眾矢之的，後悔何及？」[76]

針對陳其美的詰難，伍廷芳做了全面答覆。允許姚榮澤聘用外國律師，是為「將來中國律師得行諸租界張本」。[77]他說，姚榮澤一案，「為中外所注視，關係甚大」，「上海為華洋雜處之區，租界有律師，而內地無之，近雖業已准用，而中國律師不能到租界辦案，甚不平允。」[78]允准姚榮澤聘用外國律師正好以此為契機，為爾後中國律師進入租界辦案，借以收回領事裁判權提供了張本。

「姚案」發生雖在華界，但「姚案」審理，「適與租界毗連，尤為外國人所注意矚目」，當此民國建設之初，「此案尤為首次照裁判所文明辦法」，故准許外國律師出庭辯護，外國證人到庭作證，依此「昭示大同，使彼知我國法律亦有經驗」。[79]至於擔心「援為成例」，喪失主權，似為過慮。因為，倘若遇有內地案件，一則司法部既不會「輕率許可」，二則法律規定：法庭斷案之權在陪審員，「依據法律為適法之裁判，在裁判官」，「盤詰駁難之權在律師。」[80]況且，中外律師為他國之人出庭辯護也不乏其例。丁榕、伍朝樞就曾在倫敦為英國人辯護。滬上審理「喬大案」就有外國人作律師。這怎能同「喪失主權」混為一談呢？

至於稱華人素有崇洋媚外之習性，莫敢爭衡之說，伍廷芳「絕對不以為然」。他認為「大凡依賴之性，生於學識」，倘若「學識

---

[76] 〈附滬軍都督來書〉1912 年 3 月 8 日，《伍先生（秩庸）公牘》，《近代中國史料叢刊‧正編》(652)，第 69 頁。

[77] 〈再復滬軍都督書〉1912 年 3 月 7 日，《伍先生（秩庸）公牘》，《近代中國史料叢刊‧正編》(652)，第 59 頁。

[78] 同上。

[79] 〈三復滬軍都督書〉1912 年 3 月 11 日，《伍先生（秩庸）公牘》，《近代中國史料叢刊‧正編》(652)，第 63 頁。

[80] 同上。

相同，則旗鼓相當，各思建樹，何至依賴他人，自失本來面目？」[81]
「莫敢爭衡」是因為「其才其理不及他人，然後為他人之才之理所勝」，「此蓋為優勝劣敗之公例所淘汰」，斷不能稱為「情奪勢絀」。[82]至於「以崇拜外人為華人之習慣性，此不過為懵無智識者言之耳。若稍有智識者，決不自承。」因為法律規定，律師辯案，不能使用「威嚇之言論」，無論何國律師，只能按照案情曲折提問，雙方證人只有「答其所問之權，而無反詰駁難之權」。既然無所謂「爭衡」，又怎能妄論「崇拜」。如果依此思維定式認定中國律師不敢與外國律師當庭辯論，「此未免輕視吾國之律師矣。」倘若有之，「則已失律師之實，何足副律師之名。」[83]

伍廷芳的答辯，義正辭嚴，擲地有聲，直令陳其美多方修飾，婉言解釋。3 月 21 日致函伍廷芳辯解道：「前函所指崇拜外人之習慣性，亦指普通社會而言，豈對於有一般法律智識者言耶？」[84]但其反對聘用外國律師，拒絕外國人到庭作證的主旨絲毫未變。為此，伍廷芳不得不第五次致函陳其美，斥其干預法庭判決，破壞司法獨立。他說：「執二權鼎立之說，凡關於裁判之事，本不敢煩執事過慮。日前承認執事（陳其美）派人審訊，派人陪審，原係通融辦法。倘必事事干涉，司法部不幾同於虛設耶？」[85]陳其美答曰：「以地位論，貴部乃掌理司法行政之機關，於審判似亦未便干涉。惟現在民國初建，司法機關尚未完全成立，一切事宜，只得通融辦理。」因此，派人審訊、陪審，正好補其不足，且此案「跡近反抗民軍，有關軍法，與尋常刑事案件不同，敕處軍法，既設專司以此

---

81 〈四復滬軍都督書〉1912 年 3 月 19 日，《伍先生（秩庸）公牘》，《近代中國史料叢刊・正編》(652)，第 72 頁。

82 同上。

83 同上，第 73 頁。

84 〈附滬軍都督來書〉1912 年 3 月 21 日，《伍先生（秩庸）公牘》，《近代中國史料叢刊・正編》(652)，第 77 頁。

85 〈五復滬軍都督書〉1912 年 3 月 22 日，《伍先生（秩庸）公牘》，《近代中國史料叢刊・正編》(652)，第 78 頁。

第五章 高揚以法治國的旗幟

207

辦理，此案似亦在權限之內」。[86]何況原告在滬訴冤，我處便有權過問，不能視為干涉。

前後五次爭辯，雙方最終採納前此提出的「通融」方案。3月23日下午二時，民國第一大案——「姚榮澤案」在南市市政廳公開審判。[87]經過23日、30日、31日的初訊、複訊、三訊，承審官丁榕宣布判處姚榮澤死刑，「自三月三十一日起三星期內執行」。在五分鐘的申辯中，姚榮澤稱殺死周、阮兩人「係受紳團逼迫，非出己意，哀求輕減」。七名陪審員「共表同情」，認為「姚案」發生在光復未定，秩序擾亂之際，與平靜之時不同，姚犯「罪有應得，情尚可原」。遂經承審官認可，由陪審員集體稟請大總統「恩施輕減」，並當堂提出，如果一旦獲得恩減，罪犯姚榮澤應繳納罰款五千兩，以四千兩作為對周、阮兩家的撫恤金，一千兩充公。不料，4月1日，三名陪審員中途變卦，反對恩減，四名陪審員仍堅持原議。審判官陳貽範、丁榕也表示同意減刑，擬請由伍廷芳電告時任大總統的袁世凱。伍廷芳以已辭去司法總長職務不能再發印電為由拒絕，遂由通商交涉使溫宗堯代達。[88]姚榮澤最後在袁世凱大總統的大赦令中獲釋。

關於宋漢章一案，雙方爭辯的焦點在於清查權與逮捕權。陳其美認為，宋漢章中國銀行經理一職，係上海光復時，由滬軍都督府委任，滬軍都督自然有清查之權。[89]伍廷芳則稱，委任宋漢章是在光復之初，但逮捕宋漢章卻是在民國成立之後，《臨時約法》既經頒布，就應以「約法」為準繩。按照約法規定，宋漢章一案應由司法部會同財政部、銀行監督依法清查。滬軍都督貿然行事，顯然是

[86] 〈附滬軍都督來書〉1912年3月23日，《伍先生（秩庸）公牘》，《近代中國史料叢刊‧正編》(652)，第79頁。

[87] 1912年3月17日《民立報》。

[88] 〈溫宗堯代呈袁總統文〉1912年4月11日，《伍先生（秩庸）公牘》，《近代中國史料叢刊‧正編》(652)，第80-88頁。

[89] 〈附滬軍都督來文〉1912年3月28日，《伍先生（秩庸）公牘》，《近代中國史料叢刊‧正編》(652)，第86頁。

侵越司法之權。[90]至於逮捕權,陳其美認為,宋漢章既由滬軍都督府委任,滬軍都督自然就有逮捕權。逮捕理由為,王興漢、陳聚來府告發,稱宋漢章「侵蝕國款,妨害餉項,致金融奇緊,有礙民國進行」。[91]伍廷芳批駁道,清查權與逮捕權絕不能混同。倘若混同,那麼債權者對於債務者,股東對於公司之經理,皆可任意拘留,失主對於盜賊更可自由撞殺。法律、法庭豈不成為多餘?[92]再有,單憑告發,證據未經核實,便枉用權柄,遽加捕獲,顯然是侵犯了公民的身體自由權,違背民國憲法宗旨,「跡近蹂躪民權,又失法律之原則。」[93]正當法律程序應是:先由原告向法院提出起訴,法院受理後發出正式傳票,組成合議法庭,依法審理。逮捕宋漢章則明顯是違背了近代司法審判原則,純屬「強盜之行為」。[94]

在伍廷芳的嚴正駁辯下,經過袁世凱大總統的過問,[95]財政總長陳錦濤的質詢,[96]中國銀行理事會的反訴和紹興旅滬同鄉會的抗議,[97]宋漢章終獲釋放。[98]伍廷芳派余止江駕車接走宋漢章。[99]

---

[90] 〈咨滬軍都督來文〉1912 年 3 月 29 日,《伍先生(秩庸)公牘》,《近代中國史料叢刊・正編》(652),第 88 頁。

[91] 〈附滬軍都督來文〉1912 年 3 月 28 日,《伍先生(秩庸)公牘》,《近代中國史料叢刊・正編》(652),第 86 頁。

[92] 〈咨滬軍都督來文〉1912 年 3 月 29 日,《伍先生(秩庸)公牘》,《近代中國史料叢刊・正編》(652),第 87 頁。

[93] 〈復滬軍都督書〉1912 年 4 月 5 日,《伍先生(秩庸)公牘》,《近代中國史料叢刊・正編》(652),第 101 頁。

[94] 同上,第 102 頁。

[95] 〈復天津銀行股東會文〉1912 年 4 月 8 日:「大總統(袁世凱)來電,彼(陳其美)亦置之不問。」《伍先生(秩庸)公牘》,《近代中國史料叢刊・正編》(652),第 105 頁。

[96] 〈附財政部長陳來咨〉1912 年 3 月 31 日,《伍先生(秩庸)公牘》,《近代中國史料叢刊・正編》(652),第 95-96 頁。

[97] 1912 年 3 月 29 日《民立報》。

[98] 在伍廷芳對此書的復函中記有「來書又謂已將宋漢章釋放」,〈復滬軍都督書〉4 月 25 日,《伍先生(秩庸)公牘》,(台灣)文海出版社,第 115 頁。據此可知宋漢章獲釋的日期為 1912 年 4 月 19 日前。因為陳其美 1912 年 4 月 19 日致書伍廷芳稱,「即將宋漢章釋放,以待最後之解決。」〈復滬軍都督來書〉4 月 19 日,《伍先生(秩庸)公牘》,(台灣)文海出版社,第 107 頁。

[99] 〈辛亥上海光復前後——座談會記錄〉,《辛亥革命回憶錄》(四),文史資料出版社 1981 年版,第 13 頁。

三、在理想與現實之間

——伍廷芳民國初法律思想與實踐的歷史地位

撥諸史料，中國近現代史上醉心西學，欲圖依照歐美模式改造中國者燦若群星。按其歸宿劃分，大致可分為三種類型：或早年壯懷激烈，稱頌歐法美制，不遺餘力抨擊專制政體，儼成變法圖治領袖，晚年卻退縮封建軀殼，狂煽復古逆流者，如康有為、嚴復；或自步入巨變洪流，遂以推翻帝制創建民國為指歸，雖迭遭挫折，屢仆屢起，矢志不渝者，如孫中山；與此兩類代表人物相較，伍廷芳當屬第三類。在其八十歲的人生歷程中，為宦三代，疊經清朝帝制、中華民國、北洋軍閥統治，留下了一條改良－革命、立憲－共和的生命軌跡。在其思想信仰的深處，始終閃耀著仿行歐美、依法治國的理想火花；在其言論行動中，時刻存有對國富民強、司法獨立的渴望與追求。儘管由於客觀歷史環境的制約，其法制思想未能完全付諸實施，但伍廷芳在民國初期寫就的＜中華民國圖治芻議＞和針對「姚案」、「宋案」所做的法理詮釋，卻是中國法制現代史上一筆彌足珍貴的財富，折射出近代中國走向法制現代化的艱難與曲折，流布著現代法律先驅者的希冀與痛苦。下面筆者僅以前述「姚案」、「宋案」為中心，對中華民國南京臨時政府期間伍廷芳的法律思想與實踐及其歷史地位做一番深入探討。

1.伍廷芳同陳其美在「姚案」、「宋案」上的爭執，實際是圍繞兩個問題展開的，即「司法獨立」和「文明審判」。伍廷芳是一個法律至上論者，其在英國倫敦林肯法學院所受的正宗法學教育和在歐美國家的多年生活，使他深信，健全法制、尊崇法律是一個國家繁榮強盛的根本。事實也的確如此。歐美國家在近代國際舞台上的異軍突起，同其源遠流長的法律傳統和系統完備的法律制度有著密不可分的關係。甚至可以說，一部歐美近代史在某種程度上就是

一部律政發展、完善史。歐美近代法律規定了歐美國家的憲政制度、行政法制、民商法制、親屬法制、刑事法制、訴訟法制、國際法原則，基本囊括了行為主體、集團和國家的方面，法律變成了可與上帝媲美的神靈。正如一位智者所言，在民主政體之下，法律變成了國王。西方法律文化的浸淫，鑄就了伍廷芳終生不改的法律觀念，司法獨立成為了他矢志追求的人生理想。正是因為有這種信念和理想，戊戌維新期間，他才遠隔千山萬水上書朝廷倡言變法改制。在主持領導清末修律工作時，依照歐美資產階級國家的法學原則，對中國傳統法制進行了大膽刪除，制定編纂了一系列體現西方資本主義法律精神的法典法規，譜寫了中國法律現代化的新篇章。以孫中山為首的資產階級革命派締造的中華民國，為伍廷芳實現其信念和理想提供了豐沃的土壤，合適的場所，因而在武昌起義後不久，伍廷芳便於 1911 年 11 月—12 月間致書攝政王載灃、慶王爺奕劻，宣布贊成共和，勸清帝退位，站到了資產階級革命派一邊。當新世紀來臨前夕，伍廷芳受命於危難之際，出席南北和談，加速了中華民國的誕生。在擔任司法總長一百多天的時間內，伍廷芳銓選了司法部各廳、司官員，制定了詳盡的《司法部分職細則》，著手準備編製中華民國法律，咨請各省都督停止刑訊，擬定《臨時中央裁判所官制令草案》，組織審理了江寧地方審判檢察廳長楊年、劉煥越權組織高等檢察兩廳案，批復了開辦監獄學校、司法警察研究所、金陵法政學校、籌辦南京監獄改良會等諸多立案，力圖徹底改變中國數千年諸法合一的局面，為整頓改良吏治，實現司法獨立奠定基礎。在伍廷芳看來，司法獨立是「治國之第一要圖也」，對外可收回治外法權。他認為，自鴉片戰爭以降，東西方列強逼迫中國簽訂不平等條約，攝取領事裁判權，這一切皆因「當時立法者不諳外情，然吾國法律及審判方法不屬足外人之心，實職其咎」，因此伍廷芳提出了收回領事裁判權的「三步方案」：首先是「實地改良」法律及審判方法，「示以採用大同主義之鐵證」，「使各國報

紙表揚而讚美之」。隨即「編纂完美之法律，昭示中外」。「然後有所挾持，以與（列強）談判，庶於收回領事裁判權一事，始有希望。」[10]這樣，對內可使「政簡刑輕」，還可使華僑歸國如流，財富內聚，百姓安居樂業。

總括伍廷芳的言行，可以看出伍廷芳是一個典型的法律至上論者，其法學信仰帶有濃重的理想主義色彩。因此，正如前面所言，將伍廷芳推崇法律，強調司法獨立借以收回治外法權說成是對帝國主義抱有幻想，是不妥當的。這只是在一個淺層次上認識評價伍廷芳。實際上，伍廷芳屢次將司法獨立同收回治外法權聯繫在一起，是由其根深蒂固的法學理念所決定的。只能說在「百年魔怪舞翩躚」的近代中國，伍廷芳的法學觀點顯得過於理想、空泛。伍廷芳在此沒有擺脫文化邊緣人的困境，作為生活在兩種文化價值鏈上的邊緣人，其價值追求、政治理想明顯帶有兩種文化的痕跡。且因近代東西方文化的交流融合是在一種不平等的前提下進行的，因而展現在伍廷芳身上的文化氣息，西學明顯多於中學，現代性明顯多於傳統性，但由於邊緣人的游離性，最終導致了邊緣人為兩種文化所擯棄，陷入徘徊於兩種文化價值之下的尷尬境地。儘管伍廷芳是近代中國文化邊緣人群體中「中國化最好且取得令人矚目成績的一個」，但他仍然沒有較好地解決個人思想意識的「超前性」與客觀現實的相對「滯後性」的矛盾，沒能找到異質文明間嫁接的良好途徑。在向東方灌輸西方法學理論上，伍廷芳是真誠的，對中國傳統法律弊端的揭批是深刻的。但他忽略一個最基本，也是最關鍵的問題，即法的民族性。十九世紀的歷史法學派認為，一個民族的法乃是該民族以往歷史和精神的產物，一如其語言和習慣。誠如黑格爾所言：「民族的宗教，民族的政治制度，民族的倫理，民族的法制，民族的風俗以及民族的科學、藝術和技能，都具有民族精神的

---

[10] 〈四復滬軍都督書〉1912 年 3 月 19 日，《伍先生（秩庸）公牘》，《近代中國史料叢刊・正編》(652)，（台灣）文海出版社，第 70 頁。

標記。」⑩青年學者梁治平先生對中西法律的歧異淵源的探證，當是對黑格爾所言的最好詮釋。他首先從語言學、文字學的角度，闡釋了「法」一詞在中西語言中的特定含義。Jus 和 Lex 是拉丁語彙中譯作「法」的最有意義的兩個詞，其基本含義有二：一為法，一為權力。一般說來，Lex 具體而確定，適用於純粹司法領域，可以指任何一項立法，原意是指羅馬王政時期制定的法律，和共和國時期各立法機構通過的法律。相反，Jus 只具有抽象的性質，除含有法、權力之意外，還有公平、正義等富有道德意味的含義。⑩古漢語中的「法」的含義一方面是禁止，《釋名·釋典藝》：「法，逼也。人莫不欲從其志，逼正使有所限也。」另一方面是命令，《爾雅·釋言》：「逼，迫也。」強調的是強制服從，乃命令之意。為保證法功能的實現，法又具有刑罰的意思。《管子·心術》：「殺戮禁誅之謂法。」《鹽鐵論·詔聖》：「法者，刑罰也，所以禁強暴也。」說的都是這一層意思。另外，刑、律是可以與法互訓的兩個詞，《爾雅·釋古》：「刑，法也，」「律，法也。」《說文》：「法，刑也。」《唐律疏議·名例》：「法，亦律也。」經過對「法」一詞含義的釐清，梁治平先生說：「透過『法』與 Jus 之間語意上的歧異，我們看到的是不同民族歷史進程和價值取向的不同，確切地說，是中西文化之間的差異。」⑩隨後，梁先生就古代希臘、羅馬和中國國家與法的起源，對中西國家的組織方式，法的社會功能的歧異做了深入剖析。他認為古代希臘、羅馬國家是階級矛盾不可調和的產物，是表面上凌駕於一切社會之上的力量。這種力量能夠緩和衝突，把衝突保持在「秩序」的範圍以內。古希臘、羅馬由氏族邁向國家進程的每一步都在法律上反映了出來。公元前594 年的梭倫立法，公元前 451-公元前 450 年頒布的《十二銅表法

---

⑩ 〔德〕黑格爾：《歷史哲學》，三聯書店 1956 年版，第 104 頁。
⑩ 梁治平主編：《法律的文化解釋》，三聯書店 1995 年版，第 282 頁。
⑩ 同上，第 285 頁。

》，都是古希臘、羅馬國家形成史上的里程碑，因而，與其說國家是凌駕於社會之上的力量，毋寧曰法律是凌駕於社會之上的力量。法律規定了各階級的權利、義務，體現了國內的黨爭，決定了國家的政體問題，同時又是「憲法」問題，反映了對正義的理解。可以說，從古代希臘直到近代，西方所謂法制的全部秘密就在於此。[104]

中國國家與法形成的途徑與方式則截然不同。夏、商、周三代為中國國家的形成期，它的形成不是以氏族組織的瓦解為代價的，相反，它保留了原有的血緣關係，把氏族內部的親屬關係直接轉化成為國家的組織方式，從而把舊的氏族組織與新的國家形態熔鑄於一。因而，國家權力嚴格說來，並不表現為「凌駕於社會之上」的「公共權力」，而是赤裸裸的族姓之間的征服和統治。族姓統治的合法武力則成為凌駕於社會之上的「公共權力」，即刑，而後成為法，而後成為律。

國家與法產生的途徑不同，不僅決定了中西國家的組織方式的差異，而且也規定了中西法的社會功能的歧異。法在古希臘、羅馬是用來確定和保護社會各階級權利的重要手段，並因此獲得一體遵行的效力，故而才有希臘城邦國家的政治正義論和羅馬私法的發達，才有西方文明的長久興旺。而在夏、商、周三代，憲法等觀念完全闕如，國家並未取代氏族組織，所謂的「公共權力」只是一族一姓施行其合法武力的恰當形式。於是，「赤裸裸的統治術取代了政治正義論，法只是被看作是鎮壓的工具，它主要表現為刑。」[105]

數千年的星轉斗移，古希臘、羅馬和夏、商、周三代早已湮沒在漫漫的黃土之下，成為後世考古、發掘的對象，但文化思想觀念的承傳性，卻使人在後世歷史的行列中，依然較清晰地感覺到它們的存在。作為西洋文明的源頭活水，古希臘、羅馬精神在度過了中世紀的漫長黑夜後，隨著文藝復興的到來，重新煥發出熠熠光輝。

[104] 參閱梁治平主編：《法律的文化解釋》，三聯書店 1995 年版，第 286-287 頁。
[105] 同上，第 290-296 頁。

資產階級新貴族們把它作為向封建堡壘發動猛攻的犀利武器，視為新制度的立國之本。孟德斯鳩、盧梭等人作為柏拉圖、亞里斯多德的繼承者，進一步闡發了自由、民主、平等的觀念，法與政體的關係，論述了民刑法的判決方式、處刑方式，建構了以三權分立為原則的立國藍圖。因此，與其說孟德斯鳩是三權分立說的肇始者，倒不如說亞里斯多德是三權分立說的真正鼻祖。而夏、商、周三代作為中華文明的發生期，它所顯現的國家形態、法律特徵，奠定了中華文明的雛形，成為民族法律文化的內核。因此，直到清末法律改革前，法在中國依舊是一種懲罰、鎮壓的工具，絕無權利、自由、正義等內涵。皇帝集立法、司法、行政三權於一身，庶民百姓則永遠是法律施行的客體，賞刑由之。正如先哲所言，在專制政體下，國王變成了法律。儘管自鴉片戰爭以來，隨著中西法律文化的衝突、融匯，西方近代法學思想和法律制度被大量介紹到中國，但卻難以在浸透著中華法系精神的神州大地上扎根立足，難以引發法律觀念上的革命，大有逾淮為枳之理。

由此我們不難發現，伍廷芳及其法律思想雖然在中國法律現代化史上具有崇高地位，但在近代中國卻屢遭挫折的深層動因。

辛亥革命是一場遠未完成的革命，雖然推翻了專制政體，建立了中華民國，開創了中國歷史的新紀元，但卻沒有引起包括法律觀念在內的意識形態領域上的徹底革命。魯迅筆下的阿Q形象的刻劃當是對辛亥革命作用的準確詮釋，驗證了經典作家「武器的批判，代替不了批判的武器」的絕對真理性。正如前面所言，南京臨時政府成立之後，民國官員違法違紀者不勝枚舉。在此可以陳其美為典型加以說明。陳其美是中華民國的締造者之一，深得孫中山先生的信賴，譽為「民國長城」。[⑩]他所組織領導的上海獨立，帶動了長江中下游各省市反清獨立，加速了清王朝的滅亡，是中華民國當之

---

⑩　1912 年 2 月 21 日《時報》。

無愧的開國元勛之一。但瀟脫不羈的生活經歷和叛逆者的習性，又使他成為民國大業的破壞者。身為滬軍都督，他卻「每在福州路所昵愛的妓女家中發號施令」，故有「風流都督」、「楊梅都督」之稱。[107]雖也曾發布通令不准軍隊隨意捉人，[108]卻因被揭醜，而派副官蔣介石暗殺光復會領導人陶成章。[109]雖也曾稱頌成立律師聯合會「自屬正常辦法」，[110]卻又貌視法律，膽大妄為。締造者與破壞者兩種迥異的形象竟會奇妙地聚於一身。因而，伍廷芳與陳其美發生爭執便具有某種歷史的必然性。兩人在「姚案」、「宋案」上展開的激烈爭辯，表面看來是一場「法」、「權」之辯，實際上是一場東西方法律觀念的交鋒，映襯出中華民族在全面走向現代化歷程上的艱難與坎坷，表現了伍廷芳法律理想在近代中國的尷尬境地。

2.在伍廷芳等人的努力下，兩案的審理首開依照近代法律程式判案的歷史先河。儘管陳其美在「姚案」、「宋案」上表現得非常蠻橫，但在伍廷芳的據理力爭下，「姚案」的最終審理，仍然按照司法獨立的原則進行。

審判組織和審級制度、辯護制度、陪審制度、公開審判制度是近代西方審判制度的五大特徵。近代西方法律在司法獨立的原則下，為了保證客觀公正地審理案件，保護當事人的合法訴訟權利，廢止司法審判的獨斷專橫，明確規定，除簡單輕微的案件採用法官獨任制外，凡重大案件的審理一律採用合議制，即由多名法官合議審理，在審級制度上實行三審終審制，在審判方式上採用公開審判，被告人享有辯護權，由陪審團組織對罪案的審判。此種審判制度是對封建野蠻審判的否定，代表了人類社會的文明和進步。

---

[107] 袁希洛：《我在辛亥革命時的一些經歷和見聞》，《辛亥革命回憶錄》(六)，文史資料出版社 1981 年版，第 285 頁。

[108] 1912 年 4 月 7 日《時報》。

[109] 袁希洛：《我在辛亥革命時的一些經歷和見聞》，《辛亥革命回憶錄》(六)，文史資料出版社 1981 年版，第 286 頁。

[110] 1912 年 3 月 16 日《民立報》。

「姚案」是中華民國成立之後受理的第一大案。在審判程式上完全依照近代西方的審判制度而進行。由陳貽范、蔡寅、丁榕充任裁判官，組成臨時合議庭，由七名「通達事理、公正和平、名望素著者」組成陪審團；開庭前一週公開登報通告裁判地點、日期，[⑪]允許被告所聘律師出庭辯護，准允所涉外國人出庭指證；法庭經一審、二審、三審做出判決，判處姚榮澤死刑，三星期內執行。特別值得一提的是終審判決後，法庭「特假五分鐘，准姚犯發言」。[⑫]這不啻是對中國封建審判制度的重大革命。在中國的傳統審判中，通行的是糾問式訴訟，無視被告人權利，被告人只能就訊問內容作答，而沒有申辯反駁控訴的權利，案由供定。而在近代西方審判制度中，採用辯論式訴訟形式，確認被告人為訴訟主體，與控訴人享有平等的訴訟權力，被告可以在控告人控訴後進行反駁和辯論，也可由辯護人幫助辯論，辯論不受限制，被告還可做最後陳述。「姚案」的審理貫徹著這一特徵，體現了近代中國法庭審判的民主化色彩。而正是這五分鐘的自我辯護，將姚榮澤拉回陽界。法庭經合議後，認為「情尚可原」，遂經陪審團全體表決，請求總統「恩施輕減」。姚榮澤最後在袁世凱總統的大赦令中，逃離死海。

「姚案」的判決，是對中國封建司法制度的首次重大革命，是對百年來先進的中國人學習西方近代法律的歷史總結，表明東西法律文化間的鴻溝經過無數次的衝突逐漸填平，開始趨漸融合，隨之而來的就是中國現代化運動的全面啟動。伍廷芳將作為嘗試近代西方審判制度的第一人而彪炳中國近現代法制史冊。

3.「姚案」、「宋案」使伍廷芳與革命黨人關係趨於緊張，一

---

⑪ 1912 年 3 月 17 日《民立報》：「照得姚榮澤慘斃周、阮一案，業經本都督（陳其美）會商司法總長，定於陽曆 3 月 23 日下午二時，借南市市政廳公開裁判。除登報通告各證人外，合亟牌示仰該原被告家屬人等，遵照牌照日期，到庭候質，切勿遲延。特此通告。」

⑫ 〈溫宗堯代呈袁總統文〉1912 年 4 月 11 日，《伍先生（秩庸）公牘》，《近代中國史料叢刊・正編》(652)，（台灣）文海出版社，第 80 頁。

度陷入彷徨。武昌起義後，伍廷芳與資產階級革命黨人的關係較為融洽，同陳其美「有朋友之誼」。[113]上海獨立後，伍廷芳接受陳其美、李平書的邀請，執掌滬軍都督府外交大印，贏得了外交上的主動。[114]進入南京臨時政府時期，因思想旨趣上的差異，伍廷芳同陳其美在「姚案」、「宋案」上產生隔閡，關係一度疏遠。如果説，在「姚案」問題上，伍、陳二人還較為理性、客氣的話，「宋案」上的爭執就明顯攙有了感情色彩的成分，言語間充滿了諷刺、控苦、謾罵。法理上的爭辯，衍化成了人身攻擊。

　　1912 年 3 月 27 日，伍廷芳受中國銀行理監事會委託，致函滬軍都督，譴責陳其美擅自拘捕宋漢章，實為「損害民權，違背約法」。[115]3 月 28 日，陳其美答曰：「本都督嫉惡如仇，決不以消極的觀念，而徇個人之自由，所謂損害民權，違背法理者何在？」[116]3 月 29 日，伍廷芳做了法理上的辯難後，指斥陳其美，「清之末造，立憲雖假，而司法獨立所在行政有司未敢妄為侵越橫恣。」孰料民國既立，身為民國要員，「乃為滿清行政官吏所不敢為之事」。越權捕人，乃「壞民國之基礎」。[117]陳其美則反唇相譏，貶斥伍廷芳為「無意識之人」，辯難宋案純為「徒博流俗之虛譽」，「求榮當世」，此乃「舊政府最無人格之行為」。[118]伍廷芳毫不示弱，回賜陳其美一頂「強盜」稱號。[119]陳其美當即將伍廷芳喻為「持

⑬〈復滬軍都督書〉1912 年 4 月 5 日，《伍先生（秩庸）公牘》，《近代中國史料叢刊・正編》(652)，第 100 頁。

⑭《李平書七十自敘》，《上海灘與上海人叢書》，上海古籍出版社，1989 年版，第 58 頁。

⑮〈咨滬軍都督文〉1912 年 3 月 27 日，《伍先生（秩庸）公牘》，《近代中國史料叢刊・正編》(652)，第 86 頁。

⑯〈附滬軍都督來文〉1912 年 3 月 28 日，《伍先生（秩庸）公牘》，《近代中國史料叢刊・正編》(652)，第 87 頁。

⑰〈咨滬軍都督文〉1912 年 3 月 29 日，《伍先生（秩庸）公牘》，《近代中國史料叢刊・正編》(652)，第 90 頁。

⑱〈附滬軍都督來文〉1912 年 4 月 3 日，《伍先生（秩庸）公牘》，《近代中國史料叢刊・正編》(652)，第 93 頁。

⑲〈復滬軍都督書〉1912 年 4 月 5 日，《伍先生（秩庸）公牘》，《近代中國史料叢刊・正編》(652)，第 102 頁。

素食之老嫗」，「信陰驚之腐儒」，並不無嘲諷地稱「中外仰望之縉紳，人民矜式之耆碩，所持之政見，所發之言論，曾不異於老嫗、腐儒之稱述，殆所謂曲學阿世者乎，不然其偏聽不明者也」。[120]伍廷芳也不客氣地斥陳為「殘忍暴戾者」，並提出一個了斷的最後辦法，願出一千洋元與陳其美打賭，輸者交錢。[121]陳其美不無譏諷地答道：「美從未服官滿清，阮囊羞澀，無以應命。」[122]革命黨人主辦的報紙也介入其間，攻訐伍廷芳。《太平洋報》在16日、17日連續發表兩篇題為〈伍廷芳破壞法律〉、〈賴帳〉的文章，詆毀「伍廷芳說鬼話」。[123]

　　客觀公允地說，在這場長達三個月之久的爭辯中，伍廷芳、陳其美都有諸多欠冷靜的地方。權、法之辯最終衍化成意氣之爭，法理之辯變成了人身攻擊，並由此使伍廷芳與資產階級革命黨人的關係一度出現裂痕。這也是伍廷芳1912年4月3日辭去南京臨時政府司法總長，謝絕袁世凱入閣邀請，[124]息影觀渡廬，潛心延壽新法研究的重要因素。但是，更應該看到，伍廷芳、陳其美圍繞「姚榮澤案」、「宋漢章案」展開的爭辯，所要達到的目的是一致的，即雙方都是出於對中華民國前途大業的考慮。雙方的每次爭辯都無一例外地把民國大業放在首位。譬如，陳其美坦然表白：「美何人者，知有民國而已。一身之利害，既非所恤，子孫之窮達，更非所願，惟以公理所在，不敢不爭。」[125]伍廷芳則開誠布公表明心跡，

⑳ 〈附滬軍都督來復書〉1912年4月19日，《伍先生（秩庸）公牘》，《近代中國史料叢刊・正編》(652)，第110-111頁。
㉑ 〈復滬軍都督書〉1912年4月25日，《伍先生（秩庸）公牘》，《近代中國史料叢刊・正編》(652)，第113-114頁。
㉒ 〈附滬軍都督來函〉1912年5月4日，《伍先生（秩庸）公牘》，《近代中國史料叢刊・正編》(652)，第117頁。
㉓ 《伍廷芳集》下，第521-524頁。
㉔ 1912年4月13日，伍廷芳電復袁世凱，稱「數月以來，心力交瘁」，「正喜群彥匡濟，梢息仔肩，退隱杯泉，藉藏鳩拙。乃蒙為顧問，實恐無補高深。謹達愚忱，敬辭雅命，伏祈亮察。」參見《伍廷芳集》下，第521頁。
㉕ 〈附滬軍都督來復書〉1912年4月19日，《伍先生（秩庸）公牘》，《近代中國史料叢刊・正編》(652)，第111頁。

稱自己疊次規勸的良苦用心是擔憂陳其美「將持前此破壞主義以施之滿清者，施之吾漢族同胞，而破壞我胚胎方新之民國」。[126]雙方的歧異在於，一個堅持法律至上理念，既然按照三權分立原則建立了中華民國，就應絕對無條件地皈依在法律之下，而遑論其他。一個持現實主義態度，中華民國雖然建立，但法律制度尚未健全，加之社會秩序動盪不寧，故必須採取變通的辦法，懲惡揚善，匡濟民國大業，即使有違法律，也在所不辭。因此，在評判這場官司的是非曲直時，必須堅持兩種標準。依「姚案」、「宋案」發生的歷史條件，陳其美堅持懲辦兇手，為慘死的革命烈士昭雪洗冤，立志逮捕嫌疑犯，紓解民國政府財政危機，無疑是正確的。尤其是在「姚案」上，伍廷芳囿於西方三權分立、司法獨立原則，「走上了形式主義的道路」。[127]姚榮澤殘殺周、阮二烈士，證據確鑿，當法庭準備改判，徵詢伍廷芳意見時，他卻以已辭司法總長職務為由，不置可否，終使殘殺革命烈士的兇手逍遙法外，無怪乎遭到革命黨人的強烈譴責。但從維護中華民國千秋大業，推進中國的現代法制建設看，伍廷芳則是絕對正確的。清王朝的垮台，就在於它不思時代的變遷，恪守僵化的封建體制，漠視民權，草菅人命。中華民國的誕生，在於革命黨人高揚「民權主義」大旗，揭批清政府獨裁專制，贏得了世人的愛戴擁護。既然以民權得人心，就應以尊重民權治天下。當此革故鼎新之際，陳其美自恃功勛元老，仗權瀆法，不啻是自毀民國長城。對此，伍廷芳曾有過一段肺腑之言。他說：「今者民權之說散布於全國，故一舉而傾覆滿清政府，得以改造共和政體，此正民權恢復之時，萬不容再有絲毫專制事實存留於天壤。如有悍然為之而不顧者，無論勛勞如何，資望如何，均當視為人民之

---

[126] 〈復滬軍都督書〉1912 年 4 月 5 日，《伍先生（秩庸）公牘》，《近代中國史料叢刊·正編》(652)，第 104 頁。

[127] 潘念之主編：《中國近代法律思想史》上冊，上海社會科學院出版社 1992 年版，第 245 頁。

公敵。蓋因民權而起戰爭，若既得之，而復加蹂躪則其罪惡之深，必有甚於單方主持專制主義者。」[128]字裡行間，流溢著對民國大業的忠貞。

矛盾因忠誠而產生，矛盾也因忠誠而紓解。袁世凱北洋軍閥的專制統治，使伍廷芳與陳其美體認了彼此主張的得與失，感受了對方的高尚人格，兩人共棄前嫌，成為孫中山護法大業的中流砥柱。此處可以 1916 年伍廷芳在陳其美追悼大會上的演講為證：

> 六年前，陳先生與李君平書、高君爾登來余寓，以革命乞余爲助，余辭以不能戰，陳先生等謂請君辦外交耳。余亦有救國之志，不能辭。嗣後常晤面，知陳實熱心爲國者，雖飲食寢寐未嘗稍忘。其爲滬督，尤有可欽。余嘗以公事與爭，筆戰良久，感情無傷。此吾國人中所罕見者也。公私之界顯然，政治家當有此公正之態度。今共和再造，而陳君已逝。其哀感爲何如耶？然我謂陳君今猶在國。余研究通神之理，知哲人雖死，而其精神不死。黎總統弔陳先生曰：『百折不回。』此種精神，其在天上常能牖啓我國民。初次革命諸先烈，其精神不散，力足以助三次革命諸君子，故能有今日。今陳先生及諸烈士之英靈，亦豈有異。帝孽雖未除，吾人奮力做去，以慰陳先生等之靈可也。[129]

伍廷芳是懷著對司法獨立的憧憬投身革命的，希冀中華民國南京臨時政府成為實現其法律思想的良田腴地，「以行平生志願」。[130]為此，他積極參與了民國政府的司法建設，「不顧情面」，公開同滬軍都督陳其美展開了一場曠日持久的權法爭辯。但在數千年法律

---

[128] 〈復滬軍都督書〉1912 年 4 月 5 日，《伍先生（秩庸）公牘》，《近代中國史料叢刊‧正編》(652)，第 100 頁。

[129] 何仲簫編：《陳英士先生紀念全集》《近代中國史料叢刊‧正編》(529)，（台灣）文海出版社，第 420 頁。

[130] 〈復滬軍都督書〉1912 年 4 月 5 日，《伍先生（秩庸）公牘》，《近代中國史料叢刊‧正編》(652)，第 100 頁。

傳統結成的網羅面前，伍廷芳遭到重懲，雖民國高官亦莫肯俯首民意及法律，他只能發出「實緣刻下權力不及」的悲嘆，辭去司法總長，「退居安閒，藉以養晦」。[31]然而，他畢竟是中國社會實踐西方近代法律制度的第一人。在新世紀開始不久，便按照司法獨立、文明審判的訴訟原則，組織審理了轟動一時的「姚榮澤案」，首次涉足了依據近代法律程式審判的歷史先河，率先揭開了中國法制現代化的新篇章，標誌著自鴉片戰爭以來先進的中國人向西方學習，不僅有量的增加，而且更有質的飛躍。儘管因治國理念的差異，對「姚案」、「宋案」的處理招致了以陳其美為代表的革命黨人的責難、謾罵、詆毀，令他一度情緒低落，息影觀渡廬，養晦韜光，靜觀世變，儘管其法學理念有一些「形式主義」的缺陷，且帶有濃厚的理想主義色彩，但上述實踐和理念反映了伍廷芳對現代化的熱切期盼，昭示了伍廷芳對資產階級共和國的深情厚愛。這也是伍廷芳在辛亥革命後背棄北洋軍閥，再度同孫中山革命黨人合作，高舉護法大旗，直至殞國的最深層原因，從主持領導清末修律到辛亥革命後捍衛法律尊嚴，完全可以說，伍廷芳是中國近代史上的法律改革家，中國法律現代化運動的強有力推動者，三權分立原則的忠實維護者。中國法制史上將永遠銘刻著伍廷芳和他那以司法獨立、文明審判為核心的法律思想。

---

[31] 〈復天津銀行股東會文〉1912 年 4 月 8 日，《伍先生（秩庸）公牘》，《近代中國史料叢刊‧正編》(652)，第 105 頁。

第六章

求索眞文明

　　自辛亥革命爆發至 1922 年病逝，伍廷芳以耄耋之身周旋於革命黨人、北洋軍閥和西南軍閥等實力派之間，試圖在多邊力的抉擇中，實現自己的政治夙願——建立一個純正的三權分立政權，一個強調司法獨立的現代法制國家。在此期間，伍廷芳有過消沉，有過歧誤，但更多的是積極進取。從依重軍閥到背棄軍閥，從疏遠革命派到投奔孫中山，表徵了伍廷芳在辛亥革命後漫漫路途上的上下求索，展現了中國社會走向近代化的艱難歷程。

一、伍廷芳與革命黨人關係：合作—疏遠

　　合作—疏遠—皈依，是伍廷芳與革命黨人關係的三部曲，總括了伍廷芳生命航程的最後十年在中國近代社會演進中的軌跡，成為評判伍廷芳歷史地位的一把重要尺度。因通篇結構的需要，此節對伍廷芳與革命黨人關係的評析截止到第二次護法運動爆發前。

　　伍廷芳對孫中山革命黨人發生橫向聯繫起於武昌起義爆發。在此之前，目前尚未發現有過聯繫的任何史料，下述兩則史料充分說明了此點。據惜陰堂主趙鳳昌之子趙尊岳稱，伍廷芳第二次出使美國歸國後，「休官居滬，素不問革命事，亦不與黨人通聲氣。」[1]再據滬上名人李平書稱，1911 年 11 月 3 日，他受陳其美委託，登

---

① 趙尊岳：《惜陰堂辛亥革命記》，《近代史資料》（總 51 號）1983 年第 3 期，中國社會科學出版社，第 79 頁。

門拜訪伍廷芳，請出其任滬軍都督府外交總長。②很顯然，武昌起義前伍廷芳與革命黨人的關係是平行的。

武昌起義改變了伍廷芳與革命黨人的關係。伍廷芳出任滬軍都督府外交總長、南方民軍議和總代表、中華民國南京臨時政府司法總長，與陳其美由陌路人變為朋友，配合也一度密切。在此，就涉及到兩個問題：雙方合作的基礎，伍廷芳在合作中的作為與歷史地位。

(一)雙方合作的基礎

從雙方聯繫建立的過程看，革命黨人是主動的，伍廷芳則是被動的。起初，李平書受陳其美委託，「往晤伍先生，初以年老辭，適溫君欽甫（溫宗堯）至，相與力勸，乃受照會。」③趙尊岳則稱，武昌起義後獨立各省矛盾頻仍，南北和談開始之際，民軍代表尚未確定。為同黎元洪一爭高下，滬軍都督陳其美「徑投刺造訪，請出任南方議和代表。伍不識陳，卻之再三，陳竟長跪以求。伍感其誠，始允就任」。④第二條史料的可信度如何暫且不論，但有一點可以肯定，即建立雙方聯繫的過程中，孰主動，孰被動是明確的。那麼，革命黨人為什麼會屈身求請伍廷芳，而伍廷芳為何最終接受邀請呢？

革命黨人之所以主動邀請伍廷芳加盟，首先是考慮到伍廷芳的海內外影響。非比尋常的經歷，鑄就了伍廷芳輝煌的歷史。他以中國第一個近代法律博士的身份踏入政界，參與領導了中國鐵路經營管理，被譽為中國鐵路「行政的先驅」，贏得了民族資產階級的讚頌；作為李鴻章的外交智囊，參與策劃了包括《中法條約》、《中日馬關條約》在內的一系列外交談判，尤其是在先後擔任駐美公使八

② 《李平書七十自敘》，上海古籍出版社 1989 年版，第 58 頁。
③ 同上。
④ 趙尊岳：《惜陰堂辛亥革命記》，《近代史資料》（總 51 號）1983 年第 3 期，中國社會科學出版社，第 79 頁。

年間，他獨當一面，就華工問題、《中墨條約》簽署等問題，同美國政府、墨西哥政府進行了有理、有力、有節的鬥爭，維護了民族利益，博得了好評。美國總統西奧多・羅斯福曾這樣評價伍廷芳：「他是一個令人不愉快的中國佬，他一旦得手一定讓我們全不得好死，就是不死，日子也不會好過。」⑤這段不無惡意的話，**當**是對伍廷芳外交才幹的最好詮釋。在作為修訂法律大臣期間，伍廷芳依照西方近代法學原理，對中華法系進行了大膽解剖，刪除了包括「凌遲」、「梟首」、「株連」在內的一系列嚴刑酷罰，增添了體現時代進步色彩的律師制度、陪審員制度，制定了旨在保護民族資本主義經濟發展的《公司律》、《破產律》等，贏得了中外社會的廣泛讚譽，連辱罵伍廷芳為「笨驢」的英國《泰晤士報》駐北京特派記者莫理循也承認，伍廷芳是「對中國刑法法典進行修改並使之人道主義化的人」，他的正義感「是中國少有的」。⑥再有，伍廷芳仕清多年，官至外務部侍郎，位居二品，以其對專制王朝的揭秘披隱，和對新政事業的建樹，儼成一代名臣，在朝野內外廣有影響。時人曾稱其「才學冠中華，卓著鴻名滿天下」。⑦因而，將「偉才碩望，中外咸欽」⑧的桂冠放置在伍廷芳頭上，大致不謬。

當上海光復，滬軍政府籌建時，陳其美「慕公才名，且知為中外所敬服」，「因請公計事」，⑨迭次盛請伍廷芳出任外交總長。當「清廷顯宦，政學前輩」⑩唐紹儀出任北方議和代表的消息傳來

⑤ 〔美〕孔華潤：《美國對中國的反應——中美關係的歷史剖析》，復旦大學出版社 1989 年版，第 65 頁。
⑥ 〔澳大利亞〕駱惠敏編：《清末民初政情內幕》上，知識出版社 1986 年版，第 824 頁。
⑦ 丁汝霖題，見華東師範大學圖書館藏：《伍秩庸博士哀思錄》（刻印本），第 1 頁。
⑧ 余沅：《共和關鍵錄・序》，觀渡廬編：《共和關鍵錄》，《近代中國史料叢刊・續編》(856)，（台灣）文海出版社，第 9 頁。
⑨ 潘明等：《伍秩庸博士哀思錄・誄文》，第 11 頁。見華東師範大學圖書館藏《伍秩庸博士哀思錄》未刊本。
⑩ 趙尊岳：《惜陰堂辛亥革命記》，《近代史資料》（總 51 號）1983 年第 3 期，中國社會科學出版社，第 79 頁。

時，1911 年 11 月 20 日，全國各獨立省區代表在上海議決，推定「伍廷芳、温宗堯二君為民國外交總、副長」。⑪12 月 5 日，代行中央政務的鄂軍都督黎元洪宣布，伍廷芳為民軍總代表，主持南北和談，希望他「不辜負十一省代表推舉之望」。⑫

消息傳出，咸謂得人。唐文治、雷奮、趙鳳昌、黃炎培等十三人認為：「此重要之位置，必如伍君之中外素深景仰者，方足以勝任愉快。」⑬陳其美也深信：「其必能收圓滿之結果，以慰全國同胞之希望」。⑭1911 年 12 月 18 日，英法美俄日德駐滬六國領事團向議和雙方遞交同文照會也意味著列強對南方民軍政府及其任命人選「實行承認」。⑮由此可見，伍廷芳出任滬軍都督府外交總長、獨立各省區議和總代表是眾望所歸。

其次，革命黨人邀請伍廷芳也是資產階級革命黨人偏狹的政治宣傳的結果。武昌起義前，伍廷芳是以清朝高官顯宦的身份休居上海的。儘管其政治信仰是建立資產階級共和國，實現司法獨立，但他畢竟還同清政府保持著聯繫，還是一個封建官僚。在未相識前，革命黨人為何屢次登門盛請一個「封建官員」出面擔當資產階級革命政權的要職呢？要回答這個問題就必須涉及革命派的政治主張。

1905 年 8 月，中國同盟會作為資產階級革命派全國規模的政黨在日本東京成立。「驅除韃虜，恢復中華，建立民國，平均地權」即所謂的「民族、民權、民生」三大主義成為同盟會的政治綱領。由於時勢的需要，「民族主義」成為革命黨人宣講的中心。儘管孫中山先生曾賦予了「民族主義」新的內涵，以示與歷史上的「大漢族主義」相區別，但其他革命黨人在實際的宣傳鼓動中，常常將同

⑪ 劉星楠遺稿：《辛亥各省代表會議日志》，中國史學會編：《辛亥革命回憶錄》(六)，文史資料出版社 1981 年版，第 241 頁。
⑫ 《史事紀要》，第 1088 頁。
⑬ 1911 年 11 月 13 日《時報》。
⑭ 1911 年 12 月 21 日《民立報》。
⑮ 朱爾典呈葛雷文，見《英國藍皮書・關於中國事務的文書・1912 年・中國二號》第 63 號，第 85 頁。

盟會的「民族主義」思想與長存中國民眾中間的「大漢族主義」思想相混淆，因而滿族入主中原後對漢族的血腥屠殺，成為一個時期內革命黨人宣講的重點。「嘉定三屠」、「揚州十日」等最能激起民族復仇心的事例，屢被翻印、散發。因為此種宣傳，切合下層民眾的思想意識、理解水平，容易被接受，因而在短時間內就能煽起熊熊烈焰。同盟會成立後最初數年發動的多次武裝起義的主力，便是會黨、綠林等帶有黑社會性質的破壞力量，典型的如惠州起義。可以說，武昌起義前革命黨人在全國各地發動的反清武裝起義，與其「大漢族主義」思想的宣講有很大關係。此種宣講鼓動，喚起了社會民眾的廣泛參與，加速了清王朝的滅亡，有其積極作用。但此種宣傳鼓動又帶有極大的弊端，給革命事業造成巨大損失。「民族主義」與「大漢族主義」的長期混同，凝成了一種集體的潛意識，即認為革命的核心內容是推翻滿洲貴族的「異族統治」，建立漢族人掌權的統治，只要此種目的達到，革命就算完成，至於由哪個漢族人執掌權柄，那就是無所謂的事了。在首義之區，武昌革命者就公開宣稱：「只要（黎元洪）能推翻清朝，何惜給他一個都督名義。」[16]這就是武昌起義後，舊官員、舊軍官紛紛占據各獨立省區首腦位置的原因所在（見附錄十）。這也是孫中山等革命黨人拱手讓出中華民國大總統的深層原因。早在 1911 年 11 月 30 日，齊集漢口的各省代表就議決：「如袁世凱反正，當公舉為臨時大總統。」[17]黃興對讓位於袁世凱一事的表現極具典型性。1911 年 11 月 9 日，時任「中華民國軍政府總司令」的黃興致書袁世凱說：「明公之才能，高出興等萬萬。以拿破崙、華盛頓之資格，出而建拿破崙、華盛頓之事功。直搗黃龍，滅此虜而朝食，非但湘鄂人民戴明

---

16 萬鴻階：《辛亥革命醞釀時期的回憶》，《辛亥首義回憶錄》第 1 輯，湖北人民出版社 1957 年版，第 122 頁。

17 《武昌起義紀事》，《辛亥首義回憶錄》第 4 輯，湖北人民出版社 1957 年版，第 73 頁。

第六章　求索真文明

227

公為拿破崙、華盛頓，即南北各省當亦無不拱手聽命者。」[18]一個月之後，他在〈復汪精衛電〉中再一次稱頌袁世凱「雄才英略，素負全國重望，能顧全大局」，只要他「與民軍為一致之行動，迅速推翻滿清政府，令全國大勢早定，外人早日承認」，則「中華民國大統領一位，斷推舉項城無疑」，「全國人民決無有懷挾私欲與之爭者」。[19]由此可見，早在南北和談之前，革命黨人已確立了「袁世凱反正—推翻滿清王朝—選舉袁世凱做民國大總統」的行動綱領。對袁世凱尚且如此，則思想更加進步的清朝漢族官員伍廷芳當然更在革命黨人的關注之列。因此，在武昌起義後，陳其美等革命黨人屢屢邀請伍廷芳加盟也就順理成章。儘管伍廷芳與黎元洪、袁世凱等存有根本性差異，但他們都是在革命黨人「排滿」旗幟下入盟，這一點卻是相同的。

再者，許多革命黨人對伍廷芳情有獨鍾也是出於滬鄂相爭的需要。陳其美竭力邀請伍廷芳加盟，甚至不惜「長跪以求」，是有其現實利益考慮的。武昌起義後，隨著全國各省區的紛紛獨立，組織全國性統一政府的問題迫在眉睫。但在政府的所在地和究竟由誰來組織、執掌政府問題上，意見分歧，各有打算。鄂軍都督黎元洪挾首義之區的餘威，以民國「元勛」自居，竭力主張臨時政府應設在湖北，至於臨時大總統一職，自然也就非他莫屬。各獨立省區也大致贊允，紛紛派出代表趕赴漢口，響應黎元洪的電招。1911 年 11 月 20 日，赴鄂代表在上海議決：「承認武昌為民國中央軍政府，以鄂軍都督執行中央政務。」[20] 12 月 5 日，十一省代表在漢口開會，重申前議。黎元洪由前清軍官一躍而為民國中央軍政府首腦，統攬全國各獨立省區政務，自然會引起奔走革命多年的革命黨人的

---

[18] 〈致袁世凱書〉1911 年 11 月 9 日，《黃興集》，中華書局 1981 年版，第 82 頁。
[19] 〈復汪精衛電〉1911 年 12 月 9 日，《黃興集》，中華書局 1981 年版，第 94 頁。
[20] 劉星楠遺稿：《辛亥各省代表會議日志》，中國史學會編：《辛亥革命回憶錄》（六），文史資料出版社 1981 年版，第 242 頁。

不滿，尤以滬軍都督陳其美表現得最為明顯。因而，滬、鄂兩地，陳其美與黎元洪之間，為爭奪辛亥革命後的領導權進行了激烈的較量。換言之，伍廷芳出任滬軍都督府外交總長，也不過是陳其美手中的一副砝碼。事實上，伍廷芳的加盟，也確實增強了滬方抗爭的實力，成為陳其美最終如願的一張王牌。南北議和地點的最後確定，充分顯示了此著的勝算。

　　1911年11月9日，黎元洪電邀各省派代表到武昌，議決國事。11月12日，陳其美通電各省都督，開宗明義提議在滬組建「總機關以代表全國」，上海「地處衝要，東南孔道，餉械根源，外交重任，尤關大局」。隨之打出手中的王牌，「伍廷芳先生允任外交，經各友邦承認，坫壇有人，全國之慶。」呼籲各省「公舉代表，定期迅赴上海，公開大會，議建臨時政府，總持一切，以立國基，而定大局」。[21] 11月15日，陳其美搶先成立了各省都督府代表聯合會。滬鄂對抗，路人皆知。傾向鄂方的楊璽章在《中華民國公報》撰文說：「武昌已為領事團承認為交戰團體，上海領事尚未承認伍廷芳為外交代表，因此，中央應設在武昌為宜。」[22]

　　11月24日，出於對武昌首義之區的尊重，加之黎元洪電邀在前，到達上海的各省區代表決定，每省留一人在滬負責通信聯絡，另一人赴鄂組織臨時政府。此時，黎元洪已同袁世凱達成了停戰議和的協議。在南方議和代表人選上，各省區意見是一致的。12月5日，各省代表會議推定伍廷芳為民軍議和總代表，「與北使會商和平解決」。[23]但在議和地點上，滬鄂之間分歧嚴重，互不相讓。由於伍廷芳明顯站在陳其美一邊，議和地點最終由漢口遷至上海。

　　12月9日，黎元洪致電伍廷芳稱：「清袁內閣派唐紹儀為代表

---

[21] 1911年11月14日《民立報》。

[22] 《民國大總統黎元洪》，中國文史出版社1991年版，第113頁。

[23] 劉星楠遺稿：《辛亥各省代表會議日志》，中國史學會編：《辛亥革命回憶錄》（六），文史資料出版社1981年版，第246頁。

來鄂，討論大局，十一省公推先生為民軍代表與之談判。此舉關係至重，元洪已專托蘇代表雷君奮前往迎迓，務望辱臨，至為盼禱。」㉔字裡行間流露出擔憂、恭謙。同日伍廷芳回電，表示接受民國議和代表一職，但又稱「此間組織臨時政府，各省留滬代表，未許廷一日遠離」，外加上海華洋交匯，「交涉甚繁」，「實難遵召，未克赴鄂」，故請「轉致唐公速來滬上，公同談判」，並由鄂方立派專輪護送至滬。㉕10 日，黎元洪再發急電致伍，宣稱北方議和代表唐紹儀明日到鄂，「洪等專待大駕與開談判。此事關係民國全局極重，非公莫屬，乞即刻首塗，不勝企禱之至。」㉖急切之情，溢於言表。12 月 11 日，伍廷芳從容去電，除重複 9 日電報內容外，又搬出外國駐滬領事團，強調在滬議和。他說：「駐滬各國領事，極望在滬談判，」且英國駐北京公使「轉商袁世凱飭唐來滬，雷君奮來談，亦極贊成，想公當表同情，懇即轉致唐公速來滬上，至禱」。㉗

伍廷芳近乎拆台的做法，直令黎元洪顏面丟盡，尷尬至極。在此期間，江南重鎮南京光復，滬寧一體，更加重了上海方面的籌碼。而清兵在武昌軍力大盛，各省代表會談場所——順昌洋行時刻遭受清軍炮火轟擊。鑑於內外壓力，黎元洪不再堅持伍廷芳沿江西上。南北議和地點由此改定上海。武昌起義後的政治中心也隨之由長江中游轉移到長江下游，從而為中華民國南京臨時政府的設立奠定了堅實的基礎。12 月 13 日，黎元洪轉達伍廷芳意見，經袁世凱批准，14 日，唐紹儀乘「洞庭」輪啟程東下，17 日抵達上海。18

㉔〈附黎元洪來文〉，《伍先生（秩庸）公牘》，《近代中國史料叢刊·正編》（652），（台灣）文海出版社，第 13 頁。
㉕〈復武昌黎元洪電〉，觀渡廬編：《共和關鍵錄》，《近代中國史料叢刊·續編》（856），（台灣）文海出版社，第 29 頁。
㉖〈黎元洪來電〉，觀渡廬編：《共和關鍵錄》，《近代中國史料叢刊·續編》（856），第 29 頁。
㉗〈再復黎元洪文〉，《伍先生（秩庸）公牘》，《近代中國史料叢刊·正編》（652），第 13 頁。

日南北和談正式開始。

南北議和地點之爭，陳其美革命黨人憑藉伍廷芳蜚聲海內外的威望，贏得了主動，擊敗了黎元洪，取得了最後勝利，實現了盛請伍廷芳加盟的政治初衷。

如果僅從上面列舉的這些因素看，伍廷芳捲入辛亥革命後的政治漩渦，完全是因為陳其美革命黨人一手策劃安排，但如果據此認定伍廷芳參與中華民國的創建完全是被動的而非真誠的，那就大錯特錯。這既不符合事物發展變化的運動規律，又背離了伍廷芳思想演化的邏輯法則。事實上，伍廷芳贊襄陳其美革命黨人有其被動的成分，更有其主動的因子，被動當中有主動，主動當中有被動，是被動與主動的辯證統一。只有如此解釋，才能準確把握伍廷芳思想演化的邏輯脈搏，才能揭示伍廷芳與中國近代社會同步演進的性格特徵。

毋庸諱言，陳其美革命黨人的邀請是伍廷芳投身資產階級革命運動的直接動因，但就伍廷芳一生主體思想旨趣和辛亥革命爆發前的境況而言，在革命黨人偶然邀請的背後，蘊存著伍廷芳參與資產階級共和國創建的必然趨向。具體說來，原因有二：

第一、建立資產階級共和國的政治信念使然。伍廷芳是近代東西文化交流中的典型西化者，對歐美資本主義的政治體制推崇有加，頂禮膜拜。依照三權分立原則，在中國建立一個司法獨立的資產階級共和國是伍廷芳畢生的政治追求。多年的海外生活，系統的西方正規教育，使他對歐美資本主義制度的讚賞由感性認識上升到理性認識，由異地觀賞發展到本土仿行。投身洋務運動可謂是他實現其政治理想的初步嘗試。新穎的知識結構，孜孜不倦的敬業精神，終於使他躋身晚清社會的政治權力中心，成為一個較早謀取到發言人位置的成功的文化邊緣人。而主持領導清末法律修訂工作，更是較明確地映襯出了伍廷芳的政治追求：廢止昭示封建專制制度野蠻性、落後性的嚴刑酷罰，代之以體現時代進步色彩的西方近代

法律體系，最終在中國建立一個歐美式的資產階級共和國。可悲的是，封建朝廷的愚頑和社會惰性力量的強大，扼殺了伍廷芳政治信仰的新蕾，凝聚著伍廷芳治國理想的法制改革，到頭來落得了一個畫虎不成反類犬的結局。中國依舊在毫無起色中走向死亡之旅。對祖國誠摯的愛戀，和對政治信仰的執著追求，促使伍廷芳在此之後又屢屢上書朝廷，條陳救國良策，但終因「人微言輕，輒遭當軸之見沮」，丹心盡付東流水。效法古人，背棄無道，成為了伍廷芳的無奈抉擇。第二次出使美洲歸來，伍廷芳便「辭官去位」，退居滬上。然而，其救國匡世之心，依然熾熱如火。正如他所自言：「身老江湖，心懸廓廟，著書立說，猶思整頓中原。」[28]

正當伍廷芳在半是絕望，半是希冀中休閒度日時，武昌起義的槍聲，宛如報春的驚雷，給被嚴冬圍困著的人們帶來了新的希望。自 1894 年興中會成立伊始，孫中山為代表的資產階級革命黨人，便以「振興中華」為己任，以推翻封建君主專制制度，建立美國式的資產階級共和國為宗旨，在三權分立原則的基礎上，博採東西，建構了以「五權憲法」為內容的共和國藍圖。這同伍廷芳畢生追求的政治信仰，竟是如此契合。所不同的只是二者實現該目標的手段、方式存有差異：伍廷芳希望以漸進改良的方式，通過合法的途徑去實現，革命黨人則主張通過暴力革命形式去完成。政治信念上的志同道合，最終促使伍廷芳接受革命黨人的邀請，投入到共同創建中華民國的洪流中去，實現了他由主張改良到首肯革命的第一次飛躍。

第二、清政府的冥頑不化所導致。從 1882 年起至 1911 年止，伍廷芳「備員前清，受知特達」。[29]官至外務部左侍郎、刑部右侍郎，位居從二品，可謂皇恩浩蕩。然而，辛亥革命爆發後，他卻背棄了對其有知遇之恩的清政府，加入到革命黨人的行列，由封建官

---

28 《伍廷芳集》下，第 647 頁。
29 同上。

員一躍而為執著的共和國衛士。變化之快令人瞠目結舌。其實，探尋伍廷芳思想的發展脈絡，便會發現，他由仕清到叛清，絕非一時的衝動，更非頑固守舊勢力所辱罵的「投機」、「變節」，而是有其合乎邏輯演化的思想基礎。除前面所言外，清政府的冥頑不化，也是促使伍廷芳走上叛逆道路的重要原因。

伍廷芳是主張漸進改良的，幻想通過合法權威實現政治理想。1882年，他滿懷「再造文明之夢」，離港北上，便是把李鴻章、清政府恃為實現其政治抱負的靠山。仕清近三十年間，他盡其所能，興鐵路、改法制、辦外交，活躍在國內外政治舞台上。然而，辛勤耕耘的結果，換來的卻是連年災荒。洋務運動治標不治本，「徒恃槍炮而不考求政治，猶未足以窺泰西富強之真相。」[30]甲午一戰，寄託了一代中國人強國之夢的北洋水師便灰飛煙滅，民族恥辱接踵而至。寄予厚望的法律改革，風聲大雨點小，新律大多成死胎，嚴刑酷吏，俯拾即是。洋務外交數十載，雖折衝樽俎，終不改弱國地位。紛至沓來的挫折、失意，改變了伍廷芳對清政府的態度，信賴變成失望、絕望，最終激成背棄。

客觀地講，仕清之初，伍廷芳對清政府是滿懷希望的，迭次上書，力主變法維新，即是明證。他曾說：「初使美洲，見外域政治修明，富強鼎盛，視中國之萎靡不振，判若天淵，由是維新變法之心，怦然而動。歸國後，疊官農、商、外務，力主變法圖強，娓娓指陳，」「幾於唇焦舌敝。」[31]無奈，歷經數百年的風雨滄桑，清政府已經喪失了吐故納新的功能，不識時勢變遷，徒知敷衍因循，治國大策恒守「祖宗成法，不能稍變」。[32]所言所陳，「聽者藐藐，或唯唯稱善，然總以難期辦到為辭」[33]，「十不一行」[34]。久而久

㉚ 《伍廷芳集》下，第567頁。

㉛ 伍廷芳：〈延壽新法〉，《伍廷芳集》下，第554頁。

㉜ 伍廷芳：〈中華民國圖治芻議〉，《伍廷芳集》下，第566頁。

㉝ 伍廷芳：〈延壽新法〉，《伍廷芳集》下，第554-555頁。

㉞ 伍廷芳：〈中華民國圖治芻議·序〉，《伍廷芳集》下，第563頁。

之，「此心廢然，漸灰熱念。半年後，不復置議，再閱一年，則遇人之言變法者，不覺亦以難期辦到了之矣。」[35]這段獨白，道出了伍廷芳對清政府由希望到絕望的心聲，昭示著伍廷芳由仕清演變為叛清、反清的必然趨向。

1910 年，第二次出使美洲歸來，伍廷芳「旋假病決賦遂初」，「浩然歸去」，寓居滬上，與清政府分道揚鑣。此時，其反清傾向已極為明顯。同年 9 月，伍廷芳所上＜奏請剪髮不易服折＞實際就是一篇略顯曖昧的反清宣言書。在奏折中，伍廷芳開宗明義指出：「世風日變，亟宜斟酌沿革，以定民志而維利權。」[36]他認為，二十世紀是一個飛速發展的時代，倘若繼續抱殘守缺，恪守祖宗遺訓，是既不可能也不現實。弱勢民族欲求生存、更新，必須正視現實，以先進文化為參照系，剔除民族文化的糟粕，使之具有世界性。有鑑於此，剃頭留髮之陋習，自然屬於廢棄之列。因為它「內之既無裨於實用，外之復難壯乎觀瞻。」[37]在機器工業日漸發展的今天，「因辮髮而陷於危險者，時有所聞」。在中國走向世界的近代，剃頭留髮更成為民族醜陋的標誌，歐美日諸國時常將之稱為「豚尾」而大加貶斥。「辮子、小腳、納妾」儼然成為外國人眼中的中國「國粹」。維新大師康有為就曾進呈＜請斷髮易服改元折＞，以辮子不利於打仗，不便於用機器，不利於衛生，且為外國人恥笑為由，力主「斷髮」（即剪辮）。移居海外的華人更是身體力行，率先實行髮髻革命。中南美洲各埠華僑「剪截辮髮，改易西裝則十恆八九，間有未經剪截者，亦復高蟠頂上，深藏固閉，唯恐人知」。[38]不僅如此，「歐風東漸以來，內地居民，除官紳外，凡學生、士子、工、賈、商、農，其因求起居利便而剪去長髮，所在皆有。」伍廷芳就此認為：「況將來風氣日新，其數只有加無減，雖

㉟ 伍廷芳：＜延壽新法＞，《伍廷芳集》下，第 555 頁。
㊱ 伍廷芳：＜奏請剪髮不易服折＞，《伍廷芳集》上，第 358 頁。
㊲ 同上，第 360 頁。
㊳ 伍廷芳：＜奏請剪髮不易服折＞，《伍廷芳集》上，第 358 頁。

嚴法厲禁，亦勢有所不能。所謂變亦變，不變亦變也。」[39]

伍廷芳還結合剪髮問題，論述了「形式」與「精神」的關係，點評了數十年來改革失敗的根源。他認為，剪髮雖是「形式」，然而更具「精神」，海外華僑紛紛剪髮易服，但其忠君愛國之熱忱比之內地卻未有絲毫遜色。日本國民自明治維新「截髮易服以還，其士民之效忠君上國家者，實與往日未變政前無異，抑又過之」。由此觀之，「天下只有形式改良，而後可期精神進步。未有不務精神而惟形式之是保全者。」趙武靈王改胡服騎射，「雖曰形式，實亦精神，且尤精神中之精神。」趙國由此強盛，滅中山國，破林胡、樓煩，終成「戰國七雄」之一。反觀近代，自海禁大開以來，朝廷雖曾屢降諭旨，勵精圖治，但體用之說，猶同桎梏，修補之術，無濟於支大廈於將傾，挽狂瀾於既倒。數十年倡言變法維新，數十年國勢益微，數十年民族恥辱接踵而至。究其原委，伍廷芳認為「中國變法數十年，而成效未顯著者，未始非敷衍因循之故」。[40]此種結論，可謂至真至誠，一語破的。

為求中國問題的真解決，避免重蹈覆轍，伍廷芳最後建言，朝廷應「明降諭旨，任官、商、士、庶得剪去長髮」，[41]實施形式與精神的真正變法改革。

此折的上奏，表明伍廷芳已經開始突破改良的樊籬，邁出了嚮往革命的第一步。留辮子本是女真人的一種風俗習慣，而非「漢官威儀」的應有之物，但隨著滿族的崛起和努爾哈赤、皇太極的軍事拓展，留辮與否，由習俗問題演變為滿漢民族間的一個嚴重的政治問題，並由此導致了一系列民族間殘殺的悲劇。按照「夷夏之辨」論，「披髮左衽」原本是野蠻與文明的分界物，更何況子曰「身體髮膚，受之父母」，豈容隨意割取。因此，八旗兵所到之處，「留

---

[39] 伍廷芳：〈奏請剪髮不易服折〉，《伍廷芳集》上，第 360 頁。
[40] 同上，第 359 頁。
[41] 同上，第 360 頁。

髮不留頭，留頭不留髮」，成為漢人的生死符，於是便有了「揚州十日」、「嘉定三屠」等民族慘劇。數千年積澱而成的習俗，最終變成了暴力的奴僕。隨著清王朝的統一、鞏固，剃頭留髮由滿族的習俗演化成滿漢民族共同的習俗，象徵著滿洲貴族統治的確立。因此，剪辮與否，無疑是一種嚴肅的政治抉擇。十九世紀末二十世紀初，民族、民主思想勃興，賦予了辮子更多的政治內涵。留辮成了效忠清王朝的象徵，剪辮則帶有鮮明的排滿革命意識，是革命的標誌。孫中山在 1895 年廣州起義失敗後剪去辮子表徵了一個革命先行者同清王朝的決裂。人稱「辮帥」的張勳率領「辮子軍」導演了一齣復辟醜劇，終落得了個遺臭萬年的下場。文化怪傑辜鴻銘則拖著稀疏的小辮子，走上北大講台，步入地獄，成為街談巷議的「封建餘孽」。特殊歷史條件下形成的特殊習俗，必然帶有特殊的含義。一條長長的辮子，記載著滿族的興盛衰亡，訴說著漢民族的悲歡離合，甄別著進步與愚頑。可以說，伍廷芳的此次上書不啻是一篇背棄清政府的宣言書。

視辮子為身家性命的清王朝自然不會准奏。伍廷芳便「以身為率」，「革命未起之先，即在上海糾集同志，開剪髮大會」，[42]被辜鴻銘罵為「沒有辮子的食肉獸」。

如果說，〈奏請剪髮不易服折〉是一篇略顯曖昧的反清宣言書，那麼，1911 年 11 月至 12 月間的〈奏請監國贊成共和文〉、〈致清慶邸書〉則是兩篇旗幟鮮明的擁護共和的宣言書。在給慶親王奕劻的書信中，伍廷芳闡釋了由仕清到反清的演化緣由，指出自己雖「竭千慮之一，屢陳改革之策」，[43]孰料，朝廷冥頑不化，我行我素，「百不一行」，近年來又「假立憲之美名，行專制之虐政」，[44]致使國將不國，怨聲載道。今日義旗高舉，「非廷芳之辜恩，實由

[42] 伍廷芳：〈中華民國圖治芻議〉，《伍廷芳集》下，第 617 頁。
[43] 伍廷芳：〈致清慶邸書〉，《伍先生（秩庸）公牘》，《近代中國史料叢刊‧正編》(652)，（台灣）文海出版社，第 12 頁。
[44] 同上，第 11 頁。

忠言不聽於前」，「諫不行，言不聽，孟子且謂為寇仇矣。」更何況載濤、良弼等親貴，「重募死士，暗殺漢人，懸賞三等，廷芳亦在應殺之列。」[45]正是朝廷的昏庸無道，驅使自己走上反清革命的道路。時下，共和旗幟已插遍了大半個中國，「君主立憲政權，斷難相容於此後之中國。」為國民前程計，為皇室安危計，望攝政王、慶親王「幡然改悟，共贊共和」。[46]此書的發表，不啻於一顆重磅炸彈，給武昌起義後的中國社會造成了強烈震動。不僅令清廷愕然不已，即使「一時所謂縉紳士大夫，皆驚異之」，「而不知公匡時救國之志，蓄之已久，故有觸即發也。」[47]

每次社會巨變都是數百年乃至數千年歷史的高度凝縮，個人思想的每次飛躍，都是其生命歷程的提煉和昇華。在二十世紀初年中國社會革故鼎新之際，伍廷芳這位仕清近三十年的封建官員，毅然背棄了清王朝，胸懷創建共和國的宏大理想，邁向了新世紀。

㈡參與主持南北和談

歷史選擇了伍廷芳，伍廷芳擁抱了歷史。武昌起義後，天下大亂，群雄並起，列強各國，虎視鷹瞵，中華民族再次走到了十字路口。在中國將向何處去的重要歷史關頭，伍廷芳這位看慣了刀光劍影的歷史老人，身繫民族之安危，肩負十一省人民之重託，出任南北和談總代表，同唐紹儀、袁世凱展開激烈交鋒，最終使五色旗取代了黃龍旗，資產階級共和國由理想變成了現實。因此，有人稱其「命世之耆英，救世之豪傑」，[48]絕非溢美之詞。

南北和談分為兩個階段。1911 年 12 月 18 日至 31 日為第一階

[45] 伍廷芳：〈致清慶邸書〉，《伍先生（秩庸）公牘》，《近代中國史料叢刊·正編》(652)，（台灣）文海出版社，第 12 頁。

[46] 伍廷芳：〈奏請監國贊成共和文〉，《伍先生（秩庸）公牘》，《近代中國史料叢刊·正編》(652)，第 11 頁。

[47] 孫中山：〈伍秩庸博士墓表〉，華東師範大學圖書館藏未刊本。

[48] 劉汝霖：《共和關鍵錄·序》，觀渡廬編：《共和關鍵錄》，《近代中國史料叢刊·續編》(856)，（台灣）文海出版社，第 7 頁。

段，主角是伍廷芳、唐紹儀。1912 年 1 月 2 日至 2 月 18 日為第二階段，主角是伍廷芳、袁世凱。和談的主要議題是：停戰及停戰範圍、國家政體、國民會議和清室優待條件等。

1. 南北和談第一階段（1911 年 12 月 18-31 日）

關於南北停戰及停戰範圍之爭　要議和必先停戰。當時，北方清軍與南方民軍大致以長江為界，形成南北對峙。清軍占有東北三省、內外蒙古、山東、河南、安徽、京津等大部分地區。湘、鄂、江、浙、閩、兩廣、雲、貴、川等省區則為民軍所擁有。戰鬥主要集中在湖北地區，但從戰略態勢上看，清軍採取攻勢，民軍採取守勢。議和前，黎元洪、袁世凱曾約定從 1911 年 12 月 9 日起一律停戰。12 月 18 日下午二時，伍廷芳、唐紹儀這對曾同是清朝大吏又有桑梓之誼的談判對手，在上海公共租界市政廳進行了首次談判。海內外矚目的南北和談至此正式開始。談判伊始，伍廷芳便展開外交攻勢。他說，連日來陸續接到陝西、山西、安徽、山東等地報告，「知清兵已入境作戰。似此違約，何能議和？」要求唐紹儀電告袁世凱「飭令各處一律停戰」，「且清軍於停戰期內，所攻取之地，均須悉行退出。」並堅持說：「得確實承諾，回電後始可開議。」[49]雙方就誰先開仗一事，爭辯不休。伍廷芳說：「誰先開戰，雖費調查，惟有一辦法，凡停戰期內違約進占之地點，應飭清軍先行退還，如娘子關、潼關等處是最著者，此外地點尚多，應悉退出，以符初意。」唐紹儀則針鋒相對，「如是則貴處所違約進占之地，亦應一律退出。」[50]最後，雙方達成共識，「須實行停戰，方可議和」。但在停戰範圍問題上雙方再起磨擦。伍廷芳堅持將山東、東北三省劃入停戰範圍。唐紹儀則以山東宣布獨立隨即取消，

---

[49] 《中華民國開國五十年文獻》第 2 編第 2 冊，（台灣）正中書局印行，第 493 頁。
[50] 觀渡廬編：《共和關鍵錄》，第 1 編，《近代中國史料叢刊·續編》(856)，第 34 頁。

東北三省範圍太廣為由予以反對。伍廷芳對此進行了嚴厲駁斥。他說：「所謂取消，不過孫寶琦一人之私言，並非山東全體人民之意。現山東人民不認取消，貴處不得派兵相壓。且煙台獨立，天下共知，尤不得派兵攻取。」[51]至於東北三省，則有關東都督藍天蔚奉政府之命舉行起義，自應列入停戰區。

針對唐紹儀自認「停戰不如罷戰」，且和議必成，伍廷芳不無譏諷地說：「爾若照漢人思想，可以必成，若存清官思想，則不敢必。」[52]直令唐紹儀無言以對。

12 月 20 日，第二次會談開始，雙方均承認，停戰期內，「彼此均有違約進攻之事」，並表示都已電告南北雙方，禁止此等事情再度發生。針對唐紹儀所提停戰延期一事，伍廷芳提議再延長七天，唐紹儀表示贊同。最後雙方簽署會議條約，規定「（停戰）期內兩軍於各省現在用兵地方，一律停止進攻」。[53] 12 月 29 日，第二次會談接受了伍廷芳所提「停戰不如退兵」的建議，規定自 12 月 31 日早八時起，所有山西、陝西、湖北、安徽、江蘇等地的清兵，五天內，「一律退出原駐地方，百里以內，只留巡警保衛地方。」至於民軍已經占領的山東、河南等地，「清軍不得來攻，民軍亦不得進取他處。」[54]

就這方面的談判結果而言，停戰、停戰範圍問題的解決基本上是按照伍廷芳的提案進行的，最後達成的協議也明顯有利於民軍。

關於未來國家政體　停戰協議既經達成，和談轉入了中心議題，即未來中國將實行共和民主還是君主立憲。對此，伍廷芳有著明確的主張。早在出任南方和談總代表前，伍廷芳就表達了實行民主共和的政治理想。1911 年 11 月 11 日，他同宋教仁、于右任等人

---

[51] 觀渡廬編：《共和關鍵錄》，第 1 編，《近代中國史料叢刊・續編》(856)，第 35 頁。

[52] 同上，第 37 頁。

[53] 同上，第 44 頁。

[54] 同上，第 47 頁。

聯名發表〈組織全國會議團通告書稿〉，明確表示：「自武漢事起，各省響應，共和政治已為全國輿論所公認，」「美利堅合眾之制度，當為吾國他日之模範。」[55] 11 月 12 日，伍廷芳在呼籲各友邦承認中華共和國的電文中，概述了中國素有實行民主共和的傳統，「吾民之所好者，為共和政體，故其所擇者，亦共和政體」，猛烈抨擊清王朝氣數已盡，「僅如登場之傀儡而已」。[56]

上述史實證明，武昌起義後，伍廷芳已經徹底同他曾經寄予厚望的清王朝決裂，共和民主已成為他堅定的政治信仰。因而，在南北和談期間，在關乎中華民族未來政治走向的大轉折時期，伍廷芳旗幟鮮明，堅持共和民主。正如英國駐華公使朱爾典所言：「唐紹儀從一開頭已經發現，他的對手是堅決要求推翻清朝而實行共和的。」[57]第二次會談時，伍廷芳明確表示，「民軍主張共和立憲。」隨後，他結合自己思想的變化和中國民眾的趨向說道：「我初亦以為中國應君主立憲，共和立憲尚未及時。惟今中國情形與前大異，今日中國人之程度，可以為共和民主矣。人心如此，不獨留學生為然，即如老師宿儒，素以頑固稱者，亦眾口一詞，問其原因，則言可立憲，即可以共和，所差者只選舉大總統耳。」最後，他以堅定不移的口吻說道：「為今之計，中國必須民主，由百姓公選大總統，重新締造，我意以此說為確不可易。」[58]針對唐紹儀所提南北和談是為了和平解決國內爭端，伍廷芳表示：「君既贊成共和，則我等所求者息事後之和平辦法而已。蓋承認共和，則一切辦法皆可商量。」[59]唐紹儀表示贊同。在伍廷芳的大力主張下，未來國家共和民主的基調由此定下。

⑤⑤ 伍廷芳等：〈組織全國會議團通告書稿〉，《伍廷芳集》上，第 365 頁。
⑤⑥ 伍廷芳：〈致各友邦請承認中華共和國電〉，《伍廷芳集》上，第 367-368 頁。
⑤⑦ 《英國藍皮書‧關於中國事務的文書‧1912年‧中國三號》，第 63 號，第 85 頁。
⑤⑧ 觀渡廬編：《共和關鍵錄》，第 1 編，《近代中國史料叢刊‧續編》(856)，第 38-39 頁。
⑤⑨ 同上，第 40 頁。

關於召開國民會議之爭　在後來進行的第三次談判中，雙方將關於如何召開國民會議問題提到了議事日程上。12 月 29 日，唐紹儀稱：「昨夜得袁內閣之令，囑我令商閣下招集國民會議，決定君主民主問題。」[60]但在召開國民會議的地點、時間、開會資格等問題上，雙方意見分歧嚴重，論爭在所難免。會談結束時，雙方只是達成一個籠統協議：「開國民會議，解決國體問題，從多數取決。」[61]在會議地點的確定上，伍廷芳堅持在上海，唐紹儀則奉滿蒙貴族和袁世凱的指令拒不同意，先是主張在北京，繼而提議在漢口，最後又提出在煙台或威海衛。伍廷芳對此一概反對，認為唐紹儀所提「萬萬不能，如此則無庸議」。針對唐紹儀提議國民會議應在「不近兵之地」召開，伍廷芳出言嘲弄，會議最好在香港召開，一則香港遠離戰區，二則可「使北方人大開眼界」。[62]由於分歧嚴重，三次談判在此問題上沒有達成共識，只是在 12 月 31 日第五次會談上草簽了一個待議案：「伍代表提議國民會議在上海開會，日期定十一月二十日（即公曆 1912 年 1 月 8 日。——引者註）。唐代表允電達袁內閣，請其從速電復。」[63]

　　關於開會資格問題。伍廷芳堅持到會省份有三分之二以上即可開議，唐紹儀則主張「今為特別之事，宜全數同意」。伍廷芳堅決反對，「不能以一二省之故而不開議也。」經過據理力爭，第四次會議達成如下協議：「國民會議由各處代表組織，每省為一處，內外蒙古合為一處，前後藏合為一處。每處各派代表三人，每人一票，若有某處到會代表不及三人者，仍有投三票之權。開會之日，如各處到會之數有四分之三，即可開議。」[64]

[60] 觀渡廬編：《共和關鍵錄》，第一編，《近代中國史料叢刊‧續編》(856)，第 44 頁。

[61] 同上，第 47 頁。

[62] 同上，第 51 頁。

[63] 同上，第 58 頁。

[64] 同上，第 60 頁。

此項協議對徹底結束清王朝的統治，建立中華民國發揮了重大作用，由此挫敗了北方清王朝、袁世凱試圖依托內外蒙古、前後西藏和東三省，阻撓民國建立的陰謀，保證了國民會議的順利召開。

關於清皇室退位後的待遇和滿蒙回藏的待遇　推翻帝制，創建民國，對擁有數千年封建專制傳統的中國社會造成的衝擊，不啻於一場強烈的大地震。如何引導民眾擺脫根深蒂固的帝制情結，使其成為擁有獨立精神、自由人格的新國民，是資產階級革命黨人面臨的重大課題。而如何妥善對待退位後的清皇室和占有廣袤土地的滿蒙回藏等少數民族，則成為解決這一課題的前提。依當時南方民軍的勢力，是根本無法武裝推翻清王朝的。山西、陝西光復後，民軍雖「聲勢日宏」，「而實力猶患不充」。[65]南京臨時政府所部署的四路北伐行動就曾因人財物的匱乏而告吹。據《東方雜誌》報導：「民國政府成立，需費浩繁，各省地丁雜稅，既未能應時解集，濟中央之急需。而海關收入稅金，外人又以賠款為辭，暫不交付。於是不得不謀之外債，以救燃眉。」列強各國又以嚴守中立為名，拒絕貸款。無奈之下，民國政府採取抵押路、礦、局的方式，假借公司名義，謀求借款，但多未成行，且招致輿論抨擊。[66]南北和談期間，清王朝仍有以袁世凱北洋軍為主力，以滿蒙回藏少數民族軍隊為補充的強大兵力。儘管袁世凱不是清王朝的忠實守護人，但國情民情與個人的思維方式，決定了袁世凱絕不會單獨起兵，逐滅清皇室。這就決定了辛亥革命既不可能像中國歷史上的農民起義、農民戰爭那樣，依恃強大的武力，推翻舊王朝，從肉體上消滅舊皇室；又不可能像十七、十八世紀成熟的英法資產階級革命那樣，將封建君主押上斷頭台。

---

⑥ 趙尊岳遺作：《惜陰堂辛亥革命記》，《近代史資料》（總 51 號）1983 年第 3 期，中國社會科學出版社，第 80 頁。

⑥ 高勞：〈臨時政府借債彙記〉，中國史學會編：《辛亥革命》(八)，上海人民出版社 1957 年版，第 562 頁。

因此，伍廷芳按照南方革命政權的指示，努力尋找一種既能保證新政權的順利誕生，又不致因此而導致社會動蕩和對抗的解決方式。清帝退位問題的最後解決便充分體現了這一鬥爭策略。在清帝退位問題上，最初南北雙方的分歧主要體現在清帝退位的稱謂、清帝退位後的去處兩方面。在清帝退位的稱謂上，南方代表伍廷芳態度明確，即採用清帝「退位」稱謂，含有清帝的退位是無條件的，被逼無奈的意味。北方代表唐紹儀雖然也贊成清帝退位，但為了使清帝退位顯得體面些，光榮點，力主將「退位」改為「讓位」或「遜位」。在清帝退位後的去向問題上，伍廷芳主張清皇室退出宮禁，退居頤和園。唐紹儀則堅持退位後的清皇室「仍居宮禁」。雙方經過一番論爭，在第三次南北會談中，達成了如下協議：在清皇室之待遇方面，一、以待外國君主之禮待之；二、退居頤和園；三、優給歲俸數目，由國會定之；四、陵寢及宗廟，聽其奉祀；五、保護其原有之私產。在滿蒙回藏之待遇方面，一、一律與漢人平等；二、保護其原有之私產；三、先籌八旗生計，於未籌定八旗生計以前，原有口糧，暫仍其舊；四、從前營業之限制，居住之限制，一律廢除；五、所有王公等爵，概仍其舊。[67]

就決議的結果而言，給予退位清皇室的待遇是優厚的，對滿蒙回藏少數民族的照顧是周到的，體現了以孫中山為代表的資產階級革命黨人的人道主義情懷和「五族共和」的民主理念。但長期以來，史學界對此的評價尤其是對清皇室待遇的評價是否定的，認為這是資產階級革命黨人先天的軟弱性、妥協性使然。因而，對於主持南北和談的伍廷芳沒有給予應有的評價。其實，這是有失公允的。揆諸辛亥革命後的混亂局面和南方獨立省區「互相猜忌」，「人自為政，破碎滅絕」[68]的實況，可以說此種協議完全是南北雙

⑥⑦ 觀渡廬編：《共和關鍵錄》，《近代中國史料叢刊‧續編》(856)，（台灣）文海出版社，第 46 頁。

⑥⑧ 巴黎《迭霸日報》刊登 1911 年 12 月 23 日上海訪事專函，中國史學會編：《辛亥革命》(八)，上海人民出版社 1957 年版，第 497 頁。

方綜合實力的體現，同時也展現了伍廷芳這位經驗老道的職業外交家洞察全局的高超技能。1912 年 1 月 2 日，在給南京及各省的通電中，伍廷芳對此有過明確說明。他認為，在國民大多贊同共和的情況下，唐紹儀仍堅持由國民會議決定皇帝的去留，「不過欲清帝服從多數之民意，以為名譽之退位而已。」之所以同意其議，是為了向全世界各國表明，民國政府以民意為重，拒斥武力。用優待皇室的策略，實現共和的目的，「實歷史上光榮之事」。倘若清王朝違背協議，「則是失信於天下，不只為全國人民所共棄，且將為萬國所共棄」。「故廷亦以為可行。」[69]

此段史料，將伍廷芳縱橫捭闔，折衝樽俎的外交風采展現無遺。外交談判是一門高深的藝術，傑出的外交大師，應有洞察全局，審時度勢的能力。原則不變，策略靈活，照顧對方，爭得實效，是衡定外交家才幹優劣與否的準則。從南北和談第一階段最終達成的協議看，伍廷芳稱得上是一位傑出的職業外交家。

中國走向民主共和的道路是艱難而曲折的，決不會因南北和談達成的一紙協議而即刻實現。清朝一部分王公貴族對南北和談協議表示堅決反對。第四次會談後，清資政院議員毓善等二十人聯名致函袁世凱，堅持「國民會議選舉章程，必由內閣起草，會場必在北京」，指斥唐紹儀「在上海並未與彼黨評論君主民主之利害，先自贊成共和。其電奏一味恫嚇，竟全墮彼黨之計中，實不稱議和之任，請迅速調回」。[70]姜桂題、馮國璋、張勳等北洋將領也致電內閣，反對共和，擁護君主立憲。

地處北方政局中樞的袁世凱出於以下兩點原因，也反對業已達成的協議。其一，1911 年 12 月 29 日，孫中山在南京當選為中華民國臨時大總統，使袁世凱對孫中山、黃興等人一再表示過的「總統

⑥ 伍廷芳：〈致南京及各省電〉，《伍廷芳集》下，第 416-417 頁。
⑦ 〈毓善等致內閣總理袁世凱函〉，《辛亥革命》(八)，上海人民出版社 1957 年版，第 156 頁。

之職虛位以待」的承諾產生懷疑。其二，袁世凱受到了來自清皇室方面，尤其是北洋軍隊的強大壓力。因而，1912 年 1 月 2 日，袁世凱以唐、伍達成的「會議各約，未先與本大臣商明，違行簽定」為藉口，免去唐紹儀的議和代表職務，改由自己與伍廷芳「直接往返電商」。[71]

　　袁世凱言而無信，肆意撕毀協議的行徑，遭到了伍廷芳的嚴厲痛斥。1912 年 1 月 3 日，伍廷芳去電批駁：根據國際公法，唐紹儀攜有總理大臣全權代表文憑，開議之始，互驗文憑，即認唐紹儀有全權資格，「五次所訂各約，一經簽字即生遵守之效力」。至於所提免唐理由，「本大臣實不能承認」，況且按國際會議通例，「必須面商」。「貴大臣如果有希望和平之決心，應先示人以信」，[72]親至上海，直接妥商。狡黠的袁世凱自然不會輕易離開苦心經營了多年的北京城。1 月 4 日，伍廷芳再次去電譴責，如果唐使所簽協議可改，將來所定協約亦可更改，「如是和議，何日可成」。世界各國尚無此例，希三思而行，「勿為世人所駭笑」。如真心希望中國早日結束戰亂，砥定國基，還請「親來上海，實為不可再緩」。[73]

　　袁世凱的頑梗，改變了伍廷芳及南京臨時政府的決心。唐紹儀辭職後舉行的南北和談，改由伍廷芳與袁世凱「直接往返電商」。在此後的四十五天內，伍袁電報交馳，「抵隙蹈瑕，嚴爭互詈」，[74]南北和談進入了第二階段。

2.南北和談第二階段（1912 年 1 月 2 日-2 月 18 日）

[71] 〈附清內閣袁世凱來文〉元月二日，《伍先生（秩庸）公牘》，《近代中國史料叢刊‧正編》(652)，（台灣）文海出版社，第 14 頁。

[72] 〈復清內閣袁世凱來文〉元月三日，《伍先生（秩庸）公牘》，《近代中國史料叢刊‧正編》(652)，第 14-15 頁。

[73] 〈復袁世凱文〉元月四日，《伍先生（秩庸）公牘》，《近代中國史料叢刊‧正編》(652)，第 18 頁。

[74] 尚秉和：〈北京政府成立〉，中國史學會編：《辛亥革命》(八)，上海人民出版社 1957 年版，第 548 頁。

在第二階段中，伍袁爭論的核心問題是如何召開國民大會，決定國體，實質是由誰來出任中華民國臨時大總統。

1912年1月5日，袁世凱來電質問，依據唐伍協議，「國體問題由國會解決」，為何在國民大會如何召開尚未確定前，竟然組成了中華民國南京臨時政府，且選舉孫中山為臨時大總統。這顯然「與前議國會解決問題相違。特詰問貴代表此次選舉總統是何用意。設國會議決為君主立憲，該政府暨總統是否亦即取消？」[75]伍廷芳依照國際法則當即予以嚴斥。他說，現在民軍已光復十餘省，理應有一統一機關，在國民會議議決前，民軍組織臨時政府，選舉臨時大總統，「此是民國內部組織之事，為政治上之通例。」如果以此相詰問，那麼，還請問，國民會議未議決前，清政府「何以不即行消滅？可以尚派委大小官員？」根據前定協議，國民會議做出了決定，雙方均須議從，那麼請問，「設國會議決為共和立憲，清帝是否立即退位？」[76]伍廷芳的答辯反擊有理、有力，令袁世凱無言以對。

然而，袁世凱畢竟是袁世凱，他利用革命黨人渴望推翻清廷、建立民國、速定國是的焦灼心理，採用拖延戰術，避實就輕，討價還價，以期實現由己一統天下的政治野心。在以後的談判中，袁世凱大施權術，先是否定唐紹儀所定協議，繼而又縱容張勛、倪嗣沖率部南犯，重燃戰火，後又令北洋軍以剿匪為名，進攻陝西民軍，捕殺山東境內革命黨人，企圖逼迫南京臨時政府就範。伍廷芳對此焦急萬分，悲憤有加。1912年1月6日，伍廷芳致電袁世凱，呼籲召開國民會議，確保和平，弭息戰禍，「望閣下迅即商定開會地方及日期」。[77]袁世凱依舊不為所動。伍廷芳奮筆討伐，嚴辭譴責袁

[75] 觀渡廬編：《共和關鍵錄》，《近代中國史料叢刊‧續編》(856)，第88頁。
[76] 〈復袁世凱文〉元月六日，《伍先生（秩庸）公牘》，《近代中國史料叢刊‧正編》(652)，第24頁。
[77] 伍廷芳：〈復袁世凱文〉元月六日，《伍先生（秩庸）公牘》，《近代中國史料叢刊‧正編》(652)，第30頁。

世凱，公然違背已成之協定，實為無視法律的野蠻行徑，「若以簽字定議之條約可任便作為無效，將視同兒戲，代表全權之信用掃地，何以與列國友邦並立於世界。」至於假借剿匪，戕殺革命志士，實為「不復知失信為可恥」。[78]

　　為讓世人明瞭和議難成之真相，求得國際社會輿論的支持，1912 年 1 月 10 日，伍廷芳致電英法美等六國駐滬領事，詳析國家不能早定之原委，實為袁世凱一手造成。「現在袁世凱極欲破壞唐紹儀所定議案，此種舉動足以妨害列強所冀望之和平」，[79]故而，希望國際社會敦促袁世凱履行協議，早定國基。同時，警告袁世凱派兵進犯陝西，必遭民軍聯合反擊。伍廷芳說：「民國政府雖設於東南，而與西北民軍誼同一體，萬萬不能坐視。閣下不將攻陝軍隊調回，即認閣下有意先行決裂，以破壞和局。」[80]而由此引起的一切後果，民軍概不負責。1 月 28 日又致電孫中山，建議力爭主動，不要被袁世凱所掣肘，倘若袁世凱仍不讓步，「無使清帝退位之意，以致兵釁再開」，「則前此所定優待條件即全行作廢」，[81]國體問題的真解決，只有訴諸戰爭。

　　此外，伍廷芳還施展外交手腕，試圖借助於段祺瑞的力量，分化北洋軍，驅使袁世凱逼迫清帝退位。伍袁電談之際，段祺瑞曾在武昌前線聯合六十名軍官發表通電，聲稱國內戰亂不已，必將招致外患，「兄弟鬩牆，外猶禦侮」，「瑞夙抱宗旨不忍地方再有糜爛，塗炭生靈；且公使俱在都門，秩序一亂，是將授以干涉之柄也。」[82]伍廷芳以職業外交家特有的敏銳，對此十分重視，1 月 27

[78] 伍廷芳：〈復袁世凱文〉元月十日，《伍先生（秩庸）公牘》，《近代中國史料叢刊・正編》(652)，第 32-33 頁。
[79] 〈聲告破壞和議者之罪狀〉，1912 年 1 月 11 日《盛京時報》，轉見《伍廷芳集》下，第 436 頁。
[80] 伍廷芳：〈致袁世凱電〉1912 年 1 月 30 日，《伍廷芳集》下，第 465 頁。
[81] 伍廷芳：〈致南京孫文電〉1912 年 1 月 28 日，觀渡廬編：《共和關鍵錄》，《近代中國史料叢刊・續編》(856)，第 212 頁。
[82] 《臨時政府公報》第 2 號，轉自存萃學社編集：《辛亥革命資料匯輯》，第 5 冊，（香港）大東圖書公司 1980 年版，第 14 頁。

日致電孫中山、黃興、黎元洪等建議，段祺瑞身為前敵總指揮，「今既聯合各路統兵將帥贊同共和，似宜就近由黎副總統派兵與之接洽」，[83]「應如何措置，統希酌裁。」[84]

歷經四十五天的艱難談判，南北雙方最終達成協議：清帝退位，孫中山讓位於袁世凱。建立中華民國的最後障礙終於掃除。1912 年 2 月 12 日，末代皇帝溥儀宣布退位，統治中國兩千多年的君主專制至此壽終正寢。2 月 16 日，伍廷芳提出辭呈。17 日，孫中山復電首肯。

3.伍廷芳與南北和談之歷史功過辨析

「南北議和自袁世凱委派私人代表試探聯繫起，至南京臨時參議院選袁為臨時大總統止，為時三個多月。」[85]伍廷芳在耄耋之年，以巍然之軀，胸懷民主共和理念，「不辭艱難，不避勞怨」，[86]同當時實際上代表著北方封建君主專制勢力的唐紹儀、袁世凱在談判桌上進行了曠日持久的交鋒，終於為中華民國的誕生掃除了障礙。「蕩滌五千年專制之瑕穢，計距武昌起義，甫百有餘日耳。」[87]孫中山領導的資產階級民族民主革命至此畫上了一個階段性的句號。「辛亥革命未能改變舊中國的社會性質和人民的悲慘境遇，但為中國的進步打開了閘門，使反動統治秩序再也無法穩定下來。」[88]就辛亥革命的全過程而言，武昌起義打響了推翻清王朝的第一槍，南

---

[83] 伍廷芳：〈致南京孫文電〉1912 年 1 月 27 日，觀渡廬編：《共和關鍵錄》，《近代中國史料叢刊·續編》(856)，第 313 頁。

[84] 伍廷芳：〈致武昌黎元洪電〉1912 年 1 月 29 日，觀渡廬編：《共和關鍵錄》，《近代中國史料叢刊·續編》(856)，第 314 頁。

[85] 馮耿光：《蔭昌督師南下與南北議和》，《辛亥革命回憶錄》(六)，文史資料出版社 1981 年版，第 368 頁。

[86] 〈黎元洪副總統慰勉伍廷芳電〉，曹亞伯：《武昌革命真史》，上海書店 1982 年版，第 701 頁。

[87] 趙尊岳遺作：《惜陰堂辛亥革命記》，《近代史資料》（總 51 號）1983 年第 3 期，中國社會科學出版社，第 80 頁。

[88] 江澤民：「在中共十五大上的報告」。

北和談則以法律的形式正式宣告了封建帝制的終結，為資產階級共和國的確立砥定了根基。史稱「中國之覆君主，成共和決於此時」。[89]由此觀之，作為南方議和總代表的伍廷芳在推進近代中國社會的民主進步史上功莫大焉。

當然，南北和談所帶來的消極影響，確曾給中國社會造成了一連串的震盪，致使中國歷史一度逆轉。單從辛亥革命直至二十世紀四〇年代中國的歷史變遷看，保留皇帝，優待皇室，為中國社會埋下了巨大的禍根。辛亥革命後，滿蒙少數民族貴族策動的復辟暴亂、張勛復辟、廢帝溥儀建立偽滿洲帝國等事件，追根溯源，都與辛亥革命時期優待皇室政策相關聯。這當然是孫中山和他所代表的資產階級革命不徹底性的表現，但我們也應該看到，這些政策也是當時國內南北兩大集團政治、經濟、軍事和社會民眾心理諸因素全面較量的必然結果。更何況，帝制復辟雖然數度發生，但卻始終未能動搖南北和談所確定的共和國根基，共和國的大廈依舊矗立。為此，後人就不應苛求前人，更不能一味斥責前人。他們畢竟在歷史環境許可的範圍內做了同時代的人沒有幹過的事情，為中國社會的演進樹起了一座高大的燈塔，引導中華民族走向世界，走向未來。至於選定袁世凱取代孫中山出任中華民國臨時大總統一事，更非伍廷芳的責任。伍廷芳對袁世凱的人格是極為討厭、蔑視的。詳細登載南北和談往來書信電函的《共和關鍵錄》，處處記錄著伍廷芳嚴厲譴責、聲討袁世凱的內容。在袁世凱當政期間，伍廷芳採取不合作政策，拒不接受袁世凱頒發的僅次於孫中山、黎元洪的「勛位」，[90]謝絕袁世凱的入閣邀請，[91]「以年老吃素為辭」，拒赴南京

---

[89]〈伍廷芳歷史‧伍博士傳錄〉，《伍先生（秩庸）公牘》，《近代中國史料叢刊‧正編》(652)，（台灣）文海出版社，第 1 頁。

[90] 伍廷芳：〈辭勛一位電〉，1912 年 10 月 23 日北京《民主報》，轉自《伍廷芳集》下，第 527-528 頁。

[91]〈復袁世凱電〉，1912 年 4 月 16 日上海《太平洋報》，轉自《伍廷芳集》下，第 521 頁。

參加慶祝中華民國成立一周年紀念大會。[92]顯而易見，伍廷芳內心是極不贊成袁世凱任大總統的。至於其在南北和談期間對此未表示反對，完全是基於以下兩點原因。

其一，「急謀統一」的考慮。武昌起義後，全國陷入了戰爭狀態。從黑山白水至珠江流域，從東海之濱到遙遠的大西北，皆被戰爭的煙雲所籠罩。飽嘗戰亂之苦的中國人民渴望和平統一。以武昌秘密聯繫為開端的南北和談，實際上既是國內共和大勢所趨，也是各階層人民和平統一心聲的反映。伍廷芳也正是「因急謀統一，不得不出而議和」。[93]經過伍唐先後五次會談，和平統一的曙光已經初照大地。不料，因袁世凱斷然撕毀協議，戰亂的濃霧再度降臨，和平統一的進程一度中斷。最初，宣布嚴守「中立」的帝國主義國家，也以「戰亂不已」為由，準備插手中國內政，試圖製造分裂，坐收漁人之利。1911 年 12 月，日本外相內田康哉稱，「（中國）敵對行為如仍繼續，日本政府認為有考慮干涉之必要。」俄國也表示了同樣的意思。隨後，日本政府提出，建立一個由列國各國操縱的「名義上的清廷政權之中國統治」。[94]為避免亡國滅種危機的發生，伍廷芳及孫中山革命黨人對袁世凱多有讓步妥協之舉：採納袁世凱的意見，通過電報進行談判；廢止與唐紹儀所訂協議重新商談；多次重申由袁世凱擔任臨時大總統。這一切均表明，滿懷「和平統一」誠意的伍廷芳及革命黨人，卻又為「和平統一」所累，故在南北和談中對袁多有遷就，喪失了主動。而狡猾的袁世凱正是利用伍廷芳及革命黨人的這種迫切心理，左顧右盼，待買而沽，直至如願。

---

[92] 袁希洛：《我在辛亥革命時的一些經歷和見聞》，《辛亥革命回憶錄》(六)，文史資料出版社 1981 年版，第 291 頁。

[93] 伍廷芳：《辭勛一位電》，1912 年 10 月 23 日北京《民主報》，轉自《伍廷芳集》下，第 528 頁。

[94] 王芸生：〈日本對辛亥革命之操縱與干涉〉，轉自中國史學會編：《辛亥革命》(八)，上海人民出版社 1957 年版，第 489 頁。

其二，為「擁袁」形勢所迫。辛亥革命期間的袁世凱決非「竊國大盜」者可比，更非後來的「洪憲皇帝」可擬，而是一個具有新思想的封建官員，幾乎參與了「新政改革」以來的所有活動。編練新式陸軍，終成勁旅；參與法律改革、教育改革，[95]統轄下的直隸省成為全國最富有新氣象的省區之一。加之他又是漢族官員，因而，包括革命黨人在內的社會各階層，多把推翻清王朝，實現「和平統一」目光投向了袁世凱。報酬便是中華民國臨時大總統一職。事實上，早在伍廷芳主持南北和談前，「擁袁」做大總統幾乎已成共識（詳見附錄十一）。孫中山、黃興、黎元洪等人對總統人選都表示了驚人的超脫態度。孫中山甚至未入國門就在致《民立報》電中，明確表示了「擁袁」的態度。因而，南北和談中的伍廷芳儘管對袁世凱表現出極端的反感、厭惡，但為舉國上下的「擁袁」形勢所迫，也只得同意。1912 年 5 月 15 日，黃興致電袁世凱說：「本日午後二時，參議院全體一致公舉先生為中華民國臨時大總統，億眾騰歡。民國初基，賴公鞏固。」[96]

由此可以說，袁世凱出任臨時大總統是那個時代的選擇，是那個時代的中國社會民眾心理的選擇。國民黨元老胡漢民在探究辛亥革命失敗的根由時說道：「同盟會未嘗深植其基礎於民眾，民眾所接受者，僅三民主義中之狹義的民族主義耳。正惟『排滿』二字之口號，極簡明切要，易於普遍全國，而弱點亦在於此。民眾以為清室退位，即天下事大定，所謂『民國共和』則取得從來未有之名義而已。至其實質如何，都非所問。革命時代本有不能免之痛苦，聞和平之呼聲足以弛其忍受犧牲、繼續奮鬥之勇氣，故當時民眾心理，俱祝福於和議。逆之而行，乃至不易。夫以有熱烈傾向於革命之群眾，而不能使為堅強擁護革命之群眾，此其責當由革命負之，

⑨⑤ 參見拙文：〈袁世凱與中國近代教育改革〉，人大報刊複印資料《高等教育》，1990 年第 12 期。

⑨⑥ 中國第二歷史檔案館編：《中華民國史檔案資料滙編》第 2 輯，江蘇古籍出版社1986 年版，第 84 頁。

而亦為當日失敗之重要原因也。」[97]胡的這段話語從根本上揭示了孫中山讓位於袁世凱的原因。因而,後人不應過多地責怪孫中山革命黨人輕易出讓大總統,也不該不遺餘力地譴責袁世凱的「竊國」,更不能將袁世凱在當選臨時大總統後的倒行逆施怪罪於南北和談及主持和談的伍廷芳。千秋功過,自有評說。時人曾這樣評定南北和談期間的伍廷芳:「造共和,謀統一,四百兆人民幸福。」[98]1912年2月17日,孫中山在批准伍廷芳辭去議和總代表時,對其進行了高度的評價。他說:「公等為民國議和事,鞠躬盡瘁,不避嫌怨,卒能於樽俎之間,使清帝退位,南北統一,不流血而貫徹共和之目的,厥功甚懋!所請辭退議和代表事,應即照准。謹代表國民申謝。」[99]

(三)由合作到疏遠

從1911年11月3日至1912年3月下旬,此為伍廷芳與資產階級革命黨人的合作期。在此期間,伍廷芳應陳其美之邀出任滬軍都督府外交總長,接受各獨立省區代表的推戴,主持南北和談;中華民國南京臨時政府成立後,擔任司法總長,參與主持了民國初年的司法建設。但從1912年3月下旬辭去司法總長開始,伍廷芳與革命黨人的關係漸趨疏遠,時間長達八年之久。具體說來,造成伍廷芳與革命黨人疏遠的原因,大致有三:

應該說,發生於1911年11月至1912年3月的「姚案」、「宋案」之爭是導致雙方關係破裂的導火索。關於伍廷芳與陳其美圍繞「姚案」、「宋案」展開的那場大論戰,本書第五章第二、三部分已做過詳細評論,在此不再贅述。但就「姚案」、「宋案」發生的歷史背景、涉及的人物、造成的影響而言,可以說,「姚案」、

[97] 存萃學社編集:《胡漢民事蹟資料滙編》第1冊,(香港)大東圖書公司1980年版,第137-138頁。
[98] 《伍秩庸博士哀思錄》,華東師範大學圖書館藏未刊本,第5頁。
[99] 《臨時政府公報》,1912年2月22日,第19號。

「宋案」的處理是伍廷芳在特殊的時代同特殊的人物進行的一次具有特殊意義的爭辯。對資產階級共和國的嚮往，是伍廷芳同資產階級革命黨人合作的最深層的動因，因而，在創建共和國的過程中，大敵當前，雙方配合較為默契，關係較為融洽。但隨著共和國的確立，雙方固有的分歧日趨嚴重，最後發展到人身攻擊，人格污辱。對「姚案」、「宋案」的不同理解，最終導致了雙方關係的破裂。在伍廷芳看來，清王朝倒台後，共和國的天敵恰恰就是共和國的締造者們。陳其美這個極具代表性的革命黨人，依舊按照革命期間的思維模式，以天然的「破壞者」的方式，決策、處理著民國政府的內政外交。為替死去的革命同志報仇，他以感情取代法律，以長官命令凌駕法律；為了紓解財政困難，他以未經調查、核實的告發為依據，置法律尊嚴於不顧，任意動用兵力，恣意捕捉，且言之鑿鑿。「造反者」、「革命者」鄙視權威，蔑視程序的本質特徵暴露無遺。而這恰恰就是伍廷芳所最不能容忍的。伍廷芳視法律尊嚴為天條，視司法獨立為生命。按照其帶有濃厚理想色彩的政治理念，革命黨人既然以推翻君主專制統治，建立三權分立的資產階級共和國相標榜，中華民國成立後，自然就應該皈依法律之下，依法辦事。而事實上，革命黨人在實際行動與輿論宣傳上表現出巨大的反差。陳其美在強奸民意，踐踏法律方面，比之清朝官吏毫不遜色，甚且有過之。與其疏遠，在所難免。陳其美革命黨人則認為，民國新立，秩序未靖，法律尚不健全，為了正義事業，即使違越法律又有何妨。伍廷芳言必稱獨立，事必尊法律，實為不顧客觀實際的「迂腐」，與其爭辯，甚至破裂，也就不足為怪。

　　而與此同時，伍廷芳與孫中山之間也產生了矛盾，矛盾演化的結果促使伍廷芳開始遠離革命黨。最後，兩案的問題雖然得到解決，但雙方已經傷了感情，並對對方有了不同的認識。伍廷芳與孫中山之間的矛盾起於南北和談後期，具體來說，起於 1912 年 1 月 18 日的通電。在此之前，雙方合作密切，電報往來不斷。伍廷芳及

時通報和談進展情況，孫中山適時發布和談大旨，且在和談的最終目標上達成共識，即清帝退位，孫中山辭職，袁世凱出任大總統。伍廷芳在同袁世凱的談判中，始終遵循著這一原則。換言之，伍廷芳始終以中華民國臨時大總統一職作為迫使袁世凱逼迫清帝退位的政治交換籌碼。袁世凱在弄清了南方革命黨人的真實意圖後，加快了逼宮步伐。先是以開戰為名，脅迫王宮貴族，「輸財瞻軍」；[100]後又藉口應者寥寥，拒絕用兵；繼而授意駐俄公使陸徵祥，「聯合駐外公使，電請清帝退位」；[101]後又親自出馬，1912 年 1 月 16 日以全體國務大臣的名義合詞密奏，恫嚇皇太后，勸其贊成共和。[102]

作為對袁世凱逼宮行動的配合，南方革命黨人積極實踐著退讓大總統的諾言。1912 年 1 月 14 日，孫中山電復直豫諮議局，聲明「清帝退位，共和既定，袁有大功，為眾所屬」，[103]總統非袁莫屬。1 月 15 日，孫中山在致伍廷芳電中重申：「如清帝實行退位，宣布共和，則臨時政府決不食言，文即可正式宣布解職，以功以能，首推袁氏。」[104]談判桌前的伍廷芳也屢屢保證，「孫君肯讓已屢經宣布，決不食言。若清帝退位，則南京政府即可發表袁之正式公文。」[105]

南北雙方的協調行動，終使清朝倒台初露端倪。1912 年 1 月 14 日，清帝「同意在四天之內由皇太后發布退位詔書，而代之以一個共和國，由人民選舉總統」。[106]

---

[100] 張國淦編著：《辛亥革命史料》，（香港）大東圖書公司 1980 年版，第 298 頁。
[101] 同上，第 299 頁。
[102] 同上，第 299-300 頁。
[103] 〈復直豫諮議局電〉1912 年 1 月 14 日，《孫中山全集》第 2 卷，中華書局 1982 年版，第 20 頁。
[104] 〈復伍廷芳電〉1912 年 1 月 15 日，《孫中山全集》第 2 卷，中華書局 1982 年版，第 23 頁。
[105] 伍廷芳：〈致孫文、黃興電〉1912 年 1 月 14 日，觀渡廬編：《共和關鍵錄》，《近代中國史料叢刊·續編》(856)，（台灣）文海出版社，第 99 頁。
[106] 〔澳大利亞〕駱惠敏編：《清末民初政情內幕》上，知識出版社 1986 年版，第 835 頁。

正當伍廷芳暗自慶幸之際，南北雙方此時卻因在優待皇族條件和總統交接手續上意見分歧較大，致使和談再起波瀾。伍廷芳與孫中山的矛盾由此引發。1912 年 1 月 18 日，袁世凱的親信趙秉鈞在第三次御前會議上提出一種由內閣商定的解決時局案，內容是：將北京君主政府與南京臨時政府同時取消，另於天津設立臨時統一政府。並由袁世凱同時電達伍廷芳，請其轉告南京政府，要求於清帝退位後二日，南京臨時政府即行解散。[107]在清帝退位的稱呼上、退位後的居住地上、退位後的年俸數目上也提出了修改意見，將「大清皇帝改稱讓皇帝」，退位後「暫居宮禁，日後退居頤和園」，年俸不得少於三萬百兩。[108]

孫中山聞訊後，對此極為重視，同一天，先是電邀伍廷芳與滯留上海的唐紹儀一同至南京，「一決大計」。[109]得知唐、伍難以入寧，繼又兩次致電伍廷芳，表明立場。孫中山認為，清帝退位，讓出民國大總統，絕沒問題。「致（至）其手續，則須慎重」，「若兩日為期，不特貽外人譏笑，且南方各省或有違言，轉不美。」為民國前程計，特列五項條件：「一、清帝退位，其一切政權同時消滅，不得私授於其臣。二、在北京不得更設臨時政府。三、得北京實行退位電，即由民國政府以清帝退位之故電問各國，要求承認中華民國彼各國之回電。四、文即向參議院辭職，宣布定期解職。五、請參議院公舉袁世凱為大總統。」至於皇室優待條件：「一、名號定為宣統皇帝，刪去『世世相承』四字。二、退居頤和園。三、經費由國會定之。」[110]

統觀全文內容，此次孫中山所提與以前的最大不同，即在袁世

[107] 李劍農：《戊戌以後三十年中國政治史》，中華書局 1980 年版，第 134 頁。
[108] 伍廷芳：〈致孫文、黃興電〉1912 年 1 月 18 日，觀渡廬編：《共和關鍵錄》，《近代中國史料叢刊‧續編》(856)，第 101 頁。
[109] 〈南京孫文來電〉1912 年 1 月 18 日，觀渡廬編：《共和關鍵錄》，《近代中國史料叢刊‧續編》(856)，第 102 頁。
[110] 孫中山：〈致伍廷芳電二件〉1912 年 1 月 18 日，《孫中山全集》第 2 卷，中華書局 1982 年版，第 26 頁。

凱出任總統的程序上。按照孫中山此前屢屢表示的意思推論，只要清帝退位，孫中山即辭職，由袁世凱接任。但這次所列五項條件內含重大差別。孫中山辭職的前提條件由一個變為二個，即清帝退位，列強各國承認中華民國，二者缺一不可。袁世凱出任大總統必須經由南京臨時政府參議院公舉，言外之意是，倘若遭到參議院否決，袁世凱將不得出任大總統。22 日，孫中山續添進一步制約袁世凱的新條件，即「袁被舉為臨時總統後，誓守參議院所定之憲法，始能接受事權」。並命令伍廷芳送交各報館披露。

伍廷芳對孫中山單方面宣布的近乎「變卦」的中途決定十分不滿。據時任上海公共租界英國工部局警務處長克‧達‧卜魯斯稱：「伍廷芳和溫宗堯二人對孫中山發出關於皇帝退位的第二批條件更為惱火，」溫宗堯甚至說，「如果他有一支手槍，他就親手殺死孫中山。」[⑪]伍廷芳當時的心情可想而知。伍廷芳自受命以來，「夙夜盡瘁，寢食不安」，幾經折衝，方使共和曙光初露。原定於 1912 年 1 月 21 日的清帝宣布退位，遂由孫中山的五項條件而擱淺。袁世凱更以遇刺為由，提出辭職。北方局勢頓陷糜爛，列強各國蠢蠢欲動，試圖干涉。1912 年 2 月 6 日，日軍一萬三千人在奉天大連灣附近的柳樹屯登陸。[⑫]南北和談再度告急。面對袁世凱的「失信」譴責，伍廷芳進退維谷，尷尬之極。盛怒之下，伍廷芳連電指斥孫中山食言自肥，「所開條件，逐日變易，使廷亦茫無所措，而前後不符，受人疑駁，更無以取信於天下。」並認為孫中山爭非所爭，無關宏旨，只要清帝退位，全國有統一的共和政府，則我輩目的便已達到，至於「總統如何選舉，國務總長如何委任，似皆容易商

---

⑪ 〔澳大利亞〕駱惠敏編：《清末民初政情內幕》上，知識出版社 1986 年版，第841 頁。

⑫ 伍廷芳：〈致孫文、黃興電〉1912 年 2 月 7 日，觀渡廬編：《共和關鍵錄》，《近代中國史料叢刊‧續編》(856)，第 21 頁。

⑬ 伍廷芳：〈復孫文電〉1912 年 1 月 23 日，觀渡廬編：《共和關鍵錄》，《近代中國史料叢刊‧續編》(856)，第 89 頁。

量。」⑭1 月 22 日，伍廷芳發出最後通牒，如果孫中山對所提「辦法不以為然，則此後變故滋生益難逆料，惟有請另派賢能接議和全權代表之責，俾廷得奉身而退，以免愆尤」。⑭

伍廷芳的斥責，自然令剛烈如火的孫中山惱怒異常，但為了未竟的共和大業，他也只能詳加解釋，依依挽留。1 月 23 日，孫中山致電伍廷芳稱：「和議解決既在數日之內，請始終其事，另派全權一節，可無置議。」⑮

伍廷芳雖然繼續留任，直到 2 月 17 日才卸去南北議和總代表一職，但對孫中山卻留下了不好的印象。伍廷芳是個原則性極強的人，幾十載的修身養性，更使他極端注重言必信、行必果的君子之道。孫中山的中途變卦適犯其忌，拒絕接納乃至疏遠孫中山自然就在情理之中。

南京臨時政府外交總長與司法總長的具體人選問題，也體現了伍廷芳與孫中山之間的矛盾。1912 年 1 月 3 日，臨時大總統孫中山提交國務員名單，提議王寵惠任外交總長，伍廷芳任司法總長。消息傳出，輿論大嘩。「以伍廷芳派任法部總長一事，頗滋群疑」，各大報社記者、團體組織深為伍廷芳鳴不平，紛紛就此質問臨時政府。孫中山在回答《大陸報》記者提問時說：「本政府派伍博士為法部總長，並非失察。伍君固以外交見重於外人，惟吾華人以伍君法律勝於外交。」「中華民國建設伊始，宜首重法律，本政府派伍博士任法部總長，職是故也。」⑯初聞乍聽，此種回答，於情於理皆合事宜。但仔細推敲，卻非如此。首先，在位置的排列上，全部國務員九人，外交總長位居第三，僅次於陸軍總長、海軍總長，司法總長則排名第四。其次，在軍政期間，司法部職權明顯遜於外交

---

⑭ 伍廷芳：〈復孫文電〉1912 年 1 月 22 日，出處同上，第 210 頁。

⑮ 《南京孫文來電》1912 年 1 月 23 日，觀渡廬編：《共和關鍵錄》，《近代中國史料叢刊‧續編》(856)，第 119 頁。

⑯ 孫中山：〈在南京答《大陸報》記者〉，《孫中山全集》第 2 卷，中華書局 1982 年版，第 14 頁。

部。再其次，外交、司法兩部總長的人選，頗令人生疑。按照孫中山的解釋，伍廷芳「法律勝於外交」。此話漏洞頗多。伍廷芳固然主持領導了清末法律改革，但他賴以成名的還是自洋務運動期間就開始顯露的外交才華。這也是陳其美在滬軍都督府籌建時盛請伍廷芳加盟的最主要原因，同時，也是武昌起義後全國各獨立省區代表一致推舉伍廷芳出任南方和談總代表的最直接因素。況且早在南京臨時政府成立前，全國各獨立省區代表已推定伍廷芳為未來的中華民國外交總長。而事實上，伍廷芳從加盟革命黨起，直至南京臨時政府結束，始終在承擔著外交總長的職責。全國各獨立省區也把他當作外交總長看待，請示、匯報外交動向。伍廷芳對此甚至不得不出面解釋，以後凡遇涉及外交交涉之事，「應概行移交外交總長核辦，以符權限，特此奏聞。」[117]很顯然，孫中山所言並不能令人信服。相反，把「法律勝於外交」的提法，放在外交總長王寵惠身上是再合適不過了。王寵惠（1881-1959 年）生於香港，其父為基督教牧師，與孫中山甚熟。1900 年北洋大學畢業後，東渡扶桑，創辦《國民報》，組織「廣東獨立協會」，是為革命外圍組織。1902 年轉往美國求學。1904 年協助孫中山撰寫《中國問題之真解決》。1905 年獲耶魯大學民法學博士，旋往德國柏林，研究民法，又在英國研究國際法。1907 年將德國新刊民法譯為英文，成為德國民法英譯本的標準版。王寵惠曾考取英國律師資格，並被選為柏林比較法學會會員。[118]1912 年出任南京臨時政府外交總長時，王寵惠還是一個在外交上尚無任何建樹的年輕人（時年三十一歲），外交並非其所擅長。英國《泰晤士報》駐南京特派記者戴維·福來薩經過與王寵惠多次接觸，得出的結論是「他和藹可親也很聰明，只是不適合

⑪⑰ 伍廷芳：〈致孫文電〉1912 年 2 月 1 日，觀渡廬編：《共和關鍵錄》，《近代中國史料叢刊·續編》(856)，第 210 頁。

⑱ 吳相湘：《民國人物列傳》上，（台灣）傳記文學出版社，第 309 頁。

做外交總長」。[119]

　　那麼，孫中山為何起用在外交資歷、聲望、才幹諸方面皆遜色於伍廷芳的王寵惠出任南京臨時政府外交總長呢？史學家吳相湘認為：「因外交問題，孫先生欲直接主持大計。伍廷芳長者（時年七十歲），諸多不便；改用王寵惠，可以隨時指示。」[120]這固然是一個因素，但更重要的原因，還在於王寵惠是一個同盟會員，而在孫中山的心中，伍廷芳卻是一個臨陣易幟的「封建官僚」。這可以孫中山勸慰王寵惠的話為據。任命之初，王寵惠以資格不足，欲辭。孫中山說：「吾人正當破除所謂官僚資格，外交問題，吾自決之，勿怯也。」[121]因而，孫中山自然不會將關乎民國安危的外交大權授予伍廷芳，而是借用王寵惠抵制伍廷芳，實現外交問題權自我操。

　　伍廷芳對孫中山的用意自然是明瞭的，儘管也曾表現出坦蕩的胸襟，如勸告旅滬廣東團體廣肇公所潮州會館，繼續給臨時政府借款四十萬兩，不要因此之故而起內訌，因為參加革命的目的在於「驅除惡政府而改設良政府，為眾人謀幸福，而非為一己爭奪權利」。[122]但是，外交總長人選的旁落，總會引起伍廷芳對孫中山的一些不好看法，種下矛盾的種子。後來，在 1915 年 3 月，伍廷芳借用西人之口，譏評孫中山對於那些「稍識新學，侈然自高，殊無事功之經驗」的東西洋留學生，「不加甄別」，貿然「委以總次長之要津，或為專城之重寄」，[123]絕非無的放矢。

　　而這一時期「姚案」、「宋案」的發生及處理也導致了伍廷芳與孫中山及革命黨人的矛盾升級。伍廷芳與陳其美就「姚案」、「宋案」展開的那場大論戰，前後耗時近兩個月。在伍、陳由權、

---

⑲ 〔澳大利亞〕駱惠敏編：《清末民初政情內幕》上，知識出版社 1986 年版，第872 頁。

⑳ 吳相湘：《民國人物列傳》上，（台灣）傳記文學出版社，第 314 頁。

㉑ （台灣）《國父年譜》（增訂本）上，1970 年刊，第 422 頁。

㉒ 伍廷芳：〈致廣東同鄉函〉1912 年 1 月 4 日，《伍廷芳集》下，第 422-423 頁。

㉓ 伍廷芳：〈中華民國圖治芻議〉，《伍廷芳集》下，第 649 頁。

法爭辯變為意氣之爭，相互謾罵之時，身為南京臨時政府大總統的孫中山除開始表示贊同伍廷芳依法辦理的意見外，均未置一詞。而當伍、陳爭辯漸趨白熱化之時，孫中山十天內兩次去電，竭力挽留陳其美，稱其為滬上「大將」、「民國長城」，[124]實際上就是明顯站在陳其美一邊，反對伍廷芳。也正是因為有孫中山的默許、支持，革命黨人掌匡的報紙才紛紛介入伍、陳論戰，公開譴責伍廷芳。譬如《太平洋報》就以〈賴賬〉為題，譏抨「伍廷芳説鬼話」，[125]對伍廷芳進行人身攻擊。

革命黨人包括孫中山、陳其美在內的群起而攻之，直令伍廷芳傷心不已，至少認定此時的革命黨人，也非自己政治理想的可靠合作者，與之疏遠在所難免。故而，伍廷芳在孫中山率領南京臨時政府各部總長集體辭職（1912年4月1日）前，便辭去了司法總長職務，退居滬上觀渡廬。

當然，在今天看來，伍、孫、陳之關係可能有些意氣之爭，但事情其實並非如此簡單，此時，雙方關係的不投緣其實也與伍廷芳在革命後的政治理念有關，這一點將在下文裡談到。

二、伍廷芳與革命黨人關係：疏遠—皈依

自 1912 年 3 月底辭去南京臨時政府司法總長，至 1922 年 6 月 23 日去世，伍廷芳與孫中山革命黨人的關係，經歷了「疏遠—皈依」的過程。以第一次護法運動的失敗為中介，在此以前，伍廷芳為實現其民主共和的政治理想，先是加盟黎元洪當政時期的北洋軍閥政府，繼而入圍以「護法」相號召的西南軍閥政府。但軍閥對法律和民意的天然敵視，使伍借重軍閥匡復民國的理念化為泡影。在

---

[124] 孫中山：〈致陳其美電〉1912 年 2 月 17 日，《孫中山全集》第 2 卷，中華書局 1981 年版，第 103 頁。
孫中山：《致陳其美電》1912 年 2 月 27 日，《孫中山全集》第 2 卷，中華書局 1981 年版，第 134 頁。

[125] 1912 年 4 月 17 日《太平洋報》，轉見《伍廷芳集》下，第 523 頁。

此之後，伍廷芳與軍閥斷然決裂，重新投奔、皈依於孫中山革命黨人的旗下，共赴國難，矢志護法，直至走完最後的生命航程。

(一)徘徊於南北軍閥之間

南京臨時政府結束後，伍廷芳在與孫中山革命黨人疏遠的同時，同軍閥政府的關係卻漸趨密切。這主要表現在：

當孫中山革命黨人為捍衛辛亥革命的勝利果實，反對袁世凱的獨裁專制而舉行「二次革命」之時，伍廷芳卻以超然的姿態，息影觀渡廬，埋頭書齋，沉浸於靈魂之學研究，忙於「集旅滬中外明哲之士，立天人明道會，冶儒佛耶回諸教精義於一爐」，[⑯]對事關民國前途命運的浴血奮戰漠然處之。

而當袁世凱帝制自為醜劇緊鑼密鼓進行，孫中山多次發布《討袁宣言》，痛斥袁世凱為「專制魔王」，歷數其毀棄憲法、迫害議員、破壞民主、禍國殃民等罪狀，[⑰]表示「誓死戮此民賊，以拯吾民」，號召「愛國之豪傑共圖之」的時候，[⑱]伍廷芳卻在 1916 年 4 月 20 日致書袁世凱，言必稱「我公」，誇其「雄謀偉略，膽量過人」，[⑲]「數十年勤勞國事，鬚髮蒼然」，以溫和的口吻勸說袁世凱取消帝制，「藉此機會，遊歷外洋，觀察政治，得其綱領，他時返國，國民知公寓有政治經驗，再推舉為正式總統，亦意中事也。」且一再表明所言所述，皆為「我公絕後患」，「非害公，實利公耳。」[⑳]

當黎元洪繼任總統，段祺瑞密謀解散國會之際，孫中山通告革命黨人，指出「現在帝制餘孽，潛伏北方者尚不少，……如張勳、

---

⑯ 伍朝樞：《伍秩庸博士哀思錄·附哀啟》，第 1 頁。
⑰ 《國父全書》，第 655-656 頁。
⑱ 黃季陸編：《總理全集》（中），民都近芬書局 1944 年版，「宣言」，第 20 頁。
⑲ 伍廷芳：〈致袁世凱〉1916 年 4 月 20 日，據《大中華雜誌》第 2 卷第 5 期，「要牘」，轉引自《伍廷芳集》下，第 786 頁。
⑳ 同上，第 788 頁。

倪嗣沖跋扈」，「此時操切從事，難保無反動之虞。然隱憂示息，國人猶未得高臥也」，[31]「今後國中能一遵共和正軌與否，事未可知，而吾人則貴先事預防，有備無患。」[32]伍廷芳卻在 1916 年 12 月 2 日，接受黎元洪的任命，出任外交總長，成為段祺瑞內閣的重要成員。[33]當「府院之爭」[34]鬧得不可開交之際，伍廷芳又於 1917 年 5 月 31 日奉黎元洪之命，電召「辮帥」張勳入京，調停黎段矛盾，[35]內稱「張勳功高望重，公誠愛國，盼即迅速來京，共商國是，必能匡濟時艱，挽回大局」。[36]遂有「張勳復辟」醜劇發生。

張勳復辟失敗後，段祺瑞以「再造」民國功臣的姿態，出任國務總理，執掌北京政權，拒不恢復約法，拒不召開國會。孫中山高舉大旗，號召國會議員離京南下，籌建護法軍政府。此時，移居上海的伍廷芳卻採取觀望的態度，於 1917 年 10 月 4 日派出其子伍朝樞前往廣州探聽虛實，以決進止。[37]

當岑春煊、陸榮廷等西南軍閥與北洋軍閥密訂盟約，排斥孫中山，破壞護法大業之際，孫中山憤而辭去大元帥職，並發表通電，指出：「顧吾國之大患，莫大於武人之爭雄。南與北如一丘之貉。雖號稱護法之省，亦莫肯俯首法律及民意之下。」[38]「近聞少數謀

[31] 《國父全書》，第 605 頁。
[32] 《中央黨務月刊》，第 4 期。
[33] 伍廷芳：〈就任外交總長通告〉1916 年 12 月 2 日，據《政府公報》「通告」第二百三十號（民國五年十二月四日），〈外交總長伍廷芳就任日期通告〉，轉引自《伍廷芳集》下，第 791 頁。
[34] 1916 年 6 月袁世凱死後，黎元洪繼任大總統，段祺瑞為國務總理，彼此爭權奪利。1917 年 2 月，以段祺瑞為首的親日派為擴充實力，主張對德宣戰，受到以黎元洪為首的親英美派的反對。5 月，段祺瑞指使督軍團強迫國會通過宣戰案未遂，要求解散國會。黎元洪下令將段祺瑞免職。段即在天津設軍務總參謀處，與黎對抗。當時稱為「府（總統府）院（國務院）之爭」。
[35] 伍廷芳：〈致張勳電〉1917 年 5 月 31 日，據中國第二檔案館藏：《北洋政府國務院檔案》，轉引自《伍廷芳集》下，第 797-798 頁。
[36] 《政府公報》1917 年 6 月份㈠，6 月 4 日第 502 號。
[37] 《伍朝樞日記》，《近代史資料》（總 69 號），中國社會科學出版社 1988 年版，第 216-223 頁。
[38] 1918 年 5 月 13 日《民國日報》。

和平者，方欲犧牲國會而與武人為謀。……是乃苟且偷安，敷衍彌縫。」[139]伍廷芳卻於 1918 年 5 月 28 日通電宣布就任政務總裁，並在十天內兩次致書電，敦促孫中山返歸廣州，接受岑春煊、陸榮廷等人的安排，出任政務總裁。[140]

顯而易見，自南京臨時政府結束，至第一次護法運動失敗前夕，在長達八年之久的時間內，伍廷芳與南北軍閥的關係，合作多於疏遠，而與孫中山革命黨人的關係則是疏遠多於合作。在擇取實現民主共和理念的對象問題上，伍廷芳選擇了南北軍閥，疏離了孫中山。

伍廷芳此種看似矛盾、難以理喻的政治取向，除了與前面所提及的他與革命黨人的恩怨有關外，實際上也是其一貫堅持的漸進、改良主張的必然顯現，同時也是其逸出舊營壘，走向新世紀的必經之途。

伍廷芳是中國資產階級民主共和政體的設計者、捍衛者，但在創建資產階級共和國的具體方法手段上，他更傾向於漸進、改良而反對革命、暴力，這就是他同孫中山革命黨人神同而形不同的根源所在，也是他同孫中山革命黨人一度合作下數年疏離的癥結所在，更是他最終皈依、投奔孫中山革命黨人的終極所在。

伍廷芳政治主張的漸進、改良色彩在袁世凱出任中華民國臨時大總統期間表現得最為明顯。南京臨時政府結束後，伍廷芳退居滬上寓所，寫成並於 1915 年 3 月出版了洋洋數萬言的〈中華民國圖治芻議〉，全面系統地闡發了其治國方案，指出由君主專制到民主共和，是中國歷史發展的必然結果，是二十世紀世界大勢的推動使然，倘有再行專制者，則「萬不能復容於二十世紀」。[141]「如有人謬議復辟，或立說著書，或從中煽惑，即照內亂罪，從嚴懲治，以

[139] 《國父全書》，第 629-630 頁。
[140] 伍廷芳：〈致孫中山書〉1918 年 6 月 17 日，《伍廷芳集》下，第 825-826 頁。
[141] 伍廷芳：〈中華民國圖治芻議〉，《伍廷芳集》下，第 570 頁。

杜此等邪説，而固國基。」[42]但是，他又認為，古今中外政體更替的正常渠道是：君主之專制－君民共主之立憲－民主之共和。「以常理論，應由專制，逐級改良，立憲而後，君民共主，漸改共和，斯為條理盡善。」[43]就民智開化程度而論，中國並不具備驟改共和的條件，數千年的君主專制統治，使「四民蟄伏，不獲自由，久成習慣，眾方憒憒，一躍而登文明大舞台，定貽欲速不達之譏」。[44]至於辛亥年間，效仿美法，擷採總統制，「實具無限苦衷」。[45]「明知共和驟就，程度不敷」，[46]「然我國人民疾苦久嘗，群情望治」，「總為免爭起見」。[47]「仍冀冀小心，勉赴前途，以底於成而已。」[48]

　　暴力革命的「超越」弊端，在民國建成後暴露無遺。伍廷芳説：「民國締造，舉國騰歡，而乃澎湃熱潮，儼成狂醉。」革命黨人由此認定，既然推翻專制統治如此簡單，建造一個「基礎之健全」的民國又有何難，「豈知西儒有言，毀一瓦易，造一瓦難，製造國家，固當如是」。正如歐美人士所譏評，南京臨時政府時期，各反清省區，並無真正愛國之心，只知「圖私營利」，省界分明，儼然獨立王國。臨時大總統孫中山對海外歸來的留學生「不加甄別」，貿然「委以總次長之要津，或為專城之重寄」，「組織參眾兩院，將及一年」，各院議員，對於「應議各事」，「不審事機之得失，不究義理之是非，不權利害之重輕，不顧公家之成敗，惟知懷挾私意」，「徒逞門户水火之爭，絕鮮愛國恤民之策」，「不聞有國家重要之法律成立」。致使「中央棘手，秩序難言，商民恐

---

[42] 〈中華民國圖治芻議〉，《伍廷芳集》下，第 618 頁。
[43] 同上。第 649 頁。
[44] 同上，第 648-649 頁。
[45] 同上，第 568 頁。
[46] 同上，第 649 頁。
[47] 同上，第 568 頁。
[48] 同上，第 649 頁。

慌，貿易退縮，中西交謫，政府獨尸其咎也」。⑭

在羅列了南京臨時政府時期的弊政後，伍廷芳說：「由此觀之，民權本為善物，苟不善其用，適足貽害，深嘆共和政體，固非程度幼稚者之可能一蹴而幾也。」⑭環球列國，美法經過百餘年的經營，始為共和政體的典範。英國在泰西各國，「治民最稱得法，富有經營」，也未能驟然全改香港的原有體制，而是採取「循序漸進」的方式分途治理，終使香港由開埠前的孤島，變成了七十年後的「海南興旺第一碼頭」。⑪由此可見，治國如同織布，在織工技術尚未熟練之時，令其操縱「頭等織機」，必不勝任，甚至會被織機傷害。最穩妥的辦法是，首先「試演次等之機」，讓織工慢慢學習，「以底於運斤成風明矣」。⑫在伍廷芳看來，武昌起義後，中國政體的演進，恰恰違背了事物發展的一般規律，犯了急躁冒進的錯誤，方有民國成立以來社會秩序的動盪不寧。

對於對漸進、改良的獨鍾和對革命、暴力的排拒，伍廷芳對辛亥革命後袁世凱的獨裁專制進行了辯解。他認為，孫中山革命黨人抨擊「中央措置乖方，未合共和程式，依然前清模範也」，實是未諳治國之大道。「須知治國不能紊亂，挈領提綱，尤在握其主腦，即如一省一縣，任事必仗一主持之人，然後方成秩序。」⑬試看在當今號稱世界共和典範的美國，其總統統握全國大權，勝過君主立憲的英國國王。伍廷芳認為，平實而論，中國目前的政局遠勝於南京臨時政府時期。究其原委，即在於袁世凱出任大總統後，結束了辛亥革命時期的混亂局面，中國重新走向了統一。由此觀之，「政治無論何種制度，總須先行戡定亂事，斯為下手之第一要著。」與

---

⑭ 伍廷芳：〈中華民國圖治芻議〉，《伍廷芳集》下，第 649 頁。
⑭ 同上。
⑪ 同上，第 642 頁。
⑫ 同上，第 649-650 頁。
⑬ 同上，第 650 頁。

其地方紜擾，人心恐慌，何若各黨各派稍就範圍，而「使民困少蘇，國內暫復和平幸福。」因為中華民族崇尚和平康寧，厭惡戰亂，自武昌首義以來，天下大亂，戰火瀰漫大半個中國，黎民百姓顛沛流離，苦不堪言。坐行商賈，耗損頻年，渴望天下太平，「而無暇顧及政府之善惡，甘飴如飴。」⑩「至於中央經營何種政治，均非所計也。」「江西之亂（係指1913年的「二次革命」。——引者註），五國銀行團，樂於借款，用戢干戈。」近日中央政府舉借國內公債，百姓紛紛踴躍認購，均表明中外人民皆期盼政局晏然。由此可知，「治國者，只求寰宇肅靖，無礙梯航，四海喁喁，易於向化。」⑯

在對袁世凱實行獨裁統治進行辯護的同時，伍廷芳對孫中山革命黨人發動的反袁運動進行了否定。他認為，在冀盼國家富強的問題上，袁世凱同全國人民是一致的。至於「上年贛南煽亂」的根由，就在於孫中山革命黨人「誤會政府潛行專制耳」。⑯誠然，袁世凱出任大總統後，確有違背共和，加強集權之嫌，但須知「治守成之國易，治新造之國難」，古今中外，概莫能外。數千年來，中國一直奉行君主專制統治，專制的根鬚早已遍布中國社會的每一寸土壤，上至君臣，下至百姓皆視專制為應然。中華民國的成立，只是形式上宣告了君主專制統治的壽終正寢，滲透於國人頭腦中的專制意識、專制心理，卻並沒有伴隨著清王朝的滅亡一起走入地獄，而是以頑強的生命力繼續跳躍著。有鑑於此，袁大總統「集權中央，以期暫時易於統一而治」，又有何妨。孫中山革命黨人「研究文明政治，輸進民權自由」，的確具有「愛國熱忱」。但是，「欲建共和國，而不知共和國之意義，並不識建此共和國之艱難。」⑰

⑱ 陸光宇：《民國史要》（1928年），《近代中國史料叢刊‧三編》(260)，（台灣）文海出版社，第10頁。
⑮ 伍廷芳：〈中華民國圖治芻議〉，《伍廷芳集》下，第650頁。
⑯ 同上，第651頁。
⑰ 伍廷芳：〈斐律濱賽會記〉，《伍廷芳集》下，第658頁。

在絕大多數國民不知民主共和政體為何物的今天，欲求「共和政體之完全，豈新造之邦，數月遂能就緒」。[158]須知建立自治政府，必有預備年限，「世界未有民族能收自治政府之功效，而不循民族進化所必經之階級者。」[159]「急則治標，循序漸進」，則是「運籌帷幄」。為此，伍廷芳呼籲，孫中山革命黨人應該體諒執政者的良苦用心，結束暴動，聽命於政府，「合萬眾一心，以於政府」。否則，同室操戈，兵連禍結，社會動盪，商民交困，甚至還有招致被瓜分的危險。與此同時，伍廷芳建言袁世凱政府，「亦須維持艱巨，馴至富強為己任，竭力以保國民，商賈復其貿遷，百姓安於衽席。不特行歐美文明之治體，並須措全國人民於歐美之治安，乃能副國民之仰望也。」[160]

在〈中華民國圖治芻議〉的最後，伍廷芳直敘其政治主張。他說：「中國現處過渡時代，人心不一，趨向各殊。」凡銳志變法，欲求中國速行改革者，此為「積極主義者」，此派人數日增月盛，已經由歸國留學生擴展到士紳商人。「消極主義者」則以前清官吏居多，此派人長期居住內地，足不出國，昧於大局，所識所言，皆自孔孟聖賢書，故其政見，反對更張，墨守陳規，拒絕變革。對於這兩派之主張，伍廷芳皆不贊成。他認為，消極主義者不識時勢變遷，所言所行皆逆歷史潮流，倘若「此輩稍得權勢，黨同伐異，則播弄易其術中，中國永無振興之一日」。故應排斥之。鑑於此時「國民教育，較量上等階級，人材寥落，明理達智，迄寡其儔」的國情，積極主義者所持政見，理想重於現實，「恐歐美精華，猝難繼軌。」最為伍廷芳稱道的則是不偏不倚的「執中主義」。關於「執中主義」的內涵、原則，伍廷芳有過明確的詮釋。他說：「似宜體察現在實情，以圖變通適當，潛移默運，折衷眾長，終有成效

---

[158] 伍廷芳：〈中華民國圖治芻議〉，《伍廷芳集》下，第 651 頁。
[159] 伍廷芳：〈斐律濱賽會記〉，《伍廷芳集》下，第 658 頁。
[160] 伍廷芳：〈中華民國圖治芻議〉，《伍廷芳集》下，第 651 頁。

之可睹。蓋中國於二十世紀，已成共和民國，一切行政，須與文明
國教化相符，若謂習俗難移，因循如故，則殊非今日國民所期望
也。竊意中央一面求治，一面以共和義理，開誠布公，教導國民，
庶使國民知識程度，繼長增高，一意改良，與共和美政，互相融
洽，國基既固，日進無疆。爾時縱有反對之人懷二心，自必情誼相
孚，疑忌胥歸消滅。」他樂觀地認為，只要將「執中主義」貫徹始
終，中華民族的騰飛，指日可待，「唐虞世界，重睹於是時矣」。[61]
由此觀之，伍廷芳其所謂的「執中主義」，實即改良主義，因此其
倒向倚重南北軍閥，從而疏遠孫中山革命黨人，實屬必然。

　　除此之外，伍廷芳投身軍閥政府還與其為護國戰爭後出現的虛
假繁榮所迷惑有關。伍廷芳加盟北洋軍閥政府是在護國戰爭結束
後。1916 年 6 月 6 日，袁世凱死去，黎元洪出任大總統。1916 年
11 月 13 日，黎元洪發布大總統令，特任伍廷芳為中國民國外交總
長。12 月 2 日，伍廷芳在滬通告就職。

　　伍廷芳為何在結束了近五年的「寓公」生活後又重返民國政壇
呢？據其子伍朝樞稱：「黃陂（即黎元洪，其為湖北黃陂人。——
引者註）就大總統職，先嚴（即伍廷芳。——引者註）感黃陂之推
重，受國人之督責，入京為外交總長。」[62]將黎元洪的「推重」列
為首要原因，這種說法的確具有一定的合理成分。黎元洪在民國初
年是個易為各派所接受的人物，這與他慈厚的外表、木訥的性格不
無關係。史學家沈雲龍曾說過：「元洪長厚仁柔，易得人心。」[63]
而黎元洪本人也曾自謙地說道：「沉機默運，智勇深沉，洪不如袁
項城（即袁世凱，其為河南項城人。——引者註）；明測事機，襟
懷恬曠，洪不如孫中山；艱苦卓絕，一意孤行，洪不如黃善化（即
黃興，其為湖南善化人。——引者註）。」[64]「庸厚謙謹」[63]的「菩

　⑥ 伍廷芳：〈中華民國圖治芻議〉，《伍廷芳集》下，第 652 頁。
　② 伍朝樞：《伍秩庸博士哀思錄‧附哀啟》，第 1 頁。
　③ 沈雲龍：《黎元洪評傳》，《近代中國史料叢刊‧正編》(790)，第 22 頁。
　④ 同上，第 49 頁。

薩」形象，給黎元洪帶來了後半生的飛黃騰達。1911 年 10 月 10 日武昌起義後，黎元洪被推舉為湖北軍政府都督；1912 年，黎元洪以全票當選為中華民國南京臨時政府副總統。袁世凱死後，段祺瑞等北洋軍嫡系權衡再三，仍「擁護」黎元洪為中華民國大總統。黎元洪成了民初政爭的緩衝物、擋箭牌。伍廷芳對黎元洪素有好感，稱頌「黎公元洪，秉性慈祥，素孚眾望，且為民國第一建功之人」。[165]因而在對待黎元洪的邀請上就表現出與對待袁世凱的截然不同。伍廷芳雖對袁世凱有過溢美之詞，如稱其「犖犖大才，海內共仰」，[166]但卻拒不接受袁世凱的邀請。袁世凱繼任中華民國臨時大總統、正式大總統後，鑑於伍廷芳在海內外的崇高聲譽，曾多次邀請伍廷芳加盟，先是「委為顧問」，[167]後又頒授「勛一位」，[168]但均遭謝絕。一個很重要的原因就是，經過南北和談的較量、接觸，伍廷芳對袁世凱翻手為雲、覆手為雨的政客伎倆深惡痛絕。注重修身養性，恪守君子之道的伍廷芳自然不會輕易下駕。相反，黎元洪的品行卻贏得了伍廷芳的禮賞，接受黎元洪的邀請當在情理之中。

但是，伍朝樞的解釋尚不能揭示伍廷芳加盟北洋軍閥政府的深層原因。事實上，1916 年 6 月 6 日，袁世凱病死，黎元洪繼任大總統。29 日，宣布仍繼續遵守《中華民國臨時約法》，8 月 1 日恢復國會，民主共和的精神再度閃現。民國政壇出現一個短暫的和平時期。1916 年 7 月 14 日，護國戰爭期間與北洋軍閥政府相對峙的西南護國軍務院宣布撤銷，南北再度「統一」。這個短暫的和平與虛假的統一，令諸多黨派對民國前途產生了極大的幻想。被稱為護國

⑯ 存萃學社編集：《1917 年丁巳清帝復辟史料匯輯前言》，（香港）大東圖書公司 1977 年版，第 1 頁。
⑯ 伍廷芳：〈致袁世凱書〉1916 年 4 月 20 日，《伍廷芳集》下，第 787-788 頁。
⑯ 同上，第 786 頁。
⑯ 伍廷芳：〈致袁世凱電〉1912 年 4 月 13 日，《伍廷芳集》下，第 521 頁。
⑯ 伍廷芳：〈辭勛一位電〉1912 年 10 月 23 日，《伍廷芳集》下，第 527-528 頁。

運動「軍師」的梁啟超就率領進步黨議員趕回北京，希望「廣集黨員，恢復勢力，以便參預於新國會」，並改稱進步黨為「憲法研究會」，後被人稱為「研究系」。[169]而抱幻想的黨派尤以孫中山為首的中華革命黨最具典型。袁世凱帝制自為時期，孫中山曾多次發布《討袁宣言》，號召人民「除惡務盡」，並組織中華革命軍在東北、山東等省區，發動護國討袁戰爭。但袁死黎繼，孫中山即於 7 月 25 日通告國內外各支部：「袁賊自斃，黎大總統依法統就職，」「推翻專制，重造民國」的目的已經達到，各省革命軍立即停止軍事行動。[170] 8 月 18 日，孫中山在出席浙江省議會歡迎會發表演說中指出：「現在民族、民權已達到目的」，民生主義應從土地「報價抽稅」著手。[171] 9 月 3 日、5 日，他連續致電陳中孚、居正等，指示「急商收拾，勿強中央所難」。又謂，「各軍如不依令解散，即脫離關係。」[172] 9 月 8 日，孫中山派廖仲愷、胡漢民等北上，同黎元洪、段祺瑞商討國事並擴展黨務。黃興也致電在京黨員，促成合作。

另外，以梁啟超、湯化龍為首的「研究系」標榜所謂的不黨主義，加強與國民黨的橫向聯繫，顯示出放棄黨爭的跡象。當追認國務總理案提交到國會時，8 月 21 日，眾議院以四百零七票對七票通過，8 月 23 日，參議院以一百八十七票對五票獲得通過。「因此，內閣與國會之間，北洋派與南方各政黨之間，似乎表現出一種袁世凱時期從來未有過的融洽合作的氣氛。」[173]

結合伍廷芳對漸進、改良的痴情，可以說，袁世凱死後民國政

---

[169] 1916 年 6 月 17 日《北洋德華日報》。

[170] 《中華民國史資料叢稿（大事記）》第 3 輯，中華書局 1975 年版，第 105-106 頁。

[171] 1916 年 8 月 20 日《民國日報》，轉引自《孫中山全集》第 3 卷，中華書局 1981 年版，第 346 頁。

[172] 黃季陸編：《總理全集》下，民都近芬書局 1944 年版，「文電」，第 106-107 頁。

[173] 陶菊隱：《北洋軍閥統治時期史話》第 3 冊，三聯書店 1978 年版，第 20 頁。

府所出現的這種虛假繁榮的氣氛很難不對伍廷芳產生再度出山、加盟北洋軍閥政府的吸引力。

此外，當時一些軍閥的「進步」色彩也在一定程度上對伍廷芳產生了蒙騙作用。基於民國初年復辟迭起、武人干政的現實，伍廷芳曾認為，曾完成民主共和的大業，「中國應有一強固人物總攬一切」，但「此人非具有新思想及以民治精神施行政治不可」。[75]這就是伍廷芳後來一度入圍西南軍政府，參加護法運動的思想基礎。

張勛復辟失敗後，中國並沒有出現伍廷芳所期盼的共和景象，共和國的上空依舊是陰霾密布。段祺瑞以再造民國的功臣自居，重新執掌國務院。上台伊始，就「一手遮天，目無餘子」，把毀滅約法和武力統一作為施政的重點。他公開宣布：「一不要約法，二不要國會，三不要總統」，力主專制統一。他還借參戰為名，向日本等國大借外債，數額高達五億日圓以上。隨即將靠出賣國家主權換米的大批軍火源源不斷地運往南方，準備以武力消滅異己力量。

為了維護共和國的真諦，孫中山再次高舉護法大旗，向軍閥宣戰。1917年7月，孫中山號召海陸軍倒戈，興師討逆，「為國民爭回真共和」。同時，號召國會議員南下，在廣州召集國會，組織護法軍政府，「而行民國統治之權」。海軍總長程璧光率先響應，於7月1日率第一艦隊脫離北洋政府，從上海開赴廣州，參加護法運動。一百五十多名國會議員也相繼到達廣州，且於9月1日選舉孫中山為中華民國軍政府大元帥，宣布段祺瑞、梁啟超等為叛逆，並出師北伐。護法戰爭正式爆發。

伍廷芳對護法事業是支持的，可在響應孫中山的號召上最初是頗為遲疑的。還在1917年6月5日程璧光離京前，伍廷芳就對他說：「國事至此，若圖挽救，非一手一足之力。孫中山、唐少川（即唐紹儀，字少川。——引者註）、岑雲階（即岑春煊，字雲

---

⑦⑤ 伍廷芳：〈在美國大學同學會聚餐會上的演說〉1917年7月13日，《伍廷芳集》下，第811頁。

階。——引者註）三君在野，未嘗一日忘國事，現皆居滬。君抵滬，必與計較，國事可為也。」[76]從這裡可以看出，伍廷芳是把孫中山當作同路人的，但由於與陳其美的那場「權法爭辯」使其受傷害太深，時隔多年仍難以釋懷。再加上其改良主義的底蘊，他還難以同孫中山革命黨人完全苟同。因而，當孫中山就任護法軍政府大元帥，於 9 月 11 日任命伍廷芳為護法軍政府外交部長時，伍並沒有立刻從命，而是繼續滯留上海。

張勛復辟期間，時任北京政府外交總長兼代理國務總理的伍廷芳不顧張勛的淫威，拒絕簽署解散國會令。伍廷芳曾公開表示：「張紹軒（即張勛，字紹軒。——引者註）在津不來，此事我伍廷芳萬作不到，即使他來京質問我，姓伍的自有對待方法，別人畏怕兵力，獨我七十一歲（應為七十五歲。——引者註）之老頭子不怕恫嚇。頭可斷，此令不可署，法不可違。」[77]隨後，伍廷芳採取拒不合作的政策，攜外交總長印信離開北京，南下上海。退居上海後的伍廷芳環顧宇內，北洋軍閥實屬民主共和的天敵，孫中山革命黨人雖有民主共和的理想但無實力，具有「新思想」且擁有實力的只有岑春煊、陸榮廷等西南地方實力派。因而，疏遠孫中山革命黨人，加強與岑春煊、陸榮廷等人的合作，也就順理成章。據伍廷芳之子伍朝樞記載，張勛復辟後，伍廷芳退居滬上，曾數度拜訪寓居上海的岑春煊、岑春蓂兄弟，交換對時局的看法。如伍朝樞在 7 月 31 日記有：「往訪岑西林（即岑春煊，廣西西林人。——引者註），在新閘路，隨父往。渠主張聯馮打段，並謂暫緩回粵，等陸干卿（即陸榮廷，字干卿。——引者註）出擔任乃往。」[78]在此期間，孫中山曾派其得力助手廖仲愷多次登門求見，希望伍廷芳盡快啟程南下。據伍朝樞稱，9 月 16 日，廖仲愷攜帶著護法軍政府的電

[76] 伍廷芳：〈與程璧光的談話〉，《伍廷芳集》下，中華書局 1993 年版，第 801 頁。
[77] 1917 年 6 月 17 日《長沙日報》。
[78] 《伍朝樞日記》，《近代史資料》（總 69 號），中國社會科學出版社 1988 年版，第 207 頁。

文，前來拜會伍廷芳，催促他早日趕赴廣東，主持對外交涉事務。伍廷芳依舊不為所動。他在等待著赴粵的最佳時機。為了解護法軍政府內部的真實情況，9月27日，伍朝樞奉父命從上海乘船赴粵。在粵期間，伍朝樞深入護法軍政府內部，頻繁與唐紹儀、程璧光、孫中山、汪精衛、陸榮廷等人接觸。11月11日，伍朝樞回到上海，向伍廷芳詳細彙報廣東之行的所見所聞，尤其提到陸榮廷盼望伍廷芳盡早赴粵，主持大計。[179]抵達上海的當天下午，伍朝樞就專程趕到岑春煊的住所，轉達陸榮廷的意見。在以後的十多天裡，伍廷芳父子多次前往岑春煊處密商大策，特別是在11月23日、24日、25日，伍廷芳同岑春煊每天都有接觸。權衡再三，一致認為南下廣東的時機已經成熟。25日，伍廷芳啟程赴粵，同行的還有專程前來迎接的王儒堂，[180]30日到達廣州。此時，距孫中山9月11日任命其為中華民國軍政府外交總長，已過了七十多天。

伍廷芳之所以「應西南諸公之詔」，參加護法運動，除因「今國家飄搖風雨，詎忍袖手旁觀」[181]外，一個重要的原因就是被西南軍閥的假象所蒙蔽，視西南軍閥為民國再造的救星。以岑春煊、陸榮廷為代表的西南軍閥，發跡於辛亥革命，崛起於護國戰爭，袁世凱一死，博得了「再造民國」功臣的美譽，贏得了包括梁啟超、孫中山等政治家的青睞。張勛復辟失敗後，段祺瑞政府拒不恢復《臨時約法》，拒不召開國會，而西南軍閥不失時機地響應孫中山護法號召，確實給國人造成了一種尊重法律、服從民意的良好印象。民主革命的先行者孫中山就曾稱頌陸榮廷：「再造民國，勛在宇宙」，[182]並將西南諸省當作護法運動的大本營。實際上，正如孫中

---

[179] 《伍朝樞日記》，《近代史資料》（總69號），中國社會科學出版社1988年版，第220頁。

[180] 同上，第226頁。

[181] 伍廷芳：〈致馮國璋電〉1917年11月30日，《伍廷芳集》下，第814頁。

[182] 胡漢民編：《總理全集》第3集，上海民智書局1930年版。另見《孫中山全集》第4卷，第124頁。

山先生後來揭批的：「南與北如一丘之貉，雖號稱護法之省，亦莫肯俯首法律及民意之下。」西南軍閥作為近代中國社會的毒疽，本質上與北洋軍閥並無二致。護國討袁戰爭，為他們披上了一層傾向進步的華麗外衣，令其得到一大筆雄厚的政治資本。當國難頻仍，共和國日漸式微之時，人們自然就把他們視為挽共和國大廈於將傾的中流砥柱。事實上，西南軍閥響應孫中山的護法號召，政治投機性遠遠大於其進步性。尤其是當段祺瑞發布「武力統一」宣戰令後，「護法」就成為岑春煊、陸榮廷等對抗北洋軍閥，爭取海內外輿論，實現地方割劇的一面旗幟。孫中山、伍廷芳等共和國的真正捍衛者們在一定意義上變成了西南軍閥手中奇貨可居的「政治資產」，成為了西南軍閥挾護法以令北京政府的第三種勢力。唐繼堯就曾說過：「中山舉動（指 1917 年 9 月 1 日成立護法軍政府）本嫌唐突，惟既已發表，似勿庸積極反對。有彼在，亦有一種助力，將來取消，亦得（有）一番交換利益。」[80]待西南軍閥羽翼漸趨豐滿，南北軍閥達成政治分贓協議後，孫中山、伍廷芳等人已無價值可言，排斥、拋棄之，純屬必然。從這個角度看，孫中山、伍廷芳皆成了護法運動中的悲劇人物，所不同的是孫中山覺悟得要早一些。1918 年 5 月 4 日發表揭批軍閥本質的著名通電後，孫中山隨即宣布與西南軍閥分道揚鑣，另闢救國救民蹊徑。伍廷芳則懷著對共和國理想的眷戀，苦心孤詣地周旋於西南軍閥之間，仍然將實現政治理想的寶押在了岑春煊、陸榮廷身上，從而表現出了與孫中山革命黨人關係的繼續疏遠。

護法運動初期，護法軍政府實行大元帥制，大元帥統轄海、陸軍，掌管一切事宜。1917 年 9 月 1 日，孫中山當選為中華民國軍政府大元帥，唐繼堯、陸榮廷為元帥。隨著護法運動取得階段性勝利

⑩ 〈唐繼堯在徐之琛報告軍政府成立情況密電上的親筆批示〉1917 年 9 月 12 日，雲南檔案資料，轉見謝本書等主編：《西南軍閥史》第 1 卷，貴州人民出版社1991 年版，第 251 頁。

和「南北議和」的開始，在護法宗旨上，西南軍閥同孫中山的矛盾逐漸升級。1918 年 5 月 18 日，在陸榮廷、唐繼堯、岑春煊等人的操縱下，國會非常會議根據日前通過的軍政府組織大綱修訂案，悍然改組軍政府，採取合議制，選舉唐紹儀、唐繼堯、孫中山、伍廷芳、林葆懌、陸榮廷和岑春煊七人為政務總裁，廢除大元帥制，以此架空、排斥孫中山。與此同時，陸榮廷、唐繼堯等下令停戰媾和，謀求「南北分贓」，進行政治交易。面對西南軍閥的倒行逆施，孫中山憤然辭職，返歸上海。

在孫中山同西南軍閥矛盾激化之時，伍廷芳明顯地站在唐繼堯、陸榮廷、岑春煊一邊。1918 年 6 月 17 日，伍廷芳致書孫中山，既為西南軍閥改組軍政府辯護，又指責孫中山不以大局為重，獨呈個人之英雄。他說：「今軍府改組，只限內部之條文，其名義仍舊，則精神猶存，繼往開來，正吾人所宜急於從事者也。」「若乃事稍與吾意左，而遽掉頭不顧，不特前功盡棄，後事愈不可收拾矣。」[⑱]6 月 27 日，再次電達上海，重申前意，敦促孫中山早日就任。伍廷芳在電文中稱：「今茲軍政府改組，乃為大局計，藉選總裁，公亦列席。務必早日旋粵蒞職，共肩重任，以促進行，而收護法之效。」[⑱]7 月 15 日，在孫中山、唐紹儀拒絕出席的情況下，伍廷芳同唐繼堯、林葆懌、陸榮廷、岑春煊聯袂通電就任政務總裁，維護了西南軍閥護法領袖的正統地位，輔佐唐、陸、岑等人實現了排孫、倒孫的政治企圖。此後，伍廷芳以護法軍政府外交部長的名義，發布了一系列對內對外宣言、通告，鑄就西南軍閥捍衛共和的神聖靈光，塑造了軍政府矢志「護法」的進步形象。

不過，謊言因陌生而傾信，真相因接觸而破譯。在與西南軍閥相處的兩年零四個多月[⑱]裡的耳聞目睹，終令伍廷芳逐漸認清西南

---

⑱ 伍廷芳：〈致孫中山書〉1918 年 6 月 17 日，《伍廷芳集》下，第 825-826 頁。
⑱ 伍廷芳：〈致孫中山電〉1918 年 6 月 27 日，《伍廷芳集》下，第 826 頁。
⑱ 係指自 1917 年 11 月 25 日離滬赴粵至 1920 年 4 月 9 日離粵。

軍閥的本質，得出了與孫中山相同的結論：西南軍閥「假護法之美名，謀求個人之權利，天下其謂西南何？」⑩此後，伍廷芳胸懷共和國不滅的希望之火，重新走向孫中山革命黨人，共赴國難。

(二)投奔、皈依孫中山及革命黨人

在長達數年的時間裡，伍廷芳曾與南北軍閥為伍，期望有所作為。但倚重軍閥實現其政治理念的幻想破滅，最終促成了伍廷芳重新反思自己走過的道路，並促成他與孫中山革命黨人的關係由疏遠走向皈依。以護法運動失敗為轉折，伍廷芳從此結束了自南京臨時政府以降與孫中山革命黨人長達八年之久的疏遠狀態，心悅誠服地投奔、皈依孫中山革命黨人的旗下，成為孫中山民主共和大業的股肱之士。

辛亥革命後，基於其漸進改良的政治主張，伍廷芳把實現民主共和的政治理念寄託於南北軍閥政府。為此，他曾一度支持袁世凱的強力政策，指責孫中山革命黨人的暴力行為，幻想在袁世凱政權的統領下，通過治亂，漸次走向共和。袁世凱帝制自為失敗後，伍廷芳又移情別戀黎元洪任總統的北洋軍閥政府，試圖乘借舉國反對帝制勝利的浩蕩東風，實現其一貫堅持的共和夙願。孰料，「府院之爭」的調停者張勛開出的「拯救中國的第一張藥方就是必須解散國會」。⑱黎元洪迫於武人干涉的淫威，強迫以外交總長代理國務總理的伍廷芳副署解散國會，並終致張勛復辟醜劇發生。伍廷芳倚重北洋軍閥，完成共和大業的希望再度落空。悲憤之餘，伍廷芳又把希望目光投向了西南諸省，並以耄耋之身響應陸榮廷、岑春煊等人的感召，親赴廣東，高舉護法大旗。在擔任中華民國軍政府外交部長兼財政部長期間，伍廷芳殫精竭慮，極力彌合軍政府各派關

⑩　伍廷芳：〈離粵通電〉1920 年 4 月 9 日，《伍廷芳集》下，第 869-871 頁。
⑱　〔美〕保羅‧S.芮恩施：《一個美國外交官使華記——1915-1919 年美國駐華公使回憶錄》，商務印書館 1982 年版，第 209 頁。

係，苦撐護法危局，「屢以私產質巨金，供其糧秣」，[⑱]慘淡經營換來的卻是西南軍閥的專橫跋扈和對民意、法律的肆意踐踏。軍閥的暴行，激起了伍廷芳強烈憤慨。1920 年 4 月 9 日，伍廷芳發表〈離粵通電〉，以示與西南軍閥的決裂。

在〈離粵通電〉中，伍廷芳歷數西南軍閥「以叛討叛，以賊滅賊」[⑲]的劣跡醜行，闡釋離粵赴滬的五大事實真相。其一，伍廷芳認為，「擁護國會，護法也；破壞國會，違法也。」非常國會雖設立，但由於西南軍閥的操縱、駕馭，內部黨派林立，紛爭如縷，「去歲賡續制憲，以黨見紛呶，功虧一簣。」地方政府竟又擅自挪用國會經費，以為軍用，致使「國會無形解散，護法精神掃地以盡」。[⑳]其二，岑春煊、陸榮廷等「目無國會，目無軍府」，獨斷專行。依照《軍政府組織大綱》規定，改組後的軍政府實行合議制，由政務總裁七人組織政務會議，「地位平等，責任同負」，[㉑]但身為主席總裁的岑春煊凌駕於其他總裁之上，獨斷專行，擅自與北洋軍訂立《解決時局辦法五條》，「維護軍閥，犧牲國會，漠視外交，」大違「吾人護法救國之初衷」，直使七總裁之一的伍廷芳等人形同「傀儡」。[㉒]其三，壟斷軍餉以肥己，財政部長形同虛設。由於唐紹儀的遺缺，外交部長伍廷芳兼任護法軍政府財政部長。但陸榮廷等軍閥索取無度，用途莫測，如變賣敵人財產所得的數十萬元，「為私人所把持，至今十餘月，未見收支報告。」再有，赴湘作戰支出八萬元，陸榮廷竟僅給滇軍一萬，其餘的「或以個人名義，犒賞桂軍，或為某將扣留」。[㉓]其四，將悍兵叛，桑梓塗炭。滇軍入粵五年來，「珠江流域，天日無光，五嶺以南，淪於地

⑱ 伍朝樞：《伍秩庸博士哀思錄‧附哀啟》，第 3 頁。
⑲ 1917 年 7 月 25 日《民國日報》。
⑳ 伍廷芳：〈離粵通電〉1920 年 4 月 9 日，《伍廷芳集》下，第 869 頁。
㉑ 伍廷芳：〈致護法各省區軍政首領電〉1918 年 2 月 8 日，《伍廷芳集》下，第 817 頁。
㉒ 伍廷芳：〈離粵通電〉1920 年 4 月 9 日，《伍廷芳集》下，第 869 頁。
㉓ 同上，第 870 頁。

獄。」1920 年 1 月，唐繼堯撤銷駐粵滇軍李根源軍長之職。政學系悍將李根源竟勾結廣東督軍莫榮新興兵作亂，「逆兵所過，婦孺無幸免焉。」[85]「嘆紀綱之不振，痛桑梓之傷殘」，而無能為力，故以辭職離粵抗議。其五，護法軍政府已墮落為軍閥的御用工具，喪失了護法救國的精神實質。伍廷芳揭露道：「自政務會議成立以來，徒因一二人所把持，論戰則惟知擁兵通敵，論和則惟知攘利分肥，以秘密濟其私，以專擅逞其欲，遂有所謂五條辦法者，護法宗旨久已為所犧牲，猶且假護法之名，行害民之實。」[86]

由此可見，1920 年 4 月 9 日的〈離粵通電〉，實際是一份征討西南軍閥的檄文，宣告了伍廷芳倚重軍閥實現政治理念的破滅，標誌著他與南北軍閥八年合作的結束，昭示著他同孫中山革命黨人的關係由疏遠走向投奔、皈依的開始。

在此就必須涉及到一場事關伍廷芳與西南軍閥關係的官司，即所謂「關餘案」。

所謂「關餘」，即舊中國每年關稅收入在扣除以關稅作抵的各項到期應付賠款、外債、公債及海關經費等項後所剩的餘額，故名。自 1842 年《中英南京條約》簽訂以來，海關稅即被當作賠償款、借款等項的主要償付來源。每年關稅收入，在盡先歸還外債、賠款以及海關經費後，所餘之款，由中國政府收用，稱「關餘」。辛亥革命初期，總稅務司安格聯遵照英國公使朱爾典的指示，令已光復各口岸海關稅務司奪取稅款，把全部稅款匯入匯豐銀行。辛亥革命後，公使團因以欠付債款及缺乏保障為藉口，向袁世凱政府交涉，在 1912 年 1 月底商定臨時辦法八條。據此，帝國主義攫取了中國關稅的徵收、保管、存放以及支配的全部權利，成立各國銀行委員會，由總稅務司全權保管稅款，並償付外債、賠款，稅款存匯

[85] 譚微中編：《庚申（一九二〇）粵人驅賊始末記·序》，《近代中國史料叢刊·續編》(833)，（台灣）文海出版社，第 1 頁。

[86] 伍廷芳等：〈移設軍政府宣言〉1920 年 6 月 3 日，《伍廷芳集》下，第 875 頁。

豐銀行，同時規定「關餘」非經駐北京的外國公使團同意，中國政府無權動用。

1919 年初，外國公使團以中國趨於統一為由，解凍存放關餘，全部撥歸北京政府。時任西南護法軍政府外交部長兼財政部長的伍廷芳對此極為憤怒，以護法軍政府與北京政府地位平等，且關餘之中包括西南各省口岸稅收為由，向公使團提出交涉，初由駐廣州的美國領事轉達，公使團卻以「南北兵爭數年不止，於各國商務大受影響」為由相拒絕。此時，伍廷芳擔任清朝駐美公使期間結識的老朋友朗維勒博士來到廣州，伍便請其斡旋。恰巧美國駐華公使與朗維勒關係甚佳。徵得駐華公使支持後，朗維勒又向各公使游說。1919 年 6 月，公使團終於同意以十三％的關餘交與南方軍政府，規定不得充作軍費，只用於教育、實業兩途。

根據協定，西南關餘由伍廷芳出面分期分批領收，恰逢援閩粵軍總指揮陳炯明從漳州發來電報，提議用此款創辦「西南大學」。伍廷芳深表贊同。政務會議也通過此案，並且推舉汪精衛、章士釗為籌備員，具體負責西南大學的籌備工作。因此款已指定正當用途，伍廷芳遂以財政部長伍廷芳的名義存儲於匯豐銀行。不久，軍政府發生內訌，以岑春煊為首的政學系與桂系軍閥矛盾激化。政學系要員李根源、楊永泰以兩廣巡閱使為誘餌，引誘廣東督軍莫榮新，揮軍西上，驅逐廣西的陸榮廷，欲圖把兩廣地盤納於政學系治下。但是，廣東「民窮財盡」，軍費難籌，政學系政客便打起籌辦大學的關餘巨款的主意。於是與伍廷芳商借三十萬元。伍廷芳堅守對公使團的承諾，拒不合作。政客們的軟磨、威逼均無成效。

廣東督軍莫榮新早對關餘巨款垂涎已久，便派財政廳長龔某以籌辦廣東省立銀行為名，進行索款。龔某對伍廷芳說：「現在大學還未開辦，那宗款閒著未免可惜，不如把它充作銀行的基本金，將來一定獲利無窮。」伍廷芳笑答道：「我只知國民盼咐我保守此款，留作辦大學之用，並沒喊我開甚的銀行、銀號。依你的話，銀

行一定獲大利，固然是極好的事。萬一稍有不對，我何以對國民呢？此事萬難從命。」1920 年 3 月，駐粵滇軍發生內訌，「在在需款」。岑春煊便天天索款，伍廷芳不為所動。後來，岑春煊藉口調解李協和回省之用，索取關餘。無奈之下，伍廷芳撥出一萬元。不料，岑春煊竟將此款全部犒賞李根源部下，伍廷芳異常憤怒。同日，伍又收到匿名信一封，內稱如不將財政部的存款立刻交出作為軍餉，將以激烈手段對付。伍廷芳深知，若不離開這萬惡的軍政府，不僅生命難保，關餘巨款也將不測。恰逢孫中山、唐紹儀派人來迎。伍廷芳決然離粵赴港。

1920 年 3 月 29 日，伍廷芳攜帶關餘一百八十萬元出走香港。4 月 9 日，伍廷芳在香港發表〈離粵通電〉，宣稱：「大法未復，國難未紓，廷芳一息尚存，此心不懈。……廷芳忝長財政，責任攸關，特將關稅餘款攜以偕行。廷芳一生於公款出入，不苟絲毫，操守如何，國人當能共信，所有收支數目，自當詳細報告。」[197]

伍廷芳出走後，軍政府庫空如洗，經費均無著落。岑春煊先派人攜親筆信赴港挽留，但伍廷芳去意已決，絕不回粵。4 月 11 日，岑春煊在香港延聘律師以挾款私逃的罪名，指控伍廷芳。一時輿論大嘩，伍廷芳處之泰然，笑對部屬說：「予安可以國民之錢而資民賊？予平素行事自有人格，自有名譽，若輩又安可損我分毫哉？」[198]4 月上旬，滯港國會議員舉行會議，決定把國會遷往上海，由伍廷芳從所攜關餘中發給每位議員二百元作至滬旅費。伍廷芳另匯一百萬元存寄上海匯豐銀行作為國會遷滬後的經費。

4 月 10 日，伍廷芳發表〈離粵赴滬通電〉，宣布：「自三月二十九日廷芳離粵以後，廣州政務會議，已不足法定人數，一切行動，絕對無效。任免職官，概屬亂命。廷芳特將應用文件、印信及

---

[197] 伍廷芳：〈離粵通電〉1920 年 4 月 9 日，《伍廷芳集》下，第 871 頁。
[198] 《伍先生（秩庸）公牘》，《近代中國史料叢刊・正編》(652)，（台灣）文海出版社，第 5 頁。

關稅餘款，攜帶赴滬，對於外交、財政兩部事務，仍舊完全負責。」[199] 16 日，伍廷芳到達上海，向報界披露西南軍閥的醜惡行徑。岑春煊則派人在上海對伍廷芳提出起訴，結果寄匯匯豐銀行存款被判凍結。8 月，陳炯明率軍回師廣東驅逐桂系軍閥。11 月，伍廷芳隨同孫中山重抵廣州，掀起第二次護法運動。所剩關稅餘款又用到護法救國事業上。[200]

綜括「關餘案」的發生、結果，不難發現，西南軍閥與伍廷芳圍繞關餘產生的紛爭更堅定了伍廷芳離開軍閥的決心，同時，這個案子本身也成為伍廷芳同西南軍閥徹底決裂的標誌和伍廷芳投奔皈依孫中山革命黨人的象徵。

而與此同時，孫中山先生在民主革命中所閃現出的偉大人格則與軍閥們齷齪骯髒的心靈形成了鮮明對比，這無疑也對伍廷芳同南北軍閥斷然決裂，投奔、皈依孫中山革命黨人產生了重要影響。

孫中山先生是中國舊民主主義革命的先行者。當國人還徜徉在改良、立憲、保皇的迷夢中時，孫中山先生就率先舉起民主革命的旗幟，提出了推翻君主專制統治，建立資產階級民主共和國的偉大構想。幾十年間，風餐露宿，歷盡坎坷，雖九死而不改其志。孫中山先生又是一位具有偉大人格的真正愛國者。為了打倒皇帝，他情願降尊紆貴，渴望與康梁派結成統一戰線；為了中華民國早日成立，他甘願讓位於袁世凱；為了中華民族早臻富強，他主動宣布停止敵對，擁戴黎元洪做總統；為了民國再造，他風塵僕僕，間關南下，一再表示功成身退。所言所行，儘管帶有理想主義的色彩，且給共和偉業造成了若干消極影響，但所體現出的恰是一個真正愛國者的博大胸懷和「天下為公」的偉大人格。

木秀於林，風必摧之；土高於岸，水必湍之。先行者總是孤獨

---

[199] 伍廷芳：〈離粵赴滬通電〉1920 年 4 月 10 日，《伍廷芳集》下，第 871 頁。
[200] 《伍先生（秩庸）公牘》，《近代中國史料叢刊‧正編》(652)，第 55-57 頁，參見崔祿春：〈伍廷芳攜款出走之真相〉，《民國春秋》1996 年第 4 期。

的。在孫中山畢生的革命生涯中，謾罵者，有之；嘲笑者，有之；誤解者，有之。伍廷芳顯然屬於後者。

毋庸諱言，在接觸的初期，伍廷芳對孫中山存有若干誤解，從而表現為南京臨時政府時期的爭吵、分歧和自此之後長達八年之久的疏遠。八年的政潮變幻，八年的宦海沉浮，使伍廷芳深深體味到，南北軍閥皆是利欲熏心的卑劣者，唯有孫中山先生才是光明磊落、天地無私的愛國者。這同他終生恪守的「立志堅毅，行事光明」的八字訓竟是如此契合。伍廷芳嘗言：「予與人交，絕無機械，亦不輕易附和他人，若非大公無私，予殊不願與之結合。苟能與之結合，予必竭誠盡智，以助其人。」[201]因而，鄙棄軍閥，皈依孫中山便是必然。他曾對自己追隨南北軍閥，疏遠孫中山這段歷史深表懺悔。1917年7月孫中山率領海軍、國會南下廣州，組織護法軍政府，任命伍廷芳為外交部長。伍廷芳只因「和中山的交情並未深厚」，[202]「未詳孫公品格」，「平素見孫公的手下作事，也不大對，所以沒有就職」，「至使岑雲階（即岑春煊，字雲階。——引者註）、莫榮新輩猖狂至此，自問慚疚，今而後知孫公真愛國男兒，予誓竭我智誠，佐其救國事業。」[203]言必行，行必果，是伍廷芳的做人原則。1920年11月，當孫中山第二次返粵再舉護法大旗時，伍廷芳攜子伍朝樞相伴左右，先後擔任護法軍政府外交部長、財政部長、廣東省長，孫中山率軍北伐時，一度代攝非常大總統，主持政務。任職期間，伍廷芳殫精竭慮，「輔佐孫公」，揭批南北軍閥狼狽為奸禍國殃民的本質特徵，[204]詮釋廣州護法軍政府的護法宗旨，呼籲列強各邦早日承認孫中山任總統的中華民國政府，[205]調和西南諸省，加強團結，將秘書起草的「中山仁兄大鑒」親筆改為

⑳ 《伍先生（秩庸）公牘》，《近代中國史料叢刊‧正編》(652)，第3頁。
⑳ 同上，第47頁。
⑳ 同上，第6頁。
⑳ 伍廷芳等：〈致徐世昌等電〉1920年10月31日，《伍廷芳集》下，第883頁。
⑳ 吳相湘：《民國人物列傳》上，（台灣）傳記文學出版社，第197頁。

「孫大總統鈞鑒」，即足見伍廷芳對孫中山先生的敬重。1922 年 6 月 11 日，黎元洪再登總統寶座，電請伍廷芳等入京「共商國是」。㉖報紙盛傳將以伍廷芳組閣。攀龍附鳳者咸勸伍北上，伍廷芳笑曰：「予立志與孫公合力做事，至死不變，富貴安能動我。且北洋武人而忽謂放下屠刀，夫誰欺？欺天乎？」㉗此事足見伍對孫的忠誠。

　　同樣，孫中山對伍廷芳的推重在很大程度上也是導源於伍廷芳身上展現出的高貴品質。起初，孫中山對伍廷芳是不信任的。據曾任南方議和代表團秘書的張競生回憶，南北和談時，孫中山親口說：「這次南方議和代表雖是伍廷芳，但實權我已暗中令汪精衛負責。伍是我方外交部長，並且為各方所推薦，表面上是很合適的，但其人是大官僚，貪圖物質享受，過去做駐美公使，聲名很不好。他不是革命黨人。」「總之，無論從哪方面看，伍是不能真正代表我們革命的宗旨的，只因各省代表推薦他，不能不任命他為代表，但我總懷疑他是否能稱職？」㉘這條史料的真偽暫且不說，不過，考究南北議和的全過程，可以斷言，孫中山至少對伍廷芳是有所懷疑的。但事實證明，伍廷芳對民主共和理念的堅信，絲毫不比孫中山革命黨人遜色。袁世凱帝制之初，曾派人攜厚禮，持密函，南下上海，盛請伍廷芳北上，尋求支持。伍廷芳厲言相斥，袁世凱「明知（帝制）不可行而行，真真是瘋子」。㉙1915 年袁世凱冒天下之大不韙，悍然稱帝，改民國五年（1916 年）為「洪憲元年」。伍廷芳獲悉，在旅滬廣肇公所召集大會，公開發表演說，堅決反對。他說：「北京現有的政府只算得戲場，那些官僚，只算得戲子，我們看戲則可，若聽了戲子的話當真就不可。」那些所謂的勸進團和請

㉖ 魯永成主編：《民國大總統黎元洪》，中國文史出版社 1991 年版，第 358 頁。
㉗ 《伍先生（秩庸）公牘》，《近代中國史料叢刊・正編》(652)，第 6 頁。
㉘ 黃任潮：《張競生談孫中山對南北議和的指示》，《辛亥革命回憶錄》(八)，文史資料出版社 1981 年版，第 413 頁。
㉙ 《伍先生（秩庸）公牘》，《近代中國史料叢刊・正編》(652)，第 22 頁。

願代表，有哪個代表了民意？「我老伍就一個很不贊成，」「我們要努力堅持，不管他洪憲還是憲洪，只曉得今年是民國五年，明年是民國六年，維持這個年號以至萬年萬萬年。」[⑳]共和之心，天地可鑑。張勳復辟期間，黎元洪以伍朝樞出任外交次長相許，誘其副署解散國會，伍廷芳勃然大怒，認為這是對其人格的侮辱，拒不接受。當步軍統領江朝宗、「辮帥」張勳先後以兵威相迫時，伍廷芳斷然表示：「職可辭而名不可署，頭可斷而法不可違。」[㉑]凜然正氣，讓人蕭然起敬。伍廷芳威武不屈的高風亮節，贏得了國人的敬重，也贏得了孫中山的信賴。1925 年 1 月，孫中山在為伍廷芳題撰的〈墓表〉中寫道：「文自元年與公共事，六年以後，頻同患難，知公彌深，敬公彌篤。」[㉒]因而，早在第一次護法運動之初，孫中山就主動做出了和好的表示，頻電邀請伍廷芳南下廣州，共掌護法大局。[㉓]1918 年 8 月 9 日，退居上海的孫中山致電孫科：「父已辭職，唐（紹儀）未就職，雖電無效。此時上策，伍先生父子宜速來滬，乃有辦法可想。望將此意轉達。」[㉔]由此可見孫中山對伍廷芳的器重。

對民主共和偉業的忠誠，最終使孫中山、伍廷芳這兩位具有高尚道德情操的愛國者走到了一起。然而，蒼天不遂人願，軍閥的叛亂過早地中止了伍、孫的合作與友誼。1922 年 6 月 16 日，新軍閥陳炯明舉兵反叛，炮轟總統府，孫中山避走「楚豫」艦。逃出火海的伍廷芳在伍朝樞的陪同下，乘船登艦，對孫中山說：「這番陳炯明竟然作反，你防備才好，……此後恐怕我沒有替你出力的時間了。」[㉕]孰料，江面一別，竟成永訣。6 月 23 日一時一刻，伍廷芳

⑳ 《伍先生（秩庸）公牘》，《近代中國史料叢刊·正編》(652)，第 32 頁。
㉑ 陶菊隱：《北洋軍閥統治時期史話》第 3 冊，三聯書店 1978 年版，第 155 頁。
㉒ 孫中山：〈伍秩庸博士墓表〉，華東師範大學圖書館藏未刊本。
㉓ 〈任命伍廷芳職務令〉1917 年 9 月 11 日，《孫中山全集》第 4 卷，中華書局 1981年版，第 141 頁。
㉔ 〈致孫科電〉1919 年 8 月 9 日，《孫中山全集》第 5 卷，第 97 頁。

因驚憤成疾，在廣州東郊新公醫院溘然長逝，㉕享年八十歲。

三、蓋棺論定

伍廷芳逝世的噩耗傳出後，舉國震驚。竊喜者有之，如陳炯明之流；悲痛者有之，如孫中山革命黨人。孫中山在「永豐」艦上聞知伍廷芳謝世，傷心萬分。面對哀慟的海軍將士，孫中山先生發表了一通慷慨激昂的演講。他說：「今日伍總長之歿，無異代我先死，亦即代諸君而死，為伍總長個人計，誠死得其所；惟元老凋謝，此後共謀國事，同德一心，恐無如伍總長其人矣。唯全軍唯有奮勇殺賊，繼成（承）其志，使其瞑目於九泉之下，以盡死者之責而已。」㉗

6月23日，張繼、楊庶堪等一百六十多位在滬的國民黨人得知伍廷芳去世，義憤填膺，通電強烈譴責陳炯明：「足下皓日（即19日。——引者註）致伍省長電，主謀顯然，甘絕於民，通逆陰謀，一朝畢露，匪獨為護法妖孽及民黨敗類而已。世道人心，至是而漸以盡，義憤在人，……頗聞秩老睹足下梟竟之言，憤鬱以死……。」㉘

24日舉行了伍廷芳遺體的入殮儀式。由於伍廷芳生前一貫提倡火葬，常說「人死惟有靈魂不滅，所能遺留下的只是一堆毫無知覺的形骸而已，且終有一天要腐朽。與其這樣，何如付之一炬，燒成一坯淨土為好」，且臨終前一再叮囑伍朝樞，一定要對其屍體實行火化，因而，伍朝樞遵從父親的遺囑，「恭付荼毗，奉靈骨納之瓷瓶，擇地安葬。」㉙

伍廷芳逝世的消息傳出後，一場悼念、緬懷伍廷芳的活動迅速

㉕ 《伍先生（秩庸）公牘》，《近代中國史料叢刊・正編》(652)，第54頁。
㉖ 伍朝樞：《伍秩庸博士哀思錄・附哀啟》，第4頁。
㉗ 引自丁中江：《北洋軍閥史話》第4冊，第35頁。
㉘ 轉引自沐客生：〈伍廷芳：從「太平紳士」到民國元老〉，《名人傳記》。
㉙ 伍朝樞：《伍秩庸博士哀思錄・附哀啟》，第4頁。

在全國展開。各機關團體及個人紛紛以各種形式哀悼、盛讚這位在中國近代史上做出過巨大貢獻的傑出人物。

中國著名出版家、商務印書館主辦人張元濟在輓聯中寫道：「維公之學，中西淹通；維公之德，明哲所宗。公之揚歷，備乎史成。公之護法，泯乎黨爭。國際持平，敦槃俎樽。國民仰瞻，蒼生霖雨。」[20]時任兩湖巡閱使的吳佩孚則在輓聯中表達了哀悼之情：「幽幽羅浮，家山如昨。魂兮歸來，故鄉城郭。海內風塵，江頭蕭索。寒星夕沉，朱霞曉落。靈而不前，遺容在幕。輓歌千人，弔庭一鶴。側身四顧，九州寥廓。永懷斯人，孤情焉托。嗚呼哀哉！」[21]參眾兩院議員則在所撰祭文中稱頌伍廷芳「呼之不起，功在蒼生。名垂青史，何必長生！」[22]時任粵軍東路討賊軍總司令的許崇智也在輓聯中對伍廷芳表示了敬意：「先生道德、學問、事業、功名，睥睨一時，彪炳中外。彌留一電，大義凜然。足以寒奸賊之膽，使乾坤正氣，長留霄壤，炳耀日星。所難堪者，出師未捷，大業未竟，逆徒猶未授首耳。嗚呼！左海三山，海風灑淚，珠江五嶺，何處招魂？」[23]

此外，寰球中國學生會全體會員、上海潮州會館同仁、上海粵僑商業聯合會全體會員、旅津廣東會館全體粵人、大埔旅滬同鄉會全體同仁、旅越堤岸埠廣肇幫僑民等各界團體、人士也紛紛敬獻輓聯，對伍廷芳的逝世表達深切的哀悼和無盡的思念。他們一致表示要繼承先驅者的遺志，完成他未竟的事業。香港法律、工商界知名人士也紛紛發來唁電弔唁，並發表談話，緬懷伍廷芳對中國司法界、工商界做出的傑出貢獻，表達香港人民對伍老先生的悼念之情。

---

[20] 伍朝樞：《伍秩庸博士哀思錄・附哀啟》，第 6 頁。
[21] 同上，第 5-6 頁。
[22] 同上，第 7-8 頁。
[23] 同上，第 8-9 頁。

陳炯明叛亂後，孫中山退守艦上，等待並指揮援軍平叛。遺憾的是，由於援軍行動不一，且有的心懷叛意，結果各路援軍相繼被擊潰。8月9日下午40分，孫中山率蔣介石、陳策、黃惠龍等乘坐英國炮艦「摩漢」號離開廣州，10日到達香港，再轉乘俄國「皇后」號郵船去上海。15日，孫中山在上海發表護法宣言，深切緬懷叛亂中病逝的伍廷芳。他説：「回念兩月以來，文武將佐，相從患難，死傷枕藉。故外交總長伍廷芳，為國元老，憂勞之餘，竟以身殉，尤深愴惻！」[24]表示決不辜負死去的同志，誓將護法大業進行到底，並將以此來告慰為中國民主共和事業捐軀的先烈們的在天之靈。

為緬懷死者，激勵生者，經過縝密籌備，國民黨決定舉行伍廷芳追悼大會。大會籌備處為此先後兩次在《民國日報》登發通告。

1922年12月17日，伍廷芳追悼大會在上海九畝地新舞台隆重舉行。在通往會場的民國路口搭有松柏大牌樓，上面寫有「伍廷芳追悼大會」七個黑體大字。一種莊嚴肅穆的氣氛撲面而來。大會的秩序由上海警察廳臨時增派的警察和愛國女學寰球中國學生會第一日校童子軍組成的糾察隊負責維持。穿戴整齊、臂纏黑紗的警察、學生向進入會場的人們分贈伍廷芳遺像和伍廷芳生前最後一次通電，並贈送徽章一枚，作為紀念。在會場的中央搭有巨大的靈台，靈台的正上方懸掛著孫中山手寫的「人亡國瘁」四個大字，下面擺放著伍廷芳的巨幅遺像。遺像中那雙深邃、堅毅的目光，注視著每一位來客，彷彿有許多話要向來人訴説，似乎有諸多未完成的事情要託付給來者。靈台的四周掛滿了輓聯和輓額。參加當天追悼大會的有來自各個社會階層的八千多人，整個會場顯得滿滿當當。出席追悼大會的個人代表有：護軍使代表汪幼荃、許文沙員、沈知事、北工巡局長許人俊、湖南總司令趙恒惕的私人代表張翼鵬等；國民

[24]《孫中山全集》第6卷，中華書局1981年版，第521頁。

黨方面有譚平山、孫洪伊、黃大偉、楊庶堪、于右任、黎天民、馮自由、居正等；商界代表有總商會會長宋漢章（即前提「宋漢章案」中的主角）等；教育界方面的代表有江蘇省教育會會長袁希濤等。出席追悼大會的團體有：寧波同鄉會、華僑學生會、華僑聯合會、潮州會館、大埔同鄉會、基督救國會、國貨維持會、旅滬廣東自治會、工商友誼會、船務棧房工界聯合會、廣肇公所、江蘇省教育會等二十多個團體。另外，參加追悼大會的還有暨南學校商科、民國女子工藝學校、南洋陸礦、尚公、震旦、商大、民立中學、中華職業、志明、育賢女校、復旦、東南、中法通惠等二十多所學校。

正午十二時，一陣鈴響過後，大會主席譚平山宣布追悼大會開始。頓時，會場上奏起了催人淚下的哀樂。默哀完畢，譚平山宣讀悼詞。他高度評價了伍廷芳的一生。他說：今天社會各團體和個人齊集一堂，沉痛悼念為國捐軀的伍廷芳先生。伍老先生的英名，不獨國人皆知，就是東西各國也均是敬仰不已。伍老先生畢生致力於國家民族的富強，為中華民族的繁榮昌盛做出了不可磨滅的貢獻。他的去世，不僅是他個人家庭的不幸，更是我們國家和民族不可估量的一大損失。從此以後，我們黨失去了一位多有建樹的卓越領導人。念及國難頻仍的現實，倍感悲痛。我們悼念伍老先生，就是要繼承和發揚伍老先生不尚空談，身體力行的執著精神，集中全國億萬民眾和全黨同志的心力，將伍老先生未竟的事業推向勝利。這樣一來，伍老先生不僅沒有離我們而去，而且會永遠活在我們心中。

孫洪伊（曾任廣東護法軍政府顧問）隨後向參加大會的人們介紹了伍廷芳的一生經歷。他著重指出：伍老先生最可令人敬慕的是他「能以出世之精神，作入世之事業」。

緊接著，孫中山先生的特派代表居正、機器工會的代表等相繼上台，向大會宣讀了祭文。其中，孫中山先生的祭文是這樣寫的：
維中華民國十一年十二月十七日，國人為故總長伍公秩庸

於上海設位致祭，孫文謹以素馨清醴告公靈曰：嗚呼！國運逆遭，老成有幾，作賊者誰，迫公於死。昔在六年，群雄毀法，公堅卻署，猶無敢劫。越溯開元，有清違拒，憑公之告，亦免漂杵。嗟彼鴟鴞，獨悖於人，既眈於欲，遂噬其親。國本之摧，梁棟先折，徒法不行，矧今法絕。締造艱難，英俊弗少，日有典型，皤皤元老。大勛未集，繼以來茲。公為國死，痛乃無期。繫國存亡，籲躬未敢。義之所在，責無窮遁。我不敢死，公不欲生。願持此志，證之冥冥。嗚呼哀哉，尚饗。

隨後，由居正主持祭悼。所有出席大會者向伍廷芳的遺像二鞠躬。在隨之而行的分祭活動中，各團體代表相繼上前表達對伍老先生去世的哀痛。

祭奠儀式結束後，江蘇省教育會代表袁希濤上台發表演講。他說：眾所周知，自近代以來，中國在外交上屢屢受挫，難有勝績。依我之見，病在無人。近來值得可喜可賀的是，中國外交有了一些起色。在去年的華盛頓會議上，中國雖然沒有取得完全令國人滿意的結果，但單就會議達成的協議而言，較前還是有了很大的改觀。原因何在呢？就在於美國的鼎力相助。如果再問一句美國何以如此呢？我認為功勞應當記在伍老先生的名下。前清時代，伍老先生迭次出使美國，擔任駐美公使。任職期間，伍老先生始終將加強中美兩國人民之間的世代友誼作為自己的頭等大事，充分利用一切機會，宣講東西方文化的異同，藉以消除美國政府及人民對中國文化的誤解。不懈的努力，換來了豐碩的成果。伍老先生憑藉其傑出的才幹，良好的氣度，贏得了美國人民的愛戴，在中美兩國之間架起了一座友誼之橋。故而才有今日中國外交的勝利。

袁希濤演講完畢後，馬樹周、周雍能、于右任以及日本友人渡邊也相繼上台發表演說，一致稱讚伍老先生致力於國家民族，鞠躬盡瘁、死而後已的高風亮節。

最後，伍朝樞代表家人致答謝詞。他說：今天諸君在發言中對

先父的一生給予了高度評價，都稱頌先父有功於民國。我記得先父生前常常說起，為國家排憂解難，這是共和國家每個公民的神聖職責。故先父在耄耋之年，猶能奔走國事，不稍懈息，直到生命的最後一息。今日承蒙諸位到場，參加先父的追悼大會，感激之情，難以言說。在此我謹代表我們全家向所有到會的友人們表示衷心的感謝。

下午四時，伍廷芳追悼大會在一片哀樂聲中結束。

據事後統計，伍廷芳追悼大會前後共收到輓聯、輓額一千多幅，從新舞台大門到會場樓下懸掛殆遍。

伍廷芳去世了，但伍廷芳所夢寐以求的民主共和事業卻沒有終止。孫中山所領導的國民黨人仍在進行著艱苦卓絕的鬥爭。到1924年，中國的政治格局乃至世界的政治格局都發生了新的變化。在共產國際的幫助下，中國國民黨同中國共產黨實現了第一次國共合作。中國革命的面貌從此煥然一新。廣東成為中國革命的大本營和穩固的後方。撫今憶昔，孫中山更加懷念為中國的民主共和大業而獻身的先烈們。廣東革命政府決定重新安葬伍廷芳的靈柩。1924年12月10日，在廣州市東郊的望岡新添了一座壯觀的墳廬，那就是伍廷芳生命的最後歸宿地。1925年1月，肝癌已到後期的孫中山抱病在北京為伍廷芳撰寫了碑文，碑文如下：

　　公姓伍氏，諱廷芳，字文爵，號秩庸。廣東新會縣人。考諱榮彰，賈於南洋星加坡。以前清道光二十二年六月二十三日生公，年四歲歸國。自勝衣就傅已不屑為帖括之學。年十四，肄業香港聖保羅書院，凡六年卒業，供職於香港法曹，然非其志也。節衣縮食，積俸餘為他日留學之資，復以暇晷與友人創中外新報，吾國之有日報自此始。年三十三遂赴英倫，入林肯法律學院，治法學。越三載應試得大律師，以奔父喪歸國，旋至香港執大律師業。越四年被任巡理府，復受聘為立法局議員。論者謂國人得為外國律師者公為第一人。香港僑民得為議

員，以公爲嚆矢。任法官者公一人而已。然公自幼時已懷經世之志，睹中國積弱，發憤以匡救自任。會合肥李鴻章聞公名，屢招致之。公遂捨所業就鴻章幕府。鴻章方幫直隸，治新政、津沽鐵路、北洋大學、北洋武備學堂、電報局，皆次第經始。公多所贊襄，於外交締約尤盡力。既而出使美日秘三國，保護華僑，力爭國體。庚子義和團事起，周旋壇坫間，多所補救，尤翕然爲世所稱。任滿歸國，爲商約大臣駐上海，與各國締約，樹整頓園法、裁厘加稅、收回領事裁判權、畫一度量衡之基礎。尋升商部左侍郎，再升外務部右侍郎，復與沈家本同任修律大臣，成民刑律草案，旋頒行刑律。凡前清凌遲、連坐、刑訊等條皆汰去，爲中國刑法開新紀元，公名由是益重。然公居京師久，洞知前清不足與有爲，根本窳敗，非摧陷廓清末由致治，意鬱鬱，遂謝病去，年六十五矣。其明年，再被任出使美墨秘古諸國，耆年長德，所至想望風采，既受代經歷歐洲諸國，歸憩於上海寓廬。而辛亥革命起，公蹶然興倡議，請清帝退位，一時所謂縉紳、士大夫皆驚異之，而不知公匡世救國之志，蓄之已久，故有觸即發也。其時，南方光復已十餘省，公被推爲外交總代表駐上海，代表光復諸省與各省交涉，各國由是認光復諸省爲交戰團體。旋兼議和總代表，公揭櫫主張，以爲今日之事，當合南北，共建民國。及南京政府成立，文被舉爲大總統，以公爲司法總長，議和總代表如故，卒訂定清室優待條件。清室退位，民國遂以統一焉。南京政府既移於北京，公退休，凡五年。及黎元洪繼任爲大總統，徵公入京，任外交總長，未數月兼代理國務總理。時武人毀法，以兵脅迫大總統下解散國會命令，公堅拒不副署，恫喝萬端，不爲動。元洪竟解公代理國務總理職，以江朝宗繼之，副署解散國會命令。公憤大法之陵夷，念喪亂之無日，毅然出京，謀所以戡亂討賊。其時，文已與故海軍總長程璧光定議，率艦隊至廣州，開非常

國會，建軍政府，以護法號召天下。公繼至，同心匡輔。而兩廣武人陰懷異端，務齮齕之，使不得行其志。文以七年間，辭大元帥職去，公仍留廣州，改組軍政府，任總裁兼長外交、財政，終以跋扈武人不可與共事，棄而歸上海。國會議員相率從之。九年冬，粵軍自漳州回師，定廣州。文乃偕公回廣州，復軍政府。十年五月，國會舉文任大總統，以公爲外交總長兼財政總長。其年冬，文赴桂林督諸軍北伐，以公代行大總統事。其明年四月，因陳炯明阻撓北伐，回師廣州免其職，其公兼任廣東省長，而自赴韶州，督師入江西，克贛州，走陳光遠，江西全境將定。而陳炯明唆所部謀叛，文自韶州率輕騎回廣州鎮攝之。六月十六日，叛兵遂圍攻大總統府，且分兵襲韶州大本營，北伐事業因以蹉跌。而六年以來，護法事業亦功敗垂成，公感憤得疾，遂以二十三日薨於廣州公醫院，春秋八十有一。彌留時，猶諄諄授公子朝樞，以護法本末昭示國人，無一語及家事。蓋其以身許國，數十年如一日，故易簀之際，神明專一有如此也。公生平好學，政事之暇，手不釋卷。其始研究衛生之學，蔬食絕煙酒，自謂壽可至二百餘歲。繼治靈魂學，視形骸如逆旅，以爲留此將以有爲耳。故能於危機震撼之際，泰然不易其所守。自以與於締造民國之後，不忍見爲武人政客所敗壞。故以耄耋之年，當國事，犯危難，無所恤，卒以身殉。悲夫！其對於社會如提倡國貨，倡剪髮，不易服之議，以塞漏卮，皆有遠識，能造福於國人。夫人何氏賢而有壽，子朝樞能繼述志事，孫競仁、慶培、繼先。以民國十三年十二月十日葬公於廣州東郊一望岡。文自元年與公共事，六年以後，頻同患難，知公彌深，敬公彌篤。謹揭其生平志事關係家國之大者，以告天下後世，俾知所模楷焉。㉕

㉕ 孫中山：〈伍秩庸博士墓表〉，華東師範大學圖書館藏未刊本。

伍廷芳從此長眠在望岡上，周圍青山碧水，恬靜幽雅，永伴著
這位老者，彷彿他又歸隱鄉里，開始了他清剛淡泊、尋覓靈魂奧妙
的學者生涯。

餘　論

「Ｖ」字形道路^①的啓示

　　伍廷芳自 1842 年出生至 1922 年去世，八十二年間在中國近代社會舞台上，留下了一條「Ｖ」字形的生命軌跡。

　　1842-1882 年，此為伍廷芳走過的「Ｖ」字形路程的落筆階段。第一次鴉片戰爭的結束，宣告了數千年來中國中心時代的終結，昭示了中國已經由事實上的東亞中心和冥想中的世界中心淪為西洋諸國的邊陲，中國與世界開始了一個異常形狀下的接軌。歐美列強挾戰勝者之餘威，強行楔入中國社會，中國作為戰敗國被迫走出中世紀，走向世界。地處華南的香港成為東西方思想文化接觸的前線，異質文化間衝突的前沿，中國傳統文化在此遭到猛烈撞擊，並且逐漸趨於解體而重新進行建構，西方近代文化的色彩日漸突出和濃厚。

　　在此階段，生於南洋、長於廣州、學於香港的伍廷芳得歐風美雨沐浴之先，率先邁出了離異中學，仰慕西學的步伐。從 1856 年起，伍廷芳在聖保羅書院接受了六年的西式系統教育，到 1861 年畢業時，他已經成為一個具有全新知識且符合近代中國社會發展需要的新式知識分子。無論是道德理想、價值旨趣、知識結構，都同科舉制度下薰染出來的成功者迥然不同。在其知識學養中，西學明顯多於中學、開放性強於封閉性、世界性勝於民族性。西學知識鋪墊了影響其終生的思想根基，鑄就了其文化邊緣人的本質特徵。就

① 此種提法有兩重意思：其一，是指伍廷芳與中國傳統文化的關係。他走過了一條離異傳統，回歸傳統的道路，而這一過程恰似一個 " Ｖ " 形。其二，取 " Victory " 之意，寓指伍廷芳在東西方文化問題上，棄舊鑄新，甄採東西，與時俱進，不斷取勝。

職港英政府的工作實踐和三年來在英國林肯法律學院的系統學習，更使伍廷芳對西方近代文明優越性的認識躍上了一個新台階。比照西方模式，改造中國社會，成為伍廷芳終生不渝的政治理念。

1882-1991年，此為伍廷芳走過的「Ｖ」字形路程的運筆階段。在仕清近三十年的政治生涯中，伍廷芳懷著實踐其政治抱負的宏大理想，以一個文化邊緣人的角色，新型官員的身份，從事薦西學、築鐵路、辦外交、改法制等實踐活動，且取得了斐然的成就。

此階段，既是伍廷芳在晚清政壇初顯崢嶸的時期，又是伍廷芳向傳統文化回歸的時期。中國地處瓜分豆剖的現實，促成了伍廷芳民族主義思想的抬頭；中國近代化運動的屢屢受挫，則促成了伍廷芳對中西文明的再認識。在此階段，伍廷芳從一個文化邊緣人的視角，對中西文明的優劣進行了全面比較，鑑別範圍涉及儒學與基督教、中西政治、中西文化教育、中西服飾、中西婚姻、中西戲劇音樂等領域。其總體思路是以西洋文明作為參照系，以救亡圖存為急要，反思甄別中國傳統文化的優與劣，既充分肯定傳統文化在中華民族數千年繁衍昌盛史上的重要作用，始終不渝地堅持民族文化的精華、特色必須固守。同時，又從「長時段性」的發展觀點出發，主張傳統文化的弘揚與剔除，必須以能否拯救民族的危亡為前提，以是否與人類文明的總體發展趨勢相契合作標準。當然，伍廷芳對中西文明的甄別也存有若干偏差，如在「共和民主」、「文化」的起源上，持「古已有之」的態度，大有「西學源於中學」說的味道，流露出其對中國古典文明固有價值的體認，顯示出向傳統文化回歸的力度。但是，由於伍廷芳是在一種恢宏的時空觀念下進行東西文明比較的，其心態是正常的，方法是得體的，大部分結論是公允的。他並不全盤否定或肯定東西方文明，而是力圖把兩種文明中有價值的以及可運用於全人類的部分加以正確評價，並將此作為人類文明的追求與歸宿，從而避免了辜鴻銘式的錯誤。

1911-1922年，此為伍廷芳走過的「Ｖ」字形道路的收筆階段。

從西方到東方──伍廷芳與中國近代社會的演進

清政府的愚頑、浩浩蕩蕩的時代大潮的湧動，促成了伍廷芳思想的巨變，使其跨越了改良、立憲的樊籬，邁向了革命、共和的大道，實現了其思想的第二次飛躍。在辛亥革命以後的十年間，伍廷芳思想雖有一段相當長時間的起伏波動，但實現共和民主的理念始終未變，且愈益堅定。至於一度疏離孫中山革命黨人，親近南北軍閥，此正是其文化邊緣人特質的顯現，終其目標，即試圖在多邊力的選擇取捨中，實現其終生未改的政治理念——建立一個公平、正義、尊法的民主共和國。而事實上，伍廷芳正是在這種比較、甄別中，拋棄了南北軍閥，心悅誠服地皈依於孫中山革命黨人的旗幟下，直至生命結束，實現了其思想的第三次飛躍，達到了文化邊緣人在近代中國的最高峰，走完了其「Ｖ」字形道路。

透過伍廷芳走過的「Ｖ」字形道路，放眼中國近代社會的滄桑巨變，所能獲得的啟示如下：

啟示一：文明價值的兩重性——殊別價值與普世價值

對中西文明優劣的認識、評判，伴隨著中國近代化運動的始終。總括百餘年來中國思想界在此問題上的紛爭，依其立論、求證、結論，大致可劃分為三派：復古派、西化派、調和派。而三派間的歧異，皆可歸結於對殊別價值與普世價值的價值評判上。殊別價值與普世價值布下的重重迷宮，不知使多少思想家陷於徬徨、迷茫的兩難境地。其實，在人類社會數千年的文明演進史上，每一種文明，皆具有殊別價值與普世價值的兩面性，無論是儒學文明、伊斯蘭文明還是基督教文明，概莫能外。殊別價值區分了各種文明，普世價值涵化了他種文明，使各種文明在「文明」的高度上彼此體認，所蘊涵的價值及與這些價值相應的制度，如人權、自由、正義、寬容、民主、法治、市場經濟等等，衍成了全人類共同追求的理念，故而有學者稱，自由、民主、法治、正義，這些普世價值是沒有國界，沒有文明界限的。

但是，由於東西文明是在一種異常情況下相遇的，因而擁有悠久歷史傳統且發展極端完善的中國古典文明在走向近代化的歷程中，顯得步履蹣跚，分外艱難。作為現實社會投影的思想界也就格外紛繁。復古派、西化派都犯了只見樹木，不見森林的機械主義錯誤，沒有妥善處理好殊別價值與普世價值之間的對立統一的辯證關係。兩派都把中國文明或西方文明完全等同於普世價值，而把非中國文明或非西方文明完全等同於殊別價值。而事實上，正如「西化」並不等於「現代化」一樣，儒學和基督教所特有的殊別價值並不具有真正意義上的普世價值，更不能說成是所有他種文明都必定要必須接受的。倘若將一種文明的殊別價值與普世價值通通視為普世價值，然後向世界加以推廣，文明間的衝突自然就會發生。至於「調和派」，則是以一種折衷的方式，表述了對文明兩重性的誤解。從魏源的「師夷長技以制夷」，中經張之洞所津津樂道的「中學為體，西學為用」，到「新儒學」的出現，涵化了百餘年來「調和派」的發生、發展歷程。就影響和存在的久遠而言，「調和派」遠超「復古派」、「西化派」，對中國近代化事業的危害性自然也就最大。「調和派」只是在「器物」層面上承認了西方文明的優越，確認了西方文明的普世價值，但在文明的內質即制度層面上，仍然堅持「我族中心主義」，也即仍把以儒學倫理為立國基礎的中國古代典章制度作為普世價值而竭力固守。這就使得中國的近代化運動備嘗坎坷。誠如費正清所言，「中體西用」論是一條「動聽的然而卻是錯誤的原則」，利用西方武器和技術的結果，恰恰只能是摧毀而不是護衛儒家社會準則。因為「炮艇和紡織機器是常常帶著他們的哲學一起進來的。然而 1860-1890 年那一代的中國人死抓住那個令人灰心喪氣而只有他們自己懂得的陳詞濫調不放，認為中國跳半步便可進入現代」。[2]這種對文明價值的二分法範式，遏制了中華民族對近代化內涵外延的洞察與把握，終使近代化成為百餘年

---

② 〔美〕費正清：《美國與中國》，商務印書館 1989 年版，第 141 頁。

來數代中國人未能實現的夢想。

由此可見，對文明殊別價值與普世價值認識的正確與否，當是文明的載體——民族——尤其是後進民族能否振興的關鍵所在。

啟示二：中國文明重構的原則——民族性與世界性的合諧統一

百餘年來的歷史證實，「中國傳統的創造性轉化」（林毓生語）的内部機制是堅固的。數千年來積澱而成的輝煌歷史衍成了走向近代化的沉重包袱，這確是人類文明演進史上的最大悖論之一。為探求近代化、現代化的奧秘所在，百餘年來，數代人設計建構了種種方案，進行了無數次的嘗試，但終其結果，或被近代化、現代化的「黑洞」所吞噬，或被掩没在歷史的黃塵故道中，或倒在近代化、現代化的黎明前夜。近代化、現代化始終如同一個可望不可及的月亮，懸掛在中國大地的上空，令人欲罷不能、欲罷不休，真可謂是「斬不斷，理還亂」。中國文明真的缺乏現代性的轉化機制嗎？答案是否定的。正如失敗也是一種財富一樣，百餘年前先進的中國人對近代化道路探覓受挫的歷史昭示後人，欲求中國文明的新生，必須實現民族性與世界性的合諧統一。其意即在一個恢宏的時空下，以超越文明間界限的普世性價值為參照系，重新審視固有文明的價值所在，甄別其價值的殊別性與普世性，做到文明價值兩面性的合諧統一。倘若過分誇大了文明的殊別價值，錯把殊別價值當做普世價值，則會重陷「我族中心主義」的窠臼；反之，則會陷於「泛世界主義」的泥淖而不能自拔。因而，殊別價值與普世價值的合諧統一，也即民族性與世界性的合諧統一，當是重新建構中國文明的首要原則。因為，喪失民族性的文明是可悲的，只具世界性的文明是闕如的。

啟示三：孤獨與前驅——社會轉型期中的文化邊緣人

以 1840 年鴉片戰爭肇其端的中國近代社會，地處一個畸變的

社會轉型期，是一個現代與傳統共存、文明與愚昧並在的矛盾混合體。文化邊緣人作為東西兩大文明碰撞的伴生物，一方面品嘗著雙重文化的某些優點，得到過去在一元文化中所得不到的滿足，另一方面又被二元化的價值觀所撕裂，陷入抉擇的困境和衝突的漩渦。理想與現實的巨大反差是文化邊緣人無法回避的難題。孤獨與前驅是文化邊緣人在近代化運動中的處境與作用的寫真。

先行者總是孤獨的。在強調高度「和諧」、「依附」、「無我」的中國傳統社會就更是如此。五千年連綿不絕的輝煌歷史，凝鑄了中國人對儒家學說的堅信不疑，並將其視為「放之四海而皆準」的絕對「真理」，雖有鴉片戰爭以來屢次對外民族戰爭的慘敗，但對儒家學說「與日月同輝」的理念，並沒有實質性的改變。這種堅韌無比的民族意識和民族心理，足以讓任何外來文化望而卻步，難以逾越。這可能就是百餘年來中國社會始終未能實現社會整體性、根本性轉型的癥結所在。文化邊緣人既然身跨兩種價值體系，就意味著對外來文化的部分乃至整體認肯，自然也就昭示著對傳統文化正統地位的部分乃至整體否定。至於遭到傳統社會的拒斥自然就在情理之中。伍廷芳的境遇便極具典型意義。揭開近代中國人自費留學新篇章的伍廷芳，不僅以中國近代第一位法律博士、大律師而彪炳史冊，更重要的是其思想敏銳，見識超群，以其同時代的人們難以擁有的勇氣和銳氣，衝破「用夏變夷」的傳統規範，熱情謳歌以英國、美國為代表的西方資本主義近代文明，將林則徐、魏源等人在鴉片戰爭前後「開眼看世界」的目光投向了更遼闊、更深邃的西方世界。可悲的是，伍廷芳雖有勇氣揭批君主專制統治，卻無力取勝傳統社會。雖有依法治國的宏大理想，但卻在現實面前屢屢受挫。仕清期間，伍廷芳曾滿懷希冀參與並主持清末修訂法律工作，可到頭來，寄予厚望的民法、刑律、公司法等法律法規，或成官樣文章，或成死胎，最後竟連自己也成為腐敗朝廷懸賞追殺的對象。身為中華民國南京臨時政府司法總長，模範地執行三權分

立、「首重法律」的立國原則，卻不幸被陳其美等革命黨人痛詆為
「迂腐」、「說鬼話」。為捍衛共和國的尊嚴，辛亥革命後，伍廷
芳高舉護法旗幟，苦心孤詣地周旋於南北軍閥之間，換來的結果卻
是或橫遭軍閥的強暴，被迫離京出走；或被軍閥利用，成為軍閥手
中的可據的「奇貨」；或被軍閥推上法庭，成為被告；最後竟死於
軍閥發動的叛亂之中。伍廷芳再次重蹈先行者的悲劇覆轍。

　　然而，歷史的畫廊中雋永不朽的卻恰恰是那些孤獨的先行者，
自恃為「正統」社會代言人的譏評者們則被推上了理性的審判台，
遭受著漫長歷史無情的判決。在近代東西兩大文明碰撞、裂變中孕
生的文化邊緣人，其價值與地位在歷史的「長時段性」中愈益彰
著。從某種意義上講，中國近代化史就是一部由文化邊緣人擔綱的
歷史。伍廷芳等文化邊緣人代表了不同階段和不同時期中國社會的
整體走向，昭示著近代中國的演進趨勢。百餘年來的歷史表明，傳
統社會對文化邊緣人的排拒與吸納，決定著中國近代化的艱難與順
利；文化邊緣人數目的多寡與中國近代化的程度恰成正比。換言
之，假如一個社會中有越來越多的人成為文化邊緣人，這個社會就
開始由傳統走向現代了。正如美國社會心理學家冷納在《傳統社會
的消逝》一書中所斷言的：「各處的社會變遷率，與附屬於過渡階
層的個人數目成函數關係（很可能是一線性函數）。在單一國家
中，若有更多人愈趨向現代，則其在現代性的整體表現，也就愈
高。」③

　　文明間的交流，釀造了文化邊緣人。

　　中國社會的巨變，呼喚著更多文化邊緣人的湧現！

---

③ Daniel Lerner, *The Passing of Traditional Society: Modernizing the Middle East*, New
York, The Free Press, 1958, p.85.

伍廷芳生平大事記

1842 年　7 月 20 日，在新加坡合都亞南出生。

1845 年　隨父親伍阿彰、母親余娜返回廣東，定居廣州市郊芳村。

1850 年　入私塾讀書。據稱，其「歧嶷絕倫，讀書目十行下，一覽不忘。稍長，慨然有澄清宇內之志，不屑為章句帖括之學」。喜讀子書、史鑒、小說等。

1855 年　遭土匪綁架，後說服匪巢中的伙夫，聯袂逃脫。

1856 年　在親戚陳言（藹亭）的陪伴下，來到香港求學，入聖保羅書院學習。開始接受系統的西方近代文明教育，「試輒冠儕輩」。

1861 年　與黃勝等人共同創辦中國第一份日報《中外新報》，成為中國報業的奠基者之一。
　　　　　以優異的成績從聖保羅書院畢業，任港中高等審判廳譯員。餘暇時常翻譯外文資料，以供辦報所需。

1864 年　結婚成家，妻子何妙齡，是年十七歲。岳父何福堂，廣東南海人，是繼梁阿發之後的第二個華人牧師。
　　　　　幫助陳言創辦《華字日報》。

1871 年　因工作出色，調任港府巡理署譯員。

1874 年　自費留學英國，入倫敦林肯法律學院，精研法律。開近代中國人自費留學海外的歷史先河。

1877 年　1 月，在林肯法律學院畢業，獲博士學位，是為中國近代第一個法律博士。得大律師資格，是為中國人也是亞洲人第一次獲此殊榮。在此期間，謝絕中國駐英公使郭嵩燾的挽留，執意回港。
　　　　　3 月 22 日前後，抵達香港，為父親奔喪。
　　　　　5 月 18 日，經嚴格審理，成為香港法庭執業律師。
　　　　　8 月，受理「薄得勒索案」，無功而返。

10 月，至天涯面見李鴻章。

1878 年　10 月 7 日，率眾退場，抗議在港英人通過的種族歧視決議。

12 月 16 日，被委任為「太平紳士」，成為獲此殊榮的第一位香港華人。

1879 年　1 月，接待歸國的劉錫鴻。

5 月，迎接來港旅行的美國前總統格蘭特。被港督軒尼詩提議署理港府律政司，因遭到在港英人攻訐，作罷。

1880 年　2 月 19 日，出任香港立法局議員，打破了英國人三十八年來對香港立法機關的壟斷。

1881 年　12 月，歡迎英國王孫來港。

1882 年　10 月，離港北上，入李鴻章幕府，出任法律顧問，開始了十四年的幕僚生涯。

12 月，出席唐景星在天津專門為其舉辦的歡迎宴會。

1885 年　作為李鴻章的法律顧問，參與中法談判，簽訂《中越邊界通商章程》。出席中日天津談判，協助簽訂《中日天津條約》。與日本首相伊藤博文相識。

1886 年　8 月，出任開平鐵路公司總經理。為中日「長崎事件」的解決出謀劃策，提出《長崎兵捕互鬥案處理辦法》。

1887 年　4 月，任中國鐵路公司經理。因辦理北京鼉池口遷移教堂出力甚多，清朝特地頒布聖旨獎敘。

家母去世，守制三年。

1893 年　5 月，任「北洋官鐵局」總辦。

6 月，任官商兩局鐵路副總督辦。

1895 年　1 月，隨張蔭桓、邵友濂赴日求和，弄清日本的真正意圖。

3 月，隨李鴻章赴日本廣島進行馬關談判。

5 月，出任「換約大臣」，在煙台與日本代表伊東已代交換《馬關條約》文本。

1896 年　11 月 23 日，奉旨出任清朝駐美、日（西）、秘等國公使。

1897 年　3 月 7 日，出席香港聖保羅書院同學歡送宴會。

3 月中旬，自上海啟程赴美就任駐美公使。

4 月 24 日，抵達美國首都華盛頓。

5 月 1 日，向麥金萊總統遞交國書，正式就任駐美公使。

6 月始，連續向美國國務院遞交照會，抗議排華行徑。

1898 年　7 月，奏請在檀香山設立領事，保護華僑。

9 月，支持康梁發動「戊戌變法」，屢次提出維新變法的主張。向美國國務院遞交照會，強烈譴責美國政府迫害華人。

1899 年　就劉玉麟、陳恩燾兩名外交官遭扣留一事，向美國國務院強烈抗議。

4 月 17 日，赴西班牙遞交國書。

1900 年　7 月至 12 日，陸續在美國各大報社雜誌撰文發表，剖析義和團運動爆發的真正原因，為中國人民的反侵略鬥爭辯護。

1901 年　1 月 27 日，發表〈孔子與孟子〉，向美國社會宣講儒家文明，借以加強東西方文化的交流。

12 月 9 日，就孔祥熙赴美遭拘留，同美國國務卿海約翰交涉。

1902 年　10 月 26 日，任會辦商務大臣，主持中外修約。

11 月 28 日，卸去駐美公使之職，奉調回國。

12 月 22 日，回到上海。

1903 年　5 月 23 日，授鴻臚寺卿。

5 月 28 日，補授外務部右丞。

9 月 7 日，調任商部左侍郎。

10 月，在北京出任修律大臣，與沈家本主持清末法律改革。

1904 年　1 月 14 日，調任外務部右侍郎，參與並主持與美國、日本等國進行的修訂商約談判。

4 月 4 日，奉旨出任國際保和會公斷議員。

11 月 11 日，賞賜在紫禁城騎馬。

1905 年　4 月 24 日，奏請刪除《大清律例》中的嚴刑酷罰，以符人道。

7 月，奏請停止刑訊，防止冤案泛濫。奏請設立法律學堂，培養法律人才。

9 月 16 日，恩賜在西苑乘船。

11 月 17 日，署理刑部右侍郎。

1906 年　2 月 10 日，調任刑部右侍郎，官至正二品。

4 月，奏請制訂《商律》及《破產律》。

1907 年　9 月 23 日，第二次出任清朝駐美墨秘古四國公使。

12 月 16 日，離京南下至上海，做好出國前的準備工作。

1908 年　2 月 4 日，由上海啟程，開始了第二次赴美航行。

2 月 11 日，日本政界要人大隈重信在東京設宴招待。

2 月 28 日，抵達美國西部重鎮舊金山，慰問遭受震災的華人。

3 月 7 日，到達華盛頓，接職就任。

10 月，代表清政府在《國際公斷專約》上簽字。

1909 年　1 月，奏報孫中山革命黨人在美國的活動情況。

5 月，建議朝廷派軍艦巡遊南美，震懾各國，保護華僑。

6 月，赴南美簽訂條約，維護當地華僑的生命財產安全。

8 月，與秘魯簽署《中秘廢除苛例證明書》。

12 月 24 日，拜訪大發明家愛迪生，邀請愛迪生訪華。

1910 年　3 月，卸任離美經歐洲回國。

5 月，在香港參觀「何妙齡醫院」。

6 月初，進京銷差。

8 月，稱病請假，寓居上海，自號「觀渡廬老人」，沈浸於靈
學研究，欲「集旅滬中外明哲之士，立天人明道會，冶儒佛耶
回諸教精義於一爐」。

9 月，上〈奏請剪髮不易服折〉，抨擊清朝抱殘守缺，反清傾
向較為鮮明。

1911 年　11 月，出任滬軍都督府外交總長。

11—12 月，上〈奏請監國贊成共和文〉、〈致清慶邸書〉，奉
勸清帝退位。

11 月 21 日，任中華民國軍政府外交總長，主持南北議和。

12 月 18 日，南北議和會議在上海市政廳開幕。

1912 年　1 月，與袁世凱直接通電談判，駁斥袁世凱言而無信。南京臨
時政府成立，任司法總長。

3 月，圍繞「姚榮澤案」、「宋漢章案」與陳其美展開「權法

之辯」，導致同革命黨人關係疏遠。

4 月，辭去司法總長之職，歸隱觀渡廬。

10 月，拒受袁世凱所頒「勛一位」嘉禾章。

1913 年　隱居上海愛文義路一百號，沈醉於靈學研究，思想傾向於改良，對孫中山革命黨人的反袁行動略有微言。

1914 年　3 月，寫成〈延壽新法〉，探求延年益壽的秘訣。

1915 年　1 月，受國貨維持會委派，出席菲律賓商品博覽會。

3 月，出版《中華民國圖治芻議》一書，提出治理國家的全部構想。

10 月，拒絕袁世凱的加盟邀請，怒斥古德諾散布的帝制復辟言論。

12 月，寫成〈美國視察記〉，全面介紹美國社會。

1916 年　4 月 20 日，規勸袁世凱出國到印度考察佛教，内含「放下屠刀，立地成佛」之議義。

12 月 2 日，接受黎元洪的邀請，在上海宣誓就任中華民國外交總長。

1917 年　5 月，在「府院之爭」中站在黎元洪一邊，反對段祺瑞。

5 月 25 日，代理國務總理。發表〈關於副署有效的通電〉，駁斥段祺瑞的詰難。

5 月 31 日，奉大總統諭，邀請張勛進京調停。

6 月，拒不副署解散國會。

6 月 13 日，提出辭職。離京至山海關。

6 月 23 日，喜添孫子。

7 月 2 日，從山海關至天津，乘船南下。

7 月 7 日，攜外交總長印信至上海，向中外揭批張勛復辟、呼籲各國拒不承認北京政府。

9 月 11 日，孫中山任命其為中華民國軍政府外交總長。

11 月 25 日，由滬啟程赴粵參加護法政府。

1918 年　2 月，發表改組軍政府通電，擬改大元帥制為政務總裁合議、制。

6 月，指責孫中山不以大局為重，獨逞個人之英雄，催促其早日返粵就職。

7 月，宣誓就任政務總裁。

10 月，兼任護法軍政府財政部長。

11 月 27 日，在慶祝第一次世界大戰勝利大會上發表講話。

1919 年　1 月，被推舉為中華民國全權大使，準備赴歐洲參加巴黎和會，締結媾和條約。

5 月，代表護法軍政府闡明巴黎和會締結條約的前提和條件。

6 月，兼任廣東省長。幾經交涉，獲得十三％的關餘稅款。

8 月，致電北京政府，提議對德交涉必須全力爭取，不可撤回得力人員。

9 月，電達靳雲鵬，反對北京政府舉借外債。

1920 年　3 月 29 日，攜關餘一百八十多萬元離穗赴港。

4 月 9 日，發表〈離粵通電〉，揭露岑春煊、陸榮廷等人假護法、真獨裁的本質。

4 月 10 日，岑春煊在港起訴伍挾款私逃。

4 月 11 日，發表〈離粵赴滬通電〉，決心輔佐孫中山護法到底。

4 月 16 日，抵達上海，受到孫中山革命黨人的熱烈歡迎。

6 月 3 日，與孫中山等聯名發表宣言，宣布西南軍政府為非法政府。

10—11 月，與孫中山等聯名發表通電，揭露西南軍政府賣國求榮、南北勾結及破壞統一的罪狀。

11 月 25 日，同孫中山一起離滬赴粵。

11 月 29 日，在廣州重組護法軍政府。

1921 年　1 月，準備武力接收粵海關，未成。

5 月 7 日，就任中華民國廣州護法軍政府外交部長兼財政部長。

10 月，代孫中山行使非常大總統權力，全力支持孫中山指揮的北伐戰爭。

11 月，致電華盛頓會議，要求列強承認廣州政府為中國唯一合法政府。

1922 年　2 月，通電反對日本占領山東。

3 月，兼任廣東省長。

6 月初，拒絕黎元洪入閣邀請。

6 月 16 日，遭遇陳炯明叛亂。

6 月 17 日，登「永豐」艦，面見孫中山，叮囑其保重。

6 月 18 日，患病住院。後病情加重，轉入廣州新公醫院，確診為肺炎。

6 月 23 日一時一刻，病逝。終年八十歲。

同治四一六年間封建官員對鋪設鐵路意見表

上奏者／職務	上奏年月日	奏文主要內容	資料來源
李鴻章 （江蘇巡撫）	同治四年二月十七日（1865年3月14日）	查鐵路費煩事巨，變易山川……中國亦易正言拒絕。	清總理衙門檔案
沈葆楨 （江西巡撫）	同治四年三月初三日（1865年3月29日）	鐵路一節，窒礙尤多：平天險之山川，固為將來巨患；而傷民間之廬墓，即啟目下爭端。	清總理衙門檔案
毛鴻賓 （兩廣總督）	同治四年三月十九日（1865年4月14日）	開鐵路則必……鑿山塞水、占人田業，毀人廬墓，沿途騷擾，苦累無窮。……現已……實力阻止。	清總理衙門檔案
徐宗乾 （福建巡撫）	同治四年四月初二日（1865年4月26日）	（對於各國領事申請修鐵路）謹遵照條約所屬，隨時查阻，以弭釁端而杜後患。	清總理衙門檔案
崇厚 （三口通商大臣）	同治五年三月十二日（1866年4月27日）	興作鐵路，必致擾民，有識者皆以為不可。	《籌辦夷務始末》（同治朝）第41卷，第27-28頁。
官文 （湖廣總督）	同治五年四月初十日（1866年5月23日）	輪車電機等事……其顯而易見者，則壟斷牟利也，其隱而觀窺者，則包藏禍心也。	《籌辦夷務始末》（同治朝）第41卷，第41頁。
劉坤一 （江西巡撫）	同治五年四月十六日（1866年5月29日）	輪車電機，益令彼之聲息易通，我之隘阻盡失。……斷不可從其所請。	《籌辦夷務始末》（同治朝）第41卷，第44頁。
左宗棠 （陝甘總督）	同治六年十月二十五日（1867年11月20日）	外國造鐵路，抽火車之稅，利歸國家。……我如立意不利……彼亦不能強也。……	《籌辦夷務始末》（同治朝）第51卷，第21-22頁。
瑞麟 （兩廣總督）	同治六年十一月十五日（1867年12月10日）	鐵路……礙照難辦。	《籌辦夷務始末》（同治朝）第52卷，第16頁。

都興阿 （盛京將軍）	同治六年十一月十七日（1867 年 12 月 12 日）	設鐵路……勢必……不顧民間生計田廬，妨礙風水重地，……險阻有失，元氣愈弱……似難允行。	《籌辦夷務始末》（同治朝）第 52 卷，第 22 頁。
丁寶楨 （山東巡撫）	同治六年十一月十九日（1867 年 12 月 14 日）	鐵路……為害過大……不堪設想。	《籌辦夷務始末》（同治朝）第 52 卷，第 27 頁。
沈葆楨 （總理船政大臣）	同治六年十一月二十一日（1867 年 12 月 16 日）	鐵路……亦中國將來之利也，且為工甚，目前亦頗便於窮民，……泰西……別創一法，於民間田廬墳墓毫無侵損……朝廷便當曲許，否則斷難准行。	《籌辦夷務始末》（同治朝）第 53 卷，第 5 頁。
李瀚章 （署湖廣總督、江蘇巡撫）	同治六年十一月二十一日（1867 年 12 月 16 日）	鐵路……壞我地方田廬，蹙我民間之生計，眾怒難犯。	《籌辦夷務始末》（同治朝）第 52 卷，第 30-36 頁。
蔣益澧 （廣東巡撫）	同治六年十一月二十二日（1867 年 12 月 17 日）	鐵路……各省……宜各自籌備，竭力與爭。	《籌辦夷務始末》（同治朝）第 53 卷，第 30 頁。
曾國藩 （兩江總督）	同治六年十一月二十三日（1867 年 12 月 18 日）	鐵路……害我百姓生計，則當竭力相爭。	《籌辦夷務始末》（同治朝）第 54 卷，第 4 頁。
英桂 （福州將軍）	同治六年十一月二十五日（1867 年 12 月 20 日）	畿輔重地，以及通都大邑……萬難准行。……其在通商海口百里以內，或准行用……鐵路等事。然仍須民間願賣地基，會同地方官審度辦理，不得有所強占。	《籌辦夷務始末》（同治朝）第 54 卷，第 6-12 頁。
劉坤一 （江西巡撫）	同治六年十一月二十五日（1867 年 12 月 20 日）	鐵路……等事，是專吾利以毒吾民，而慮民之群起為難，即現有之利亦不可保……其議若行，中國由是坐困。	《籌辦夷務始末》（同治朝）第 54 卷，第 13 頁。
崇厚 （三口通商大臣）	同治六年十一月二十六日（1867 年 12 月 21 日）	鐵路……於中國毫無所益，而徒貽害於無窮，似宜始終堅持而拒之，開誠布公而告之者。	《籌辦夷務始末》（同治朝）第 54 卷，第 18 頁。
吳棠 （閩浙總督）	同治六年十二月初三日（1867 年 12 月 28 日）	（鐵路）於中國民人生計，大有窒礙。……惟有以百姓不願為詞，婉切開導……或可從緩再議也。	《籌辦夷務始末》（同治朝）第 55 卷，第 1-5 頁。

馬新貽 （浙江巡撫）	同治六年十二月 初六日（1867 年 12 月 31 日）	鐵路……盡奪我億萬人民 之生計猶顯，其必得我朝 命挾之以毒捕天下，使我 自失其人心者至深。…… 是在內外臣工，協力同 心，持萬不可行之定議， 據理直爭，斷難稍或遷 就。	《籌辦夷務始末》 （同治朝）第 55 卷，第 26-29 頁。
李福泰 （福建巡撫）	同治六年十二月 初六日（1867 年 12 月 31 日）	（鐵路）驚民擾眾，變亂 風俗。體察各省民情，實 屬窒礙難行。	《籌辦夷務始末》 （同治朝）第 55 卷，第 32-37 頁。
郭柏蔭 （署江蘇巡撫、 湖北巡撫）	同治六年十二月 初六日（1867 年 12 月 31 日）	鐵路……不可行也。…… 外洋來至中華，自以顧全 聲名為第一義。如其聲名 不美，為華人所怨憤，不 但與通商有礙，即傳教亦 無人信從，不可不為久遠 之圖。……以此立說，彼 縱未能革面，亦將動心， 或可婉諷熱商，以期終 止。	《籌辦夷務始末》 （同治朝）第 55 卷，第 37-41 頁。
李鴻章 （湖廣總督）	同治六年十二月 初六日（1867 年 12 月 31 日）	議銅線、鐵路一條。此兩 事有大利於彼，有大害於 我，而鐵路必銅線尤甚。 ……鑿我山川，害我田 廬，礙我風水，占我商民 生計，……與其任洋人在 內地開設鐵路電線，又不 若中國自行仿辦，權自我 操，彼亦無可置喙耳。	《籌辦夷務始末》 （同治朝）第 55 卷，第 13-14 頁。
官文 （署直隸總督）	同治六年十二月 二十二日（1867 年 1 月 16 日）	驟為此不經之舉，人必因 疑生畏生怒。……縱我朝 懷柔為念……而眾怒難 犯，民弗能堪，即不能相 安於無事。	《籌辦夷務始末》 （同治朝）第 56 卷，第 10-16 頁。

光緒年間（1890年前）封建官員對鋪設鐵路意見表

上奏者／職務	上奏年月日	奏文主要內容	資料來源
丁日昌 （福建巡撫）	光緒二年十二月十六日（1877年1月29日）	輪路……之不舉行，（有七害），（輪路行有七利，七無慮）。	中國近代資料叢刊《洋務運動》（二），第346-353頁。
奕訢 （總理衙門）	光緒三年二月二十四日（1877年4月7日）	……台灣籌辦輪路、礦務各大端……必須指定有著的餉，源源報解，方易集事。……	中國近代資料叢刊《洋務運動》（二），第361頁。
劉銘傳 （直隸提督）	光緒六年十一月（1880年12月）	自強之道……在於急造鐵路……若鐵路造成，則聲勢聯絡，血脈貫通，裁兵節餉，並成勁旅，十八省合為一氣，一兵可抵數十萬之用。	《劉壯肅公奏議》第2卷，第1-2頁。
張家驤 （內閣學士）	光緒六年十一月（1880年12月）	修鐵路有三弊：利尚未興，患已隱伏。勢迫形趨，徒滋擾攘。虛糜帑項，賠累無窮。	《交通史路政編》第1冊，第20-21頁。
李鴻章 （直隸總督兼北洋大臣）	光緒六年十二月初一日（1880年12月31日）	考鐵路之興，大利約有九端：便於國計、軍政、京師、民生、轉運、郵政、礦務、輪船招商、行旅。	《李文忠公全書·奏稿》第39卷，第20-22頁。
劉坤一 （南洋大臣）	光緒七年正月初八日（1881年2月6日）	中國幅員遼闊，自東徂西，幾萬餘里，……所……過慮者，……有妨民間生計。	《劉坤一遺集奏疏》，第598-599頁。
劉錫鴻 （通政使司參議）	光緒七年正月十六日（1881年2月14日）	火車實西洋的利器，而斷非中國所能仿行也。臣竊計勢之不可行者八，無利者八，有害者九。	《清朝續文獻通考》第312卷，第18頁。

徐致祥 （大理寺卿）	光緒十年九月十三日（1884 年 10 月 31 日）	（修鐵路有八害）總之，利小而害大，利近而害遠，利顯則害隱……。	《嘉定先生奏稿》上卷，第 12-13 頁。
張廷燎 （陝西道監察御史）	光緒十年十一月二十七日（1885 年 1 月 12 日）	西山之試辦鐵道，乃履霜堅冰之漸，伏望聖明獨斷，立罷此議，俾不識政體者無從逞其私臆。天下幸甚！萬事幸甚！	《經濟研究所抄檔路電郵航類》，第 4 冊。
左宗棠 （欽差大臣）	光緒十一年夏（1885 年 7 月）	鐵路宜仿造也，……一經告成，民因而富，國因而強，人物因而倍盛。	《交通史路政編》第 1 冊，第 38 頁。
延茂 （太僕寺少卿）	光緒十一年十月初五日（1885 年 11 月 11 日）	（鐵路有四不可開）：宜防各國接修也，宜防敵人反逼也，宜防借款難償也，宜防變生意外也。	《經濟研究所抄檔路電郵航類》，第 4 冊。
奕譞 （總理海軍衙門）	光緒十三年二月二十二日（1887 年 3 月 16 日）	……鐵路，於調兵、運餉、利商、便民諸大端，為益甚多，而於邊疆之防務，小民之生計，實無危險窒礙之處。	《交通史路政編》第 1 冊，第 42 頁。
沈保靖 （前福建布政使） 周馥 （前津海關道）	光緒十四年九月二十五日（1888 年 10 月 29 日）	（修鐵路有五利）：……於海軍經費不無小補。……既可省費，亦能迅速。……並可疏消水勢。……小民生計更廣。……可收俄商之利，以為修路之費。	《申報》光緒十四年九月二十五日。
屠仁守 （御史）	光緒十四年十一月（1888 年 12 月）	通鐵路於靖江以籌策萬全即可，置鐵路於通州以嘗試一擲則不可。	《屠光祿奏疏》第 4 卷，第 16 頁。
余聯沅 （河南道監察御史）	光緒十四年十二月初八日（1889 年 1 月 9 日）	鐵路有害無利，請旨停修，以順輿情而培政本。	宓汝成：《近代中國鐵路史資料》上冊，第 150 頁。
吳兆道 （廣西道監察御史）	光緒十四年十二月十二日（1889 年 1 月 13 日）	若置鐵路，盡撤樊籬，洞啟門戶……民間騷動。	《李文忠公全書·海軍函稿》第 3 卷，第 17 頁。
洪良品 （戶部掌印給事中） 張炳琳 （貴州道監察御史） 林步青 （陝西道監察御史）	光緒十四年十二月十八日（1889 年 1 月 19 日）	設鐵路、火車，是為敵人施縮地之方。	《李文忠公全書·海軍函稿》第 3 卷，第 17 頁。

徐會灃 （翰林院侍讀學士）李培元、王文錦、曹鴻勛、高劍中、王仁堪	光緒十四年十二月（1889 年 1 月）	外國設鐵路以通遠方，中國設鐵路以迫禁近；外國鐵路利外貨之運貨，中國鐵路分南漕之貼腳。	《李文忠公全書·海軍函稿》第 3 卷，第 17 頁。
翁同龢 （戶部尚書） 孫家鼐 （戶部侍郎）	光緒十四年十二月二十一日（1889 年 1 月 22 日）	電線與鐵路相為表裡，電線既行，鐵路勢必舉辦，然此法可試行於邊地，不可遽行於腹地。	《近代中國鐵路史資料》上冊，第 154 頁。
奎潤 （禮部尚書） 等廿一人	光緒十四年十二月二十一日（1889 年 1 月 22 日）	開辦津通鐵路，民心惶惑，關係重大……鐵路既開，（約六萬人）或轉於溝壑，或散於四方。	《近代中國鐵路史資料》上冊，第 155 頁。
游百川 （倉場侍郎）	光緒十四年十二月二十一日（1889 年 1 月 22 日）	（修鐵路）壞人田廬墳墓，必不可行。靠商旅以謀生者，勢將全行歇業……鐵路既修，洋人偶有嫌隙，無以禦之。	《李文忠公全書·海軍函稿》第 3 卷，第 20 頁。
文治 （內閣學士兼禮部侍郎）	光緒十四年十二月二十一日（1889 年 1 月 22 日）	鐵路之害有六：第一，害在損已益敵……第二，害在開門揖盜；第三，害在遷移墳墓；第四，害在舟車失業……第五，害在奪華民之生計，與敵人以利權……第六，害在奸黠者蒙其益，良儒者受其害……。	《李文忠公全書·海軍函稿》第 3 卷，第 20-21 頁。
恩承 （東閣大學士） 徐桐 （吏部尚書）	光緒十四年十二月二十二日（1889 年 1 月 23 日）	鐵路乃公司之利，非民人之利。……民間墳墓立限遷徙，愚民遷怒於洋人……鋌而走險……。	《李文忠公全書·海軍函稿》第 3 卷，第 10-13 頁。
王文韶 （湖南巡撫）	光緒十五年正月二十八日（1889 年 2 月 27 日）	接辦津通一路，名為推廣，實與試辦無異，原非謂調兵、利運諸大端得此便收全效也。而此路迫近京畿，眾情之所謂資敵、病民者，實以此為第一必爭之地。夫以試辦而適中人情最忌，苟非情見勢迫，似可不必首及於此。	《議復鐵路奏疏》

曾國荃 （兩江總督）	光緒十五年正月 二十九日（1889 年 2 月 28 日）	（反對）諸臣因事屬創 舉，紛紛議論……而以資 敵擾民為重；所陳者…… 以停造、緩辦為主。…… 要皆心存忠愛，……不可 謂非務本之諭、切理之辭。	《議復鐵路奏疏》
奎斌 （湖北巡撫）	光緒十五年正月 二十九日（1889 年 2 月 28 日）	津通……一有火車，則水 陸皆歸壅斷，舟車兩業及 肩挑負販之眾，游手成 群，何以度日？……津通 為神京門戶，……惟恐一 夫失所，一旦舉辦鐵路， 遽增無數之游民，安集撫 綏，實不易易。且鐵路一 經獲利，勢必愈推愈廣， 則窮黎之失業愈多。…… 至陸路行軍，原屬中國制 勝之技，並不弱於外洋， 何必添此鐵路，轉多牽制。	《議復鐵路奏疏》
崧駿 （浙江巡撫）	光緒十五年二月 初一日（1889 年 3 月 2 日）	如諸臣慮及為敵所乘，奪 民生計……可否諭令直隸 督臣李鴻章，詳加體察， 務須輿情。……至集股興 工，原為養津沽已成之路 起見，……應否一併飭下 督臣李鴻章，通盤籌劃， 所集商款，究竟有無把 握，再行詳細復陳。	《議復鐵路奏疏》
陳彝 （開缺安徽巡撫）	光緒十五年二月 初二日（1889年3 月 3 日）	何敢妄議。……仰懇聖明 裁奪。	《議復鐵路奏疏》
卞寶第 （閩浙總督）	光緒十五年二月 初十日（1889年3 月 11 日）	津通一路，恃舟車為生活 者實繁有徒，即官運剝船 一項，船戶、水手、牽挽 人夫已不下二、三萬人， 其他不可勝計。縱使鐵路 需人，恐未必能養此數十 萬之眾。近畿地方添此無 數游民，深為可慮。…… 諸臣所奏，皆非自計身 家，似不必危言聳聽，事 關大局，尚求聖明詳察。	《議復鐵路奏疏》

安定 （署盛京將軍）	光緒十五年二月 十三日（1889 年 2 月14 日）	奴才生長邊方，所有津通 一路及津海各防，既未索 知；而鐵路機要，平昔亦 未講求。事關國政，實不 敢憑空揣摩，附會其詞。	《議復鐵路奏疏》
德馨 （江西巡撫）	光緒十五年二月 十五日（1889 年 3 月16 日）	……竊以為欲修鐵路，計 不如先就南北適中之處， 自保定以達王家營，先行 安設試辦。既免外人窺 伺，並可獨攬利權。…… 至慮南北鐵路之工程太 巨，一時經費無出，或由 天津先修到保定，亦屬省 便。	《議復鐵路奏疏》
黃彭年 （江蘇布政使）	光緒十五年二月 二十二日（1889 年 3 月23 日）	輪船利行水，火車利行 陸，電線以通水陸之氣， 三者西洋各國長駕遠馭之 術也。……竊觀天下大 勢，鐵路之宜先辦者二， 可緩辦者一，不妨試辦者 一。	《議復鐵路奏疏》
張之洞 （兩廣總督）	光緒十五年三月 初二日（1889年4 月1 日）	苟有鐵路，則機器可入， 笨貨可出，本輕費省，土 貨興旺，則可大減出口厘 稅以鼓舞之。守國即所以 衛民，故利國之與利民實 相表裡。似宜先擇四達之 衝衢，首建干路，以為經 營全局之計，以立循序漸 進之基。	《張文襄公奏稿》 第 17 卷，第 3 頁。
慶裕 （盛京將軍）	光緒十五年三月 十六日（1889年4 月15 日）	若百貨均歸火車轉運，恐 車船店腳無可謀生。…… 可否請旨飭下直隸總督李 鴻章，明定章程，出示曉 諭，何項貨物撥歸火車運 轉，何項貨物仍歸舟車載 運，使食力之民知其不失 本業，中外得以相安。必 如此則火車方可添設，而 舟車亦不偏廢，庶於軍事 民生兩無窒礙。	《議復鐵路奏疏》

〔附錄四〕

光緒十三年四月—光緒十四年三月開平鐵路公司收支情況表

（單位：天津行平化寶銀、兩）

類別 \ 月份	貨運收入		客運收入	收入總量	支出總量（養路經費）	結　餘
	煤	其他貨物				
	33265.255	10518.708	10159.31	54893.952	35195.126	19698.826
（光緒十三年）四月	3146.320	215.302	468.200	3829.822	2143.881	1685.941
閏四月	2872.730	304.653	625.259	3802.642	2267.695	1534.947
五月	2970.478	199.612	697.379	3867.469	2174.211	1693.258
六月	3179.062	313.573	587.205	4079.840	2200.132	1879.708
七月	3472.947	343.447	681.944	4498.338	2223.771	2274.567
八月	3566.251	237.567	769.377	4573.195	2523.195	2050.000
九月	3656.706	68.890	895.110	4620.706	2615.000	2005.706
十月	2566.010	677.647	1233.114	4476.771	2762.472	1714.299
十一月	877.087	1830.957	645.799	3353.843	2625.805	728.038
十二月	909.168	1157.745	612.298	3586.115*	3517.046	69.069
（光緒十四年）一月	668.596	488.675	950.125	2108.564*	2680.425	-571.861
二月	1693.345	1439.820	1063.494	4223.746*	2591.260	1632.486
三月	3686.555	3240.820	930.006	7872.901*	4870.233	3002.668

*包括餘地地租及利息收入。

〔附錄五〕

光緒十三年四月—光緒十四年三月開平鐵路公司客貨運收入百分比表

（單位：百分比）

類別 月份	總計	貨運收入		客運收入
		煤	其他貨物	
	100*	60.60	19.16	18.51
（光緒十三年）				
四月	100	82.15	5.62	12.23
閏四月	100	75.55	8.01	16.44
五月	100	76.81	5.16	18.03
六月	100	77.92	7.69	14.39
七月	100	77.21	7.63	15.16
八月	100	77.98	5.20	16.82
九月	100	79.14	1.49	19.37
十月	100	57.32	15.14	27.54
十一月	100	26.15	54.59	19.26
十二月	100*	25.35	32.28	17.07
（光緒十四年）				
一月	100*	31.71	23.13	45.06
二月	100*	40.09	34.09	25.19
三月	100*	46.83	41.16	1.81

*包括鐵路餘地地租及利息收入。

註：附錄四、附錄五係根據開平鐵路公司兩次結賬清單編製，並參考《中國近代鐵路史資料》一書（第 128-129 頁，該書記載時間為光緒十二年四月至光緒十三年三月，有誤），李忠興：華東師範大師歷史系碩士論文《論伍廷芳——一個人與一個革故鼎新的時代》。結賬清單見《申報》光緒十三年十二月初八日和十四年七月初五日，影印木第 32 冊，第 124 頁，第 33 冊，第 290 頁。

〔附錄六〕
伍廷芳仕清履歷表

職銜名稱	獲取時間	獲取方式	從事事務	附註
（監生出身）	不詳	不詳。		
道員銜	1883 年（光緒九年九月）	捐納。		在直隸賑案內，遵例報捐。
候選道	1884 年 7 月 25 日（光緒十年六月初四日）	欽差大臣楊昌濬、劉銘傳、孫開華保奏。	中法戰爭期間籌運台灣軍務。	不論單雙月選用。
雙月候選道	1885 年（光緒十一年）	捐納。		遵海防新例。
二品銜	1886 年 11 月 1 日（光緒十二年十月初六日）	北洋大臣李鴻章保奏。	隨辦鼉池品教堂遷移案。	
尋常加一級記錄二次	1890 年 4 月 20 日（光緒十六年三月初二日）	李鴻章請交部，從優議敘。	在北洋隨辦洋務。	三年屆滿。1886 年充開平鐵路公司總辦。
從一品封典	1893 年 8 月 15 日（光緒十九年七月初四日）	李鴻章奏請。	在北洋隨辦洋務。	又屆滿三年。1892 年經李鴻章委辦北洋鐵路官商兩局。
頭等參贊	1895 年（光緒二十年十二月）	欽差全權大臣張蔭桓、邵友濂奏調。	隨同赴日議和。	
頭等參贊	1895 年（光緒二十一年）	欽差頭等全權大臣李鴻章奏帶出洋。	隨同赴馬關議和談判。	
全權換約大臣	1895 年 5 月 2 日（光緒二十一年四月初八日）	奉旨派充。	赴煙台與日本使臣交換《馬關條約》。	
四品卿銜出使美、日（西）、秘大臣	1896 年 11 月 23 日（光緒二十二年十月十九日）	奉上諭派充。	出使美、日（西）、秘。	

修訂法律大臣	1902年5月13日（光緒二十八年四月初六日）	奉上諭派充。	參酌各國法律，考訂擬議。	1903 年開始參與。
四品京堂候補	1902年7月27日（光緒二十八年六月二十三日）	奉上諭。		
會辦商務大臣	1902 年 10 月 26 日（光緒二十八年 九 月 二 十 五日）	奉上諭派充。	會議各國條約事宜。	
鴻臚寺卿	1903年5月23日（光緒二十九年四月二十七日）	奉旨著補。		
外務部右丞	1903年5月28日（光緒二十九年五月初二日）	奉旨著補。		
商部左侍郎	1903年9月7日（光緒二十九年七月十六日）	奉旨著補。		
外務部左侍郎	1904年1月14日（光緒二十九年十一月二十七日）	奉旨著調補。		
保和會公斷議員	1905年4月4日（光緒三十一年二月三十日）	奉旨派充。		
署刑部右侍郎	1905 年 11 月 17日（光緒三十一年 十 月 二 十 一日）	奉旨著調。		十一月，吏部議奏，降一級留任奉旨；著不准抵銷。
刑部右侍郎	1906年2月10日（光緒三十二年正月十七日）	奉上諭調補。		十月奏請開缺刑部右侍郎及修訂法律大臣。
出 使 美、墨、秘、古大臣	1907年9月23日（光緒三十三年八月十六日）	奉旨派充。	出使美、墨、秘、古。	1909年7月奉命回國，結束仕清生涯。

註：此表係據伍廷芳兩份履歷單（光緒三十二年，光緒三十四年）改製，並參考華東師範大學歷史系李忠興碩士論文：《論伍廷芳──一個人與一個革故鼎新的時代》。原單見《伍廷芳集》下，第 296-298 頁、清朝外務部檔案（《歷史檔案》1986 年第四期）。

1875-1900 年清朝駐外使節

國別	駐外使節	出身	在任時間
駐英國	郭嵩燾	舉人	1875.8.28-1879.1.25
	劉錫鴻	官員	1875.8.28-1876.9.30
	曾紀澤	官員	1878.8.25-1886.5.6
	劉瑞芬	官員	1885.7.27-1890.4.22
	薛福成	參與外交者	1889.5.15-1894.8.3
	龔照瑗	官員	1893.11.11-1897.4.19
	羅豐祿	參與外交者	1896.11.23-1902.5.26
駐美國	陳蘭彬	進士	1875.12.11-1881.6.24
	容閎	留美學生	1875.12.11-1881.6.24
	鄭藻如	官員	1881.6.24-1885.7.26
	張蔭桓	官員	1885.7.27-1889.9.28
	崔國因	進士	1889.3.31-1893.9.2
	楊儒	舉人	1889.2.8-1897.4.29
	伍廷芳	留英學生	1896.11.23-1902.11.27
駐日本	何如璋	進士	1877.1.15-1882.2.14
	張斯桂	官員	1877.1.15-1880.12.2
	黎庶昌	廩貢生	1881.4.5-1884.12.26
	徐承祖	官員	1884.10.5-1887.1.4
	黎庶昌	廩貢生	1887.9.13-1890.1.29
	李經方	參與外交者	1890.9.9-1892.10.11
	汪鳳藻	同文館學生	1892.7.9-1898.10.29
	裕庚	優貢生	1895.7.10-1898.10.29
	李盛鐸	進士	1898.10.6-1901.11.17

駐德國	劉錫鴻	官員	1877.4.30-1878.8.25
	李鳳苞	官員	1879.5.13-1884.10.27
	許景澄	進士	1884.4.28-1887.6.23
	許景澄	進士	1896.12.30-1898.1.7
	呂海寰	舉人	1897.6.23-1901.12.31
駐法國	慶常	參與外交者	1895.10.6-1899.9.28
	裕庚	優貢生	1899.6.19-1902.12.17
駐俄國	崇厚	舉人	1878.6.22-1879.10.10
	洪鈞	狀元	1887.6.23-1891.2.25
	許景澄	進士	1890.9.9-1896.12.30
	楊儒	舉人	1896.11.23-1902.2.27
駐朝鮮	徐壽朋	廩貢生	1898.8.11-1901.9.15

註：附錄七、附錄八係參考王立誠：《中國近代外交制度史》（甘肅人民出版社1991
　　年版）之「附表1：總理衙門、外務部、外交部主官年表」，「附表2：出使大
　　臣、大使、公使年表」和《清代七百名人傳》、《碑傳集補》、《清史稿》等典籍
　　編定。

〔附錄八〕
1901—1911年清朝駐外使節

國別	駐外使節	出身	在任時間
駐英國	羅豐祿	參與外交者	1896.11.23—1902.5.26
	張德彝	同文館學生	1901.11.14—1905.12.16
	汪大燮	舉人	1905.9.20—1907.11.9
	李經方	參與外交者	1907.5.7—1910.12.7
	劉玉麟	留美學生	1910.9.17—1914.6.20
駐美國	伍廷芳	留英學生	1896.11.23—1902.11.27
	梁誠	留英學生	1902.7.12—1907.7.3
	伍廷芳	留英學生	1907.9.23—1909.12.17
	張蔭棠	舉人	1909.8.12—1913.6.21
駐日本	李盛鐸	進士	1898.10.6—1901.11.27
	蔡鈞	官員	1901.7.4—1903.10.15
	楊樞	官員	1903.6.15—1907.11.1
	李家駒	進士	1907.7.12—1908.8.1
	胡惟德	廣方言館學生	1908.3.23—1910.6.7
	汪大燮	舉人	1910.5.26—1913.8.16
駐德國	蔭昌	留德學生	1901.7.17—1906.4.25
	楊晟	留日學生	1905.9.20—1906.12.30
	孫寶琦	官員	1907.4.23—1908.11.24
	蔭昌	留德學生	1908.9.23—1909.11.8
	梁誠	留美學生	1910.3.21—1912.11.1
駐法國	裕庚	優貢生	1899.6.19—1902.12.17
	孫寶琦	官員	1902.7.12—1905.11.12
	劉式訓	留法學生	1905.9.4—1911.11.20

駐俄國	楊儒	舉人	1896.11.23—1902.2.17
	胡惟德	廣方言館學生	1902.7.12—1907.10.7
	薩蔭圖	不詳	1907.9.23—1911.9.22
	陸徵祥	同文館學生	1911.9.6—1912.3.30
駐朝鮮	徐壽朋	廩貢生	1898.8.11—1901.9.15
	許台朋	不詳	1901.7.17—1905.2.7
	曾廣銓	參與外交者	1904.12.7—1905.12.2
駐奧匈、奧地利	吳德章	不詳	1902.5.19—1904.6.26
	楊晟	留德學生	1903.12.13—1906.4.14
	李經邁	官員	1905.9.20—1907.9.3
	雷補同	參與外交者	1907.9.6—1910.12.16
	沈瑞麟	舉人	1910.8.28—1917.9.27
駐意大利	許珏	舉人	1902.5.19—1906.2.17
	黃誥	不詳	1905.9.14—1908.7.23
	錢恂	參與外交者	1908.3.28—1909.11.29
	吳宗濂	廣方言館學生	1909.8.12—1914.3.28
駐比利時	楊兆鋆	不詳	1902.5.19—1906.6.17
	李盛鐸	進士	1905.9.25—1909.10.18
	楊樞	官員	1905.5.11—1911.3.30
	李國杰	官員	1910.10.28—1912.11
駐荷蘭	陸徵祥	同文館學生	1905.11.16—1907.6.11
	錢恂	參與外交者	1907.5.7—1908.7.19
	陸徵祥	同文館學生	1908.3.28—1911.11.6
	劉鏡人	同文館學生	1911.9.6—1912.11.22

〔附錄九〕
中外條約有關領事裁判權條款

締約國	簽訂日期	條約名稱	條約款項	備註
英國	1843 年 10 月 8 日	中英五口通商章程：海關稅則	第 13 款	王鐵崖：《中外舊約章匯編》第 1 冊，第 42 頁。
	1858 年 6 月 26 日	中英天津條約	第 9、15、16、17、22 款	《匯編》第 1 冊，第 97-99 頁。
	1876 年 9 月 13 日	中英煙台條約	第 2 條	《匯編》第 1 冊，第 348 頁。
	1902 年 9 月 5 日	中英續議通商行船條約	第 12 款	《匯編》第 2 冊，第 109 頁。
	1906 年 4 月 27 日	中英續訂藏印條約	第 4 款	《匯編》第 2 冊，第 346 頁。
	1908 年	中英修訂藏印通商章程	第 4 款	《匯編》第 2 冊，第 495 頁。
美國	1844 年 7 月 3 日	中美五口貿易章程：海關稅則	第 16、21、24、25、29 款	《匯編》第 1 冊，第 54-56 頁。
	1858 年 6 月 18 日	中美天津條約	第 11、18、27、28、30 款	《匯編》第 1 冊，第 91、93、95 頁。
	1880 年 11 月 17 日	中美續約附款	第 4 款	《匯編》第 1 冊，第 380-381 頁。
	1903 年 10 月 8 日	中美通商行船續訂條約	第 15 款	《匯編》第 1 冊，第 62 頁。
法國	1844 年 10 月 24 日	中法五口貿易章程：海關稅則	第 25、27、28、31、35 款	《匯編》第 1 冊，第 62-64 頁。
	1858 年 6 月 27 日	中法天津條約	第 32、35、38、39、40 款	《匯編》第 1 冊，第 110-112 頁。
	1886 年 4 月 25 日	中法越南邊界通商章程	第 16、17 款	《匯編》第 1 冊，第 481-482 頁。
挪威（瑞典）	1847 年 3 月 20 日	中瑞挪五口通商章程：海關稅則	第 21、24、25、29 款	《匯編》第 1 冊，第 75-76 頁。

俄國	1858 年 6 月 13 日	中俄天津條約	第 7 條	《匯編》第 1 冊，第 88 頁。
	1860 年 11 月 14 日	中俄北京續增條約	第 8 款	《匯編》第 1 冊，第 151 頁。
德國	1861 年 9 月 2 日	中普通商條約	第 32、33、34、35、38、39 款	《匯編》第 1 冊，第 169-170 頁。
葡萄牙	1862 年 8 月 13 日	中葡和好貿易條約	第 15、16、17 款	《匯編》第 1 冊，第 189-190 頁。
	1887 年 12 月 1 日	中葡和好通商條約	第 17、45、47、48、49、50、51 款	《匯編》第 1 冊，第 525、528-529 頁。
丹麥	1863 年 7 月 13 日	中丹天津條約	第 9、15、16、17 款	《匯編》第 1 冊，第 198-199 頁。
荷蘭	1863 年 10 月 6 日	中荷天津條約	第 3、6、15 款	《匯編》第 1 冊，第 209-212 頁。
西班牙	1864 年 10 月 10 日	中西和好貿易條約	第 7、12、13、14、18 款	《匯編》第 1 冊，第 219-221 頁。
比利時	1865 年 11 月 2 日	中比通商條約	第 10、16、18、19、20、43 款	《匯編》第 1 冊，第 231、233、236 頁。
意大利	1866 年 10 月 26 日	中意通商條約	第 9、15、16、17、22 款	《匯編》第 1 冊，第 248-250 頁。
奧地利	1869 年 9 月 2 日	中奧通商條約	第 11、36、38、39、40 款	《匯編》第 1 冊，第 279、283 頁。
日本	1871 年 9 月 13 日	中日修好條約	第 8、9、12、13 款	《匯編》第 1 冊，第 318—319 頁。
	1896 年 7 月 21 日	中日通商行船條約	第 6、20、21、22、24 款	《匯編》第 1 冊，第 663、665-666 頁。
	1903 年 10 月 8 日	中日通商行船續約	第 11 款	《匯編》第 2 冊，第 194 頁。
	1909 年 9 月 4 日	中日圖們江中韓界務條款	第 4 款	《匯編》第 2 冊，第 601 頁。
秘魯	1874 年 6 月 26 日	中秘通商條約	第 5、12、13、14 款	《匯編》第 1 冊，第 340-341 頁。
巴西	1881 年 10 月 3 日	中巴和好通商條約	第 4、9、10、11 款	《匯編》第 1 冊，第 395-396 頁。

墨西哥	1899 年 12 月 14 日	中墨通商條約	第 13、14、15 款	《匯編》第 1 册，第 936-937 頁。
瑞典（挪威）	1908 年 7 月 2 日	中瑞挪通商條約	第 10、11 款	《匯編》第 2 册，第 518 頁。
瑞士	1918 年 6 月 13 日	中瑞通好條約	第 2 章、附件	《匯編》第 2 册，第 1373-1374

註：參見程道德：《略論列強在華領事裁判制度》，北京大學法律系《法學論文集》，光明日報出版社 1987 年版，第 170-172 頁。

辛亥革命期間各獨立省區表

省區名稱	獨立時間	領導人名稱	反正前身份	備註
湖北	1911.10.10	黎元洪	前清第二十一混成協統領	譚延闓繼
湖南	1911.10.22	焦達峰	革命黨人	
陝西	1911.10.22	張鳳翔	前清軍管帶	
九江	1911.10.24	馬毓寶	新軍統帶	
山西	1911.10.29	閻錫山	前清軍統帶	
雲南	1911.10.30	蔡　鍔	前清軍統領	
江西	1911.10.31	吳介璋	前清軍協統	彭程萬繼
貴州	1911.11.4	楊藎誠	不詳	
上海	1911.11.4	陳其美	革命黨人	
江蘇	1911.11.5	程德全	前清江蘇巡撫	
常州	1911.11.5	何健明	不詳	
松江	1911.11.6	鈕永建	革命黨人	
清江	1911.11.6	蔣雁行	前清陸軍協統	
鎮江	1911.11.8	林述慶	前清軍營官	
揚州	1911.11	徐寶山	前清防軍統領	
浙江	1911.11.4	湯壽潛	前清浙江巡撫	
廣西	1911.11.7	沈秉	前清廣西巡撫	
安徽	1911.11.8	朱家寶	前清安徽巡撫	李烈鈞繼
福建	1911.11.9	孫道仁	前清軍統制	
廣東	1911.11.9	張鳴岐	前清兩廣總督	胡漢民繼
山東	1911.11.13	孫寶琦	前清山東巡撫	
重慶	1911.11.22	張培爵	革命黨人	
四川	1911.11.27	蒲殿俊	前清諮議局議長	
萬縣	1911.11	劉漢卿	前清軍巡防統帶	

瀘州	1911.11.25	劉朝望	前清川南道	
資州	1911.11.26	陳鎮藩	前清隊官	
成都	1911.11.27	蒲殿俊	前清四川省諮議局議長	
灤州	1912.1.3	王金銘	前清管帶	
伊犁	1912.1.9	廣福	前清將軍	

註：此表根據張國淦編：《辛亥革命史料》（大東圖書公司印行）和中國史學會編：
《辛亥革命》（上海人民出版社 1957 年版）編製而成。

辛亥革命期間主要人物、機構、團體「擁袁」一覽表

時間	人物、機構、團體	內容	史料出處
1911 年 11 月 9 日	黃興	「明公之才能，高出興等萬萬。以拿破崙、華盛頓之資格，出而建拿破崙、華盛頓之事功，直搗黃龍，滅此虜而朝食，非但湘、鄂人民戴明公為拿破崙、華盛頓，即南北各省當亦無有不拱手聽命者。」	〈致袁世凱書〉，《黃興集》，中華書局 1981 年版，第 82 頁。
1911 年 11 月 11 日	黎元洪	「予為項城之計，即令返旆北征，克復汴冀則汴冀都督，非項城而誰？以項城之威望，將來大功告成，選舉總統，當推首選。」	〈中國革命紀事本末〉，中國史學會編：《辛亥革命》(八)，上海人民出版社 1957 年版，第 66 頁。
1911 年 11 月 17 日	孫中山	「今聞已有上海議會之組織，欣慰。總統自當推定黎君。聞黎君有請推袁之說，合宜亦善。總之，隨宜推定，但求早鞏固基。」	〈致《民主報》電〉1911 年 11 月 17 日。
1911 年 12 月 2 日	湖北軍政府，各省代表會議。	「如袁世凱反正，尚推公舉為臨時大總統。」	張難先：〈湖北革命知之錄〉，《辛亥革命》(八)，第 13 頁。

1911 年 12 月 19 日	顧忠琛	「項城能傾覆清廷,願以大總統相屬。」	錢基博稿:〈辛亥南北議和別紀〉,《辛亥革命》(八),第 106 頁。
	張 謇	「甲日滿退,乙日擁公,東南諸方一切通過。」	〈張季直先生傳記〉,《辛亥革命》(八),第 42 頁。
	汪精衛	「項城雄視天下,物望所歸,元首匪異人任。」	〈致袁電〉,《辛亥革命》(八),第 117—118 頁。

〔附錄十二〕
徵引、參考書目舉要

一、報刊

 《申報》、《東方雜誌》、《時報》、《民立報》、《民主報》、《中央黨務月刊》、《民國日報》、《北洋德華日報》、《德臣西報》、《字林西報》、《香港轅門報》、《現代與傳統》、《二十一世紀》（香港）、《大中華雜誌》、《中國社會科學季刊》（香港）、《時務報》、《知新報》

二、論著與資料彙編

1. 馬克思、恩格斯：《馬克斯恩格斯選集》，人民出版社 1972 年版。
2. 夏東元：《盛宣懷傳》，四川人民出版社 1988 年版。
3. 夏東元：《鄭觀應傳》，廣東人民出版社 1995 年版。
4. 夏東元：《洋務運動史》，華東師範大學出版社 1992 年版。
5. 夏東元：《晚清洋務運動研究》，四川人民出版社 1985 年版。
6. 劉學照：《洋務思潮與近代中國》，山西高校聯合出版社 1994 年版。
7. 易惠莉：《西學東漸與中國傳統知識分子》，吉林人民出版社 1993 年版。
8. 忻平：《王韜評傳》，華東師範大學出版社，1990 年版。
9. 〔美〕柯文著，雷頤等譯：《在傳統與現代性之間——王韜與晚清改革》，江蘇人民出版社 1995 年版。
10. 〔美〕費正清編，中國社會科學院歷史研究所編譯室譯：《劍橋中國晚清史》（上、下），中國社會科學出版社 1985 年版。
11. 〔加〕保羅·埃文斯著，陳同等譯：《費正清看中國》，上海人民出版社 1996 年版。
12. 〔美〕李約翰著，孫瑞芹等譯：《清帝遜位與列強》，中華書局

1982 年版。

13. 〔美〕許烺光著，彭凱平等譯：《美國人與中國人——兩種生活方式比較》，華夏出版社 1990 年版。

14. 〔法〕費爾南‧布勞岱爾著，顧良等譯：《資本主義論叢》，中央編譯出版社 1997 年版。

15. 〔美〕巴林頓‧摩爾著，拓夫等譯：《民主和專制的社會起源》，華夏出版社 1987 年版。

16. 〔美〕E. 希爾斯著，傅鏗等譯：《論傳統》，上海人民出版社 1991 年版。

17. 〔美〕柯文著，林同奇譯：《在中國發現歷史——中國中心觀在美國的興起》，中華書局 1989 年版。

18. 〔美〕本傑明‧史華兹著，葉鳳美譯：《尋求富強：嚴復與西方》，江蘇人民出版社 1995 年版。

19. 〔美〕張灝著，崔志海等譯：《梁啟超與中國思想的過渡（1890-1907 年）》，江蘇人民出版社 1995 年版。

20. 〔美〕丹尼爾‧貝爾著，趙一凡等譯：《資本主義文化矛盾》，三聯書店 1992 年版。

21. 〔德〕馬克斯‧韋伯著，丁曉等譯：《新教倫理與資本主義精神》，三聯書店 1992 年版。

22. 〔德〕馬克斯‧韋伯著，洪天富譯：《儒教與道教》，江蘇人民出版社 1995 年版。

23. 〔美〕塞繆爾‧亨廷頓著，王冠華等譯：《變化社會中的政治秩序》，三聯書店 1992 年版。

24. 〔法〕雅克‧勒戈夫著，張弘譯：《中世紀的知識分子》，商務印書館 1996 年版。

25. 〔美〕周錫瑞著，張俊義等譯：《義和團運動的起源》，江蘇人民出版社 1995 年版。

26. 〔美〕阿列克斯‧英克爾斯、戴維‧ H. 史密斯著，顧昕譯：《從傳統人到現代人——六個發展中國家中的個人變化》，中國人民大學出版社 1992 年版。

27. 〔英〕戈爾-布恩主編，楊立義譯：《薩道義外交實踐指南》，上海譯文出版社 1984 年版。

28. 菲利普·約瑟夫著，胡濱譯：《列強對華外交》，商務印書館 1962 年版。

29. 〔日〕松下芳男：《日清戰爭前後》，東京白楊社昭和十四年版。

30. 〔美〕安德魯·馬洛澤莫夫：《俄國的遠東政策（1881-1904年）》，商務印書館 1977 年版。

31. 〔英〕季南著，許步曾譯：《英國對華外交，（1880-1885年）》，商務印書館 1984 年版。

32. 〔日〕信夫清三郎：《日本外交史》（上），商務印書館 1980 年版。

33. 〔美〕韓德著，項立嶺等譯：《一種特殊關係的形成——1914年前的美國與中國》，復旦大學出版社 1993 年版。

34. 〔英〕湯恩比著，曹未風等譯：《歷史研究》（上、中、下），上海人民出版社 1966 年版。

35. 〔美〕菲利普·巴格比著，夏克等譯：《文化：歷史的投影》，上海人民出版社 1987 年版。

36. 〔德〕黑格爾著，王造時譯：《歷史哲學》，三聯書店 1956 年版。

37. 〔美〕周錫瑞著，楊慎之譯：《改良與革命——辛亥革命在湖南》，中華書局 1982 年版。

38. 〔美〕孔華潤著，張靜爾譯：《美國對中國的反應——中美關係的歷史剖析》，復旦大學出版社 1989 年版。

39. 〔美〕尼克松著，劉湖等譯：《領袖們》，知識出版社 1987 年版。

40. 〔澳大利亞〕駱惠敏編，劉桂梁等譯：《清末民初政情內幕》（上、下），知識出版社 1986 年版。

41. 〔美〕保羅· S. 芮恩施著，李抱宏等譯：《一個美國外交官使華記：1913-1919 年美國駐華公使回憶錄》，商務印書館 1982 年

版。

42. 〔美〕歐內斯特・梅、小詹姆斯・湯姆遜編，齊文穎等譯：《美中關係史論——兼施美國與亞洲其他國家的關係》，中國社會科學出版社 1990 年版。

43. 〔蘇〕C.B.戈列里克著，高鴻志譯：《1898-1903 年美國對滿洲的政策與「門户開放」主義》，黑龍江教育出版社 1988 年版。

44. 〔美〕阿拉斯戴爾・麥金太爾著，萬俊人等譯：《誰之正義？何種合理性？》，當代中國出版社 1996 年版。

45. 〔美〕吉爾伯特・羅兹曼主編，沈宗美校：《中國的現代化》，江蘇人民出版社 1995 年版。

46. 〔美〕D.布迪、C.莫里斯著，朱勇譯：《中華帝國的法律》，江蘇人民出版社 1995 年版。

47. 〔美〕泰格、利維著，紀琨譯：《法律與資本主義的興起》，學林出版社 1996 年版。

48. 〔美〕韋慕廷著，楊慎之譯：《孫中山——壯志未酬的愛國者》，中山大學出版社 1986 年版。

49. 〔德〕黑格爾著，范揚等譯：《法哲學原理》，商務印書館 1996 年版。

50. 〔法〕孟德斯鳩著，張雁深譯：《論法的精神》（上、下），商務印書館 1996 年版。

51. 〔奧〕凱爾森著，沈宗靈譯：《法與國家的一般理論》，中國大百科全書出版社 1996 年版。

52. 〔日〕山本吉宣主編，王志安譯：《國際政治理論》，上海三聯書店 1993 年版。

53. 〔美〕齊錫生著，楊雲若等譯：《中國的軍閥政治：1916-1928》，中國人民大學出版社 1991 年版。

54. 〔美〕金勇義著，陳國平等譯：《中國與西方的法律觀念》，遼寧人民出版社 1989 年版。

55. 〔法〕孟德斯鳩著，梁守鏘等譯：《波斯人信札》，漓江出版社 1995 年版。

56. 〔美〕路易斯・亨利・摩爾根等，楊東蒓等譯：《古代社會》（上、下），商務印書館 1995 年版。

57. 〔日〕福澤諭吉著，馬斌譯：《福澤諭吉自傳》，商務印書館 1995 年版。

58. 〔英〕赫德遜著，王遵仲等譯：《歐洲與中國》，中華書局 1995 年版。

59. 〔法〕托克維爾著，董果良譯：《論美國的民主》（上、下），商務印書館 1996 年版。

60. 〔美〕魯思・本尼迪克特著，呂萬和等譯：《菊與刀》，商務印書館 1996 年版。

61. 〔法〕費爾南・布勞岱爾著，顧良等譯：《15 至 18 世紀的物質文明、經濟和資本主義》（上、中、下），三聯書店 1996 年版。

62. 〔美〕周策縱著，周事平等譯：《五四運動：現代中國的思想革命》，江蘇人民出版社 1996 年版。

63. 〔澳大利亞〕顏清湟著，粟明鮮等譯：《出國華工與清朝官員》，中國友誼出版公司 1990 年版。

64. 〔法〕謝和耐著，耿升譯：《中國社會史》，江蘇人民出版社 1995 年版。

65. 〔日〕湯口雄三著，陳耀文譯：《中國前近代思想之曲折與展開》，上海人民出版社 1997 年版。

66. 〔美〕塞繆爾・亨廷頓等著，羅榮渠等譯：《現代化理論與歷史經驗的再探討》，上海譯文出版社 1996 年版。

67. 〔美〕劉廣京等編，陳絳譯：《中國近代化的起始》，上海古籍出版社 1995 年版。

68. 〔英〕伯納特・M.艾倫著，孫梁編譯：《戈登在中國》，上海古籍出版社 1995 年版。

69. 〔英〕杰弗里・巴勒克拉夫著，張廣勇等譯：《當代史導論》，上海社會科學院出版社 1996 年版。

70. 〔法〕佩雷菲特著，王國卿等譯：《停滯的帝國——兩個世界的撞擊》，三聯書店 1995 年版。

71. 〔法〕費爾南·布勞岱爾著,楊起譯:《資本主義的動力》,三聯書店 1997 年版。

72. 〔美〕斯塔夫里阿諾斯著,吳象嬰等譯:《全球通史:1500 年以前的世界》,上海社會科學院出版社 1966 年版。

73. 〔德〕馬克思·舍勒著,羅悌倫等譯:《資本主義的未來》,三聯書店 1997 年版。

74. 〔瑞士〕雅各布·布克哈特著,何新譯:《意大利文藝復興時期的文化》,商務印書館 1996 年版。

75. 〔美〕杜贊奇著,王福明譯:《文化、權力與國家——1900-1942 年的華北農村》,江蘇人民出版社 1994 年版。

76. 〔美〕威廉·A.哈維蘭著,王銘銘等譯:《當代人類學》,上海人民出版社 1987 年版。

77. 〔美〕史扶鄰著,丘權政、符致興譯:《孫中山與中國革命的起源》,中國社會科學出版社 1981 年版。

78. 〔英〕丹尼斯·麥奎爾、(瑞典)斯文·溫德爾著,祝建華等譯:《大眾傳播模式論》,上海譯文出版社 1987 年版。

79. 〔德〕卡爾·雅斯貝斯著,魏楚雄等譯:《歷史的起源與目標》,華夏出版社 1989 年版。

80. 〔法〕勒內·達維德著,漆竹生譯:《當代主要法律體系》,上海譯文出版社 1984 年版。

81. 〔法〕色何勒-皮埃爾·拉格特、(英)帕特里克·拉登著,陳庚生、游建等譯:《西歐國家的律師制度》,吉林人民出版社 1991 年版。

82. 〔英〕濮蘭德等,李廣生整理:《乾隆英使覲見記》,珠海出版社 1995 年版。

83. 〔日〕日本歷史學會編:《明治維新人名辭典》,吉川弘文館,昭和 57 年版。

84. 〔日〕久米正雄:《伊藤博文傳》,梁修慈譯。

85. 〔日〕日本民友社:《伊藤博文傳》。

86. 〔美〕L. T. 李著,傅鑄譯:《領事法和領事實踐》,商務印書館

1975 年版。

87. 丁賢俊、喻作鳳編：《伍廷芳集》（上、下），中華書局1993 年版。

88. 觀渡盧（伍廷芳）：《共和關鍵錄》，（台灣）文海出版社。

89. 伍廷芳等編：《大清新編法典》，（台灣）文海出版社。

90. 佚名編：《伍先生（秩庸）公牘》，（台灣）文海出版社。

91. 伍廷光編：《伍廷芳歷史》，（台灣）文海出版社。

92. 伍朝樞：《伍廷芳博士哀思錄・附哀啟、誄文》，華東師範大學圖書館藏未刊本。

93. 孫中山：〈伍秩庸博士墓表〉，華東師範大學圖書館藏未刊本。

94. 余啟興：〈伍廷芳與香港之關係〉，《壽羅香林教授論文集》，香港編委會，1970 年版。

95. 伍朝樞：《伍朝樞日記》，《近代史資料》（總69 號），中國社會科學出版社1988 年版。

96. 《孫中山全集》（第一全九卷），中華書局1985 年版。

97. 陳旭麓、郝盛潮主編：《孫中山集外集》，上海人民出版社1991 年版。

98. 郝盛潮主編：《孫中山集外集補編》，上海人民出版社1994 年版。

99. 吳汝綸編：《李文忠公全書》：〈朋僚函稿〉、〈電稿〉、〈奏稿〉、〈譯署函稿〉、〈海軍函稿〉、〈國史本傳〉，光緒三十四年印行。

100. 王威彦：《清季外交史料》，書目文獻出版社1987 年版。

101. 于式枚編：《李文忠公尺牘》，（台灣）文海出版社。

102. 中國史學會編：《洋務運動》，上海人民出版社1957 年版。

103. 中國史學會編：《中日甲午戰爭》，上海人民出版社1957 年版。

104. 中國史學會編：《中法戰爭》，上海人民出版社1957 年版。

105. 中國史學會編：《戊戌變法》，上海人民出版社1957 年版。

106. 中國史學會編：《辛亥革命》，上海人民出版社1957 年版。

107. 《辛亥革命回憶錄》(1-6)，文史資料出版社1981 年版。

108. （清）朱壽朋編，張靜廬等校點：《光緒朝東華錄》，中華書局
　　　1958 年版。

109. 故宮博物院明清檔案部編：《清末籌備立憲檔案史料》（上、
　　　下），中華書局 1979 年版。

110. 沈家本：《寄簃文存》，（台灣）文海出版社。

111. 《義和團檔案史料》（上、下），中華書局 1979 年版。

112. 廖一中：《袁世凱奏議》（上、下），天津古籍出版社 1987 年
　　　版。

113. 嚴中平等編：《中國近代經濟史資料選輯》。

114. 存萃學社編集：《辛亥革命資料匯編》，（香港）大東圖書公司
　　　印行。

115. 王栻主編：《嚴復集》，中華書局 1986 年版。

116. 容閎：《西學東漸》，岳麓書社 1985 年版。

117. 郭嵩燾：《倫敦與巴黎日記》，岳麓書社 1984 年版。

118. 劉錫鴻：《英軺私記》，岳麓書社 1984 年版。

119. 張德彝：《隨使英俄記》，岳麓書社 1984 年版。

120. 楊立強等編：《張謇存稿》，上海人民出版社 1987 年版。

121. 中國近代經濟史資料叢刊編輯委員會主編：《中國海關與義和團
　　　運動》，中華書局 1983 年版。

122. 中國近代經濟史資料叢刊編輯委員會主編：《中國海關與辛亥革
　　　命》，中華書局 1983 年版。

123. 中國近代經濟史資料叢刊編輯委員會主編：《中國海關與中日戰
　　　爭》，中華書局 1983 年版。

124. 存萃學社編集：《胡漢民事蹟資料匯輯》，（香港）大東圖書公
　　　司。

125. 存萃學社編集：《政學系與李根源》，（香港）大東圖書公司。

126. 存萃學社編集：《章炳麟傳記匯編》，（香港）大東圖書公司。

127. 存萃學社編集：《1917 年丁巳清帝復辟史料匯輯》，（香港）大
　　　東圖書公司。

128. 上海社會科學院歷史研究所編：《辛亥革命在上海史料選輯》，

上海人民出版社 1981 年版。

129. 朱有瓛主編：《中國近代學制史料》，華東師範大學出版社 1986
　　　年版。

130. 中央研究院近代史所編印：《海防檔》，（台灣）1957 年版。

131. 崔國因著，劉發清等點注：《出使美日秘日記》，合肥黃山書社
　　　1988 年版。

132. 宓汝成：《近代中國鐵路史資料》（上、下），（台灣）文海出
　　　版社。

133. 張之洞：《張文襄公文集》，（台灣）文海出版社。

134. 岑學呂：《三水梁燕孫先生年譜》，（台灣）文海出版社。

135. 胡光麃：《影響中國現代化的一百洋客》，（台灣）傳記文學出
　　　版社，1984 年版。

136. 馬建忠：《適可齋紀言紀行》，中華書局 1960 年版。

137. 夏東元編：《鄭觀應集》，上海人民出版社 1982 年版。

138. 王韜：《弢園文錄外編》，（台灣）文海出版社。

139. 陳詹然編：《劉壯肅公奏議》，10 卷，光緒三十二年排印。

140. 文慶等編：《籌辦夷務始末》（咸豐朝、同治朝），故宮博物院
　　　影印本 1930 年版。

141. 《清朝續文獻通考》。

142. 《光緒朝中日交涉史料》。

143. 《清德宗實錄》。

144. 《日本外交文書》。

145. 吳晗：《朝鮮李朝實錄中的中國史料》，中華書局 1980 年版。

146. 王闓運：《湘綺樓尺牘》，上海大達圖書供應社 1935 年版。

147. 劉坤一：《劉坤一遺集》一至六冊，中華書局 1959 年版。

148. 《清鑑綱目》。

149. 舒新城：《中國近代教育史資料》，人民教育出版社 1961 年版。

150. 何啟、胡禮垣：《新政真詮》，格致新報館 1901 年版

151. 張雲樵：《伍廷芳與清末政治改革》，（台灣）聯經出版事業公
　　　司 1987 年版。

152. 馮愛群：《華僑報業史》，（台灣）學生書局印行 1976 年版。

153. 林友蘭：《香港史話》增訂本，（香港）上海印書館 1980 年版。

154. 簡又文：《中國基督教的開山事業》，（香港）輔僑出版社 1960 年版。

155. 布爾曼：《中華民國人名辭典》，紐約，1967-1971 年。

156. 西里爾・珀爾：《馬禮遜在北京》，雪梨，1967 年。

157. 劉禹生：《世載堂雜記》，中華書局 1960 年版。

158. 楊奇主編：《香港概論》（續編），中國社會科學出版社 1993 年版。

159. 林志鈞編：《飲冰室文集》，中華書局 1932 年版。

160. 曾鯤化：《中國鐵路史》，（台灣）文海出版社。

161. 黃興濤等譯：《辜鴻銘文集》（上、下），海南出版社 1996 年版。

162. 黃興濤：《文化怪傑辜鴻銘》，中華書局 1995 年版。

163. 桑兵：《晚清學堂學生與社會變遷》，學林出版社 1995 年版。

164. 李宏圖：《西歐近代民族主義思潮研究——從啟蒙運動到拿破崙時代》，上海社會科學院出版社 1997 年版。

165. 蔣廷黻：《中國近代史》，岳麓書社 1987 年版。

166. 楊鴻烈：《中國法律發達史》，商務印書館 1930 年版影印本。

167. 瞿同祖：《中國法律與中國社會》，中華書局 1996 年版。

168. 王奇生：《中國留學生的歷史軌跡：1872—1949》，湖北教育出版社 1992 年版。

169. 高道蘊等編：《美國學者論中國法律傳統》，中國政法大學出版社 1994 年版。

170. 桑兵：《清末新知識界的社團與活動》，三聯書店 1995 年版。

171. 錢滿素：《愛默生和中國——對個人主義的反思》，三聯書店 1996 年版。

172. 梁治平編：《法律的文化解釋》，三聯書店 1994 年版。

173. 葉南客：《邊際人：大過渡時代的轉型人格》，上海人民出版社 1996 年版。

174. 鍾叔河：《從東方到西方──「走向世界叢書」敘論集》，上海人民出版社 1989 年版。

175. 鍾叔河：《走向世界：近代知識分子考察西方的歷史》，中華書局 1985 年版。

176. 林毓生：《中國傳統的創造性轉化》，三聯書店 1996 年版。

177. 余英時：《士與中國文化》，上海人民出版社 1996 年版。

178. 湯學智等編：《台港暨海外學界論中國知識分子》，河南人民出版社 1944 年版。

179. 潘念之主編：《中國近代法律思想史》（上），上海社會科學院出版社 1992 年版。

180. 張晉藩等：《中國近代法律思想史略》，中國社會科學出版社 1984 年版。

181. 公丕祥主編：《法律文化的衝突與融合──中國近現代法制與西方法律文化的關聯考察》，中國廣播電視出版社 1993 年版。

182. 鄭剛：《中國人的命運》，廣東旅遊出版社 1996 年版。

183. 陳樂民主編：《西方外交思想史》，中國社會科學出版社 1995 年版。

184. 孫克復：《甲午中日戰爭外交史》，遼寧大學出版社 1989 年版。

185. 吳福環：《清季總理衙門研究》，新疆大學出版社 1995 年版。

186. 黃邦和：《通往現代世界的 500 年》，北京大學出版社 1994 年版。

187. 張忠紱：《英日同盟》，新月書店 1931 年版。

188. 羅榮渠：《現代化新論》，北京大學出版社 1993 年版。

189. 羅榮渠：《現代化新論續編》，北京大學出版社 1997 年版。

190. 羅榮渠等編：《中國現代化歷程的探索》，北京大學出版社 1996 年版。

191. 許紀霖等主編：《中國現代化史》第一卷，三聯書店 1996 年版。

192. 章開沅：《離異與回歸──傳統文化與近代化關係試析》，湖南人民出版社 1988 年版。

193. 章開沅等主編：《比較中的審視：中國早期現代化研究》，浙江

人民出版社 1993 年版。

194. 羅蘇文：《女性與中國近代社會》，上海人民出版社 1996 年版。

195. 劉晴波主編：《楊度集》，湖南人民出版社 1986 年版。

196. 譚永年編：《辛亥革命回憶錄》，（台灣）文海出版社。

197. 孫嘉會：《中華民國史》，（台灣）文海出版社。

198. 陸光宇：《民國史要》，（台灣）文海出版社。

199. 張孝若：《南通張季直（謇）先生傳記》，（台灣）文海出版社。

200. 中國圖書編譯社編：《程璧光》，（台灣）文海出版社。

201. 程慎修堂編：《程璧光殉國記》，（台灣）文海出版社。

202. 沈雲龍：《黎元洪評傳》，（台灣）文海出版社。

203. 羅香林：《梁誠的出使美國》，（台灣）文海出版社。

204. 胡禮垣：《胡翼南先生全集》，（台灣）文海出版社。

205. 何仲簫編：《陳英士先生紀念全集》，（台灣）文海出版社。

206. 《中山大學學報》編委會編：《孫中山年譜》，（香港）大東圖書公司 1980 年版。

207. 郁龍余編：《中西文化異同論》，三聯書店 1992 年版。

208. 王鐵崖編：《中外舊約章匯編》第十冊，三聯書店 1957 年版。

209. 楊玉如編：《辛亥革命先著記》，科學出版社 1958 年版。

210. 曹亞伯：《武昌革命真史》，上海書店 1982 年版。

211. 張國淦編著：《辛亥革命史料》，（香港）龍門聯合書局 1958 年版。

212. 中國第二檔案館編：《中華民國史檔案資料匯編》，第 1-4 輯，江蘇古籍出版社 1986 年版。

213. 黃季陸編：《總理全集》（上、下），（台灣）民都近芬書局 1944 年版。

214. 盛宣懷：《愚齋存稿》，（台灣）文海出版社。

215. 《論語》。

216. 《禮記》。

217. 《漢書》。

後 記

　　人與人之間的對話原本就是艱難的，更不要說後人與前人之間
了。當我確定以伍廷芳為研究對象，並著手研究時，這種感覺與日
俱增。歷史掀起的漫漫風沙，早已將古人的腳印掩埋，以訛傳訛的
史料記載，更給古人披上了一層神秘的面紗，顯得撲朔迷離，真偽
難辨。此時此刻，任何天才的歷史學家都會陷入失去談話對象的孤
苦之中。後人與前人之間真的無法對話，真的難以溝通嗎？答案是
否定的。不可重複性固然是歷史的一大特性，連續性則更是人類歷
史不絕如縷的命脈所在。當我們依循著馬克思主義的理性之光，穿
過漆墨的時空隧道，就能逐漸走近前人，實現同前人的對話。

　　對伍廷芳進行研究是困難的。首先是其經歷複雜。伍廷芳「一
生而歷二世」（福澤諭吉語），橫跨清朝、民國兩個時代，幾乎參
與了十九世紀七〇年代以來的中國所有的內政外交活動，洋務運
動、戊戌變法、義和團運動、清末新政改革、辛亥革命、南北洋軍
閥統治、護國、護法運動，均有其異常活躍的身影。如何透過其複
雜的經歷，準確地把握他，恰如其分地評價他，自然是困難重重。
其次，研究者將面對整體近代史研究的高起點與伍廷芳研究的低起
點之間的矛盾。建國以來，史學界對中國近代史的研究是卓有成就
的，無論在通史、專史方面都湧現出一大批學富五車的專家、學
者，專著、論文更是數不勝數。如何在這樣一個高起點上推進近代
史的研究，其難度是可想而知的，正如大師級科學家牛頓只能誕生
在第一次工業革命後，而不能出現在科技高度發達的今天是一個道
理。有趣的是，在我感受近代史整體研究高起點痛苦的同時，又領
略到學術研究低起點的苦楚。歷史學研究如同其他學科的研究是一

致的。前人的研究，搭成了後人研究的階梯，後人正是踏在前人的肩膀上去逐漸接近認識真理，摘取史學研究王冠上的明珠的。然而，當我展開對伍廷芳的研究時，卻失去了前人的恩澤。迄今為止，海內外史學界對伍廷芳的研究存在著嚴重不足，在中國大陸只是近年才有數篇有關伍廷芳階段性研究的論文發表。張雲樵《伍廷芳與晚清政治改革》和林達‧欣（音）〈轉變中的中國：伍廷芳(1842-1922)的作用〉（博士論文，加利福尼亞大學洛杉磯分校，1970 年）代表了目前史學界對伍廷芳研究的最高水準，且前者存有史料有餘、理論分析不足的缺憾，至於後者則未能出版面世。面對此種學術基點，欲圖建構學術研究的高樓大廈，任何傑出的設計大師都會煞費苦心的，對學術研究的新兵而言就更是如此。由於研究對象涉及到宗教學、倫理學、政治學、心理學（社會心理學、個性心理學）、法學和歷史學等諸多學科的有關知識，這對於理論素養並不深厚的我來說無疑是一項艱巨的任務。然勢成騎虎，只有勉力向前。

　　研究伍廷芳又是極有意義的。這就是我明知難度大卻又鍥而不捨的緣由。伍廷芳的一生就是一部中國近代史。他在八十年（1842-1922 年）間，走過了一條從西方到東方的道路。他以逸出傳統文化始，以高揚傳統文化止，但其逸出與高揚既非嚴復式的，更非辜鴻銘式的，又非孫中山式的，而是以西洋文明作為參照系，以合乎人類社會演進的趨勢為旨歸，擷採東西文明的精華，融合鑄造一種更具生命力的新文明。按現在政治理念上即是主張通過漸進改良的方式，創建一個崇尚司法獨立的資產階級共和國。這就是他雖有幾十年的洋務生涯，但不能稱其為洋務派，雖在經歷上有極大的相似性，但其中西文明觀卻與辜鴻銘迥然不同，雖也嚮往、孜求資產階級民主共和，但在實踐手段上卻同孫中山革命黨人存有歧異的根源所在。剖析伍廷芳的思想與行動，既可展現中國社會走向近代化歷程的艱難與曲折，又可透視面臨社會整體轉型期中國知識分

子的諸種擇取心態，從而實現對知識分子在中國現代化運動中的角色、功能定位。

逝者如斯。七年前，學生歷盡千辛承蒙導師夏東元先生不棄，收入門下。七個炎暑酷冬過去了，先生的高談宏論，如黃鐘大呂，繞樑三日。先生論學，倡導大家風範，「創新」二字，須臾不忘，「視野要開闊，規模要大」，「文章要有氣勢，一上來就要不同凡響」。在微觀研究上又強調學有專攻，「要有自己的一塊陣地」，「由博而約」，「傷其九指不如斷其一指」。以學生之魯鈍，雖不能行之於萬一，然「臨淵齋」的諄諄教誨，將使我受益終身，沒齒難忘。在本文的選題、史料準備、理論框架和通篇結構安排等方面，先生都給予了熱忱啟迪與精心指導，付出了艱辛的勞動。

劉學照教授、忻平教授在我求學期間也曾給予了諸多幫助。復旦大學的葉世昌教授、南京大學的蔡少卿教授、茅家琦教授、蘇州大學的段本洛教授、上海大學的林炯如教授、上海師範大學的郭緒印教授曾就本論文的修改提出了諸多中肯意見。

胡衛清、石霓、張連國、林廣、李建彬、孫邦華、李堅、黃愛梅、黃小燕、劉振前等學友從各方面給我以幫助。原工作單位的趙潤生書記、夏曰雲、姚廣振、張貴橋、岳玉璽、李泉、寶鳳蓮、武發祿、王雲等老師，在我讀書期間從物質上、精神上給予了我極大的幫助和鼓勵。在該書的修訂、出版過程中，程玉海院長、曹勝強處長、陳萍處長給予了大力扶持，圖書館的許磊小姐花費了大量時間，幫助訂正書目。尤其是該書的責任編輯朱絳先生，為該書的出版提出了諸多具體而精當的意見，體現了一位編輯的嚴謹性和強烈的責任感。

最後特別要感謝的是妻子王希蓮。在我三年讀書期間，她隻身一人憑著微薄的工資，照顧著年老體弱的母親，撫養著年幼的兒子，並利用工作之餘打印出了論文的初稿，使我順利完成學業。在該書的修訂過程中，又是她伴我度過了一個個無眠之夜，終於有了

該書的問世。

　　對於所有愛我、關心我的人，謹在此一併表示誠摯的謝意！

張禮恒

2002 年元月於書房

從西方到東方：伍廷芳與中國近代社會的演進 /
張禮恆著. -- 初版. -- 臺北市：臺灣商務,
2003[民 92]
　面：　　公分.
參考書目：面
ISBN 957-05-1826-X（平裝）

1.伍廷芳－學術思想 2.中國－歷史－晚清(1840-1911)
3.中國－歷史－民國(1912-)

627.6　　　　　　　　　　　　　　92018528

從西方到東方

——伍廷芳與中國近代社會的演進

定價新臺幣 360 元

著 作 者　張 禮 恒
責 任 編 輯　李 俊 男
美 術 設 計　吳 郁 婷
校 對 者　江 勝 月　劉 佳 茹
發 行 人　王 學 哲
出 版 者　臺灣商務印書館股份有限公司
印 刷 所
臺北市 10036 重慶南路 1 段 37 號
電話：(02)23116118・23115538
傳真：(02)23710274・23701091
讀者服務專線：0800056196
E-mail：cptw@ms12.hinet.net
網址：www.commercialpress.com.tw
郵政劃撥：0000165－1 號
出版事業　局版北市業字第 993 號
登 記 證

・ 2003 年 12 月初版第一次印刷
本書由北京商務印書館授權發行中文繁體字本

ISBN 957-05-1826-X（平裝）　　　　a 21015000

讀者回函卡

感謝您對本館的支持，為加強對您的服務，請填妥此卡，免付郵資寄回，可隨時收到本館最新出版訊息，及享受各種優惠。

姓名：＿＿＿＿＿＿＿＿＿＿＿＿＿＿＿　性別：□男 □女

出生日期：＿＿＿年＿＿＿月＿＿＿日

職業：□學生 □公務（含軍警） □家管 □服務 □金融 □製造
　　　□資訊 □大眾傳播 □自由業 □農漁牧 □退休 □其他

學歷：□高中以下（含高中） □大專 □研究所（含以上）

地址：□□□＿＿＿＿＿＿＿＿＿＿＿＿＿＿＿＿
　　　＿＿＿＿＿＿＿＿＿＿＿＿＿＿＿＿＿＿＿

電話：（H）＿＿＿＿＿＿＿＿＿（O）＿＿＿＿＿＿＿＿＿

E-mail: ＿＿＿＿＿＿＿＿＿＿＿＿＿＿＿＿＿＿＿

購買書名：＿＿＿＿＿＿＿＿＿＿＿＿＿＿＿＿＿

您從何處得知本書？
　　　□書店 □報紙廣告 □報紙專欄 □雜誌廣告 □DM廣告
　　　□傳單 □親友介紹 □電視廣播 □其他

您對本書的意見？ （A/滿意 B/尚可 C/需改進）
　　　內容＿＿＿＿ 編輯＿＿＿＿ 校對＿＿＿＿ 翻譯＿＿＿＿
　　　封面設計＿＿＿＿ 價格＿＿＿＿ 其他＿＿＿＿＿＿＿＿

您的建議：＿＿＿＿＿＿＿＿＿＿＿＿＿＿＿＿＿
　　　　　＿＿＿＿＿＿＿＿＿＿＿＿＿＿＿＿＿
　　　　　＿＿＿＿＿＿＿＿＿＿＿＿＿＿＿＿＿

臺灣商務印書館

台北市重慶南路一段三十七號 電話：（02）23116118‧23115538
讀者服務專線：0800056196 傳真：（02）23710274‧23701091
郵撥：0000165-1號 E-mail：cptw@ms12.hinet.net
網址：www.commercialpress.com.tw

廣 告 回 信
台灣北區郵政管理局登記證
第 6 5 4 0 號

100臺北市重慶南路一段37號

臺灣商務印書館　收

對摺寄回，謝謝！

傳統現代　並翼而翔

Flying with the wings of tradition and modernity.